U0126335

古代房中術的形成與發展
——中國固有「精神」史

嚴善炤著

臺灣 學生書局 印行

這部書謹獻給我的妻子

胡健玲　女士

　　有緣的讀者，當您有幸翻閱這部拙作，而且有所感觸、有所收益的話，請您在心中默念一聲「謝謝！」不是感謝我，而是我的妻子，一個非常平凡的中國女性。她任勞任怨、十幾年如一日支持著我開墾中國古代文化這個領域的兩塊處女地（其中《中國古代疫病史》還在進行中）。假如沒有她的盡瘁，這部書可能就無法與大家見面。我的母親今年八十五歲，勤儉樸實聞名鄉里，至今不願給我們添加任何負擔。天底下的女人孕生了男人，撫育了男人，造就了男人。

二〇〇六年八月

古代房中術的形成與發展
——中國固有「精神」史

目　錄

第一篇　序　說
（房中術與固有「精神」）

一、房中術研究的問題所在

　　古人對生命以及身體都持有什麼樣的價值觀呢？他們又是如何看待自己的生命與身體呢？在考察這一類問題時，可以根據他們的言行大體上分出兩大類型：一種是以儒家為代表的，他們熱心於自己的事業而忘我地工作，可以忘記自己的形體與健康，甚至為了實現自己的使命不惜犧牲自己寶貴的生命。例如，《論語・衛靈公》說：「志士仁人，無求生以害仁，有殺生以成仁。」《孟子・告子上》云：「生亦我所欲也，義亦我所欲也。二者不可得兼，捨生而取義者也。」可以認為這些言論是儒家的代表性主張。而且，這種言論並不是停留於口頭上的標語，乃是一種社會實踐的結論。早在殷周時代就已經存在過這種的歷史人物。《史記》伯夷傳記載伯夷、叔齊兄弟，為了表示對先帝文王的忠誠，拒絕領受周武王的俸祿，結果餓死首陽山。又如，源於《禮記・檀弓下》的「嗟來之食」這句成語，表述在齊國大饑饉的年頭，身為卑賤的乞食者不堪豪富黔敖的施捨態度，為保全自己的人格而不惜餓死的事蹟。《呂

氏春秋·上德》篇還記載以孟勝為首的墨家弟子們,為了對陽成君盡「墨者之義」,集體自殺的人數竟至一百八十三人之多。

接受這種儒教思想的教育並實踐於社會的人,一般被人讚頌為「忠節」、「忠義」、「義行」等等。他們成為男人的典範,除少數人被選載於正史之外,在膨大的《地方志》中也可以查到大量的有關記錄。儒教還強求女人以守「貞節」為要,封建社會強暴地踐踏女性的人格與形體。《太平經》丙部〈一男二女法〉篇曾批評這些女子「貪小虛偽之名」,有絕天地之倫。因為,儒教社會卻把自害身亡的女性譽為「貞女」、「烈女」、「賢淑」、「烈婦」,當作女人的楷模進行大力宣揚,自然也大量收載於正史與各地的《地方志》。這對於教化各地民眾,維持與安定地區的道德倫理、社會秩序等,無疑起著一定的作用。還有,為了使身患重病的親人能早日恢復健康,人們祈天祭神以表自己的誠心,甚至容忍劇痛不惜割下自己身上的一塊肉,和藥劑一起煎煮讓病人飲服。這種行為傳統上稱為「割股」,它一直延續到近代。懸壺濟世的祖父也曾經為曾祖母之病而割股配藥。❶

另一類就是以方士、養生家、道家等為主體的人群。他們無時不刻地重視自己的生命、形體與人生。他們不但在日常生活中謹慎行動,隨從自然環境、四季氣候的變化調整自己的衣、食、住、行,而且非常注重觀察、研究自身的健康。他們為了增進個人健康、推遲老化、延長壽命,努力地研究開發行氣、胎息、導引、房

---

❶ 嚴靈峰《中華叢書·經子叢著》(第十冊),國立編譯館中華叢書編審委員會,頁 629,1983 年。

中、辟穀、食餌、丹藥等各種各樣的方術，而且毫不猶豫地進行各種試驗與實踐。他們的追求正與儒家尊天命的思想相反，極力地反對那種以維護封建仁義忠孝之名，要求為國家、宗族捐軀殉死違背人性的言行。例如，《莊子·天道》篇傳說老子曾直接嚴厲地批判孔子的仁義思想，認為「夫子亂人性也。」〈龜甲文〉認為服食還丹可以延長壽命，並大膽地提出：「我命在我不在天」的口號。❷這可以說是代表道家的一種典型思想。他們非常相信自己的智慧和能力，充分地體現了自我尊重、自我管理、自我開拓的人生觀。

　　傳統認為這一類人的壽命要比一般人長，但至今尚無讓人信服的統計數據。我們曾經系統地統計、分析歷史上被譽稱為神僊的人物，發現絕大多數的神僊傳記對於神僊人物的壽命記述，都只不過是一種推測的數字，或者以他們各自奇異的傳說，或者以他們自己申告具有特徵性的歷史事件，去推測他們的出生年代。而且，這種傾向越是接近古代，也就越加顯著。《地方志》把他們列入「道釋」、「僊釋」等宗教家的專項之中，重於收錄他們的傳說事蹟，對於確認他們壽命的工作都比較含糊。我們也仔細地考察了《地方志》中收錄著大量壽星的「耆壽」專項記錄資料。各地長壽老人的絕大多數並沒有修練過什麼特別的方術，而且他們都有比較明確的生死年代與壽命的記載。他們的人生目的並不注重如何延長自己的壽命，也沒有過什麼特殊的奢望與享受，只是滿足於各自能力範圍

---

❷　葛洪《抱朴子》內篇，上海古籍出版社，頁 123，1990 年。《西昇經》也說：「老君曰我命在我，不屬天地，禍福無不自己求之者。」（《道藏》，第 11 冊，上海文物出版社等，頁 507，1988 年）

之內的平凡生活。可以說長壽只不過是他們這種日常「修德」的一個伴隨結果。《地方志》立此項的旨意，不僅表明中華民族尊老敬老的優良傳統，同時也想利用他們的長壽來宣揚封建倫理道德的優越性。

　　當然，增進健康、推遲老化、延長壽命不僅是古代中國人的一種美好追求，也是全人類的一個夢想與無止境的挑戰，而且在不同的時代、不同的社會環境中，都會產生不同的動向，開發不同的生命技術。在當今的世界，它也是生命科學中最熱門的一個研究課題。中國古代社會所出現對生命、形體、壽命乃至人生的不同見解，毫無疑問不僅豐富了我們的傳統文化，而且對現代中國人來說，諸如生命的價值、身體的意義、健康的重要性、幸福的選擇等思想認識，提供了更多的選擇，使人們在人生的道路上可能過得更加豐富，在思想上變得更為健全。

　　古代的方士、養生家為了增進健康、追求不老長壽所開發的眾多方術中，主要有服餌術、行氣術、導引術、按摩術、房中術等等。延至漢代，《漢書·藝文志》方技略曾經把這些生命技術分為醫經、醫方、房中及神僊四大類型，而神僊又包括了服餌、行氣、導引、按摩等。在這四大方技的分類中，房中術是排行於醫經與醫方之後、神僊之前。這些被《漢書》譽為「生生之具」，即在保護生命與身體、預防與治療疾病中，起著重要作用的古代生命技術。根據《漢書·藝文志》的方技分類排列順序，可以看出在西漢社會已經明確地認定房中術的實用價值，要比服餌、行氣、導引、按摩等技法為高。但是，從後世《醫心方》房內篇等所收錄的、以六朝隋唐為主的房中術文獻資料中，很難查到可以證明房中術實用價值

的有力證據。為此，《漢書·藝文志》的有關方術排列的順序，在古代方術史中也就成為一個謎團。

除了古代房中術以外，中國古代的醫學（鍼灸）、行氣（氣功）、導引、按摩等傳統的生命技術，在當今世界上都受到廣泛地研究與應用。表明這些古老生命技術的價值，仍然可以得到社會的肯定與理解。同時也意味著世界上包括本家中國在內，即使對房中術抱有一定興趣的人，也難免對它存在不少的誤解。因為，古代房中術形成於何時、何地？古人為了什麼目的去研究、開發它？它又是如何構築自己的原理與方法？根據它所提供的方法是否可以達到既定的目標？它對修練者的身體、健康、老化等，又能帶來什麼樣的效果與影響呢？所謂性交技法的本來目的與作用又是什麼呢？諸如此類的基本問題尚未解明之前，以性交技法為主的所謂性愛部分已經遠遠地先行，作為一種中國獨有的性文化被廣泛地介紹於世界各地。這可能就是造成人們對古代房中術產生誤解的一個最大原因。

此外，在西方所謂文明興起的十九世紀，紳士、淑女們認為在公眾之前談論性，是一種低俗而卑賤的舉止。而且這種風潮越演越盛，甚至連哲人們也加入此列，貶低、毀譽性的應有價值。他們完全忘卻了哲學追求的中心課題：人從何處來，又往何處去。這正是與性有緊密關聯的一個主題。中國社會自古以來不論是道家還是儒家，他們都不否定性是人的一種本能。但是，作為重要方技之一的房中術，由於它直接關聯到性的緣故，在國際中國學的研究領域，如古代醫學史、道家道教史等研究專業之中，也都成為一項冷門而難產的課題。甚至在古代養生學的專著中，也只能見到一些綜合性

的介紹，卻看不到有關房中術的基礎理論研究。三十多年以前，雖然在湖南長沙發掘了有名的馬王堆漢墓，出土了《天下至道談》、《合陰陽》、《十問》等有關房中養生的竹簡，也沒有改變這種的研究狀況。隨著大陸經濟改革開放政策的深化、思想的解放，出版了不少有關古代房中術的書籍，但多是以收集關聯的古代文獻資料為主。❸此外，還刊行少數以性交技巧為主，偏於性愛的社會史、文化史之類的書籍，根本談不上對古代房中術進行基礎理論研究，更沒有多餘的精力從中國固有「精神」概念的高度，去探索房中術的發展史，以及它們兩者之間的關係。有關中國古代固有「精神」概念的形成與發展的詳細研究內容，可以參閱本書的附篇部分。

二、房中至道與「精」、「神」

我們經過詳細的考證，認為在現存的房中養生資料中，《天下至道談》可能是一篇年代最早的文獻，而且它本身就是刻抄於竹簡之上。這種房中至道是有機地結合應用導引術於房中性愛，故又稱之為「房中導引術」。詳細分析這篇竹簡的內容，可以發現這種房中術並沒有受過巫術迷信、黃老神僊思想影響的痕迹。這種現象亦見於出土資料《卻穀食氣》與《引書》等。所以，我們不能輕易地把古代的方術都貼上源於原始宗教巫術的標籤。我們推測《天下至道談》的成書下限可能於戰國中期。考證文中模倣數種動物的性交體位，根據其中動物的棲息區域，表明這部竹簡資料可能形成於氣

---

❸ 本章沒有標示的出典都將詳細地出現於各篇專題研究之中。

候比較溫暖的長江中、下游的南方地區。而且這種房中導引術的出現，也不能單純地歸因於戰國時期技術開發的激烈競爭。因為在醫療水平很低、死亡率很高的古代社會，出現「聖人不治已病治未病」、「（經言）上工治未病」❹等預防思想，也是一種很自然的社會現象。接受這種思想的影響，如何造就一種不易患病的體質，可能成為開發部分生命技術的一個出發點。又如《荀子·儒效》篇說：「（周公）兼制天下，立七十一國，姬姓獨居五十三人。」在如此小國眾多的春秋戰國時代，對於那些國家的權勢者、貴族以及豪富人家來說，這類生命技術的需求更是有增無減。

根據《天下至道談》提出的人體老化理論，認為性本能的衝動就有可能不斷地消耗體內的陰氣（即精氣），而年到四十的身體將自然地陷入一種精氣不足、陰陽偏頗的狀態。如果繼續過度的性生活，連續不斷地排瀉精氣於體外，不僅可能損害身體的健康，誘發疾病的發生，而且必然會加速機體的老化，乃至壽命的短縮。但性屬於人的本能之一，一般人只要有一定的體力也就很難自禁。為此，養生家提倡四十歲以上的男人有必要學習房中術，認為掌握了房中導引術，「是故老者復壯，壯【者】不衰，……延年益壽，居處樂長。」❺房中導引術不但可以增進健康、推遲老化、延長壽命，而且又是探求保證老後生活最基本的健康質量。這種思想依然適合當今的高齡化社會，也是古代固有「精神」發展史中一個貴重

---

❹ 傅景華等點校《中醫四部經典》，中醫古籍出版社，頁 5，1996 年：《難經》（同上，頁 217）。

❺ 馬王堆漢墓帛書整理小組《馬王堆漢墓帛書（肆）》，文物出版社，頁 164，1985 年。

的篇章。

　　房中導引術從一開始就以增進健康、遲延老化、延長壽命、健全老後生活為其最大的目標。為了達到這個目標，他們強調：「凡彼治身，務在積精」❻，把蓄積體內的精氣提昇為「治身」的高度，作為修煉人生的一大課題。養生家對本能衝動所致的性行為，不是採取消極地抑制或禁止，而是通過房中術的專門訓練，充分地調動人的本能。經過系統的房中訓練，一旦掌握了「玉閉」（性交而不射精，醫學上又稱保留性交）技術，不僅能使珍貴的精氣積存於體內，而且經過反復的鍛鍊還能進一步強化自身的毅力與耐力。因為在房中導引術中，含有鍛鍊毅力與耐力的階段訓練法（progressive part method）。通過房中術的修煉，可以使形體健壯起來，同時逐漸地產生控制自己身心的毅力與耐力。而且，以治身為目的的房中術，不但在兩性之中起著重要的調和作用，從救度個人到救度家族，對於發展家族、宗族、繁榮子孫，繼承與維持儒教祖先崇拜的宗教傳統也能作出重大的貢獻。

　　以持續性、全身性運動為特徵的房中導引術，不是單純地追求身體的運動效果，由於「積精」的作用可以使身體不易出現疲勞，產生維持持續運動的體力。經過房中導引術的修煉，可以逐步地實現視力與聽力的改善，肌肉的結實與隆起，健全骨格機能等再生機體的效果，而且在持續性的性交導引過程中，還可能出現「產神明」的特殊感覺。這是一種生理性的效應，它不同於性高潮期所出現神志恍惚的精神狀態。它可以給修煉者帶來愉快的心情、明快的

---

❻　同上，頁163。

意識、敏捷的判斷力。這種感覺可能類似於馬拉松運動員在長跑中出現的所謂長跑者興奮（runner' high）現象。所以，房中導引術不僅是典型的「養形之術」，通過全身運動追求形體的健壯，同時也探求「神明」的健康。這可能就是被人認為房中至道全力追求「積精」的綜合性效果，也就是後世道教所說「留之則生身」的先例。而且，這種「產神明」與一般先秦諸子所講的「通神明」有很大的區別，不同就在於選擇這個動詞「產」字。它明確地指出這種特異的「神明」，不是與漂游於天地之間的神靈相結合，而是經過一定時間的持續運動之後，才能在自身體內產生的一種感覺。

在現存的古代養生、醫學文獻資料中，《天下至道談》可能最早宣稱人的生命發生之源的精液為「至精」，又稱構成生命、人體的基本物質與供給機體活動的能量為「精」（精氣）。這兩種不同的選詞，表明作者在兩者之間已經存在有明確的區別意識。像這樣從生命、身體與壽命的角度討論體內「精」、「神」的記述，在現存的古代文獻資料中可以說是最早的。醫經《靈樞·決氣》篇云：「兩精相搏，合而成形，常身先生，是謂精。」❼《管子·水地》篇也說：「人，水也，男女精氣合，水流形。」這種成胎的「流形」說法可能是來自《胎產書》。馬王堆漢墓出土的《胎產書》，在闡述胎兒的形成與發育時說：「一月名曰留（流）刑（形），……二月始膏。」❽《易傳·象辭》開篇也說：「大哉乾元，萬物資始，乃統天。雲行雨施，品物流形。」表明「流形」一詞在戰國後

---

❼　《中醫四部經典》，頁 154。
❽　《馬王堆漢墓帛書（肆）》，頁 136。

期,已經抽象地用於說明萬物生成的主要形式。可以推測在戰國後期,由男女精氣交合而孕生胎兒的生命觀,至少已經為醫家、養生家所認識。精氣對人來說是何等貴重的物質,從養生家選用的「至精」一詞可以得到很好的說明。他們已經充分地認識在生子以外的性行為中,不能輕易地把精氣排瀉出體外,積存於體內可以增進自身的健康,防止機體的老化,有利於壽命的延長。這種重視精氣的理念,直接關係到房中至道的開發。它不但成為研製房中導引術的原動力,而且貫穿於房中術發展的整個歷史過程,給房中術帶來各種各樣的發展。

三、固有「精神」概念的形成

我們詳細而系統地研究了古代精氣學說的形成,認為《天下至道談》的「積精治身」的理念,不僅可能強烈地刺激了戰國時期出身於南方地區的哲人,給道家文化的發展帶來巨大的影響,而且在精氣學說的形成中,又起著重要的奠基作用。「精」字亦見於老子《道德經》,第五十五章云:「含德之厚者、比於赤子。毒蟲不螫,猛獸不據,攫鳥不搏,骨弱筋柔而握固,未知牝牡之合而脧作,精之至也。」此文讚賞保有充足精氣的嬰兒一些無意識的動作,這顯然是與體內精氣不足的成年人相比較而得出的結論。所謂「握固」,就是指緊握兩個小手拳和相應的身體姿勢,現代醫學認為是新生兒的一種原始反射。古代道家結合新生兒陰莖勃起的現象,認為這是一種「無欲的陽舉」,以致後世的丹道家多利用握固以訓練再現「活子時」的生理現象。雖然在《莊子》中尚未出現

「精氣」一詞，但通過考察學界多數認為莊子自作的內篇有關「精」的內容，表明它作為構成宇宙與生命基本物質的內涵已經完備，所以推定「精氣」這個古代哲學概念在莊子的時代已經形成。這種「精」的理論從南方傳到北方，並且與齊國「稷下學派」的「氣」的思想相結合。延至「管子四篇」，才真正出現「精氣」這個專門術語，從而使精氣學說名符其實。❾這個精氣學說的確立，是我國古代哲學史上的一個重要的里程碑。它對古代的天文學、醫學以及後世道教等發展都帶來巨大的影響。

　　「神」字的歷史要比「精」字古老，雖然甲骨文尚未發現「神」字的雛型，但從西周銅器銘文可以得到確認。殷商被學者們稱為神靈的時代，眾多的神靈大體可以分成三種類型：自然之神、先祖之靈以及天帝等。❿隨著時代的發展，素有「巫醫同源」之稱的巫醫，漸漸從巫覡中分化出來而獨立成為醫家職業。春秋後期秦國的醫家醫和就提出「六氣」概念，辨明六氣是產生疾病的主要原因（《左傳》昭公元年）。同書昭公十八年又有「天道遠，人道邇（近），非所及也」之說，表明天神的權威在不斷地下降。《墨子·明鬼下》篇是為批駁「今執無鬼者之言」而論述的。相反地告訴我們：在當時的社會上，否定鬼神存在的勢力已經達到不可等閑視之的地步。不言而喻，這些無神論者多是以養生家、醫家與道家為中心的。墨子是戰國有名的古土建專家，在古代建築學中有過不少的發明。但是在建築現場，避免出現傷亡事故是一件非常不容易

---

❾　　拙文《論中國古代精氣學說的形成》（待發表）。
❿　　陳夢家《殷虛卜辭綜述》，中華書局，頁 573—577，2004 年。

的事情，相信鬼神作祟也許比較容易說明各種事故發生的原因。

老子研究生命與宇宙的由來、生成，自然不相信鬼神。《道德經》第六章說：「谷神不死，是謂玄牝，玄牝之門，是謂天地根。」《合陰陽》說：「入玄門，御交筋，上欱精神，乃能久視而與天地牟（侔）存。交筋者，玄門中交脈也，為得操揗之，使體（體）皆樂養（痒），說（悅）澤（懌）以好。」❶由此可推，所謂「玄牝」，可能是指具有生育機能的女性子宮。《說文解字》釋：「玄、幽遠也。」玄義為深不可測，妊娠、胎產都在子宮，而且要直接通過陰戶，這對於古人來說感到不可思議也是理所當然的。「玄牝之門」可以說是女陰的昇華之謂，把胎兒出生的首經關口引伸為天地宇宙誕生的起點。因為古人多從研究人體出發，擴展探索天地萬物的起源。❷

《莊子・內篇》雖未見「精神」之詞，但已經提出「神人」的概念。〈逍遙遊〉篇說：「藐姑射之山，有神人居焉，肌膚若冰雪，綽約若處子，不食五穀，吸風飲露，乘雲氣，御飛龍，而遊乎四海之外，其神凝，使物不疵癘，而年穀熟。」所謂「神人」，也就是後人所說的神僊。他們遠離人間社會，在深山老林練功修身、服氣辟穀，而且還能修煉出一些使人感到驚奇的特異效能。莊子把「神」從天上下降到地面，並讓它與人結合起來。雖然神人的容貌形態、飲食內容、居住環境以及思惟形式，都與凡人有一定的區

---

❶　《馬王堆漢墓帛書（肆）》，頁 155。

❷　《素問・舉痛》開篇云：「善言天者，必有驗于人。善言古者，必有合于今。」（《中醫四部經典》，頁 44）；《荀子・性惡》篇：「故善言古者，必有節於今；善言天者，必有徵於人。」

別，但他們已經是可以看得見、摸得著的一種人。這無疑在思想上是一個很大的進步。延至「管子四篇」的時代，對「神」又有了新的解釋。〈內業〉開篇說：「凡物之精，此（比）則為生。下生五穀，上為列星，流於天地之間，謂之鬼神。藏在胸中，謂之聖人」，認為包括聖人、神靈等天地萬物都是由精氣所構成，也就是說它們的本質都是精氣。這種認識可能是產生固有「精神」概念的一個重要因素。

戰國後期「精」字才與「神」字正式結合，從而形成「精神」這個複合詞。❸它多見於《荀子》的〈成相〉、〈賦篇〉，《韓非子》的〈解老〉、〈喻老〉等篇。《荀子》賦篇分析天上雲彩時說：「託地而游宇，友風而子雨，冬日作寒，夏日作暑，廣大精神，請歸之雲。」文中的「精神」可以理解為天地，這可能是受道家思想的影響。〈成相〉篇又說：「思乃精，志之榮，好而壹之神以成，精神相反，一而不貳為聖人。」該處的「精神」不好看成一個獨立詞，分開來解釋可能更為確切。但是，自古就有人把不必要分解的「精神」一詞特地分開解釋。高誘《淮南子注》題解〈精神訓〉的「精者人之氣，神者人之守也」就是一個例子。漢字本屬多義語，字簡而含意豐富。確實在古代文獻中，單字「精」或「神」可以表達「精神」的例子也不少，但不是所有的用法都能這樣理解。既然「精神」已經作為一個單詞出現，我們就有必要正確地理

---

❸　關於複合詞的提法，可以參閱唐鉞《考訂古書撰作年代通則補說》，《文史》第 15 輯，1982 年；劉笑敢《莊子哲學及其演變》，中國社會科學院，頁 8，1987 年。

解與掌握這個概念的固有內涵。

《韓非子》的「精神」集中於〈解老〉與〈喻老〉兩篇。韓非在〈解老〉篇釋「嗇」字時說：「嗇之者，愛其精神，嗇其智識也」，「是以聖人愛精神，而貴處靜」，「今治身，而外物不能亂其精神」，強調治身首先要愛惜自身的「精神」。因為它具有易被外界騷擾而影響身體的特性，所以要以安靜為貴。〈喻老〉篇說：「空竅者，神明之戶牖也，耳目竭於聲色，精神竭於外貌」，認為五官是居宿於頭部的神明與外界相連結的窗口，而神明與樂聲、美色之間的交往，需要耗竭體內的「精神」。這表明「精神」是人體的一種物質。〈解老〉篇又說：「凡所謂崇者，魂魄去而精神亂，精神亂則無德。鬼不崇人則魂魄不去，魂魄不去而精神不亂，精神不亂之謂有德。」這可能是在醫家認識的基礎上進行的發揮。《靈樞·本神》篇說：「隨神往來者謂之魂，並精而出入者謂之魄」，認為魂魄與「精神」之間有著非常密切的關係，而且「血脈營氣精神，此五臟之所藏也，至其淫泆，離藏則精失，魂魄飛揚，志意恍亂。……心有所憶謂之意，意之所存謂之志。」❶所謂「志」與「意」，是屬於神明功能的不同分工。「志」主記憶；「意」司回憶，而且回憶是記憶形成的基本要素。醫家認為由於志、意的記憶功能，可以積累社會生活的經驗，通過回憶的機能又可以制約「精神」以調整機體適應社會環境的變化。❶

❶　《中醫四部經典》，頁 128。

❶　《靈樞·本藏》篇：「志意者，所以御精神，收魂魄，適寒溫，和喜怒者也。」（同上，頁 165）

　　「精神」散見於《莊子》外篇的〈天道〉、〈達生〉、〈知北遊〉，與雜篇的〈列禦寇〉、〈天下〉諸篇。〈知北遊〉篇說：「夫昭昭生於冥冥，有倫生於無形，精神生於道，形本生於精，而萬物以形相生」，認為道是萬物化生之源，又是由精氣所構成的，而人的形體與「精神」也是由精氣所化生，以精氣為本源的。這種說法顯然是以老莊的精氣論為基礎而展開的。〈天道〉篇說：「此五末者，須精神之運，心術之動，然後從之者也。」所謂「五末」，是指制定與執行國家的政治、軍事、法律、禮教等機構組織。這些具體的運作人員都要在其「精神」的作用之下，由心知活動做出最後的決定。「精神」本身不直接參加思惟、意識等的心理活動，它作為一種體內的物質，為心術活動提供必要的能量。〈列禦寇〉篇說：「彼至人者，歸精神乎無始，而甘瞑乎無何有之鄉」，認為至人就是通過各種修煉得以淨化自身的「精神」，最終還回宇宙的本源。這就是道家追求的一種理想人生。

　　〈知北遊〉篇說：「汝齋戒，疏瀹而心，澡雪而精神，掊擊而知。」這表明「精神」是介於「心」與「知」之間，心為場所，知為結果，即知慮或思惟。而「精神」作為一種能量，在知慮與產生知慮的器官之間起著促進心知的活動。《靈樞·本神》篇說：「所以任物者，謂之心」⑯，《素問·靈蘭秘典論》又說：「心者，君主之官也，神明出焉。」⑰古代醫家把心與神明理解為人的思惟與知性。這種見解也見於《荀子》。〈解蔽〉篇說：「心者形之君

---

⑯　同上，頁 128。
⑰　同上，頁 12。

也，而神明之主也，出令而無所受令。自禁也，自使也，自奪也，自取也，自行也，自止也。」這是純粹地議論心的自律性問題，這種對心與神明的擴大解釋也是基於醫家認識的基礎之上。

「神明」一詞早於「精神」出現於先秦古籍。根據現存的文獻資料，可能《墨子》的用例最早。〈公孟〉篇說：「古聖王皆以鬼神為神明，而為禍福，執有祥不祥，是以政治而國安也。」它的原意為神，或者指神的靈驗。延至「管子四篇」的時代，可以看到神與神明的用例已經採用了醫家與道家的思想。《管子·心術上》開篇就說：「心之在體，君之位也。九竅之有職，官之分也」，而且又云：「虛其欲，神將入舍」，「潔其宮，開其門，去私毋言，神明若存。」《素問·生氣通天論》說：「故聖人傳精神，服天氣，通神明。」❶❽《靈樞·邪客》篇也說：「心者，五臟六腑之大主也，精神之所舍也。」❶❾說明古代醫家早就認識神明與「精神」之間的關係。而且《合陰陽》也說：「精神入藏，乃生神明」❷⓿，認為神明是由「精神」所化生，「精神」為體、神明為用。這明確地指出性行為中特殊感覺的產生與「精神」有著密切的關係，並非天地之間的神靈所致。總而言之，「精神」與「神明」兩者重複在「神」字上，表明它們在心上存在著交接之處。

《素問·脈要精微論》說：「衣被不斂，言語善惡不避親疏者，此神明之亂也。」❷❶神明再次明確地被理解為人的知性或理

---

❶❽　同上，頁 5。

❶❾　同上，頁 185。

❷⓿　《馬王堆漢墓帛書（肆）》，頁 156。

❷❶　《中醫四部經典》，頁 19。

性，也就是指人的綜合判斷能力。所謂「神明之亂」，是指支持神明機能的「精神」不能正常地作用於形體，出現平常所看不到的舉止。有如上述《韓非子》言及的鬼神作祟、魂魄離身使「精神」受難。所以《淮南子·道應訓》也說：「精神之越於外，智慮之蕩於內，內則不能漏理其形也。」文明開化之前的社會，像這類神經精神病、癲癇等患者，由於發病突然，症狀嚴重，人們多以為是鬼神作祟。而且這種病人平時顯得比較虛弱，一旦發作起來，可以發出不可想像的力量，破壞周圍的東西，甚至出手毆打親屬朋友等。這種情況的「精神」顯示一種病態的能量釋放，也可以認為是「精神」能量的暴發所致。

　　「精神」一詞是由「精」與「神」結合組成。「神」字早出於「精」字而且使用廣泛，但不成「神精」而反為「精神」，這種組詞似乎已經寓意「精」為「神」的物質基礎。古代醫家認為這兩者皆發生於男女性愛之中。《靈樞·本神》篇說：「故生之來謂之精、兩神相摶謂之神」[22]，提出「精」是直接來源於相愛的男女，「神」乃雙方精氣結合過程中所化生的一種物質。這明確地表明「精神」與生命發生的根源有著緊密的關係，也是與人體直接相關的一個重要概念。上述列舉諸子的「精神」用例，除了個別抽象地描述天地自然之外，基本上都局限於人體。所謂「精神」，首以體內的精液或精氣為基礎，其次使超越漂遊於天地之間的「神」下降至人間，然後再把它移植結合到「精」上。原先以為「精神」乃神靈擁有的特殊能力，逐漸為養生家、醫家、道家不懈努力而解明，

---

[22]　同上，頁 123。

認為它是蘊藏於體內的一種生氣潛能，可以進行重新開發利用、自我創新。故《文子·下德》篇又有「精神與鬼神齊靈」之說。這對理解固有「精神」概念的形成有著極為重要的意義。

四、固有「精神」的性質

遲於《莊子》的外篇與雜篇出世的《淮南子》，不但近半數的篇章頻繁地出現「精神」一詞，而且還專設〈精神訓〉一章進行專論，可見「精神」在西漢初期已經受到時代的青睞。該篇開章就下定義說：「是故精神天之有也，而骨骸者地之有也。精神入其門，而骨骸反其根，我尚何存」，「夫精神者所受於天也，而形體者所稟於地也。」早有學者指出淮南賓客多治《易經》，好於援引《易經》以發揮道家之義，故《淮南子》的「精神」是受《易經》繫傳的「形而上」與「形而下」，以及「天尊地卑，乾坤定矣」的影響，以「神生萬物」之說為基礎而展開的。❷❸據說淮南王劉安手下有數千人的食客，其中一部分賓客主張把人分離為「精神」與形體骸骨兩個部分，強調人的「精神」根於天，形體骸骨歸屬地，而且根據所謂「以天為父，以地為母」、無形之天可以支配有形之地的儒家思想，認為人的「精神」優尊於形體，可以直接主宰與支配形體、骸骨。

但是事情並不是那麼單純。正是因為淮南賓客來自全國不同地

---

❷❸　錢穆《釋道家精神義》，《新亞學報》，香港，第 2 卷 1 期，1956 年。現收入《錢賓四先生全集》（聯經出版事業公司，1998 年）。

區，其學術淵源與思想觀點也就存有一定的差別。例如，〈精神訓〉所述的胎兒成長體系，五臟和身體的機能與天地環境的關係，就與《胎產書》中有關胎兒成長之說，以及〈墜形訓〉所言臟腑體系有不同之處。〈墜形訓〉的有關內容又與《內經》的五臟理論體系相似。而且〈精神訓〉說：「耳目淫於聲色之樂，則五臟搖動而不定矣。五臟搖動而不定，則血氣滔蕩而不休矣。血氣滔蕩而不休，則精神馳騁於外而不守矣。……五臟定寧充盈而不泄，精神內守形骸而不外越。」文中出現的「精神」與五臟、血氣的關係，可以認為是以《靈樞·本神》篇的「血脈營氣精神，此五臟之所藏也」❷❹之說而發揮的。《淮南子》所強調「精神內守」的思想也是以《內經》的醫學理論為基礎。因為《素問·上古天真論》云：「精神內守，病安從來」❷❺，認為「精神」具有調整臟腑、安定體內環境、預防疾病發生的作用。

　　《淮南子·原道訓》說：「夫精神氣志者，靜而日充者以壯，躁而日耗者以老，是故聖人將養其神，和弱其氣，平夷其形，而與道沈浮俛仰。」這進一步表明「精神」是體內的一種可以消耗，也可以積存的物質，而且通過靜養可以促進其存積。這顯然是以醫家、道家之說為基礎的。《靈樞·本藏》篇說：「人之血氣精神者，所以奉生而周於性命者也」❷❻，認為「精神」如人體氣血一樣屬於體內的一種貴重物質，隨血氣周流於全身以保護形體與生

---

❷❹　《中醫四部經典》，頁 128。

❷❺　同上，頁 3。

❷❻　同上，165 頁。

命。古代醫家早就認為心為知慮、思惟之官，而且「心藏血脈之氣」❷，又是「精神之所舍也」❷。所以〈精神訓〉說：「五臟能屬於心而無乖，則勃志遨而行不矣。勃志遨而行不僻，則精神盛而氣不散矣」，認為「精神」在心、志的作用之下，起收斂、聚結心之血氣的作用。《素問·徵四失論》說：「精神不專，志意不理」❷，〈湯液醪醴論〉也說：「精神不進，志意不治」❸，認為「精神」有增強人的志意（即記憶、回想等）作用。故《淮南子·氾論訓》說：「聖人心平志易，精神內守，物莫足以惑。」

《道德經》第十二章說：「五色令人目盲，五音令人耳聾。」老子早就意識到社會環境對身體的不良影響。《莊子·天地》篇提出「聲色失性」之說，而且強調「性脩反（還）德，德至同於初。」〈精神訓〉也說：「清目而不以視，靜耳而不以聽，鉗口而不以言，委心而不以慮，棄聰明而反太素，休精神而棄知故」，認為盡量避免外界環境對身心的影響，以免除自身體內的「精神」消耗，而且通過修煉自身體內的「精神」，可能實現回歸本源的理想。同時〈精神訓〉還說：「精神內守形骸而不外越，則望於往世之前，而視於來事之後，猶未足為也」，認為通過存積、修煉體內的「精神」，可能自我開發潛在的能力，以獲取某種透視他人的過去，預測未來等特異功能。所以〈精神訓〉又提出：「夫精神之可寶也，非直夏后氏之璜也」，意識到「精神」是生命與形體不可缺

---

❷　《素問·平人氣象論》（同上，21 頁）。
❷　《靈樞·邪客》篇（同上，頁 185）。
❷　同上，頁 111。
❸　同上，頁 17。

少的寶貴物質。為此，我們把戰國後期至西漢的養生家、道家以及醫家有關「精神」的不同的論述，進行比較全面的整理，對這種固有「精神」提出如下幾點特性以供參考。**❸**

第一，「精神」的物質性。固有「精神」可以分為「先天精神」與「後天精神」，它們分別是生命發生、人體形成和成長過程的不可缺少的重要物質。體內「精神」之量可以隨著身體的成長而增加，但「精神」必須依靠身體吸收營養物質的補充。特別考慮到身心活動需要消耗「精神」，而安靜身心又可以減少「精神」消耗等特性，所以我們無法否定古人所表明的「精神」是體內一種貴重物質的看法。

第二，「精神」的依存性。「精神」是伴隨著生命而產生，人體的形成而成長，所以它必然附屬於生命、形體，不能離開生命、形體而單獨存在。這種固有「精神」與西方哲學的精神概念截然不同，基本上不參與人的意識、思惟等心理活動，無關於人的理性與知慮。固有「精神」只能通過每一個生命、形體的存在才能得以體現，也就是說必須依存於生命與形體。它作為體內的一種物質，以提供能量的形式支持人的「神明」活動。

第三，「精神」的增生性。因為「精神」與體內氣血一樣周流於全身形體，所以特別與個體的自主性實踐行為關係密切。通過各種持續性的體育訓練、方術修煉、社會實踐等活動，可以使身體產生類似體力的毅力與耐力，而且可以不斷地得以累積。這種活力日本語以「精神力」一詞表示，它是中文固有「精神」一詞的延伸。

---

❸　拙文《論古代固有「精神」概念的形成與發展》（見本書附篇）。

通過各種身心的實踐活動不但能豐富個人的興趣，增加各種文化的修養，更重要的是可以不斷地增強個體的活力，增生人的耐力與毅力。

第四，「精神」的轉化性。這是與實踐活動有密切相關的一種特性。如毅力與耐力是「精神」在人體的一種表現。可以利用各種特殊的訓練、修煉的方法，使體內產生不同形式的能量轉化，這也是「精神」的一種變化。當人身遭遇危險之時，可以瞬間爆發出難以想像的力量以保護自身的安全，這是一種本能的反應，通常需要巨大的能量，這種能量也就是「精神」轉化的表現。此外，像神經精神病人的發作，突然出現平常所看不到的巨大生氣活力，甚至損物傷人，這也可以認為是體內「精神」的一種異變。

第五，「精神」的開發性。這是指極為少數的一部分人所具有透視，或者預測等特異功能。實際上他們在表演這種功能的時候，有著一個共同的特點，不是使用通常所說的思惟或意識的力量，而是首先要求盡量地放鬆自己的身心，祛除所有的雜念，一般在無意識的狀態下，才能自然地發揮出這種功能。據研究在少年時期，很多人都具有這種功能。而且，具有這種特殊能力的人，還可以通過各種的訓練使之得以維持與發展。

第六，「精神」的還元性。道家認為「精神」與形體都是由精氣所構成的，與其重視形體的再生，不如追求人生的還本歸根，即回歸於精氣的原始狀態。《莊子·列禦寇》篇說：「彼至人者，歸精神乎無始。」一般人自出生之後，就開始接受各種各樣的訓練與教育，逐漸地獲得所謂的理性、智慧的同時，也就慢慢地失去與天地萬物相通的「自然」共性。道家認為要寡欲絕學，盡可能排除神

明活動，致虛守靜、恬淡虛無以淨化自身的「精神」，見素抱樸、回歸本源。所以《淮南子‧精神訓》又有「此精神之所以能登假於道也，是故真人之所游」之說。

五、房中術的發展與固有「精神」史

與淮南王劉安同朝的大儒家董仲舒，世傳他著述《春秋繁露》。該書導入了「天人相關」的思想，認為同化天地之運行進行養生，可以開拓長壽不老之道。〈循天之道〉篇說：「精神者，生之內充也」，同樣認為「精神」是充養身體的一種物質或能量。同篇又說：「是故君子甚愛氣而游於房，以體天地。……是故新牡十日而一游於房，中年者倍新牡，始衰者倍中年，中衰者倍始衰，大衰者以月當新牡之日，而上與天地同節矣，此其大略也」，提出要保養貴重的「精神」，首先就要積存精氣於體內。他勸導男人要節制自己的性生活，建議二十歲前後的年輕人大約十天一次；三十歲前後的中年人二十天一次；四十歲前後的人四十天一次；五十歲前後的人大約八十天一次；六十歲前後的老人十個月一次。這種保護精氣的理想設定可能連一般人都很難接受，更何況當朝漢武皇帝。但是，如此重視蓄積精氣的另一個目的就是想多生男兒，因為結婚育男繼嗣是維護儒教傳統的根本。這種從戰國後期開始萌生的固有「精神」概念，自然給房中術的發展帶來各種各樣的影響。

深受《淮南子》神僊思想影響的西漢王朝，特別在夢寐以求長生不死的漢武帝周邊，展開了各種圍繞著黃帝化神傳說的鬧劇，其中也風傳著黃帝御女千餘人而昇天的流言。通過修煉古代房中導引

術，掌握「玉閉」技術可以再生自己的機體。然而，他們並不是通過自身的運動以存積精氣，也不是為強壯自身的肌肉、筋骨，而是輕易地利用這種技術，妄想從他人的身上汲取精氣。即在一次的性行為中，使用多數天真爛漫的童女或少女，大量地汲收少女們的陰氣以補充自身的元氣，達到增強體力、不老長壽的目的，甚至以為可以變為永遠不死的神僊。漢武帝後宮幽棲過三千的掖庭，這是形成多御少女房中術的一個不可缺少的條件。僅限於一朝帝王受用的龐大後宮組織、隨著皇帝死去而崩潰。這也使一小部分的高位女官，有機會還回民間再婚成家。多御少女房中術與豐富多彩的神僊傳說，隨著後宮的動盪流傳於民間的可能性是很難否定的。西漢以後學習房中術多以「素女」、「采女」、「玄女」等女性為師，這種說法的出現就是一個有力的注腳。多御少女房中術在隋唐時期達到了最高潮，就連千古名醫孫思邈也在《備急千金要方》中大力提倡有錢選買「好女」，無錢就購置收縮陰道的外用丸藥。這種房中術在兩宋社會舞臺的前臺上似乎很快地消失了，事實上在社會的後臺一直延續至明清，而且始終沒有間斷過。具體內容詳見本書的第四篇〈多御少女房中術〉。

　　東漢後期戰爭與自然災害連續不斷地發生。在那樣非常悲慘的社會環境中，給死裏逃生的一般民眾帶來一線希望的是：以四川成都、漢中地區為據點而結成的五斗米道早期道教組織。五斗米道教團通過臨時救濟、治療疾病等機會積極地開展布教活動。當時房中術也是其中一種治病與布教的重要手段。為了拯救道民、信徒的肉體，救度與再生他們的靈魂，教團繼承了《太平經》的救度思想，並採用當時最新的天文、曆算等知識，創制出黃赤混氣房中道術。

即在天師、祭酒的直接指導之下，以夫婦為主體的男女信徒、道民實行集體共同混氣修行，為每個月兩次的男女媾交作好身心準備。他們還使用神咒符籙、祈禱攘解等道法，試圖借用神靈的力量影響星宿的運行，使新誕生的嬰兒負有特殊的救度使命。教團大力宣傳、提倡生產孩子，認為這種新生的嬰兒，可以切斷家族世代間承負報應的惡性循環，同時使教團成員形成堅固的連帶關係。五斗米道為了達到永久保存道宗種性的目的，還繼承了《太平經》的「種類」、「謹民」的思想，融合儒教的忠孝觀念制定道規，要求信徒、道民對天師家系的忠誠，並提出了「種姓」、「種民」等構想，試圖結成特殊的種民集團。這種黃赤混氣房中道術由於五斗米道教團的解散，祭酒們就開始獨自地解釋經文，私自使用各種黃赤經契。延至五世紀的初期，黃赤混氣房中道術已經發展多達一百二十種以上，並廣泛地流傳於民間社會，直至劉宋時期才逐漸消失。但西晉時期的道教上清派，已經開始批判這種道術，並貶稱之為「種子之術」。具體內容詳見本書的第五篇〈黃赤混氣房中術〉。

　　就在這個時期的前後，追求不老不死的方士、道者，他們相信古代「天人相關」的思想，認為人的頭部是神靈居宿、出入人體的重要場所。為了與天地同化獲得不老不死，一個首要的課題就是如何使頭部的腦髓得到充實，並使之變成與「天精」同質，這樣就能留住神靈於身上以保護自身。這種思想已經出現於《太平經》，它還提出以存思為主的「還精術」治病健身。《太平經》從宗教神學的立場完全神化了「精神」，公開地把「精神」演釋為神靈，事實上這種說法在西漢後期非常盛行，已經得到《論衡》的強烈批

判。❷但是，《黃帝內經》認為從口攝取的食物經過胃腸消化，成
為精微物質再由小腸吸收，其中一部分變為「先天之精」貯藏於體
內的腎臟，這就是可以生子的精液或精氣。方士們以這種古代醫學
理論為基礎，根據《黃帝內經》提示的以體內骨腔、腦腔與腎臟三
大器官為中心組成的髓液循環途徑，以及運動肢體、骨節可以促進
體內髓液運行的理論，認為使用房中術可以運動身體的骨節，使腎
中的精氣沿著背部脊椎逆行上流於腦腔，變成泥土狀的腦髓積存於
頭部。這種使髓液逆流的方術世稱還精術、或還精補腦術，從東漢
後期開始就廣泛地應用於房中術之中，並成為房中術的主要技法之
一。古人在修行房中術的過程中，為了極力避免射精的發生，積極
地配合使用行氣法、存思法。一旦不能抑制射精衝動的時候，他們
就直接緊縮身體，使盡全身的力氣收縮頸部、背部、腹部，以及下
腹部的肌肉。可能由於全身的高度緊張，使腰背部、頸部乃至頭部
產生一種異常的感覺，誤認為精氣逆流上行。但是這種還精補腦術
一旦成立，就成為房中術的主流，一直延續到近代。隋唐宋元期
間，還精補腦法又成為內丹修練的一個主要手法。具體內容詳見本
書的第六篇〈還精補腦房中術〉。

　　東晉時期，在南京附近的茅山一帶出現新興的道教上清派。楊
羲、許謐集團在降神活動中，以神真誥授的形式公開批判舊天師道
的黃赤混氣房中道術。在房中術盛行的時代，他們首次提出嚴禁使
用房中術，甚至在存思內觀、交感神女之中，也不允許出現瞬間的
淫念。他們努力開拓自己的精神境界，活用傳統的守一法與神女傳

---

❷　同上。

承，把存思內觀、通靈見神發展成為新型的修真道術。這不僅可以迎合東晉社會上流階層的宗教意向，擴大教團對政治與社會的影響，而且在造作上清派的經文，培養新興宗教領導人也起著重要的作用。這種存思內觀法與《太平經》規定的男人存思男神、女人存思女神的內觀基本原則完全不同，強調在交感神靈的過程中，以男女「相愛」為基本的原則，要求懷著敬畏的心情內觀個性豐富的女神，與神女易心交流，議論嶄新的夫婦形式，發誓真心的愛情，實踐一種高尚的精神之愛。這是超越肉體之性、生殖之性，追求完全淨化的精神之性，同時也是從「有待」實現「無待」的思惟形式，獲得自我超越的清修之道。為了實現與神靈交感，首先要求修煉蓄積體內的所有精氣，以提高視覺、聽覺等五感功能。通過各種形體的修煉不斷強化自己的信念，堅持以純潔的心靈存思二景相愛，促進體內津液的化生與氣化，以便在自己的心中修煉陰丹──交梨火棗。這是一種完全變性的的存思法，類似後世內丹陰陽雙修的「神交體不交」，在自身之中收到類似房中術的效果。而且，通過與異性之神的交感，有利於促使自力修行、自我認識、自我反省、自我改造，在自身之中進行陰陽二元的重新統一，為形成超越的人格起著重要的作用。這種修練交梨火棗的實踐，不管是身體的修煉技法，還是精神的思考方式，都對後世內丹術的發展帶來很大的影響。具體內容詳見本書的第七篇〈存思內觀房中術〉。

　　「求子之道」一語早就見於馬王堆漢墓出土的《胎產書》。房中至道成立的一個基本要領就是要求掌握「玉閉」技術。這種性交而不射精的技術確立之後，修煉房中術的男人就具備控制自身射精行為的能力。他們可以利用房中術積蓄體內的精氣，選擇最佳的日

期、時刻準確地進行射精，這樣在理論上完全可能實現使女方妊娠健康的兒子，可以分別懷孕自己喜好的男兒或女兒。進而，再結合當時社會流行的各種星占術，選擇好運的受胎日期、時刻，這樣就有可能把握兒女未來的命運，對兒女本身以及整個家族都可能帶來「福、祿、壽」。所謂「好運」，就是父母之精在融合化神的瞬間，有機地結合天上的星氣、天地間旺盛的陽氣以強化「先天精神」的結晶。事實上，從《養性延命錄》、《備急千金要方》、《外臺秘要方》等著名的醫藥書籍中，都可以看到應用星占術選擇受胎的記載。各書除了記述選擇受胎的時刻與八個星宿（室、參、井、鬼、柳、張、心、斗）運行關係之外，還記載著一年十二個月共計一百十九日的月宿日。應用相近時代與佛教、道教等傳統慣用的四種不同小曆（黃曆）進行推算，可以發現在「道教二十八宿傍通曆」中，八星宿與這些月宿日的重合率最高。表明當時民間利用道教式小曆的可能性最大。而且，可以完全排除印度古代星占術對八星宿與月宿日選擇的影響。應用星占術選擇生子的方法，至少在隋唐時期廣為人知。如此認真地進行「生命操作」的實踐，可以說在人類歷史上是一種罕見的「優生學」。具體內容詳見本書的第八篇〈星占求子房中術〉。

　　盛唐時期，由於帝王、官僚等因服食金丹靈藥引起中毒與死亡的事故多發，致使煉製外丹、追求成僊昇天的活動逐漸走向衰亡。隨之興起的就是利用外丹的基本原理，結合應用還精補腦、存思、胎息等身體技法修煉內丹。延至五代兩宋，修煉內丹已經非常盛行，不僅局限於道教之中，甚至在佛家、儒家之中也出現不少修煉內丹的專家。在道教世界中，內丹逐漸形成各種不同的流派，按修

煉的形式大體上可以分為陰陽雙修與清修兩大類型，其區別之處就是是否需要年輕美貌的女子配合修煉。陰陽雙修即男女雙方一起修煉。他們把男女的陰器比作爐鼎，通過男女媾交試圖吸收女子陰部的分泌物，甚至把月經也作為外藥，然後結合自身的元精進入體內小周天的循環。所謂周天循環，也就是指火候。陰陽雙修一般多選擇十八歲前後的健康童女或少女，而且多用於築基與煉精化氣的前期階段。其目的在於補足自身之虛，特別對年老、體虛的修煉者就更為必要。內丹不管流派異同，首先要恢復體內的精氣，再現「活子時」是一個基本原則。陰陽雙修可以說是在還精補腦房中術的延長線上，因為不管在擇鼎、採藥、火候的三大要素上，都與還精補腦房中術有著密切的關係。丹道家通過各種形式瞬間地引發性衝動，採取內腎的元精進行內丹修煉，而且通過體內上、中、下「三關三田」之間的反復循環，進行所謂「煉精化氣、煉氣化神、煉神化虛」三個不同的程序。修煉內丹的漫長歲月，也是進行自我改造、自我發現、自我完善，逐漸造就自己超越人格的過程，甚至還有可能不斷地開發自身的潛在能力。具體內容詳見本書的第九篇〈內丹雙修與房中術〉。

縱觀上述古代房中術發展的幾個重要階段，以及與固有「精神」概念的相關性研究，可以看到我們並不是應用近代西洋精神史的研究方法，也不是使用西洋哲學的精神概念去考察古人的思想與言行。眾所周知，西洋哲學的精神概念可以說是源於古希臘的哲學家蘇格拉底。他認為一切都是神靈的創造與安排，提出「自知自己無知」，真正的知是服從神。他與學生柏拉圖還認為靈魂在肉體形成之前，或者可以離開肉體、肉欲而存在，所以靈魂是不滅的存

在。笛卡爾的二元論世界觀認為精神與形體是互不相關的存在，並且提出「我思故我在」的唯心原則。這種二元論的身體觀類似於《淮南子·精神訓》的思想。這些觀念後來受到康德的批判，並為黑格爾發展地提出主觀精神、客觀精神、實體精神、絕對精神等。

西洋的精神史可以說是考察文化的歷史，以及形成文化的精神史觀。這種概念主要是源於德國的哲學界，以康德、赫爾德、歌德等為主進行探討與發展，最終確立於黑格爾，並成為德國史學的一個傳統。日本人對「精神」一詞似乎具有特別的親和力，隨便檢索日文的圖書目錄就可以看到不少冠有「精神史」的書名。中文書籍中幾乎看不到這種用法，一般認為所謂精神史可以歸於思想史之內。「思想」這個詞是中國固有的詞語。《素問·痿論》篇說：「思想無窮，所願不得，意淫於外，入房太甚，宗筋馳縱，發為筋痿，及為白淫。」❸❸曹植在〈盤石篇〉唱道：「仰天長太息，思想懷故邦。」表明古人開始多以妄想、思念之義使用這個詞。在固有的「思想」上重新安裝西洋哲學的內涵，是從日本明治維新時期開始，經過他們裝潢之後才流傳到中國。西洋的精神概念也是在這個時代，由他們更實易表、重新包裝。但是，日本學界仍然認為「精神」一詞源於中國，並意識到它蘊藏著深廣無限的東洋之知。❸❹

我們基於現存的古代文獻資料，詳細地探索古代固有「精神」概念的形成與發展，及其內涵與性質特徵等問題。經過比較系統的

---

❸❸　《中醫四部經典》，頁 50。

❸❹　《平凡社大百科事典》第 8 卷（平凡社，頁 331，1986 年）與《日本大百科全書》第 13 卷（小學館，頁 358，1954 年）的〈精神〉項。

考察，表明「精」、「神」皆與古代房中術有著非常密切的關係。因為它們共同的基點就在於生命與形體，所以有必要進一步解明在不同歷史時期成為房中術的主流，即各個不同歷史時期新開發的、並受到社會廣泛應用的、具有代表性房中術的展開之中，固有「精神」又是如何得到表現。同時，通過研究房中術各個發展的歷史階段，解明隱蔽於房中術的背後，或者流淌於其根底的思想，及其與時代的政治、宗教、社會、環境等關聯性，從而展示與固有「精神」概念相關聯的歷史背景、時代基盤、社會風土等。此外，在古代房中術的形成與發展的歷史潮流中，超越各個歷史事實的因果關係，產生由男女之性而導出陰陽再生的原理，積存精氣以修身、生身的理念，促進開發與強化機體的毅力與耐力，改造本能所激發體內的能量轉換等等。這些意外的成果並沒有脫離房中術發展的內在必然性。總而言之，我們認為從生命與身體這個最根本的角度，完全可能把握住固有「精神」概念的內涵。

六、性本能的改造與固有「精神」史

《禮記‧禮運》說：「飲食男女，人之大欲存焉。」表明人勢必追求美味、性愛，因為食欲、性欲等是屬於人的本能。隨著人類社會的進步，身體機能雖然也可能產生各種各樣的變化，卻很難改變人的本能。社會的發達使人的思想變得更加複雜，如人們既想飽嘗山珍美味，又不想讓身體發胖，希望能永遠保持自己優美體型與青春年華。類似的願望在古人那裏也同樣可以找到。他們既想使性的本能得到滿足，又不想觸發情欲而射精，致使因為排瀉精氣於體

外而感到痛苦，擔憂由此損害自己的健康，害怕縮短自己的壽命等等。瞭覽古代房中術的歷史與固有「精神」概念形成之間的關係，首先發現伴隨著房中導引術的形成，出現重視人體精氣的思想，即所謂「留精治身、留精生身」的理念。這種理念完全超越了時空、時代與宗教，至今依然支配著一大部分中國人的心理。根據有關性的社會調查報告結果，受過高等教育的現代年輕人，其中約半數的學生認為精液是人體的一種貴重物質，它與血液有著同等的價值。由此不難推想，這種觀念對古人的影響是何等深刻。

在現實社會的生活中，存在著男人比女人早死的現象。這裏關聯的因素很多，特別與衣、食、住有很大的關係。新中國成立以來至執行經濟開放政策之前的約四十年間，大陸社會實行男女平等、糧油肉糖等主要生活物資分配制度等。在勞動與住宅等環境方面，男女之間相差不大，但家庭主婦的營養多比丈夫低劣，特別在實行計劃生育之前的時期。然而，女性的平均壽命反而比男性長幾歲。⑤當然可以考慮性生活中的射精行為與壽命之間的關係，但要解明其中的關聯性卻是一個非常困難的研究課題，因為它不是查明精液的成分就能解決。性交後的精液排泄（次數與量）是否影響個人的健康，引發疾病、加快機體老化等問題，並非一朝一夕就能得出結論。因為影響人的健康與壽命的關聯因素既是長期的，又是互為交錯、極為複雜的。而且，對人群集團進行長期觀察與追蹤調查的基礎研究，需要花費巨大的勞力、財力與高度的科學技術，不是一

---

⑤　拙文《在日外國人と日本人の死亡狀況の比較研究》，《日本公眾衛生雜誌》，第 35 卷第 1 號，1986 年。

項簡單易行的研究。

　　另一方面，如《禮記·內側》所指出「夫婦之禮，唯及七十，同藏無間。故妾雖老，年未滿五十，必與五日之御」的那種古代社會，性的行為在家庭生活中被視為一種重要的禮儀，是一家之主必須正常履行的一種義務。一夫多妻社會制度的目的是為維持儒教的所謂「祖先崇拜」的基本理念。祭祖必須由男人主持，在盡孝的大義之下存在著生男繼嗣的重大問題。因為《孟子·離婁章》篇早就明言：「不孝有三，無後為大。」其次，即使完成了這個偉大的使命，還需要維持應付眾多妻妾義務的體力，而且又不能由於體弱早夭於父輩之前，因而背上不孝的罪名。這兩者又是相鄰相背的問題。尋找解決像這樣因個人性生活而感到困惑、痛苦的對策，可能首先被推薦的就是房中術。在這樣一夫多妻的社會制度與本能之性的挾擊之中，相反地給普及房中術暢開了大門。所以，這種社會風土的存在也是造成廣泛使用房中術的一個理由。

　　固有「精神」概念形成的時代，也是人為地介入性的本能，以「積精治身」為目的的房中技術開始為社會所承認，逐漸被推廣應用的時期。在某種意義上說，以房中導引術的形成為媒介，展開以積精治身、生身為主體的運動，正是構築固有「精神」概念的社會基盤。因為它使人們開始有機地認識精氣對人體的重要性，而且很快地融入中華民族的生命觀、人體觀與宇宙觀，並且發展成為傳統思想文化的一個重要核心部分。在房中術發展的過程中導入還精補腦術，這又給體內精氣的轉化，以及固有「精神」概念的構築與發展提供一個重要的契機。因為，這是探索性的本能與體內能量轉化的重要問題。

　　中國社會開始著手對人之本能的研究，進行本能改造、實踐的歷史非常悠久。不僅有像房中術那樣公開地介入性的本能，而且針對呼吸本能所開發的服氣法、或行氣法可能更早。小巧玲瓏的玉柱上精刻著行氣要訣的《行氣玉佩銘》，有學者推測可能出世於戰國時期。❸抑制飲食本能所開發的辟穀法，至少也可以追溯到馬王堆漢墓出土《卻穀食氣》竹簡的抄寫年代。還有《莊子‧大宗師》篇提出「古之真人，其寢不夢」的說法，《鐘呂傳道集》就把追求無夢之眠作為修煉內丹的一個成果。❸僊真對睡眠進行改造的目的，也是在於減少體內能量的消耗。❸這些實踐在人類史上都是極為罕見的事例。掌握各種生命方術不但可以自主地抑制，或支配自身生物學的本能活動，甚至利用本能的衝動把性的能量用於形體的再生。《淮南子‧墮形訓》說：「食氣者，神明而壽，食穀者知慧而

---

❸　有關《行氣玉佩銘》的內容與年代，參照陳夢家《五行之起源》（《燕京學報》第 24 期，1938 年）；郭沫若《行氣銘釋文》（《郭沫若全集》考古編第十卷，科學出版社，頁 94，1992 年）；陳邦懷《戰國行氣玉銘考釋》（《古文字研究》第 7 輯，1982 年）。

❸　《鐘呂傳道集》論證驗：「次魂魄不游，以絕夢寐，神彩精爽。」（《道藏》，第 4 冊，頁 681）

❸　根據現代醫學睡眠生理研究的結果，一般認為夢是異相睡眠（REM）的特徵之一。異相睡眠大約占睡眠總量的四分之一，而且表現睡眠比較淺，同時出現眼球快速運動、部分軀體抽動、血壓上升、心率增快、呼吸次數增加、不規則呼吸等，說明大腦休息不完全。這與清醒中的腦細胞活動相比較，能量的消耗幾乎相同。觀察表明當人進入慢波睡眠後，體內生長激素分泌明顯升高；轉入異相睡眠後，生長激素分泌出現減少。所以認為慢波睡眠顯然對促進成長、體力的恢復等都有很大的好處。而且，在睡眠機制的假說中，有人認為慢波睡眠有助於腦細胞自身的修復。

夭；不食者，不死而神。」古人早就意識轉變各種能量可以增強神明功能，延長自身的壽命。這些通過改造本能而存積起來的能量，不能等同於從口攝取、經胃腸吸收而貯藏於體內的營養物質，而是探索更為精微、更加複雜的體內能量轉化。這種精氣的轉化形式可以說在房中術中得到最生動、最形象、最完善的表現。

　　古代房中導引術的修煉成果，即持續導引運動而出現身體主要部位的肌肉隆起，骨骼機能的日益健全，視力與聽力的改善，特殊神明感覺的產生等等。這些有關運動效果的觀察結果早就刻載於出土的竹簡。但是，如何解釋這種形體變化的現象，卻成為古代養生家苦惱的一個難題。他們的結論首先是聯結於「玉閉」的效果，意識到蓄積精氣於體內可能給身體帶來各種的變化。大概延至西漢時期，流傳出現的巫子都之說（《醫心方·房內》篇），即開始應用「還精」的理論來解釋身體變化的現象。例如，《醫心方·房內》篇云：「能動而不施，所謂還精。還精補益，生道乃者（著）」，「還精氣令入百脈中也。」❸❾這顯然是受古代醫學理論的影響，因為醫經《靈樞·本藏》篇有說：「人之血氣精神者，所以奉生而周於性命者也。」❹❶可以推知，他們認為應用房中術不僅能有效地控制自身的射精，而且可以使精氣進入體內的氣血循環，環流於全身血脈之中，散布於身體的主要部位，這樣就能引起形體的再生變化。

　　東漢時期，繼承了「天人相關」思想體系的《太平經》，認為

---

❸❾　《醫心方》卷二十八，人民衛生出版社，頁 645，1993 年版。
❹❶　《中醫四部經典》，頁 165。

人的頭部不僅是神靈的留宿場處，同時也是體內各種神靈出入人體的唯一通道。因而出現如何使頭部的腦髓得到充實，進而變化成為與「天精」同質，這樣就能使體內的神靈不致離開人體上天報告，又能與天地同化，獲得長生不死之身。為了實現這種理想，方士們十分理解由攝食消化吸收於體內的「後天之精」，可以經腎臟變換為「先天之精」的醫學理論。他們應用房中術進行修煉，利用性行為的瞬間情動把精液引流出內腎，使它沿著背部脊椎逆流上行，注入腦內以充實腦髓，認為貯藏在頭部的腦髓可以結成泥土狀的天精。出世於晉朝的《黃庭內景經》，為了推擴存思法重新構築了體內神的體系，其中特別強調「泥丸百節皆有神，腦神精根字泥丸。……一面之神宗泥丸，泥丸九真皆有房。」❹他們變換腦神泥丸為頭部的神主，同時又成為主宰全身之神，並且認為頭部的中央乃泥丸神的居處，所以必須有效地積存體內的精氣，調動全身的精氣上行頭部以充養泥丸。雖然道教神學繼承《淮南子·精神訓》的「二元論」，並把「精神」演繹為神靈，但是這種「精神」仍然離不開形體，而且認為需要體內精氣的不斷供養，神靈才能得以存身以保身。這種神學的根本意義完全不同於儒教等其他宗教。

隋唐以後，還精補腦術又被應用於修煉內丹，不僅在內丹形成理論中起著重要的作用，而且又是修煉內丹不可缺少的手法。內丹主要利用小、大「周天」的循環，經過「鍊精化氣、鍊氣化神、煉神化虛」三個階段，以探索精、氣、神三大傳統生命要素在體內的多層次轉化，不斷促使形體的再生，追求純陽體質的形成。這樣就

---

❹　《道藏》，第 4 冊，頁 848。

如純陰的女體一樣，純陽的男人也可以懷孕、出產，從頭頂湧現發光之子，即內丹陽神的誕生。丹道修煉的最大目的在於自我潛能的開發，以獲取各種特異功能的睿智。這種內丹修煉也是「性命雙修」的過程，即探索健身與修養這兩個重大問題在人體的有機結合與統一。道教丹道發展性地提出「元精」、「元神」等新理論，又把神分為「元神」與「識神」。《青華秘文》說：「夫神者，有元神焉，有欲神焉。元神者，乃先天以來一點靈光也。欲神者，氣稟之性也。」❷經過長達千年的三教融合，對「元神」有更進一步的發現。《三教真傳樂育堂語錄》卷四云：「神者，心中之知覺也。以其靈明，故謂之神。而神有先後天之分，先天神，元神也，神即性也。蓋神為心中之知覺，而性即心中至善之理。其始渾於一元，有生之初，知覺從性分而出，如孩提知愛，稍長知敬。知即神，愛即性也。」❸所謂「元神」，乃男女媾交之時兩精相搏所產生的「神」，這種原始的「精神」正是構成人的元性，自然不會存在知覺，而知覺乃屬後天的識神或欲神。如果這種元性是先天至善之理，又稱為「愛」的話，修煉內丹也就是開發《孟子・告子上》所提出的「人之性善」，則更有現實的社會意義。總而言之，內丹是開發固有「精神」的一種身體技法，無疑是對古代固有「精神」概念的一個重大發展。

　　縱觀古代房中術的形成及其發展的歷史，不難發現它既是一部超越時間與空間，由無數的男女共同參加的性開發史，同時也是經

---

❷　同上，頁 364。

❸　黃元裳著（蕭天石主編）自由出版社，頁 198，1979 年。

歷無數反復實踐而形成的一部生命技術史。因為這種技術是根植於
生命，同時又著眼於創造最優的生命、最佳的形體與最長的壽命。
所以，不懈地追求存積、修煉體內的精氣，也就成為方術實踐的根
本。這種古代生命技術的實踐主要表現於兩個方面：一在生子方
面，經過充分的身心準備，選擇最佳的受精方案，萬無一失地保證
孕生最幸運的下一代。二於再生自身的方面，盡可能不耗散、不浪
費體內的精氣，通過有規律的運動把性的能量轉化為「精神」的能
量，以促進人體健康、推遲老化、延長壽命。而且，在重新構築超
越人格的過程中，可能創出新的「精神」價值。這種固有「精神」
源於生命，與形體同盛衰，同壽命共增長，並且在體內具有物質
性、開發性、還元性等多種特性。而且，以性交為基本形態的房中
術，不僅是激發體內「精神」的產生源，又能直接促進它們之間的
轉化。所以，從古代生命方術發展的角度，及其與固有「精神」概
念的關係，考察房中術發展歷史的同時也挖掘出一部固有「精神」
史。我以為這種提法並不誇張，也不過分。

第二篇　古代房中術的形成

一、引　言

　　一九七三年湖南長沙馬王堆漢墓（三號墓）出土古代房中養生簡牘之前，我們只能從《漢書·藝文志》方伎略中收錄的古代房中術專著的書名及其簡單的說明，隋唐期間與養生學、醫學有關的《養生延命錄·御女損益》篇、《備急千金要方·房中補益》篇，以及清朝末期從日本抄回的《醫心方·房內》篇等片斷資料，勉強地了解我國古代房中術的部分內容。實際上，房中術是我國固有的一種與生命、形體密切相關的方技，和一般的古代性文化有很大的區別。因為古代房中術不僅具有自己獨特形成的基礎理論、身體技法與特定的自然環境，而且在漢代就已經被列入古代醫學的領域。馬王堆漢墓出土的房中養生資料不但證實了這個事實，而且也表明了我國古代文化的一貫性。自從這批文物資料發掘出土以來，房中術再一次受到國內外漢學研究者的關注，幾十年來發表了不少有關的注釋和少數研究報告。❶但是，房中術形成於何時、何地？它是如

---

❶　周世榮《馬王堆醫書研究專刊》第二輯，1981 年；參谷邦夫譯注《養生方》《新發見中國科學史資料の研究（注釋篇）》（山田慶兒編），京都大學人

何形成的呢？它形成的基礎理論是什麼呢？它為什麼能得到傳播與普及呢？諸如此類非常基本的問題，至今尚未見到詳細的研究報告。

　　以前，有學者認為房中術是戰國後期發展起來的一種神僊方術。他主要以《呂氏春秋》、《淮南子》、《抱朴子》等所記述的片斷資料，把戰國後期的僊道方術分為服食藥餌、行氣導引、房中寶精三個流派，並且推測以羨門、安期為主的藥餌派發展於燕齊之地（現山東省一帶）；以王喬、赤松為主首行氣派主要盛行於楚地（現華中地區）；而以容成公為代表的房中派發展於秦中地方（現陝西西安一帶）。❷近年，也有學者認為房中術原是一種通神療病的巫術，它是由巫參加的原始宗教儀式，但未見到詳細的論證。❸

　　成書於秦漢時期的《莊子·刻意》篇，討論養生問題涉及到方術，但只提到行氣與導引。❹春秋戰國時期的其他古籍皆未見有關

文科學研究所，1981 年；Donald Harper: The Sexual Arts of Ancient China as Described in a Manuscript of the Second Century B. C., Harvard Journal of Asiatic Studies, Vol.47: No.2, 1987；周一謀《中國古代房事養生學》，中外文化出版社，1989 年；周一謀《房中養生》，海峰出版有限公司，1990 年；周一謀《馬王堆漢墓出土房中養生著作釋譯》，海峰出版有限公司，1990 年；宋書功《古代中國房室養生集要》，中國醫藥科技出版社，1991 年；石田秀實《初期の房中養生思想と僊說》，《東方宗教》77 期，1991 年；馬繼興《馬王堆古醫書考釋》，湖南科學技術出版社，1992 年；李零《中國方術學》第七章，人民中國出版社，1993 年；周一謀等《馬王堆醫學文化》，文匯出版社，1994 年等。

❷　蒙文通《晚周僊道分三派考》（原載四川《圖書集刊》第 8 期），《古學甄微》卷一，巴蜀書社，頁 338，1997 年。

❸　胡孚琛《魏晉神仙道教》，人民出版社，頁 299，1989 年。

❹　《莊子·刻意》篇：「吹呴呼吸，吐故納新，熊經鳥申，為壽而已矣。此導引之士，養形之人，彭祖壽考者之所好也。」

房中術的記載，以及「至道」、「陰道」等詞語。司馬遷的《史記》也未見記載有關房中術的內容。如果說是後人為了捍衛《經》、《史》的尊嚴，有意地刪除其中有關房中術的記述，那也很難想像《子》、《集》也受到同樣竄改的可能性。此外，成書於公元一百年左右的《漢書》，在其《藝文志・方伎略》中就已經把房中術與醫經、經方、神僊並列為四大方術，收入古代醫學的領域。班固在「藝文志」的最後說：「今其技術晻昧，故論其書，以序方技為四種。」他在房中部分收錄著《容成陰道》、《務成子陰道》、《堯舜陰道》、《湯盤庚陰道》、《天老雜子陰道》、《天一陰道》、《黃帝三王養陽方》與《三家內房有子方》八部專著。多數的書名為「○○陰道」，這是一個很大的特徵。包括六部標題為「○○陰道」的房中術專著在內，這些古代醫學典籍目錄的編輯時期，至少要比《漢書》刊行早出一百年左右。這就意味著八部房中術專著的成書年代，至少可以上推到西漢初中期。❺因為當時的侍醫李柱國作為醫藥學領域的帶頭人，接受當時朝廷的命令，負責主持編校有關醫藥保健衛生方面的古籍。這些房中術專著之所以被選擇編入，說明房中術的醫學效果至少在西漢上層社會，已經得到

---

❺　《漢書》卷三十〈藝文志〉：「迄孝武世，書缺簡脫，……於是建藏書之策，置寫書之官。……至成帝時（公元前 32－37 年），……詔光祿大夫劉向校經傳諸子詩賦，步兵校尉任宏校兵書，太史令尹咸校數術，侍醫李柱國校方伎。……會向卒，哀帝復使向子侍中奉車尉歆卒父業。歆於是總群書而奏其《七略》，故有《輯略》，……有《方伎略》。今刪其要，以備篇籍。」根據這條記述，班固（公元 32－92 年）是在劉向、劉歆父子編著的《別錄》、《七略》基礎上改編而成的。當時主編醫藥部分的是侍醫李柱國，可能是他把有關醫術內容分為四類方技。

很好的評價與公認。

　　《漢書》卷三十〈藝文志〉云：「方技者，皆生生之具，王官之一守也。」這也說明房中術作為一門衛生保健的專門技術服務於當時的封建王朝，廣泛地應用於帝王、貴族、官僚之間。所謂「生生」，就是生人之生，可以包括誕生新的生命，治療疾病，增進健康，推遲老化，延長壽命等內容。對於醫經與經方的作用就不必詳細解說。所謂「神僊」，就是古代養生技術的代名詞，從收錄的書名可以知道，當時就已經包括了服餌、行氣、導引、按摩等內容。但是，注意一下這四種方技的排列順序，可以發現古人把八部房中術的專著，編在醫經與醫方之後、神僊之前。這表明在當時的社會上，房中術要比神僊養生技術更受人重視。可以認為它的醫學價值要比服餌、按摩等神僊諸術為高。

　　根據以上的分析，我們可以建立這樣的一種假說：在西漢初期、或許更早一些時期，古代房中術作為一種嶄新的方技，可能從某個地方傳到當時政治、文化中心的秦中，而且它的理論以及醫學效用在比較短的時期，受到社會的承認並得以迅速的發展。但是，在近幾十年之間，大陸各地陸續發掘出土不少漢代以前的文物資料，除馬王堆漢墓出土的有關房中養生資料以外，其他地方卻都未發現。由於現存文獻史料的限制，基本上無法直接證明這種假說。如果我們不輕視這批房中養生文獻的重要性，通過認真研究它們的內容去接近上述的問題，也不失為一種有益的嘗試。為此，本篇就以這批出土的房中養生文獻資料為中心，在詳細分析它們各自特徵的基礎上，考察它們各自的成書年代，探索古代房中術的形成與特定地區自然環境的關聯性。並且深入研討古代房中術的形成過程與

構成其基礎理論之間的關係，以及它的流傳、發展與文化背景、社會環境等關聯性。

二、馬王堆房中養生文獻

　　馬王堆三號漢墓出土的養生醫學文獻中，帛書的有《養生方》、《雜療方》、《胎產書》、《卻穀食氣》與「導引圖」，寫於簡牘的有《雜禁方》、《天下至道談》（以下簡稱《至道談》）、《合陰陽》與《十問》。有關房中養生的內容，除了《養生方》中的一小部分外，其餘都集中於《至道談》、《合陰陽》與《十問》。有學者指出《至道談》所見「待盈」一詞的「盈」字，未避西漢惠帝劉盈（公元前 194－188 年）的諱字；而《合陰陽》所用「常山」一詞本是「恒山」，為避西漢文帝劉恒（公元前 179－164 年）的諱字而改。❻因此首先可以推定，前者抄寫於漢惠帝繼位之前；其次，考慮墓主的埋葬日期為公元前一百六十八年二月二十四日，後者可能抄寫於漢文帝在位期間。

　　我們說「抄寫時期」，就意味著它不等於成書年代。確認這些房中養生文獻的成書年代，是一件比較困難的工作。首先《十問》中多處出現「五聲」、「五色」、「五穀」、「五臟」、「六腑」等與五行說相關聯的術語。這顯然是醫經導入五行說，並確立五臟六腑醫學理論之後所出現的文獻資料，而且文中多次使用「精氣」一詞。根據現存的文獻資料推定，這個古代哲學術語可能最早出現

---

❻　《馬王堆古醫書考釋》，頁 9。

於戰國後期。❼由此可以進一步推測，《十問》成書年代的最大可能於西漢初期，至早不會超出戰國末期。其次與《至道談》、《合陰陽》比較，《十問》的用詞比較誇張，而且多見有關迷信的描述。例如王喬與彭祖的問答文中，就已經出現了「不死」、「形解」等詞語，這顯然是受到方僊道、黃老之學的影響。此外，《十問》的構成似乎為減輕當權者的讀書辛勞，從不同繁重的養生簡牘中摘抄出其中重要的部分，重新編纂而成的。例如，〈第三問〉的內容有可能是抄自《至道談》的。

　　《至道談》幾乎看不到受依附於鬼神的方僊道影響的詞語，而且從戰國時期的文獻中，也很難找到與其有關聯的證據。所以，我們只能通過分析它的內容去探索其成書年代。篇末有：

---

❼　「精氣」一詞出現於戰國後期。如《呂氏春秋·先己篇》：「凡事之本，必先治身，嗇其大寶，用其新，棄其陳，腠理遂通，精氣日新，邪氣盡去，及其天年，此之謂真人」；《淮南子·精神訓》：「煩氣為蟲，精氣為人」；《易傳·繫辭》：「精氣為物，游魂為變」；《管子》：「非鬼神之力也，其精氣之極也」（〈心術下〉、〈內業〉），「男女精氣合」（〈水地篇〉）等。所謂〈管子四篇〉與〈水地篇〉，有學者推測為戰國後期的道家與醫家之作（羅根澤《管子探源》，《諸子考索》，人民出版社，頁 469－472、479，1958 年）。劉節、郭沫若認為管子四篇是宋鈃、尹文的遺著。但町田三郎否定此說，推定為秦至西漢初期之作（《秦漢思想史の研究》，創文社，頁 380，昭和六十年）。本文基本同意羅氏的意見。所謂屈原之賦《遠游》見「保神明之清澄兮，精氣入而粗穢除」，《九辯》見「乘精氣之摶摶兮，騖諸神之湛湛」。但多數學者認為前詩是戰國末期至秦漢期的贗作，而後詩乃宋玉之作（馬茂元等《楚辭注釋》，湖北人民出版社，頁 421－425，1985 年）。並參照拙文《論古代精氣學說的形成》（待發表）。

是以雄杜（牡）屬，為陽，陽者外也；雌牝屬，為陰，陰者
內也。凡牡之屬靡（摩）表，凡牡之屬靡（摩）裏，此謂陰陽
之數，牡牝之里（理）。**❽**

一段文字，牝牡說與陰陽說的混用是一個重要的特徵。再從全文構
成❾上分析，不難看出編著者似乎在原有牝牡說的基礎上，加入新
的陰陽說修飾結尾以突出房中至道重要性的意圖。

　　陰陽說一般認為起於《周易》，《莊子·天下》篇有所謂
「《易》以道陰陽」之說。但《周易》中看不到有關陰陽及其思想
的記述，也未見成對的「牝牡」。關於八卦的基本記號（—、--）
表數術陰陽之說，不過是易家採用流行於戰國中晚期的陰陽說解釋
易理之例。❿有學者認為《老子》吸收兵法中的剛柔說，從哲學上
表達事物的兩重性，在戰國時代對道家產生一定的影響。⓫馬王堆

---

❽　馬王堆漢墓帛書整理小組《馬王堆漢墓帛書（肆）》，文物出版社，頁
　　166，1985年。

❾　根據馬繼興《馬王堆古醫書考釋》頁1006所述，簡牘出土時，原編號為1～
　　11號的竹簡為《雜禁方》，從第12號起為《至道談》部分。事後經過反覆
　　研討的結果，認為前後內容不相銜接，所以公開發表的《馬王堆漢墓帛書》
　　（第四函）中就把編號為12～16號簡直接編入《雜禁方》。從17號簡開始
　　為《至道談》，故從此說。

❿　李鏡池《易傳思想的歷史發展》《周易探源》，中華書局，頁336，1982
　　年；龐樸《稂莠集》，上海人民出版社，頁387-390，1988年。

⓫　朱伯崑《易傳及其哲學》（《易學哲學史》上冊，北京大學出版社，頁54，
　　1986年）。

漢墓出土的《稱》中說：「天地之道，有左有右，有牝有牡。」❷
這表明牝牡說曾經應用於道的分類。而且《十六經》還說：「陰陽
未定，吾其明者以為法而微道是行。行法循□□牝牡，牝牡相求，
會剛與柔，剛柔相成，牝牡若刑（形）。下會於地，上會於天。」❸
這段文句似乎也表明牝牡、剛柔早於陰陽之說。此外，《五十二病
方》根據痔瘡的形態採用牝牡的分類，例如，「牡痔，有贏肉出，
或如鼠乳狀，末大本小。……牝痔有空（孔）而爛」，而且還說：
「瘻者，有牡牝，牡高膚，牝有空（孔）。」❹這是對皮膚癰腫症
的不同時期進行分類，即紅腫隆起疼痛未潰者為牡；紅腫潰破膿出
瘡口凹現者為牝。南方的醫家把牝牡說用於痔瘡病、皮膚癰腫症等
分類，但尚未採用陰陽說。這種牝牡說很自然使人聯想到雌雄兩性
的性器形態，它比起抽象的陰陽說就顯得更加形象、更為純樸。所
以，可以推測在古代醫學理論形成的初期階段，導入陰陽說之前曾
經使用過牝牡說。

　　《合陰陽》從「凡將合陰陽之方」一文開始，篇中非常強調戲
道的作用，即性愛之中前戲的重要性。其中介紹的房中技法與《至
道談》的相比，兩者的內容非常相似。所以可以認為：它是從《至
道談》中取出關聯的部分，進行通俗化加工而成的。當然，也可以
假設《至道談》是以《合陰陽》為原本，通過內容的擴充編製而
成。但是，《合陰陽》已經把男女的媾交比喻為陰陽交合，而《老

---

❷　馬王堆漢墓帛書整理小組《長沙馬王堆漢墓出土「老子」乙本卷前古佚書釋
　　文》，《文物》第 10 期，頁 41，1974 年。

❸　同上，頁 36。

❹　《馬王堆漢墓帛書（肆）》，頁 53、55、75。

子》的陰陽說似抽象於原始的牝牡兩性❶。所以，《合陰陽》只能成書於陰陽說成立之後，即《至道談》成書之後出現的文獻。而且，《合陰陽》中多處使用「精神」這種複合詞，事實上這個複合詞最早出現於戰國晚期。❻

　　此外，牝牡說與陰陽說的混用也是《老子》用詞的一個特色。其中第六章云：「谷神不死，是謂玄牝。玄牝之門，是謂天地根。」這是強調在化生萬物根源之中陰的作用，這種思想很可能源於雌性的妊娠與出產等現象。第四十二章云：「萬物負陰而抱陽」，以說明事物中的陰陽相互作用的關係。而且，《老子》有關陰陽的用詞也僅此一處。第六十一章又說：「牝常以靜勝牡。」這是認為雌牝所具有柔和的特性要比雄牡的剛直性優越。《老子》在描述有關養生思想的條文中，顯然牝牡說多用於陰陽說。而且這些詞語，在《論語》、《孟子》、《儀禮》、《禮記》等儒家文獻中都查不到，可能他們認為這些詞語比較粗俗，有失雅氣。《老子》的文體與成書於北方的《論語》等文獻不同，學界認為它屬於「南方之學」。❼一般認為老子的活動年代為春秋末期。《老子》一書是他死去之後由門人整理出來的，其成書年代大約為戰國前中

---

❶　《老子》五十五章：「骨弱筋柔而握固，未知牡牝之合而朘作，精之至也。」文中所謂「牡牝之合」顯然是指男女媾交。

❻　劉笑敢《莊子哲學及其演變》，中國社會科學院出版社，頁 8，1987 年；並參照附篇《論古代固有「精神」的形成與發展》。

❼　唐蘭《老聃的時代與姓名考》，《古史辨》第 4 冊，上海古籍出版社，頁 348−351，1982 年。

期。⓲當然，我們不能輕易地斷定《至道談》文末所出現的牝牡說與《老子》的直接關聯性。但是，如果把牝牡說與陰陽說混用之例，作為陰陽思想形成初期階段的一種模式進行比較的話，可以推測《至道談》成書年代的下限不遲於戰國中期。

根據上述三個文獻成書年代的議論，可以推定《至道談》為最早，其次是《合陰陽》，最遲的是《十問》。《至道談》的著者認為所開發的房中術具有增進健康、推遲老化、延長壽命的作用，故自讚為「至道」。《合陰陽》以戲道為主而展開。《十問》則利用容成、堯舜、彭祖、天老等有名人物，分別命名為「○○接陰之道」，不難看出編作者想以此提高方技價值的意圖。再則，考察古代房中術名稱變化的過程，首先是《至道談》的「至道」，其次是《十問》的「接陰之道」，然後是《漢書·藝文志》收錄的「陰道」，延至東漢則通稱為房中術。「至道」可能是古代房中術形成初期階段的一種說法，故本篇稱之為「房中至道」。古代又把一般的男女媾交通稱為「合氣」（見於《養生方》與《論衡》等），這可能是有意識地區別於傳統的房中術。

根據馬王堆漢墓的發掘報告，最終還是無法斷定三號墓主的身份，或許是當時長沙國第二代王侯，或許是他的兄弟。但是已經推定其死亡年齡為三十餘歲。與五十多歲死去的一號墓主的婦人相比，可以說他是短命的。三號墓出土的大量古代文獻，其中含有十四種醫學資料。比如，其中的《五十二病方》就記載著南方常見的

⓲　王明《道家與傳統文化研究》，中國社會科學院出版社，頁 77－81，1995年。

疾病、藥物、器物以及湖南方言等。❿也有學者推測九嶷山地區是
楚人後裔的祖籍。❷他們利用地方行政長官的權勢與財富，大量蒐
集國內南北有關醫藥與養生等文獻資料，是因為親屬之中有人受到
疾病的困苦。這些形成於南方地區的醫藥、養生文獻資料，可以經
長沙國地方權勢者之手從北方帶回南方，當然也可以把南方的傳到
秦中。

三、房中至道的形成地區

　　《至道談》等有一個非常突出而重要的特徵，就是模倣自然界
特定的動物、生物的性交姿態，作為人的性交體位以修煉房中至
道。這也許就是《養生方》所說的「是以聖人必有法則」，以區別
一般男女的「合氣」行為。

　　　　《至道談》云：「一曰虎流，二曰蟬付（附），思外，三曰
　　　　尺打（蠖），四曰困（罽）暴，五曰黃（蝗）柘（磔），息內，
　　　　六曰爰（猨）居，思外，七曰瞻（詹）諸，八曰兔務（鶩），
　　　　九曰青（蜻）靈（蛉），思外，十曰魚族（嘬），此謂十埶
　　　　（勢）。」❷

---

❿　　《馬王堆古醫書考釋》，頁 43－44。
❷　　劉曉路《馬王堆所見的長沙國》，《中國出土資料研究》第 3 號，1999 年。
❷　　《馬王堆漢墓帛書（肆）》，頁 165。

所謂「十勢」、「八道」等性交技法，就是經過長期的觀察，模倣特定動物、生物的性交姿態，進行實踐而確立的。同時，它又強調有必要重複每種動作達到一定的次數。這表明它與古代導引術具有相同之處。房中至道是在徹底學習、掌握「玉閉」（控制射精行為）技術的基礎上，進而追求導引的效果。所以，本篇又把這種房中至道使用的主要技法稱為「房中導引術」。而且，我們應用現代運動生理學、性醫學科學等現代自然科學的研究成果驗證其中的運動效果。但是由於篇幅的關係，將這個部分的內容放在下一篇詳細討論。此節主要分析它與古代一般導引術的關連性，探討房中至道產生的地區，及其與氣候、環境等關係。

　　《莊子・刻意》篇把彭祖作為導引行氣的祖師。《淮南子・齊俗》篇云：「今王喬，赤誦子，吹呴呼吸，吐故納新，遺形去智，抱素反真，以遊玄眇，上通雲天」，認為他們是古代著名的導引行氣的專家。漢・高誘對此注釋：「王喬蜀武陽人也，為柏人令得道而仙。赤誦子上谷人也，病癘入山導引輕舉假上也」。❷❷上谷郡在戰國時代屬燕國，相當現在河北省北西部。從這個文獻記載很難判斷王喬與導引關係的程度，可能當時全國散在幾個導引行氣的團體，其中至少存在一個北方流派。❷❸但是，當時導引等養生運動一

---

❷❷　漢・高誘《淮南子注》，上海書店，頁 178，1992 年。

❷❸　《中國大百科全書（中國地理）》（中國大百科全書出版社，1993 年）：「秦嶺－淮河一線是南北地域分異的重要地理界線」（頁 5），「至全新世初期，中國動物區系的地理分布基本上已與現代接近。……中國大陸的動物區系分屬於兩個界，南部約在長江中、下游以南。……北部自東北經秦嶺以北的華北和內蒙古。……根據大多數代表性動物的分布，這一界線大致相當

般很難為從事農業生產等體力勞動者所接受，對於居住在都市的貴族、官僚、文化人、商人，以及一般市民來說，還是具有一定的保健價值。❷醫經《素問》認為居住於中央地區的人，因潮濕的地理環境而發生的肢體、關節等病痛，可以應用導引等方法治療。❷但是，所謂「中央」究竟是指什麼地方呢？它與開發導引術又有什麼樣的關係呢？如果把中央直接理解為導引的發祥地，可能就顯得很輕率。

　　《史記》卷一百二十九〈貨殖傳〉主要評價當時社會的經濟活動及其產生的效果。其中談到醫生這種職業時，認為「醫方諸食技術之人，焦神極能，為重糈也。」這也就是說包含醫術在內的各種方技開發競爭是非常激烈的，其中也有不少人是為了糊口生活。但是，以政治、軍事為中心發達起來的戰國時期大都市，逐漸地變為商業活動、文化娛樂的場所，而且隨著非生產性消費經濟的發達，市民文化也就更加繁榮。❷《莊子·天下》篇云：「天下治方術者

於秦嶺和淮河一線。」（頁 682）所以本文就以此為準分稱「北方」與「南方」。

❷　《引書》：「貴人之所以得病者，以其喜怒之不和也。……吸天地之精氣，實其陰，故能毋病。賤人之所以得病者，勞卷（倦）饑渴。……有（又）弗智（知）昫（呴）虖（呼）而除去之，是以多病而易死。」（張家山漢簡整理小組〈張家山漢簡「引書」釋文〉，《文物》第 10 期，頁 86，1990 年）

❷　《素問·異法方宜》論：「中央者，其地平以濕，天地所以生萬物也眾，其民食雜而不勞，故其病多痿厥寒熱，其治宜導引按蹻，故導引按蹻者，亦從中央出也。」（傅景華等點校《中醫四部經典》，中醫古籍出版社，頁 16，1996 年）

❷　宮崎市定《中國古代論》，平凡社，頁 112－127，1988 年。

多矣，皆以其所有為不可復加矣。」可以想像當時的都市已經成為
示演各種方術的重要場所，不同的方術通過大都市而流傳於南北各
地。大都市也就成為方術的交流、融合、流傳的一個重要基地。各
種方術經過激烈的競爭，只要能得到權勢者、官僚、貴族乃至帝王
的承認，不僅可以換得金錢財富，也有因此成為專業技術人員而得
到一官半職，奉命服務於朝廷。❷

　　有學者對古代採集草藥的地區進行分析，認為在太行山、嵩
山、冤句、邯鄲之間形成一個四角形。❷我們以為當時藥物主要交
易地點，就在接近這個四方形中心地的定陶。《史記》卷一百二十
九〈貨殖傳〉說：「朱公以為陶天下之中，諸侯四通，貨物所交易
也。」司馬貞注釋：「陶，今定陶也。」❷定陶是鄰接齊、宋、魏
等國的一個地方，相當於現在河南省東北部與山東省西部一帶。這
是當時貿易盛行的中心地，古人把它當作中國的中央並不奇怪。另
外，論及有關導引、行氣的老子、莊子、彭祖、華佗等人的出生
地，也都在定陶的附近。

　　在有關導引技法的古代文獻資料中，《莊子·刻意》篇的「熊
經鳥伸」一文可能是最早的記述。《淮南子·精神訓》說：「熊
經、鳥伸、鳧浴、蝯躩、鴟視、虎顧。」隨後，華佗製作的「五禽

❷　《史記》卷二十八〈封禪書〉：「自齊威、宣之時，騶子之徒論著終始五德
之運，及秦帝而齊人奏之，故始皇采用之。而宋毋忌，正伯僑，充尚，羨門
高最後皆燕人，為方僊道，形解銷化，依於鬼神之事。騶衍以陰陽主運顯諸
於侯。」

❷　山田慶兒《中國醫學の起源》，岩波書店，頁 149−153，1997 年。

❷　《史記索隱》（《史記》卷一百二十九注，中華書局，頁 3258，1972 年）。

戲」，以及《抱朴子·雜應》篇中記述有關導引的內容，都可以看到「熊經」與「鳥伸」，它們已經成為導引術中不可缺少的二種技法。這裏的「鳥」可能是指雞或鶴，但尚未定論。一九八三年湖北省江陵縣張家山發掘了西漢初期的古墓，從中出土了竹簡《引書》。它詳細地介紹了模倣熊、龍、猿、虎、狼、鹿、尺蠖、蛇、雞、螳螂、鴟鴞、蛤蟆等十幾種動物動作的導引方法。其中有說：

> 「龓（龍）興者，屈前胻（膝），信（伸）後昔（錯）兩手，據胻（膝）而印（仰）」、「雞信（伸）以利肩婢，反搖（搖）以利腹心，反旋以利兩胠，熊經以利朕背，復據以利要（腰）。」[30]

從中不但可以確認熊經與雞（鳥）伸的導引項目，同時還可以看到模倣傳說動物龍的動作，即所謂「龍興」的導引法。龍是傳統表示瑞祥的象徵。如《詩經·商頌·玄鳥》篇所唱：「龍旗十乘，大糦是承」，可以看到在殷商的國家祭祀之中，龍已經成為一種重要的標誌。[31]但是，南方的楚人並不喜歡這種傳說的動物。[32]

熊是屬於寒溫帶針葉林的動物，它主要棲息於我國的東北地

---

[30]　《張家山漢簡「引書」釋文》，頁 82、86。

[31]　劉志雄、楊靜榮認為「龍正是商文化中多種文化成份融合的產物」（《龍與中國文化》，人民出版社，頁 62，1992 年）。

[32]　張正明《楚文化史》第四章第十節，上海人民出版社，1987 年。

區。❸❸殷商時代氣候比較溫暖，鱷魚、犀牛、大象等溫熱帶動物也曾棲息於黃河流域的中原地區（華北區）。西周以後，由於自然環境的異變，氣候轉向寒冷，棲息的動物種類也發生很大的變化。❸❹《引書》為了促進冬季的健康保健，勸人要「手欲寒，足欲溫，面欲寒，身欲溫。」❸❺北方的冬季天寒地凍，寒氣多從地上襲來，所以人們特別注意腳、腿部等下半身的保溫。南方的冬天北風當頭，所以保溫的重點一般放在上半身的頭部、上肢等。所謂「南頭北足」，就是根據南北氣候環境的不同而形成不同的保溫習慣。我們認為《引書》可能是編纂於北方地區的。而且，可以確定以「熊經龍興」為特徵的導引術，也是開發於北方地區的。

馬王堆漢墓出土的由四十四型導引款式組成的「導引圖」。其中所模仿的動物是：螳螂、鶴、雞（鳥）、猿、熊、狼、鸇等。此外，與《引書》一樣模仿龍動作的導引法「龍登」也得到確認。有學者推測這幅「導引圖」與成書於戰國後期的《引書》，皆流行於中國南方楚文化圈，而且兩者在內容上也存在密切的關係。❸❻也有學者指出「導引圖」上所畫的人物服裝，是西漢初期一種最常見的

---

❸❸　《中國大百科全書（中國地理）》把中國動物地理分為二大界、三亞界與七區。七區為：東北區、蒙新區、青藏區、華北區（「南抵秦嶺，淮河」）、西南區、華中區（「四川盆地以東的長江流域」）、華南區（頁 682－684）。熊、鶴等屬於東北區的動物（頁 682）。

❸❹　竺可禎《中國近五千年來氣候變遷的初步研究》，《考古學報》第 1 期，1972 年。

❸❺　《張家山漢簡「引書」釋文》，頁 82。

❸❻　高大倫《張家山漢簡「引書」研究》，巴蜀書社，頁 39，1995 年。

式樣。❸由此，可以推導「導引圖」的製作可能遲於《引書》。《春秋繁露》把鶴與猿作為長壽動物的象徵，並以它們的生息環境與習性解釋服氣導引的原理。❸《抱朴子‧對俗》篇亦云：「熊壽五百歲者，則能變化。」❸這可能是因為熊生活於嚴寒的北方大地，為了尋找獵物有時要站立走動，這種姿勢比較少見而受人注目。

　　但是，《至道談》與《合陰陽》記錄著十種同樣的動物：虎、麗、猿、兔、蟾、蝗、蟬、蜻蛉、蠪與魚，其中有哺乳類、兩棲類、爬行類、鳥類、昆蟲類以及魚類，就是看不到所謂「熊經龍興」這兩種北方導引流派中不可缺少的動物技法。

　　十勢中的「虎流」，《和陰陽》又作為「虎遊」，從字面可以理解為虎游於水中的動作。根據《中國動物誌》獸綱第八卷介紹：虎特喜歡水，天熱時常在河谿中游泳，而且善於游泳，甚至長達數公哩。❹虎是肉食類的大動物，強壯兇猛，動作敏捷，喜好棲息針闊葉林混交的山中，晝伏夜動。中國大地主要有東北虎與華南虎兩

---

❸　陳國安《長沙馬王堆一、三號漢墓服飾述論》，《馬王堆漢墓研究文集》，湖南省博物館編，湖南出版社，1994 年；馬繼興，周世榮《馬王堆三號漢墓帛畫導引圖的初步研究》，《馬王堆漢墓研究》，湖南人民出版社，1981 年。

❸　《春秋繁露‧循天之道》：「鶴之所以壽者，無宛氣於中，是故食冰。猿之所以壽者，好引其末，是故氣四越。」

❸　《抱朴子》，上海古籍出版社，頁 15，1990 年。

❹　高耀亭等編《中國動物志》獸綱第八卷，科學出版社，頁 356，1987 年。《松江府志》卷九十一〈志逸‧浮虎〉：「（萬曆）丁未九月，金山衛海中浮二虎，至傷三、四人。昔年倭寇時，亦有二虎暴海上。」（明‧方岳貢修、陳繼儒纂，明崇禎四年增刻本，頁 18）。

種。東北虎起源於亞洲東北部，有著漫長的進化歷史，為主分佈於俄羅斯的西伯利亞，中國東北的小興安嶺和長白山地區。它體形雄健，肩高 1 米以上，身長 2 米以上，尾長約 1 米，體重可達 300 公斤以上，素有「叢林之王」的稱號。華南虎是中國特有的一個亞種，它曾經廣泛分佈於福建、江西、廣東、湖南、湖北、江蘇、安徽、貴州、四川、陝西等地，可以歸結為秦嶺以南、青川邊界以東的廣大區域。華南虎體型偏小，明顯地小於東北虎，而且毛短而密，色深呈棕黃，條紋較寬。東北虎毛長而厚，色淺呈淡黃，黑紋較窄。根據虎皮的比較也表明它大於華南虎。❹

　　早在《易經》以及《禮記》中就已經出現一些虎的記載。❷《太平御覽》收錄著許多古籍有關虎的記述，並分為上下兩集，其中《春秋考異郵》提到：「虎首尾長七呎」❸，但沒有收載虎喜歡游泳等習性。揚雄（公元前 53－公元 18 年）在《方言》卷八中記載當時各地虎的俗稱時說：「虎陳魏宋楚之間或謂之李父，江淮南楚之間謂之李耳，或謂之𪎩於自關東西，或謂之伯都。」❹所謂「關東西」，是以當時的關中，即以秦漢時期定都於現今陝西的王朝所在地為中心，通稱函關或潼關以東的地區為關東，以西的地區為關西。由此可以推定《方言》中所言及各地不同的虎，可能多指華南虎。

---

❹　　同上，頁 356。

❷　　《易經》：「履虎尾，咥人，兇」（履卦），「虎視耽耽，其慾逐逐，無咎」（頤卦），「九五，大人虎變，尾佔有孚」（革卦）。《禮記月令》：「仲冬之月，……虎始交。」

❸　　《太平御覽》卷八九一，中華書局，頁 3957，1992 年。

❹　　《景印文淵閣四庫全書》第 221 冊，臺灣商務書館，頁 332，民國 72 年。

　　春秋戰國之際，燕國在燕昭王（公元前 311－279 年）時擊退東胡，卻地千餘里，在北邊設置上穀、魚陽、右北平、遼東、遼西五郡，而且脩建長城西起造陽東至遼東、滿潘汗。秦末由於政治混亂，外族入侵，其疆域還小於戰國末年。現今的東北地區，當時是滿人的祖先肅慎部族的居住地，漢代又稱為挹婁等。東北地區原為準平原狀態，第四紀以來東西兩側斷塊撓折隆起，形成大小興安嶺、長白山，東北北部為永凍土帶，冬季漫長，氣候乾冷，夏季又很短暫。❹所以，在這種氣候寒冷、人煙稀少的地方，很難想像有人會在這裏觀察與記載有關虎在水中游泳的體態。

　　十勢中的「困暴」，《和陰陽》又作為「困桷」。多數學者考釋「困」是麕或麇，也就是獐。❻《說文解字》曰：「麇，獐也。」《詩經·國風·野有死麕》：「野有死麕，白茅包之，有女懷春，起士誘之。」有的學者把「麕」解釋為「麟」，以示當時求女用麟為贄的習俗，但其求證的方法很難使人信服。❼《舊唐書》卷二十一〈禮儀志〉說：「曁幽、厲失道，平王東遷，周室寖微，諸侯侮法。男女失冠婚之節，野麕之刺興焉」，認為此詩是平王東遷後的作品。今人結合分析其中《周南》和《召南》的詩作內容與寫作技巧等，多數認為這「二南」可能是東遷前後的詩，其產生地

---

❹　《中國大百科全書（中國地理）》，中國大百科全書出版社，頁 700，1993 年。

❻　周一謀（《馬王堆漢墓出土房中養生著作釋譯》，頁 105）、宋書功（《古代中國房室養生集要》，頁 89）以及馬繼興（《馬王堆古醫書考釋》，頁 1048）三氏注釋相同。

❼　聞一多：《古典新義·野有死麕》，《聞一多全集》卷一，開明書店，頁 130，1967 年，乙。

不是在陝西岐山地區，可能是在河南的臨汝、南陽和湖北的襄陽、宜昌、江陵一帶❽，地勢逼近長江北岸。《史記》、《漢書》等正史幾乎看不到有關麢的記載。《太平御覽》卷九百七中收錄有關獐與麢的記載僅十餘條，上從春秋戰國下至宋代近兩千年間，而且多是偶然竄入江淮一帶官府的記載，可見這種動物在江淮地區已經是一種很少見的動物。而且，麢是一種棲息於華中地區，長江中、下游的特有動物。❾而且《至道談》所出示的生物、動物的種類比較多，活動範圍比較大，出現於自然環境豐富、氣候溫暖南方地區的可能性最大。所以，可以推定長江中、下游的南方，是《至道談》撰著者研究觀察這些動物、生物的中心地區。

此外，還有一個不可輕視的證據，就是遵循自然環境變化的古代養生思想。《引書》冒頭云：「春產，夏長，秋收，冬藏，此彭祖之道也」❿，繼而論述伴隨著四季變化、陽氣發生生、長、閉、藏的現象，以及由此影響身體與房中的時間。這種導引專著顯然已經接受了道家「道法自然」的思想，完全承認必須順應自然環境變化的養生原則。與此相比，《至道談》還沒有出現有關季節的詞語。它所強調的是：「凡彼治身，務在積精。精贏（贏）必舍，精夬（缺）必布（補）」⓫，也就是所謂以調和補瀉為主的養生原則。

---

❽　程俊英《詩經譯註》，上海古籍出版社，頁 1－2，1995 年。

❾　《中國大百科全書（中國地理）》：「獐的分布亦限於本區（華中區）。」（頁 684）「獐分布在中國長江中、下游。」（《中國大百科全書（中國生物Ⅲ）》，中國大百科全書出版社，頁 2166，1992 年）

❿　《張家山漢簡「引書」釋文》，頁 82。

⓫　《馬王堆漢墓帛書（肆）》，頁 163。

這與《老子》第七十七章所說的「天之道，損有餘而補不足」有相似之處。《老子》第二十五章所說「道法自然」等，已經出現重視地理環境、季節變化的養生思想，而這種觀念尚未出現於《至道談》。

但是，《十問》第四問已經在房中術中導入容成服氣法，並指出遵循氣候變化的必要性，同時要求盡量避免四季的邪氣。這些見解也成為漢代以後出世的房中術專著中不可缺少的內容。例如，《醫心方・房內》篇引錄《素女經》、《洞玄子》的條文中，都主張房中術要「法陰陽，隨四時」的重要性。通過以上的分析，說明房中術發展到秦漢時期，已經明確地受到道家思想的影響。但是，在其形成的初期階段，幾乎無視季節變化的因素。所以，可以認為房中至道是開發於沒有激烈的季節變化，像南方那樣溫暖的氣候環境之中。

總而言之，以「熊經龍興」為特點的《引書》、「導引圖」的導引方法，是以棲息於北方地區的動物為模特，以及受到北方相關文化影響創作而成的。北方的導引流派通過影響其周邊地區，繼而再流傳到長江以南的假說如果可以成立的話，那麼南方的王侯、貴族從秦中直接把「導引圖」帶回長沙的推理應該說是不會出大錯的。但是，從《至道談》中看不到利用北方傳來「熊經龍興」導引技法的痕跡。所以，我們可以從《至道談》所展示的房中導引體系，導出這樣一個結論：就是在「導引圖」傳來長沙之前，《至道談》這種房中養生文獻已經成立。而且，可以說它是在南方獨特的自然環境中，由編著者自己日常精心觀察的動物、生物的性交姿態，獨自構思創作的房中導引術。

四、房中基礎理論的確立

儒教的道德觀，盡力排除包括性在內追求快樂的行為，認為這樣可能引發人的欲望，使人墮落。相反儒教的倫理觀，為了早生男兒，傳宗繼嗣、成全孝道，除迎妻正娶之外，完全許可收納多數小妾。而且在家庭之內，對妻妾之間的關係都有明確的規定。❺❷為了維持家庭的秩序，以及妻妾之間的圓滿關係，性又成為一種不可缺少的調節劑。❺❸另一方面，《至道談》又說：「孫（損）生者色也」❺❹，認為性行為有損害人體的健康與壽命。西漢初期的大儒家董仲舒在《春秋繁露・循天之道》篇中說：「是故君子甚愛氣而遊於房，以體天地」，認為要有節度地進行性生活，並且提出不同年齡的具體射精次數。青年男子一般十天一次，中年男子二十天一次，四、五十歲的人四十天一次。❺❺總之，古人認為伴隨著性行為的射精、排泄精液於體外，就會損失體內貴重的精氣，影響身體的健康，甚至招致疾病的發生。這種觀念不僅占領著古代養生、醫學等領域，可能自古以來就一直支配著中國人的思想意識，至今依然

---

❺❷ 《禮記・內則》：「夫婦之禮，唯及七十，同藏無間。故妾雖老，年未滿五十，必與五日之御。……妻不在，妾御，莫敢當夕。」

❺❸ 《至道談》：「嬲樂之要，務在房（遲）久，句（苟）能遲久，女乃大喜，親之弟兄，愛之父母。」（《馬王堆漢墓帛書（肆）》，頁 167）

❺❹ 同上，頁 165。

❺❺ 《春秋繁露・循天之道》：「君子治身不敢違天，是故新壯十日而一遊於房，中年者倍新壯，始衰者倍中年。」

根深蒂固。**56**

　　《至道談》主張「凡彼治身，務在積精」，認為房中至道的主旨在於蓄積與增強精氣，以「是故老者復壯，壯【者】不衰」**57**為其主要目的。也就是說修煉房中至道，不僅可以控制自身的射精，不致隨欲排泄精液於體外，同時應用導引法又可以增強體內的陰氣，這樣就可以達到增進健康、抑制老化、延長壽命的效果。《至道談》以人的老化與性行為的關係為焦點，討論男性老化的一大特徵，也就是有關陰莖勃起障害與性機能衰退的原理。正如它所強調的「是以聖人合男女必有則也」**58**那樣，不僅要求遵守「八益」與「七損」等有關性生活的法則，而且還提出性機能的衰退直接關係人體老化的問題，為此建立了「則年行四十而陰氣自半也」**59**的老化基礎理論。

　　戰國時代就已經出現人可以活到百歲，即所謂「天年」的壽命說。而且，古人設想在活到百年的人體之中，作為身體機能活動的

56　《內經》就認為過度的性生活是形成疾病發生的一種原因，這種認識可能是源於古代養生學。自《傷寒卒病論》以來就把它定為內傷病的病因之一。《史記·扁鵲倉公傳》記載的二、三十個的病案中，以為大部分是由過度性生活所致。根據劉達臨主編《中國當代性文化》（上海三聯書店，頁 103，1995 年）對 2,956 名的大學生進行有關性知識的調查，其中設問對「一滴精，十滴血」的說法如何評價。認為「沒有根據」的男女回答比率各自為54%、50%。也就是說有將近半數的男女學生認為這種說法是有一定道理的。由此可以推測在一般大眾中這種意識可能更為嚴重。

57　《馬王堆漢墓帛書（肆）》，頁 164。

58　同上，頁 165。

59　同上，頁 164。

陽氣與維持身體活動能源的陰氣，在理論上陰陽雙方的消耗是平行地進展著。隨著年齡的增大，陰氣的耗損，陽氣也就出現相應的衰退。《素問·上古天真論》說：「故能形與神俱，而盡終其天年，度百歲乃去」⑩，認為一個人至少可以活到百歲，才盡天年而死去。根據這種理論，當人活到五十歲的時候，理論上陽氣與陰氣各自消耗百分之五十。假如由於房室過度，無益地排泄精液於體外，四十歲男人體內陰氣的消耗就可能超過一半，也就是達到百分五十以上。依照這樣單純的推算，就意味著老化已經提前了十年，這就是所謂四十歲「陰氣自半」的老化學說。它基本上是確立於無視法則的性生活而引起體內精氣耗散的理論之上。

　　《素問·上古天真論》還詳細地討論了男女老化過程的身體變化。女性大約在三十五歲至四十二歲之間，體內氣血開始衰弱，特別由於通過頭部顏面三陽脈氣血量的減少，皮膚光澤開始減退並出現皺紋，頭髮開始脫落並出現白髮。四十五歲至五十歲之間，月經功能與生育能力基本消失。男性從三十五歲至四十歲，是體力與精力最旺盛的時期。過了四十歲，腎氣開始衰弱，表現為頭髮開始脫落，牙齒動搖，牙齒表面的光澤消失。五十歲前後顏面出現皺紋，頭髮開始變白。五十五歲出現運動機能的低下。六十五歲前後生育能力消失。換現代醫學術語而言，女性從三十五歲，男性從四十歲開始發生老化。根據現代老年醫學的研究，人從三十五歲起，幾乎所有體內的臟器開始縮小，全部器官及其機能開始出現衰退現

---

⑩　《中醫四部經典》，頁 3。

象。**❻**至於老化的原因非常複雜，現代醫學至今尚未得出一個定論。

　　《至道談》認為陰莖比其他臟器先出現衰弱的最大原因，就是因為無視八益與七損的性交法則、過度的性生活所致。古代醫家認為陰莖勃起衰弱並不局限於陰器的局部變化，是與全身老化的進展有關。**❻**《至道談》首先記述：

> 則年行四十而陰氣自半也，五十而起居衰，六十而耳目不葱（聰）明，七十下枯上沈（脫），陰氣不用，溧泣留（流）出。

等全身老化的症狀，而且對這樣身體的變化，又提出：「故善用八益，去七孫（損），耳目葱（聰）明，身膻（體）輕利，陰氣益強，延年益壽，居處樂長。」**❻**這是認為盡早學習、掌握房中至道，將有益於增強體內的陰氣，恢復身體健康，阻止老化的進展。

　　《至道談》這種四十歲「陰氣自半」的老化學說，已經為現存最早醫典《黃帝內經》所引用。《素問·陰陽應象大論》云：「能

----

❻　Strehler, B.L.: Time, Cell, and Aging. Academic Press, New York & London, 1962; Hruza, Z.: Aging of cells and molecules, Hdb. Allg. Pathol. 6/4 Altern (Altmann, H.-W. et al. eds.):83-108, Springer-Verlag, Berlin, Heidelberg & New York, 1972.

❻　根據中醫的臟腑理論，腎臟主精氣、生殖機能與陰器等，陰莖衰弱為腎臟虛弱，精氣不足的徵候。現代醫學也很早就開始注目生殖器官與老化現象之間的關連性（尼子富士郎《老化》醫學書院，頁 142，1974 年）。

❻　《馬王堆漢墓帛書（肆）》，頁 164、165。

知七損八益,則二者可調,不知用此,則早衰之節也。年四十,而陰氣自半也,起居衰矣;年五十,體重,耳目不聰明矣;年六十,陰痿,氣大衰,九竅不利,下虛上實,涕泣俱出矣。……愚者不足,智者有餘。有餘則耳目聰明,身體輕強,老者復壯,壯者益治。」**❻❹**但《內經》沒有引用《至道談》的房中至道,以及八益七損等具體內容。這篇為主解說養生、長壽與遵循自然環境、四季陰陽變化重要性的《內經》醫學總論,也只能簡潔地介紹房中至道中有關老化的主要論點。這也說明房中至道的理論,已經得到漢代醫學界的正式評價,同時提供了《至道談》早於《素問》成書的一個證據。

這種四十歲開始「陰氣自半」的老化學說,埋沒一千多年以後被初唐名醫孫思邈(公元 561?-682 年)再次提出。《備急千金要方·房中補益》篇說:「論曰人年四十已下多有放恣,四十已上即頓覺氣力一時衰退。衰退既至,眾病蜂起,久而不治。……故年至四十須識房中之術。」**❻❺**他以這種老化說為基礎理論,根據自己長期臨床觀察的經驗,提出四十歲是進行「房中補益」的最合適年齡,也主張四十歲以上的男性必須學習房中術。養生家認為四十歲以下的中年人,即使在性生活中有過度使用體力,對於身體可能不會有很大的影響;但年齡過了四十,身體開始老化,房事過度就容易引發疾病。如果對此繼續放任,不採取積極的預防措施,就有可能發展到不可救藥的地步。孫思邈強調為了增進健康,四十歲以上

---

❻❹ 《中醫四部經典》,頁 9。

❻❺ 《備急千金要方》卷二十七,宏業書局,頁 488,1987 年。

的人有必要認真學習、實踐房中術。他之所以在《備急千金要方》中特設「房中補益」一節並進行解說，是因為他深刻地體會到千年以前確立的性與老化理論的價值，感到唐代的醫學界有再次認識這種理論的必要性。

五、性本能否定與性教育

《至道談》不但確立了房中補益的基礎理論，強調學習房中至道的必要性，而且還提出有關人之本能的獨自分類。其中有這樣的記述：

> 人產而所不學者二，一曰息，二曰食。非此二者，無非學與服。故貳生者食也，孫（損）生者色也，是以聖人合男女必有則也。❻

如果根據《至道談》的說法，所謂本能，就是新生的嬰兒不需要經過任何學習或教育，天生自然地進行呼吸，吸吮乳汁等攝食行動。有必要通過學習實踐，或接受相應的教育才能熟悉掌握的行為，就不能把它們輕易地歸於本能的範圍。這種把性行為排除於本能之外的分類，至今尚未見於其他的古代文獻資料。這可能與《至道談》曾為極少數人獨占的緣故有關。

中國古代有關本能的分類問題，通常以《孟子》與《禮記》為

---

❻　《馬王堆漢墓帛書（肆）》，頁 165。

主。《孟子·告子上》篇云：「食色，性也。」《禮記·禮運》篇亦云：「飲食男女，人之大欲存焉。」儒家認為所謂性，是伴隨著人的出生而具有的，欲又是萌發於心。所以，與攝食行動一樣，性行為也是一種本能的表現。現代人文社會科學認為人是一種高級的動物，如果從動物的角度理解本能的問題，所謂本能也就是生存的欲望，其中包括自身的生存與種的保存。換而言之，也就是指食欲與性欲的問題。這種結論看起來與《孟子》、《禮記》的觀點很相似，但現代社會科學的本能概念，與以知性為標準區別人與動物的儒家思想又有不同之處。

而且，由於性科學的研究進展，以往稱為「本能」的性行為，在現代心理學的領域中已經逐漸被消除，取而代之的就是新出現的「性衝動」概念。㊼一九三九年思頓（Suton）把有關於促進生殖的一系列生理性欲求（由於外來的刺激）的結果定義為性衝動。雖然這種定義得不到多數人的同意，但自從性衝動這個術語出現以來，逐漸地取代了性本能而形成一種新的概念。呼吸、攝食等本能是維持

㊼ Grosman 認為：「所謂性衝動，是器官的要素（激素和中樞神經系統）與外界的刺激（其結果是帶來與性交聯結的反應）相結合的總和。……與所有的行動聯結而獲得性交與性高潮。」這種定義大多數人認為比較妥當。性衝動不單出現於人，在動物中也同樣可以見到。高等動物性衝動的出現，與其說是由體內變化所引起的，不如說與外環境變化有著密切的關係。外刺激以分泌激素的形式作用於健康而成熟的器官，使之出現性的欲求。但其反應能力是由學習而獲得的。現在已經很清楚中樞神經系統（腦）對外環境與體內器官的相互作用起著重要的作用。總之，包括人在內的高等動物的性行動是出生後通過學習而獲得的（石濱淳美監譯〈健全な性生活〉，《WHO 健康百科》，第五卷，同朋社，頁 80─81，1986 年）。

生命不可缺少的行動。這對於生命體來說，因某種生物學上的不足
（如口渴、饑餓、缺椏、疲勞等）使機體產生不均衡的狀態，腦對這種
不均衡所引起的心理反應就稱為「衝動」。因為，不解除這種體內
不均衡狀態，就有可能危及生命。性本能原來是從種的保存觀點進
行分類的，但性衝動並無關係到個體的生死危險。其次，生理性欲
求不能等同於性的欲求，而且性行為本身也不是只限於生殖目的。
《論衡·物勢》篇早就指出：「夫婦合氣，非當時欲得生子，情欲
動而合，合而子生矣。」二千年以前的人就已經認識到女性的懷孕
與性衝動之間，根本不存在直接的關係，懷孕生子只不過是性行為
的一種結果而已。

　　初期道教經典《太平經》云：「比若嬰兒生，投一室中，不導
學以事，無可知也。」❻❽這是說如果把剛出生的嬰兒隔離一室養
育，不教他任何知識的話，長大的孩子將無法理解社會上的任何事
情，借此強調人接受教育、通過學習、參加實踐以掌握知識的重要
性。動物經常因後天的條件而隱避它的本能。動物學家哈羅
（Harlow）曾做過有名的猿與性的試驗，以證實這種現代動物學的
發現。他把曾經從小在一個集團群居生活過一段時間的幾只小猿，
在它們未成年之前就隔離於這個集團進行單獨飼養，並且在它們長
大之後再放回這個原來的集團，這樣就可以發現，這幾只猿不能很
好地完成與異性猿之間的性接觸。❻❾這個試驗的結果表明，集團生

❻❽　王明編《太平經合校》，中華書局，頁 259，1992 年。

❻❾　Harlow, H.F. & Harlow, M.K: The Effect of Rearing Conditions on Behavior
Bulletin of the Menninger Clinic, 26, p.213-224, 1962; "Social deprivation in
monkeys" Vistas in Neuropsychiatry, University of Pittsburgh Press, 1964.

活可以使猿在成長期學習性的知識，而且這種經驗對於成年猿的性衝動具有決定性的意義。同樣的現象也發現於老鼠、兔子等下等動物。**⑦**

　　當然，對於人不可能進行同樣的試驗。《太平經》所說的可能只是一種設想而已。但是，世界上已經出現過不少有關「野生兒」的事例報告。他們由於各種原因從小成為野生，由狼等動物育養長大。當他們被發現帶回人的社會，與人生活的初期階段，他們在性方面不會向任何人表示興趣。他們即使有發生性衝動，也不知道得以滿足的方法。這是說明對人有必要進行性教育的最好例子。為了使人「學習」性的行動，有必要在社會集團中共同生活。**⑦**《至道談》所提出的有關本能的分類，不是從根本上否定人的性本能，因為事實上存在因過度性生活而造成健康的損害。他們正是從種的保存與健全生命的觀點，否定了性的本能，強調有必要學習、修煉房中至道。

　　古代社會有關性的學習與教育的記述，在現存文獻資料中並不多見。但可以推測當時上層社會的子弟在辟雍（古代的學校）中可能學到有關性的知識。《白虎通義·辟雍》篇明確規定教育的目的和內容等，封建貴族、官僚的子弟除了必須學習的知識，掌握各種技能以及教養之外，可能接受一定程度的性教育。因為在封建社會中，「父所以不自教子何為，恐瀆也。又授之道當極說陰陽夫婦變

---

⑦　《健全な性生活》第五卷，頁 83。
⑦　同上，頁 85-87。

化之事，不可父子相教也。」❼儒教把父子關係看得非常神聖，作為父親自然不能隨便對兒子傳授性的知識，所以有可能通過學校教育彌補這種知識的缺陷。而且，兩漢的官學把《易經》作為儒學必修的經典，其中有關陰陽部分就有「男女構精，萬物化生」等，讀解這些問題也就可能學習一些性的知識。現在已經無法了解辟雍內有關性教育的內容，也許有簡介《漢書·藝文志》收錄的房中術專著的可能性。

　　延至東漢時期，房中術得到廣泛的應用與發展，同時社會上對房中術的影響也存在著贊否兩論。王充（公元 27－107 年）認為素女流的房中術是猥褻之教，並提出強烈的批判。❽同時代有名學者張衡（公元 78－139 年）所作的《同聲歌》❾，假借新婚女子之口唱出遵循素女所教的房中術，渡過新婚初夜的幸福心情，以及對素女的感謝心意。專用於男性的房中術，意外地受到年輕女子的真心歡迎，可能是因為性和欲得到充分的調和，提高了性生活的質量。可以說這也是房中術發展的一個重要因素。《素女經》冠女子之名大講房中之道，這種專著的出現可能更有利於房中術的傳播。在《漢

---

❼　《白虎通義·辟雍》篇（《白虎通義外十三種》），上海古籍出版社，頁33，1992 年。

❽　《論衡·命義》篇：「素女對黃帝陳五女之法，非徒傷父母之身，乃又賊男女之性。」有學者推測這是三女（素女、玄女、采女）之誤（高羅佩著，李零等譯《中國古代房內考》，上海人民出版社，頁 112，1990 年）。山田勝美認為「五」當為「御」字（《論衡》，明治書院，頁 101，平成 5 年）。

❾　《同聲歌》：「素女為我師，儀態盈萬方，眾夫所稀見，天老教軒皇。」（丁福保輯《全漢三國晉南北朝詩》，全漢詩卷二，無錫丁氏，頁 10，1916 年）

書》中未立「方術列傳」的班固（公元 32－92 年），如果當時社會上沒有流行房中術，自然就不會把房中專著收錄於「方伎略」。此外，《論衡》命義篇把「五女」作為性教育的旗手，這種提法可能很早以前就已存在。因為《養生方》就記述著少娥、南娥、西娥等女子教禹王「合氣之道」。

　　另外，媒妁這種婚姻介紹制度的形成，意味著社會開始進入嚴格限制年輕男女的交際，以及婚約男女的見面機會。所以，結婚儀式就成為教育新婚男女性知識的重要場合。根據《儀禮·士昏禮》的記述，新婚夫婦的侍者在新婚儀禮的過程中，舉行了多種男女交互的儀式，以及進行相關聯的指導，其中都包含著示教男女媾交的內容。❼這些示教、指導的內容與方式又含有緣起繁榮子孫的意義。這種傳授性知識、男女媾交的專職出現，對於充實與發展房中術的社會基盤也有著很大的作用。

六、房中術展開的社會背景

　　在我國延續了幾千年的「一夫多妻」婚姻形態，被徹底廢除至

---

❼　鄭玄《儀禮注疏》卷五：「媵，送也，謂女從者也。……夫婦始接，情有廉恥，媵，御交道其志。」而且認為「姆，婦人年五十無子，出而不復嫁，能以婦道教人……若今時乳母。」例如，結婚夜晚新婚夫婦的侍者相互鋪床，互食夫婦剩下的餘菜等，「釋曰：亦陰陽交接之義」（《十三經注疏整理本》（7），北京大學出版社，頁 92、88、98 頁，2000 年）；尚秉和著，秋田成明編譯《中國社會風俗史》（平凡社，頁 237，1970 年）也同意這種解釋。

今尚未滿六十年。根據甲骨卜辭的研究，殷商的武丁王就擁有六十四人妻妾。❼同時從安陽殷墟發掘的多數商朝小型墳墓，也能確認一男一女的合葬形式。這表明庶民階層已經存在所謂「一夫一妻」的婚姻形態，但可能不是一種普遍的現象。❼❼從西周至春秋時代，諸侯、貴族階層盛行「一夫一妻多妾制」的婚姻，大夫階層許可妻子以外再娶二妾，士的階層允許一妻一妾。進入戰國時代，多數的王侯、貴族都擁有數百人的妃子或妻妾。此後，秦始皇帝、漢武帝等帝王更加猖狂，發令從全國選送「好女」進宮。東漢還出現為修煉房中術從全國選集大量美女的帝王。❼❽漢代不僅上層社會的貴族、官僚可以擁有數十人乃至數百人的妻妾，豪富、商人也同樣可以迎娶多人數的妻妾。❼❾

鄭玄（公元 127–202 年）在解釋《周禮・天官冢宰》篇中的「九嬪掌婦學之法」時，提出「夜御九嬪」，「卑者宜先，尊者宜後」之說。這可能不是他的臆想，而是東漢社會流傳的有關房中術的重要理論。皇帝為了準備每個月一、二次與皇后的媾交，可能首先安

---

❼　胡厚宣《殷代婚姻家族宗法生育制度考》，《甲骨學商史論叢初集》，上海書店，1989 年。

❼❼　孟憲武《殷墟南區墓葬發掘綜述》，《中原文物》3 期，1986 年。

❼❽　《漢書》卷九十九〈王莽傳〉：「郎陽成脩獻符命，言繼立民母。又曰：黃帝以百二十女致神僊。莽於是遣中散大夫，謁者各四十五人分行天下，博采鄉里所高有淑女者上名。……莽日與方士涿郡昭君等於後宮考驗方術，縱欲樂焉。」

❼❾　《鹽鐵論》卷七：「今諸侯百數，卿大夫十數，中者侍御，富者盈室。是以女或曠怨失時，男或放死無匹。」（《增訂漢魏叢書》（三），大化書局，頁 2237，1988 年）

配與排位較低妃子的頻繁性交，認為可以從她們身上汲取陰氣以補足自身的精氣，增強體力，這是房中術的一個重要的應用理論。在嬰幼兒死亡率非常高的古代社會，為了給排位比較高的妃子出生健康太子的機會，也許只能依靠房中術的威力去解決。⑧不難推測這種理論同樣也流行於貴族、官僚以及富裕人家。

　　擁有多數妻妾的上層社會，為了保護自己既得的利益，終於開始發動他們的政治權力。例如，秦朝就有制定法律以指導女子的貞節，漢代廣泛地流傳讚美女人堅守貞節的事例與書籍等，以禮法的規定控制女性的傾向逐漸加強。同時，也規定男性必須滿足妻妾最低限度性要求的義務。東漢建初四年（公元 79 年）白虎觀的儒學會議，就規定丈夫對未滿五十歲的妾要盡到五天一次媾交的義務。⑧
國家干預個人的性生活，這是現代人所無法想像的事情。也許這個問題在當時社會，已經發展到不可放任不管的地步。這種規定與《春秋繁露》的所謂「愛氣養生」的勸告相比，次數已經大幅度地增加，支撐這種體力的也只能依賴修煉房中術。東漢初期，貴族、官僚所面臨的家庭實際問題，可能是房中術得以迅速發展的一個重

---

⑧　鄭玄《周禮注疏》卷七：「自九嬪以下，九九而御於王所。……凡群妃御見之法，月與后妃其象也。卑者宜先，尊者宜後。女御八十一人當九夕，世婦二十七人當三夕，九嬪九人當一夕，三夫人當一夕，后當一夕。亦十五日而徧云，自望日後反之」（《十三經注疏整理本》（7），北京大學出版社，頁227，2000 年）。

⑧　《白虎通義》：「禮內則曰，妾雖老未滿五十必預五日之御，滿五十不御」，頁 65。

要因素。㉝

　　希望出生更多的男兒與多子多福的意識，自古以來就是中國人的一種重要的價值觀念，也直接關聯於一夫多妻的婚姻形態。《詩經·大雅·假樂》篇讚頌周文王賢明的政治，大唱「千祿百福，子孫千億」，就把出生男兒與蓄積財產聯結在一起。《莊子·天地》篇記述堯帝視察國境時，「封人曰：壽、富、多男子、人之所欲也。女（汝）獨不欲，何邪？」說明當時，長壽、財富與生男已成為世人的三大願望，而且幾千年來一直支配著中國人的心理。隨著儒教倫理觀的成立，要求宗族的存續、家族與子孫的繁榮，已經成為男人的一個重大責任。這些社會責任促使出現新的婚姻觀念。㉝為了避免沒有育男生兒所致最大不孝的社會罪名，不用說房中術，只要有一點點可能性的話，不管什麼方法都會被嘗試。㉞

　　馬王堆漢墓出土的《胎產書》認為：女子每個月從生理乾淨之日開始的三天之間，如果選擇奇數日進行媾交的話，就有懷孕男兒

㉝　《後漢書》卷二十八〈馮衍傳〉：「衍娶北地任氏女為妻，悍忌，不得畜媵妾。」據傳記所述文臣馮衍是一個非常正直而有文才的人。但他給小舅任武達的書信中說：「房中調戲，布散海外」，怒罵妻子把房中術傳給外人（《後漢書》卷二十八注，中華書局，頁 1003，1973 年）。

㉝　《禮記·昏義》篇：「昏禮者，將合二姓之好，上以事宗廟，而下以繼後世也，故君子重之。」

㉞　《史記》卷四十九〈外戚世家〉記述漢武帝的陳皇后云：「陳皇后求子，與醫錢凡九千萬，然竟無子。」

的可能性。❽《至道談》對於生子問題只言未及，但修煉、掌握房中術可以確實地控制自己的射精，自然可以更有效地支配生子之事。《漢書・藝文志》方伎略收錄著《三家內房有子方》一書，從書名可以看出它是關係於求子生男的古籍。實現人們生男育兒的願望，可以說是促進房中術發展的一個重要的社會基礎。

　　另一方面，古代方術及其效果一旦受到承認，自然就會流傳於社會的各個領域。像房中至道那樣對增進健康、延遲老化能起一定作用的方術，必然為高唱長生不死的方僊道所利用，而且經過他們不懈的努力，必然可以實現各種不同的發展。這從《十問》論及多種的「○○接陰之道」，以及《漢書・藝文志》方伎略收錄的多種類形的「○○陰道」，就可以確認到一部分發展的內容。《列仙傳》中記述關諳熟房中術的神僊，就有彭祖、容成公、女幾等人。女幾本是一個普通的民間女子，因受僊人之託代為保管房中術的「素書」，經過獨自的學習與實踐，也掌握了房中術而成僊。這表明神僊方士之間的傳授，是發展房中術的一個重要途徑。東漢末期，還精補腦房中術在社會上開始盛行，魏晉之後它又成為房中術的主要技法。三國時期的曹植（公元 192－232 年）也讚美它是不老長壽的方術。❻當時，他父親曹操從全國招集了不少的方士。❼神僊

---

❽　《胎產書》：「禹問幼頻曰：我欲填（殖）人產子，何如而有？幼頻合（答）曰：月朔已去汁□，三日中從之，有子。其一日南（男），其二日女殹（也）。」（《馬王堆漢墓帛書（肆）》，頁136）

❻　《飛龍篇》：「授我仙藥，神皇所造，教我服食，還精補腦，壽同金石，永世難老。」（《全漢三國晉南北朝詩》全三國詩卷二，頁8）

方士為了滿足上層社會的需要，也努力地進行各種的開發，為房中術的發展作出重大的貢獻。

　　與僊道修行有密切關聯的《素女經》、《玄女經》、《子都經》等房中術的書名，在葛洪（公元 284－364 年）《抱朴子·遐覽》篇就已經看到。這篇道書目錄又是根據鄭隱先生的藏書編製而成。考慮當時鄭隱已經相當高齡，不難推測這些書籍可能在後漢時期就已經成書。因為鄭隱是葛洪叔父葛玄的弟子。葛玄又是三國時期著名的方士，並且師事於左慈。左慈出身於盧江（現安徽省盧江縣，處長江北岸），又是當時善長房中術的有名人物。據說他被曹操招集之前，隱居於天柱山修煉僊道。天柱山在現在安徽省的最南端，鄰接長江的潛山縣，漢武帝的時候被敕命為「南岳」名山。根據《醫心方·房內》篇的記述，《子都經》作者巫子都一百三十八歲那年，與南巡中的漢武帝相遇，武帝還向他問及有關房中術的問題。巫子都師事於陵陽子明先生。據說陵陽先生在長江以南宣州一帶的陵陽山（現安徽省青陽縣東南部），以及南方的黃山修煉過僊道。他的佚書《陵陽子明經》一部分內容，也出土於馬王堆漢墓的文物。❽這種神僊道教以南方為主的房中術師承關係，也可能與源於南方的房中至道有過密切的關係。

---

❽　張華《博物志》卷五：「魏武帝好養性法，亦解方藥，招引四方之術士，如左元放，華佗之徒，無不畢至。」（王雲五編《叢書集成初編》，商務印書館，頁 31，1939 年）

❽　饒宗頤《馬王堆醫書所見「陵陽子明經」佚說》，《文史》20 輯，中華書局，1983 年。

七、結　論

　　這種比較分析《至道談》、《合陰陽》與《十問》的各自用詞特點及其文章的結構，不失為推測這三種文獻成書年代的一種有效方法。因為《十問》有明顯地受到方儛道、黃老學，以及古代醫學臟腑理論影響的痕迹，所以推定它的成書年代不早於西漢初期。其次，是《合陰陽》已經出現以陰陽代男女，以及「精神」這個複合詞，並以戲道為主，強調性愛前戲的重要性。成書年代最早的當為《至道談》。它的內容簡潔，分類嚴謹，沒有誇張、抽象、迷信的用語，也看不到受道家的養生思想、神儛黃老之學的影響。通過與「南方之學」《老子》的部分用詞比較，特別是有關牝牡說與陰陽說混用的特徵，把它作為陰陽思想形成初期階段的一種模式，以推測《至道談》成書年代，其下限至遲不下戰國中期。再考慮其觀察、創制、反覆實踐、書寫等整個過程，這種生命技術的形成時期，完全可以追溯到更早的年代。

　　《至道談》通過長期而詳細地觀察自然界部分動物、生物的性交姿態，並模倣它們的式樣作為人的性交體位，結合導引實踐於性生活之中。房中至道所利用的十種生物是：虎、蠡、猿、兔、蟾、蝗、蟬、蜻蛉、蠖與魚。虎現有東北虎和華南虎之分，即使在古代華南虎被觀察的可能性也遠遠地超過東北虎。其中特別是蠡，它是一種生棲於華中地區，長江中、下游的特有動物。雖然其中所示的生物種類不很多，但涉及的範圍很廣，有哺乳類、兩棲類、爬行類、鳥類、昆蟲類以及魚類。這意味著他們所觀察的自然環境非常豐富，而且是一個季節變化不太激烈，氣候比較溫暖的南方地區。

其次，通過與《引書》及「導引圖」的比較，《至道談》中看不到模倣熊、龍的導引方法，而「熊經龍興」是模倣生棲於北方地區的特有動物，以及受北方相關文化影響製作而成的，也是北方導引流派的一大特徵。北方流派的導引術可以通過影響周邊地區，繼而流傳到長江以南。「導引圖」可能由長沙國的王侯貴族從秦中直接帶回南方。但《至道談》中看不到利用北方傳來導引術的痕跡。所以，可以推定《至道談》成立於「導引圖」傳來之前。而且，它是在南方獨特的自然環境中，根據自己的觀察與實踐，獨自構思創作而成的。

過度的性行為，無益的精氣排泄可以引起體內陰陽失調，損害健康、促進老化、縮短壽命。這種珍重精氣的觀念，自古以來一直支配著一大部分中國人的思想意識。《至道談》長期觀察人的性生活，並且把它與健康狀態，疾病的發生，身體的老化等聯繫起來。它認為陰器的衰弱意味著人體老化的開始，特別是四十歲以上的人決不能輕視這個問題。所以，它勸導人們從四十歲開始要認真學習和應用房中至道，以為房中至道有增進健康、推遲老化、延長壽命等效果。這種提倡的理論依據，就是四十歲「陰氣自半」的老化理論。它認為掌握、修煉房中至道可以保持性的活力，這對於增進人體的健康、抵抗老化有一定的作用。為了修煉房中至道，首先要求掌握玉閉之技。這並不是不想生育，而是為更確實、更有效地出生健康的後嗣。房中至道的發展與中國人固執的「福、壽、祿」傳統價值觀有著密切的關係，特別「多子多福」的社會意識與「一夫多妻」的婚姻形態，也是房中術發展不可缺少的社會因素。

《至道談》根據自己的觀察提出獨自的本能分類，認為性不同

於呼吸、攝食等，不能歸屬於本能的行為。性有必要通過學習與實踐，特別是房中至道就得需要更長的修煉時間。這種強調性必須通過學習的觀點，與現代性科學領域已經成為主流的性衝動概念有相通之處。世界衛生組織（WHO）倡導人類要享受最高水準的健康，而且在性生活方面，為了實現健全的性生活，同樣強調「性是學習的」，並利用各種動物試驗的結果進行宣傳。古人以什麼樣的根據導出這種結論，倒是一個非常有趣的問題。《至道談》在緊接著討論本能分類的條文之後，舉出模倣動物性交姿態的「十勢」，表明這種發現是在探求房中至道的過程中得出的結論。這種關係到人體、生命的房中術，已經超越了方術與醫學的範圍，纏繞著人的欲望與本能，跨入了心理學、哲學等領域。對於這種不可思議的課題，有必要深入地理解古代的社會環境與文化背景。

第三篇　古代房中導引術

一、引　言

　　房中術在漢代已經列入古代醫學的範圍，正式成為四大方技之一。而且，《漢書》卷三十〈藝文志〉對方技的評價是：「方技者，皆生生之具，王官之一守也。」這說明漢代社會已經承認房中術是一門有關人體的生命技術，多用於王侯、貴族、官僚等上層社會的保健醫療，以達到增進健康、延遲老化等目的。但是，從殘存於後世非常有限的有關房中術文獻資料分析，根本無法理解房中術是如何通過實踐以獲得增進健康、延遲老化等效果，更無法了解其中的機制原理。晉朝著名醫家葛洪，隋唐時期有關養生醫學的專著《養性延命錄・御女損益》篇、《備急千金要方・房中補益》篇等，都大力鼓吹修煉房中術可以增進身體健康，獲得不老長壽等效果，但並未出示什麼有力的證據。從日本抄回的《醫心方・房內》篇，雖然摘錄、保存著一定數量六朝、隋唐期間的房中術專著的重要內容，但從中也很難找到滿足上述疑問的答案。

　　馬王堆漢墓出土的牘簡資料《天下至道談》（以下簡稱為《至道談》）、《合陰陽》以及《十問》等，作為古代房中養生的文獻資料曾引起國內外很大的反響。《至道談》認為房中至道可以使「老

者復壯，壯【者】不衰」，能收到「延年益壽，居處樂長」的效果，又能促進夫婦之間的圓滿關係。這種可以為個人乃至家庭帶來幸福的房中至道，其宗旨卻是：「凡彼治身，務在積精」，即把蓄積生命根元物質的精氣作為修身養生的最重要課題。文中之「精」不是單純指精液，解釋為精氣比較妥當。❶精氣這個術語在《至道談》中尚未出現，而具有類似性質的術語「陰氣」已被使用。所謂「行年四十而陰氣自半」，這正是構成古代老化學說的基本理論。❷而且，增益體內的陰氣也就成為修煉房中至道的一個重要目的。

我們在上一篇已經推定《至道談》的成書下限為戰國中期，並詳細研討了古代房中至道形成的自然環境與社會背景。因為它所倡導的性交體位是模倣各種動物、生物的性交姿態，而且這些動物、生物是棲息於長江中、下游的南方地區。那裏的氣候環境比較溫暖，沒有北方地區那樣激烈的季節變化。而且，房中至道所選用的導引動作，與古代常見的導引術有許多相同之處，同樣追求持續運

---

❶　「精」字數見於以「修身」為篇名的《墨子》，但皆與哲學、養生學無關。重視修身養生，長生久視的《老子》第五十五章云：「含德之厚者，比於赤子，……未知牝牡之合而脧作，精之至也。」此精與《至道談》的「至精」性質相近，可以理解為生命的本源物質。《莊子‧在宥》篇可見有關自然界之精（「敢問至道之精，吾欲取天地之精」）與身體之精（「無勞汝形，無搖汝精，乃可以長生」）的描述，又有兩者合一的表現（〈達生〉：「夫形全精復，與天為一」）。在儒家方面，《荀子》：「精合感應，不事而自然謂之性」（〈正名〉），「大參於天，精微而無形」，「血氣之精也，志意之榮也」（〈賦篇〉）等。但精字與氣字結合，形成「精氣」（參照第二篇注❼）這樣的複合詞可能要等待一個世紀的歲月。參照本書附篇。

❷　拙文《馬王堆漢墓の房中養生の竹簡についての研究（古代房中術の成立を中心に）》，《中國出土資料研究》第 5 號，2001 年。

動的效果。所以，我們又把它定義為「房中導引術」。這種房中至
道不僅以特定的導引運動追求身體的變化，以增進健康、抵抗老
化，同時也追求「產神明」的效果。這可能是通過持續性的導引運
動，使人體產生一種特殊的生理性感覺。但是，我們至今尚未發現
有關這方面的專題研究報告，探討房中導引是如何給人體帶來各種
不同的健康效果，檢驗其增進健康、延遲老化的機制。

　　所以，本篇再次以《至道談》、《合陰陽》、《十問》等為基
本資料，並把重點放於《至道談》而展開討論。我們首先找出房中
至道成為積精修身養生方術的基本要領，詳細研討以此為基礎構築
起來的房中導引理論，以及正當地評價其運動的方法與效果。同
時，應用有關的古代醫學理論，現代性醫學科學、運動生理學等研
究成果，檢驗它的合理性與有效性，以及考察通過修煉房中導引以
達到增進健康、推遲老化、延長壽命的可能性。而且，從傳統
「氣」論思想史的角度，考察至精、精（氣）、陰氣、神明、神氣
等有關古代生命哲學術語的含意變遷，評價房中養生技術文獻《至
道談》對古代養生理論，以及部分醫學理論的形成所產生的作用與
影響。

二、房中至道的基本要領

　　《至道談》開篇提出一個這樣的疑問，即：

　　為之合坐、關（髖）尻眾（鼻）口、各當其時、物（忽）往物

（忽）來、至精將失、吾奚以止之？❸

這是敘述一個男子在和女子的性接觸中，因自身先進入了性興奮狀態，無法抑制自己的射精而感到失手無策。《至道談》把將要排泄出體外的乳液狀精液稱為「至精」。這很清楚地表明：它是有意識地區別所謂「凡彼治身，務在積精」之「精」的含義。至精這個詞也出現於《十問》第六問，可能與「腹精」、「陰精」等屬於同類性質。但它與《第四問》所述「天地之至精，生於無徵，長於無刑（形），成於無膻（體），得者壽長，失者夭死」❹的「至精」內涵不同。成書於戰國最末期的《呂氏春秋·審分覽》云：「故曰天無形，而萬物以成，至精無象，而萬物以化。」此處的「至精」是指化生天地萬物之源，與上述《第四問》的一樣，已經超越了一般的生理現象，以抽象的表現解說形而上的哲理。❺

《至道談》為了推廣房中至道以蓄積更多的精（氣）於體內，首先強調的是掌握「玉閉」之技。這是修煉房中至道的基本功，即

---

❸ 馬王堆漢墓帛書整理小組《馬王堆漢墓帛書（肆）》，文物出版社，頁163，1985年。

❹ 同上，頁146。

❺ 「至精」一語可能最早見於《莊子》的「至精無形，至大不可圍」（〈秋水〉），「今彼神明至精，與彼百化物已死生方圓，莫知其根也。」（〈知北遊〉）《呂氏春秋·大樂》：「道也者，至精也」；《易傳·繫辭》：「非天下之至精，其孰能與於此」；《淮南子》「唯神化為貴，至精為神」（〈主術訓〉），「是故神越者其言華，德蕩者其行偽，至精亡於內而言行觀於外」（〈俶真訓〉），「言至精而不原人之神氣，則不知養生之機」（〈要略〉）。

要求在學習房中術的過程中，修煉出能夠控制自己射精的能力。我國有數千年以上的用玉、珍玉與崇玉的社會風尚。特別在南方以寧鎮、太湖、甯紹平原為中心的長江下游古玉文化圈中，良渚遺迹就出土了大量精美的玉器。人們自古以來視玉為一種至寶，所以也把乳狀白色的精液比喻為珍玉，又稱之為至精。這充分表明古人視人體的精液為珍貴的寶物。《十問》第三問也繼承了這種思想，強調「玉閉堅精，必使玉泉毋頃（傾），則百疾弗嬰，故能長生。」而且，從《第六問》所說的「實下閉精，氣不扇（漏）泄」❻一文中，可以理解男人在排射精液於體外的時候，同時也要損失一定量的體內之氣。所以，修煉玉閉技術不是單純為抑制射精，可以說直接關係到體內精氣的積存。

　　《至道談》為了使修煉房中至道的人不輕易發生射精行為，隨便浪費自身體內的精氣，故提出了幾種有效的對策。首先，它提倡性交之時要「微出微入，侍（待）盈是常」，「必徐以久，必微以持。」❼這就是要求性行為的動作要徐緩而輕細，以達到持續而不射精的效果。這樣，還可以使修煉者自身能夠保持平靜的心情，起到一定抑制性興奮的作用。《素女經》說：「寧身定體，性必舒遲，淺內徐動，出入欲希（稀），女意快，男盛不衰，以此為節。」❽《備急千金要方·房中補益》篇亦云：「進退欲令疎遲，情動而止。」❾這充分說明後世的房中術都繼承了這種基本原理，

---

❻　《馬王堆漢墓帛書（肆）》，頁 146、148。

❼　同上，頁 148、166。

❽　《醫心方》卷二十八，人民衛生出版社，頁 634，1993 年。

❾　《備急千金要方》卷二十七，宏業書局，頁 489，1987 年。

並視之為房中術的一個重要原則。以導引為主的房中至道，為了達
到預期的導引效果，要求每次導引有必要持續一定的運動時間。所
以，在房中導引中必須首先學習和掌握玉閉之技，因為這是一個非
常重要的前提條件。

《十問》第三問是講述曹熬的治理體內神氣道術，其中指出：
「棲（接）陰之道，必心塞保，刑（形）氣相保」⑩，認為要成功地
修煉、使用房中術，控制自己的心情是一個至關重要的問題。《素
問·痿論》篇說：「思想無窮，所願不得，意淫於外，入房太甚，
宗筋馳縱，發為筋痿，及為白淫」⑪，提出心理的因素是造成陽
萎、早瀉等性功能疾病的一個主要原因。《靈樞·口問》篇說：
「故悲哀愁憂則心動，心動則五臟六腑皆搖，搖則宗脈感，宗脈感
則液道開，液道開故泣涕出焉」，認為人的感情變化是出自心動，
而流眼淚這種行為是經過「心動」與「宗脈感」兩個不同的階段。
而且還說：「目者，宗脈之所聚也，上液之道也。」⑫《素問·厥
論》篇也說：「前陰者，宗筋之所聚，太陰陽明之所合也」⑬，認

---

⑩　《馬王堆漢墓帛書（肆）》，頁 146。

⑪　傅景華等點校《中醫四部經典》，中醫古籍出版社，頁 50，1996 年。

⑫　同上，頁 152。

⑬　對於宗筋與宗脈，張景岳解釋：「宗，總也」（《類經》，人民衛生出版
社，頁 590，1980 年）。《素問》：「筋脈橫解」、「筋脈沮馳」（〈生氣
通天論〉，頁 6），《靈樞》：「風傷筋脈，筋脈乃應」（〈壽天剛柔
篇〉，頁 126），「胃不實則諸脈虛，諸脈虛則筋脈懈惰，筋脈懈惰則行陰
無力，氣不能復，故為嚲」（〈口問篇〉，頁 152），《素問》：「故善治
者治皮毛，其次治肌膚，其次治筋脈，其次治六腑，其次治五臟。」（〈陰
陽應象大論〉，頁 9）由此可以推測古人理解筋與脈是屬於同一類組織。
《素問》又說：「心之合脈也，其榮色也，其主腎也」（〈五臟生成論〉，

為與眼睛的宗脈管理「上液之道」（淚管）一樣，前陰的宗筋是控制精液排泄的一種組織。根據這些古代的醫學理論，可以理解射精與流淚的原理是一樣，它們都受到心動與相關宗筋的雙重控制。

　　《至道談》在描寫性交體位「十勢」的條文中，幾次使用了似與性交體位無關的詞語，如「思外」和「息內」。文中三見「思外」，分別用於第二、第六與第九體位的後面。「息內」一見於第五與第六的體位之間。所謂思外，顧名思義就是把自己的心理活動引向別處，或有意地想著與性交無關之事，即短暫地停止自己的思維於性行為，這樣就有可能收到消除心動（性的興奮）的效果。❹變更體位本身也具有鎮靜性衝動，減少射精的效果。❺《太平經》

頁 13），《靈樞》認為足少陰的「其別者，並經上走於心包」（〈經脈篇〉，頁 136），「並太陰之筋而上循陰股，結於陰器」（〈經筋篇〉，頁 139），在經脈的走行上，心之經脈與腎，前陰也有連結。而且《素問》說：「泣涕者腦也，腦者陰也，髓者骨之充也，故腦滲為涕」（〈解精微論〉，頁 114），認為眼淚是髓液循環的產物，與精也是同類的。

❹　有學者研究表明下丘腦背內側核的性中樞是以性行動為主的，在雄性表現為陰莖勃起後進入性的行動。這個性行動的中樞又受杏仁複合體的抑制，杏仁核的活動與情緒反應有比較密切的關係。但是勃起的過程是由副交感神經控制，而射精的行為側是受交感神經控制（大村裕《本能のなぞ》，讀賣新聞社，頁 224－225，1987 年）。腦內 pCPA（para-chlorophenylalanine）有選擇性減少神經遞質 5-羥色胺（5-HT）的效果，而 5-HT 又有抑制性中樞的作用。這在動物試驗中已經得到證實（P.B. Gradwell, B. Everitt and J.Herbert: Brain Res., 88, 281-293, 1975）。腦內 A$_{10}$ 神經、神經遞質多巴胺與人的性欲、快感等都有非常密切的關係（大木辛介《腦內麻藥と頭の健康》，講談社，頁 61－65，1998 年）。不過分追求性的快感，適當地克制性興奮的心情性交時，可能促進 5-HT 的分泌，不容易引起射精。

❺　不斷刺激陰莖使之達到閾值時，就會反射性地引起射精。但是通過反復的刺

云:「陽入陰中,其生無巳,思外洞內,壽命增倍,不可卒致,宜以長久。」⓰文中所見與思外並列的「洞內」一詞,從字面上理解就有空洞內面的意思,這對理解息內提供了重要的啟示。所謂息內,就是進行深呼吸,通過深深地吸氣動作以達到靜心與緩解精神緊張的效果。《洞玄子》也認為利用這種方法可以收效。⓱

《十問》第八問中大禹向師癸訴說:「今四枝(肢)不用,家大紀(亂),治之奈何?」講出自己心中的苦惱。師癸示教說:

故覺侵(寢)而引陰,此胃(謂)練筋,餕(既)信(伸)有(又)詘(屈),此胃(謂)練骨。動用必當,精故泉出。⓲

這個回答很清楚地表明:當時的人已經認識到房中術是一種全身性的運動。這種觀點也得到現代性醫學科學研究結果的證實。⓳所以,房中導引不僅可以強化陰器的機能,也能達到增強體內精氣的

激,陰莖的閾值可以得到提高。有報告使用這種方法與變更性交體位是治療早漏的有效方法(Livingston, C.: Premature ejaculation in young males, doctoral dissertation, San Francisco, 1981, Institute for Advanced Study of Human Sexuality)。

⓰ 王明《太平經合校》,中華書局,頁338,1992年。

⓱ 《洞玄子》:「凡欲洩精之時,……即閉目內想,舌柱上顎,踡脊引頸,張鼻歙肩,閉口吸氣,精便自上,節限多少,莫不由人,十分之中只得洩二三矣。」(《醫心方》卷二十八,頁644)

⓲ 《馬王堆漢墓帛書(肆)》,頁149、150。

⓳ 性醫學科學認為性交是以腰部各組肌肉為主的全身骨骼肌(髂腰肌、縫匠肌、大臀肌、中臀肌、小臀肌、各種內收肌、梨狀肌以及四肢的肌肉)的運動(押鐘篤《醫師の性科學》,學建書院,頁1690,1977年)。

作用。「引陰」一詞亦見於張家山出土的漢簡《引書》，它自稱：「此彭祖之道也。」❷《引書》是一部詳細介紹古代導引的基本手法與種類，以及應用導引治療各種疾病的重要文獻。其中對引陰解釋說：「引陰，端坐，張兩股，左手承下，右手無（撫）上，折要（腰），信（伸）少（小）腹，力引尻。」❷這是以下半身為中心的運動，展合運動兩股，按摩雙側的腹股溝部位，屈伸運動腰部與小腹部。類似的技法至今仍然應用於房中養生的實踐。❷所以，我們可以認為這種「引陰」是一種強化陰器機能的導引法。

引陰的導引法與《至道談》所介紹的「益陰氣」手法很相似。❷不同之處就是益陰氣在使用導引的同時又兼用服氣法。《至道談》為了增強體內陰氣，非常強調「八益」的作用，要求活用各種服氣法。八益中出現不少有關氣的術語，如「治氣」、「蓄氣」、「積氣」、「通氣」、「翕氣」等。《至道談》云：「且起起坐，直脊，開尻，翕州，印（抑）下之，曰治氣」，「垂尻，直脊，翕周（州），通氣焉」，「為而奏脊，翕周（州），响（抑）下之，曰蓄氣」，「翕氣，印（抑）下之，靜身須之，曰侍（待）羸。」❷由此可以看到在引陰導引的過程中，古人已經開始兼顧使用各種的服氣法。這些集中於八益而展開的「氣」論，尚未與天地之氣發生直接

❷　張家山漢簡整理小組《張家山漢簡「引書」釋文》，《文物》第 10 期，頁 82，1990 年。

❷　同上，頁 84。

❷　早島正雄《氣の房中術》，大陸書房，頁 224－225，1991 年。

❷　李零《中國方術考》，人民中國出版社，頁 343，1993 年。

❷　《馬王堆漢墓帛書（肆）》，頁 164。

的聯繫，只是講述為了強化陰部為主的腰部、臀部等機能，有必要
配合使用呼吸法。《至道談》認為如果能避免「七損」，巧妙地使
用八益之法，就能實現「陰氣益強，延年益壽」的效果。❷

　　延至《十問》的時代，服氣的效果更加受到重視。例如，〈第
四問〉的「翕氣之道，必致之末，精生而不厥」，〈第七問〉的
「聞子棲（接）陰以為強，翕天之精，以為壽長」❷等，皆與天地
之氣產生了直接關係。《引書》亦云：「吸天地之精氣，實其陰，
故能毋病。」❷這些都明確地強調結合天地之氣以期更大的效果。
《十問》中的天師「食神氣之道」（〈第一問〉），耇老（〈第七
問〉），容成（〈第四問〉）以及王期（〈第十問〉）等法，皆於房中術
中導入各種不同的服氣法，強調充足體內之氣對積精的重要性。同
時，他們還認為除了房中、服氣以外，有必要飲服「五穀之精氣
也」的酒，攝取五味等營養食品。正如〈第四問〉所說：「治氣有
經，務在積精，精盈必寫（瀉），精出必補，補寫（瀉）之時，於臥
為之，酒食五味，以志治氣。目明耳蔥（聰），被（皮）革有光，百
脈充盈，陰乃□生，……故能壽長。」❷這既表明他們繼承了《至
道談》的積精治身之說，強調積精重要性的同時，又把治氣作為房
中養生的重要一環，而且認為有必要結合服餌等綜合性的養生之
策。由此可見，《十問》所提出的治氣性格，充分地表現它是建立
於以氣（精氣）為生命根元的理論之上。一般認為這種氣論是形成

---

❷　同上，頁 165。

❷　同上，頁 147、149。

❷　《張家山漢簡「引書」釋文》，頁 86。

❷　《馬王堆漢墓帛書（肆）》，頁 147。

於戰國中晚期❷，它似乎完全包羅了《至道談》的精論。

三、房中導引術的效果

　　房中導引主要是以性交體位為中心而展開的。《至道談》把性交體位稱為「十勢」、「八道」等，而《合陰陽》又稱之為「十節」、「十脩」等。八道與十脩是描述上下、左右、疾徐、深淺、緩急等交接動作的方向、速度與深淺度等，基本上是配合十勢、十節等內容，都屬於模倣各種動物、生物的性交姿態進行不同的導引運動。其中列舉動物、生物的動作是：虎流、麕暴、猿居、兔鶩、蟾諸、蝗磔、蟬附、蜻蛉、尺蠖與魚嘬。這些房中導引的基本動作是構成房中至道的最大特徵，同時也給後世房中術的發展帶來很大的影響。《玄女經》詳細地介紹了模倣龍、虎、猿、蟬、龜、鳳、兔、魚、鶴的性交姿勢技法，並稱之為「九法」。《洞玄子》又蒐集增加到三十種技法。但是，原有導引的目的逐漸遜色，豐富而生動的技法介紹卻陷入追求性快樂的傾向，反而給人強烈的猥褻印象。這可能從另一方面大大地推動了房中術的發展。

　　所謂導引，在古代主要是通過有規律地運動機體以促進體內氣血的循環，達到增進健康，治療各種疾病的目的。它類似於現代的體操運動項目，或康復醫療中的部分手法。自古以來導引多與行氣

---

❷　福永光司《道家の氣論と「淮南子」の氣》，《氣の思想》（小野澤精一等編），東京大學出版社，頁 127，1978 年。並參照拙文《論古代精氣學說的形成》（待發表）。

相結合，盛行於都市地區。從出土文物以及古代文獻資料所見，導引為主是模倣動物的動作，而且反復多次地重複同一動作，要求達到一定的次數，才有可能收到運動的效果。例如，《引書》中有述：「梟沃三十，虎雇（顧）三十，有（又）復炎（偃）臥如前，二十而休；有（又）起，危坐，梟沃四十，虎雇（顧）四十，復炎（偃）臥如前，三十而休。因起，梟沃五十，虎雇（顧）五十而已」，甚至根據特別的情況，有的「朝為千，日中為千，莫（暮）食為千，夜半為千，旬而已。」❸⓿類似的導引記載反復出現於同文之中。這提示在運用導引術的治療中，導引次數呈階段性地增加，甚至一天之中達到數千次。由此可見，《至道談》所示的「十動」也不是單純地模倣動物的性交姿態的導引，持續性的運動也是古代導引術的一種重要的應用。

房中導引是要求持續一定時間的運動，十個性交體位按照規定逐個反復地導引，持續到所定的次數為止。例如，《合陰陽》說：

> 十動，始十，次二十，三十，四十，五〔十〕，六十，七十，八十，九十，百，出入而毋決。❸⓵

這就是說要求每一個動作要持續導引一百次。遵循「必徐以久」的房中術基本原則，一個姿態反復導引一百次，如果按簡單而有節律的計數，完成十個導引項目至少要花費一個小時以上的時間。《合

---

❸⓿　《張家山漢簡「引書」釋文》，頁 84、83。
❸⓵　《馬王堆漢墓帛書（肆）》，頁 155。

陰陽》的記述不僅把時間視為一個重點，而且其中隱存著為防止射精的特殊訓練方法。它完全類似於現代體育運動項目訓練中使用的階段完成訓練法（progressive part method）。㉜這是體育技術訓練中的一種最常見的方法。因為反復的動作不斷地刺激陰莖，有容易引起射精的缺點。為了抑制射精的發生，使用以十次為目標逐漸增加運動次數的訓練法，這樣就可以提高陰莖忍耐刺激的閾值。經過這樣長期的訓練，就能使身體的機能產生適應能力，同時也增強對抗因單調運動所產生情緒重壓的毅力，以及由肌力、速度與持久耐力三個要素組成的體力。㉝這就是依靠持續的運動提高機體行動能力與毅力的總合運動效果。所以，通過修煉房中導引術完全有可能獲得類似的運動效果。

《合陰陽》云：「（女性）氣至，深內而上撅之，以抒其熱，……然後熱十動，接十節，雜十脩。」㉞從這段記述可知，如十節與十脩的房中導引不是從性行為的開始就進行，而是隨著前戲的進展，男女雙方感情高漲之後才開始導入。假如根據一般的男女媾交場合，多在移入十節之前就已經出現射精。㉟所以，導入房中導引術，性交的時間就可能得到相當的延長，這是一個非常明白的事實。其次，在修煉房中至道的過程中，要求保持平靜的心情，積

㉜　松田岩男《スポーツと競技の心理》，大修館書店，頁 102，1986 年。

㉝　杉晴夫等《運動生理學》，南江堂，頁 55，2001 年。

㉞　《馬王堆漢墓帛書（肆）》，頁 155。

㉟　根據現代有關性交持續時間的調查報告，陰莖插入陰道至射精為止的持續時間，20 歲年齡組約為 7.8－8.6 分鐘，50 歲年齡組約為 14.2－15.0 分鐘（白井將文《男性の性的能力》，《からだの科學》，頁 72－73，1981 年）。

極採取避免射精的各種措施。這意味著修煉房中至道，就要自覺地拒絕一般男女媾交中所追求的最高潮性快感，即要求不能進入性高潮期❸❻，而是需要進行保留性交。❸❼

《至道談》云：「十脩且暨（既）備，十執（勢）豫陳，八道雜，榣（接）刑（形）以昏。……乃祭（察）八動（動），觀氣所存，乃智（知）五音，孰後孰先。」❸❽這就指出各種性交體位，以及房中導引的項目不是各自獨立的，也不必遵守從十動到十節，然後移向十脩的順序。而是要注意觀察對方女子的表情，從其發出的聲音，出現的動作等變化，選擇各種不同的導引方法。變更性交體位以延長房中導引的持續時間，這也是應用多種房中導引項目的另一個目的。根據性醫學臨床所觀察、測定性交中的心率變化，可以說持續一個小時以上的保留性交，是一場相當強烈的全身性運動。❸❾

另一方面，《玉房秘訣》云：「故男年十五，盛者可一日再

---

❸❻ 性的反應周期通常分為興奮期（excitement），持續期（plateau），高潮期（orgasm），消退期（resolution）四個階段（William H. Masters and Virginia E. Johnson: Human Sexual Response, Boston, Little Brown. 1966）。

❸❼ 有研究報告不進入性高潮期，持續一個小時以上的保留性交，男性的心率可以持續抑制於 120 次／分左右（《醫師の性科學》，頁 755 及第五圖）。

❸❽ 《馬王堆漢墓帛書（肆）》，頁 165。

❸❾ 性行為中隨著性的興奮而出現全身肌肉緊張，心率增加，血壓上昇，呼吸加快等。Boas 等報告（Boas, P. and Goldschimidt, F.: The heart in orgasms. Charles C, Thomas Co., 1932），在持續性交一時間左右的觀察例中，前戲階段的二十分鐘，男女心率皆在 100 次／分左右。從性交開始至射精為止的二十多分鐘，男性心率維持在 115 次／分，女性心率波動於 125－145 次／分之間。到達性高潮期時，男女心率皆增加至 155 次／分。從這些生命指徵的變化推測，性行為是一種相當強烈的全身性運動。

施，瘦者可一日一施；年廿歲者，（盛）者日再施，羸者可一日一施；年三十，盛者可一日一施，劣者二日一施；四十，盛者三日一施，虛者四日一施；五十，盛者可五日一施，虛者可十日一施；六十，盛者十日一施，虛者廿日一施；七十，盛者可三十日一施，虛者不寫（瀉）。」❹這提出了不同年齡男性的適當性交次數。如果按照這種規定，結合上述十動的導引時間與每個月性交次數進行計算的話，四十歲以上已經掌握房中至道的人，在理論上他的每個月總運動量，與現在所要求的中高年人增進健康的運動需要量❹基本上是一致的。而且，房中導引的運動效果也得到現代有關性生活前瞻性追踪調查結果❹的支持。

---

❹　《醫心方》卷二十八，頁644。

❹　現代社會提倡的增進健康、增強體力的大眾性體育運動都屬於有氧運動。運動學研究已經證實有益於身體的運動不是大運動量，而是面留微笑、中程度的持久性全身運動。1989 年日本厚生省（衛生部）公布增進全民健康運動的運動需要量，即以面留微笑的運動為主。基本上是以 50% Vo_2max 強度為標準的運動強度，結合一週累計的運動時間以及不同年齡組。具體如下：20 歲年齡組心率 130 次／分、180 分；30 歲年齡組心率 125 次／分、170 分；40 歲年齡組心率 120 次／分、160 分；50 歲年齡組心率 115 次／分、150 分；60 歲年齡組心率 110 次／分、140 分（進藤宗洋等《運動生理的效果》，《有酸性運動の健康科學》第 3 章、第 13 章，村山正博等編，朝倉書店，頁 51 及 207 表 13-2，1991 年）。

❹　英國普林斯頓大學 S. Ebrahim 教授主持的研究小組，對英國的 South Wales 居民進行連續十年的追踪調查。以未患過大病的 2400 名男性為對象的調查結果表明：每週性交三次、每次持續二十分鐘以上的人，心臟病發作、腦中風等病症的危險率是每週性交三次以下、或零次的一半，排除其他的干擾因素，統計學表明是有意義的。並且認為性交的運動量匹敵於打網球、長跑等運動（Jimbo H, Doih, et al. Cerebrovascular diseases coused by sexual intercourse

　　古人對導引術及其運動效果有著不同的評價。《莊子·刻意》篇對使用導引行氣術獲得長壽的彭祖並不表示好感。《淮南子·精神訓》指出所謂「熊經，鳥伸，鳬浴，蝯躍，鴟視，虎顧」的六禽戲是屬於養形之術。《後漢書》卷八十二〈方術列傳〉記述著東漢末期名醫華佗的事迹。他把自己制作的「五禽戲」導引術傳授給弟子，認為導引術有「引挽腰體，動諸關節，以求難老」的效果。《素問·異法方宜論》云：「中央者，其地平以濕，天地所生萬物也眾，其民食雜而不勞，故其病多痿厥寒熱，其治宜導引按蹻」❹，認為因濕氣侵入體內而發生手足肌肉萎縮、不能行動等疾病，可以應用導引等方法進行治療。導引療法適當地運動肢體、關節以及身體的不同部位，不僅有促進體內氣血的運行，逐漸地使萎縮的肌肉得到再生，康復手腳等機能，而且還能恢復失去生活的意志。這些效果可以從古今臨床治驗得到證實。❹

　　《至道談》仔細地觀察了應用房中導引術所出現的身體變化，並以「十動」法進行類別。文中提出：

Stroke: Abstracts from 4th World Stroke Conference, MELBOURNE, November, 2000:24）。Ebrahim S, May M, et al. Sexual intercourse and risk of ischaemic stroke and coronary heart disease: the Caerphilly Study. J Epidemiol Community Health 2002; 56:99-102。

❹　《中醫四部經典》，頁 16。

❹　對於腦性麻痺、腦中風後遺症等出現的肢體麻痺、肌肉萎縮等症狀，自古以來中醫應用按摩、鍼灸等進行治療。現代醫學應水中訓練等運動療法、康復療法等，日本臨床雜誌也多有報告。參照《總合リハビリ》、《リハビリ醫學》等醫學雜誌。

壹（動）耳目葱（聰）明，再（動）聲音章，三（動）皮
革光，四（動）脊骨強，五（動）尻脾（髀）方，六
（動）水道行，七（動）致（至）堅以強，八（動）志驕以
陽（揚），九（動）順彼天蓋（英），十（動）產神明。❹

這與《合陰陽》所述的十動比較，七動為止的內容完全一致。《合
陰陽》的「八而奏（腠）理光，九而通神明，十而為身常」❹，其
中第九動又與《至道談》的第十動內容相同。《十問》第三問也記
述著類似的內容，以「九至」法確認身體的各種變化。第八至的
「可以壽長」與《至道談》的第九動「順彼天蓋」基本相同。❹
《至道談》、《合陰陽》與《十問》都在竹簡中詳細地記錄著相似
的房中導引運動效果，表明古人非常重視修煉房中至道所出現的各
種身體變化。

　　綜合上述的分析，可以把握房中導引術對身體所產生的作用與
效果。它們具體表現於視力與聽力的改善，聲音的高揚，皮膚光澤
的變化，大腿與臀部的肌肉隆起，脊椎與四肢運動能力的增強等。
古代醫學認為耳目機能、皮膚肌肉、筋骨關節等與五臟的精氣有密
切的關係，運動身體不僅可以促進氣血的循環，而且有利於把化生
的精微物質運行於全身的器官與組織。❹現代運動科學認為導引是

---

❹　《馬王堆漢墓帛書（肆）》，頁 163。

❹　同上，頁 155。

❹　「九動順彼天蓋〔英〕」是根據周一謀《馬王堆漢墓出土房中養生著作釋
　　譯》（今日中國出版社，頁 88，1990 年）的解釋而改。

❹　《靈樞》（《中醫四部經典》）：「五臟六腑之精氣，皆上注於目而為之

有規律的運動，能夠疏通與強化機體的神經通路，可以使五感的機能得到增強。由於導引運動促進體內血液循環，所以能增進皮膚、肌肉以及骨質機能的變化。這些效果都已經得到有氧運動研究的證實。**❹**而且，持續性的房中導引可以直接增進性激素的分泌，促進身體肌肉、骨骼等蛋白質的合成。**❺**此外，房中導引術是積蓄精氣、增強體力的特別技術，也是一種增強機體耐力的有效訓練法。通過修煉房中導引術可以增強人的毅力，提高人的判斷能力，這對中高年人增進健康、增強體力具有良好的作用。基於這樣綜合性的運動效果，可以認為《至道談》提出掌握、修煉房中至道可以使人「身體輕利，陰氣益強，延年益壽，居處樂長」的結論，還是比較中肯、可信的。這完全有可能是他們實踐經驗之談。

精」（〈大惑篇〉，頁 198），「腎氣通於耳，腎和則耳能聞五音矣」（〈脈度篇〉，頁 142），「經脈者，所以行血氣而營陰陽，濡筋骨，利關節者也。衛氣者，所以溫分肉，充皮膚，肥腠理，司關合者也」（〈本藏篇〉，頁 165），「穀入氣滿，淖澤注於骨，骨屬屈伸，泄澤補益腦髓，皮膚潤澤」（〈決氣篇〉，頁 154）。

❹ 有研究報告不同種類的有氧運動都可以提高腰椎、橈骨遠端部位等骨密度的效果，對預防骨質疏鬆症、骨折等有益（橫江清司《整形外科的效果》，《有酸素運動の健康科學》第 12 章，村山正博等編，朝倉書店，頁 200，1991 年）。腦生理學研究結果認為，運動是動員腦的運動系與感覺系的活動，可以促進腦更多部位的機能，發達神經元的聯結網，有補充腦神經細胞數的減少等作用（白山正人《精神面に対する效果》，同上書第 11 章，頁 189）。

❺ 持續性交、房中導引可以直接促進男女雙方的性激素、睪（丸）酮等分泌，這些激素主要促進體內蛋白質的合成，特別是肌肉、骨骼以及生殖器官的蛋白質合成。而且雌激素還可以減少主動脈的彈性硬蛋白，降低血漿膽固醇，因此對減輕動脈硬化可能起一定的作用。

四、房中導引與「神明」

《至道談》開篇出現一段非常難解的文句：

> 如水沫淫，如春秋氣，往者弗見，不得其功，来者弗堵
> （覩），吾鄉（饗）其賞，於（鳴）虖（呼）謓（慎）才（哉），
> 神明之事，在於所閉，審操玉閉，神明將至。[51]

其中提出了一個有關身體的生理概念，即產生「神明」的問題，而且已經明確這種神明與玉閉之間有著密切的關係。這也就是說在修煉房中導引術的過程中，只要進行保留性交與持續導引，就有可能產生這種特別的感覺。古人期待修煉房中至道可以獲得增進身體健康的效果，但是對於推遲老化，特別是延長壽命等問題，則不是短期間內就能得以證明。然而，每次房中導引持續一段時間，持續性的運動有可能體驗到一種「產神明」的感覺。也許就是這種感覺的體驗，要比其它的身體效應更容易得到實現。

「神明」這個詞語在先秦諸子的文獻之中，有神祇、智慧、精神、精氣、陰陽等多種含義。[52]《墨子·公孟》篇云：「古聖王皆以鬼神為神明。」神明成為鬼神的代名詞。這種有關宗教、迷信的觀念，自古以來就深深地扎根於一部分中國人的心靈之中，至今仍

---

[51]　《馬王堆漢墓帛書（肆）》，頁 163。

[52]　馬繼興《馬王堆古醫書考釋》，湖南科學技術出版社，頁 870，1992 年；許抗生《初讀「太一生水」》，《道家文化研究》第 17 輯，三聯書店，頁 310，1999 年。

然作為口語流傳於社會。《莊子·天道》篇，《鶡冠子》的〈環流〉篇、〈泰錄〉篇等，在宇宙生成論中也使用神明這個概念。由於郭店竹簡《太一生水》的出土，這種思想至少可以追溯到戰國中期。(53)《太一生水》云：「陰陽者，神明之所生也。神明者，天地之所生也。天地者，太一之所生也。」(54)文中的神明，可以認為是存在於天地之間的一種光。(55)古人可能以為由於這種光的存在，才產生像日、月、星等「發光體」，然後形成了陰陽，隨之產生了季節等自然變化。

但是，未見有關鬼神、迷信等詞語，也未發現受方僊道、黃老學影響痕迹的《至道談》，明確地指出這種神明是與修煉房中至道

(53) 根據《荊門郭店一號楚墓》（湖北省荊門市博物館，《文物》第 7 期，1997 年）的發掘報告，「從墓葬形制和器物特徵判斷，郭店 M1 具有戰國中期偏晚的特點，其下葬年代當在公元前 4 世紀中期至前 3 世紀初。」有學者推定鶡冠子的活動年代在公元前 300 年－240 年之間，成書的年代可能更遲（李學勤《「鶡冠子」與兩種帛書》，《道家文化研究》（陳鼓應編）第一輯，上海古籍出版社，1992 年）。

(54) 荊門市博物館《郭店楚墓竹簡》，文物出版社，頁 125，1997 年。

(55) 一般根據陰陽可分月與日，或夜與晝。但在朝日昇出地平線之前，或夕陽日沈落地平線之後的一段時間，尚可以看得見月亮、星星、特別是北斗七星等。例如《鶡冠子·泰錄》篇說：「天也者，神明之所根也。」古人可能想像形成陰陽的具體物質是一種光。《十六經》云：「無晦無明，未有陰陽。」（馬王堆漢墓帛書整理小組《長沙馬王堆漢墓出土「老子」乙本卷前古佚書釋文》，《文物》，文物出版社，頁 36，1974 年。）《淮南子》：「罔兩問於景曰：昭昭者，神明也？景曰：……若神明，四通並流，無所不極，上際於天，下蟠於地，化育萬物，而不可為象」（〈道應訓〉），「夫天地之道、至紘以大、尚猶節其章光、愛其神明」（〈精神訓〉）。

的玉閉有關。根據文中所述「翬（動）以玉閉，可以壹遷」❺的原
則，也就是說只要能控制射精，才可能繼續下一個體位的導引運
動。這樣一直持續運動至「十翬（動）產神明」，就可以預期地體
驗到「產神明」這種特殊的感覺。上述所討論的「十動」，既可以
認為是一種表示修煉房中至道、持續導引運動的時間標誌，又可以
認為是一種階段地評價導引術運動效果的標準。因為文中所提示的
「一動」，是表示房中導引術按照規定的次數，反復進行一種相同
的導引動作。假如不能控制射精行為，也就無法移向下一個導引項
目。所以，首先有必要為掌握玉閉之技而修煉，只有執著於至難技
術才能養成堅強的毅力。同時，只有堅持持續導引的運動，才能體
驗到平時感受不到所謂「產神明」的感覺。

　　這種神明是指什麼呢？它的實質又是什麼呢？《素問·靈蘭秘
典論》說：「心者，君主之官也，神明出焉」❺，認為人的思維·
判斷功能不在於腦，而是由心所執行的。這種觀念並不局限於古代
的醫學領域，可以說是中國古代對人的意識、思維功能認識的一種
文化特徵。古代醫家通常把人的思維功能分擔於體內五臟，而心是
統帥之臟，起著綜合判斷的作用。假如人的神明出現了故障，就會
在人前不注重自己的衣冠與舉止，出現胡說八道、語無倫次等精神
狀態。❺換用現代醫學術語說，就是患了精神分裂症之類的神經
病。神明具有決定人的思維、意識以及意志判斷等重要作用。

---

❺　　《馬王堆漢墓帛書（肆）》，頁 163。

❺　　《中醫四部經典》，頁 12。

❺　　《素問·脈要精微論》：「衣被不斂，言語善惡不避親疏者，此神明之亂
　　　也。」（同上，頁 19）

　　古代本草學中也常見「通神明」的說法，它是指藥物的一種功效。《神農本草經》認為久服部分的藥物可獲不老長壽，而且又可以「通神明」。這類藥物有丹砂、鉛丹、蘭草、桑寄生、雲實、乾薑、白青、莨蕩子、竹葉、龍眼、白龍骨、麻蕡與水蘇等十數種。根據藥物的功能可以分為三類：一是具有養精神，安定魂魄效果的丹砂、龍眼、白青等。例如，上經藥「丹砂，味甘微寒，主身體五藏百病，養精神，安魂魄，益氣明目，……久服通神明不老。」❺❾二是作為鎮靜劑，應用於小兒夜驚症、癲癇發作等病症的治療，如鉛丹、白龍骨等。其中，下經藥「鉛丹，味辛微寒，主吐逆胃反，驚癇癲疾，除熱下氣，煉化成九元，久服通神明。」❻❿三是雲實、乾薑、水蘇等具有消除異味、臭氣的效果，可以恢復神志意識。❻❶總而言之，《神農本草經》所示具有「通神明」效用的藥物，一般都含有安定精神、鎮靜，恢復神志意識，增進記憶等效果。

　　但是，性行為中射精之後的身體狀態與保留性交的相比較，則完全可能出現兩種不同的身體感覺❻❷，特別是四十歲以上的人對此體會會更為深刻。《合陰陽》認為「十已」之後，身體就可能出現：

　　　大卒之微，鼻汗唇白，手足皆作，尻不傳床，起而去，成死

---

❺❾　清·黃奭輯《神農本草經》，中醫古籍出版社，頁 7，1982 年。

❻❿　同上，頁 256。

❻❶　例如，中經的「水蘇味辛微溫，主下氣辟口臭，去毒辟惡，久服通神明。」
　　　（同上，頁 246）

❻❷　《醫師の性科學》，頁 912。

為薄。當此之時，中極氣張，精神入臧（臟），乃生神明。(63)

這種在性行為中所出現恰如瀕死狀態的「大卒之徵」，若用性生理學的術語表示，相當於進入性高潮期的身體反應。(64)也就是說男女一旦進入「大卒」的階段，即在射精的前後，可能體驗到一種「通神明」的感覺。這種感覺也就是性高潮期出現神志恍惚，感到陷入極樂世界的一種精神狀態。古希臘哲學家柏拉圖（公元前 427－347 年）在〈斐列布斯篇〉中也作出類似的描述：「性快感讓整個身體都攣縮起來，有時使身體痙攣得亂顫，以致顏色陡變，手舞足蹈，發出各種喘息聲，亂喊亂叫，陷入了一種極端迷狂之中。」(65)

這種感覺的發生，有如文中所說「當此之時，中極氣張」，即下腹部先出現氣脹的感覺。至於它的形成，古人則以「精神入臟，

---

(63) 《馬王堆漢墓帛書（肆）》，頁 156。

(64) 性交中大部分的男女出現手足鉤狀痙攣收縮，以及臀肌、腹直肌收縮性緊張，進入性高潮期肌緊張更加激烈，可以出現短暫的知覺喪失（參照注㊱的第十八章）。口唇發白可能因為血壓急劇的上昇引起毛細血管收縮所致。鼻子也是一個敏感的性感帶（《醫師の性科學》，頁 797）。性高潮期又稱為「像死一樣的狀態」（《醫師の性科學》，頁 1778）。《靈樞·終始》篇云：「戴眼，反折，瘛瘲，其色白，絕皮乃絕汗，絕汗則終矣。」（《中醫四部經典》，頁 131）但這是記述臨床的一種瀕死的症狀。對於男性的射精，Kinsey 等人認為是一種隨伴著性高潮的現象，一般發生於性高潮之後。Masters 等人認為射精本身就是性高潮的一種表現（《醫師の性科學》，頁 774）。女性也有類似男性的射精現象，即在性高潮期出現性分泌液的噴射（《醫師の性科學》，頁 773）。已經證實女性的性反應比較緩慢，而且期間比較長，有出現四次以上非連續性的性高潮反應（《醫師の性科學》，頁 777－781）。《至道談》的「十已」出現粘液與氣味的變化可能與陰道分泌物有關。

(65) 米歇爾·福柯著，佘碧平譯《性經驗史》，上海人民出版社，頁 221，2000 年。

乃生神明」來解釋。他們認為這種神明是由進入心（腦）的「精神」所化生。《素問·靈蘭秘典論》云：「心者君主之官，神明出焉」，認為心是神明發生的器官。《素問·解精微論》又說：「夫心者，五臟之專精也」❻，而且《素問·宣明五氣論》又有「精氣並於心則喜」之說。❻古代房中養生家認為通過房中導引，可以把積存於體內的「精神」引注於心（腦）器官以化生神明。這裏的「精神」與《靈樞·本神》篇所說「故生之來謂之精，兩精相摶謂之神」❻的精與神相同，不是形而上的抽象表現，而是指體內的至精（精液）與神氣（詳見下節）。

但是，《至道談》卻說：

> 得之而物（勿）擇（釋），成死為薄，去里（理）毛，置枎（腰）心，唇盡白，汗留（流）至國（膕），已數以百。❻

這是按照原來設定的導引目標，到達必須運動次數之前，即在出現類似「大卒」狀態之前，要求立即停止導引運動。❼這種身體狀態

---

❻　《中醫四部經典》，頁 114。

❻　同上，頁 29。

❻　同上，頁 128。

❻　《馬王堆漢墓帛書（肆）》，頁 166。

❼　「已」字按注❺的馬氏注解（頁 1066）。根據注❻第三章與第十一章，大約 30% 的男女在性高潮期後及性消退期出現發汗反應（少量的出汗）。《至道談》：「汗留（流）至國（膕）。」這不同於上述的「發汗反應」，應該是持續性房中導引所致的大汗。而且可以從《至道談》與《合陰陽》對「成死為薄」一語所置的不同之處，也可以悟出各自不同的文意。

很清楚地表明是有意識地控制不進入性高潮期，也就不會發生射
精。而《合陰陽》所描述出現大卒之徵的人，通常是進入了性高潮
期，並伴隨有射精的行為。由於射精使人感到異常興奮、全身鬆
軟，因此疲勞入睡的人很多。但是，《至道談》追求的是持續導引
運動之後，全身輕快、充滿活力，保持良好的精神狀態，感覺自己
的思維清晰而敏捷。《玉房秘訣》也記述在修煉房中術的過程中，
因射精的有無而出現兩種截然不同的身體狀態與感覺。⓻在現代體
育運動項目中，特別是長跑運動員在運動中經常出現一種所謂長跑
者興奮（runner' high）的現象。⓼在修煉房中至道、持續導引運動之

⓻　《玉房秘訣》：「采女問曰：交接以瀉精為樂，今閉而不瀉，將何以為樂
　　乎？彭祖答曰：夫精出則身體怠倦，耳苦嘈嘈，目苦欲眠，喉咽干枯，骨節
　　解墮，雖復暫快，終於不樂也。若乃動而不瀉，氣力有餘，身體能便，耳目聰
　　明，雖自抑靜，意愛更重，恒若不足，何以不樂耶。」（《醫心方》卷二十
　　八，頁 643）。

⓼　所謂長跑者興奮（runner' high）現象，一般發生於單調而有節律的長跑開始
　　三十分之後。運動員開始感到自己的心情處於非常良好的狀態，自我意識非
　　常鮮明。有的感到自己突然與自然界溶成一體，出現和平與滿足之感。但最
　　重要的是要掌握好自己的心情，假如自己不想體驗這種感覺的話，就不會出
　　現這種狀態（久保田競《ランニングと腦》，朝倉書店，頁 98－104，1991
　　年）。1980 年發現有氧性運動時血液中 β- 內啡肽（endorphins）上升現象，
　　作為長跑者興奮現象的基礎物質開始引人注目。1982 年 Farrell 等報告在伴隨
　　長跑性運動中，血漿中 β- 內啡肽，β- 促脂肪釋放激素（lipotropin）的免疫
　　反應性（濃度）有增加現象。β- 內啡肽是內源性（類麻藥物質）的一種，它
　　的前體結構為前阿黑皮原（preproopiomelanocortin），也能合成 ATCH（促
　　腎上腺皮質素）。β- 內啡肽豐富地含於下丘腦和垂體中、前葉，運動中與
　　ATCH 等一起分泌於血中。因為長時間運動會產生情緒的重壓，為了減輕這
　　種痛苦 β- 內啡肽就開始分泌。由於它具有類似麻藥的作用，可以使人感到快

中，所體驗到「產神明」的特殊感覺，有可能相當於這種長跑者興奮的生理現象。

五、從「陰氣」至「神氣」

《至道談》除了出現神明一詞之外，「陰氣」也是一個多次使用的術語，但並未出現「陽氣」及「神氣」等詞語。「陽」字早見於甲骨文，金文已出現「陰陽」並用之例，但《易經》只見「陰」字，如「中孚」中云：「鳴鶴在陰，其子和之。」《曩伯子盨》記述：「曩伯子㝼父，作其徵盨。其陰其陽，以徵以行。」（《商周金文錄遺》）《詩經》的〈大雅·公劉〉中出現：「相其陰陽，觀其流泉」等。但是，在陽天陰地、陽上陰下，所謂陽尊陰卑的陰陽配置成立之前，春秋後期曾經存在過陰天陽地、陰上陽下的陰陽觀 ❼❸，說明當時陰陽尚未定型，並未上昇為形而上的概念。《老子》第四十二章云：「萬物負陰而抱陽，沖氣以為和。」這種為道家先驅的陰陽之說，不能排除源於南方牝牡之說的影響。❼❹《至道談》根據「年行四十而陰氣自半」的老化說，認為隨著年齡的增大體內陰氣開始衰退：

樂，產生幸福感等。這就是解釋長跑者興奮現象的理論（橫江清司《精神面
に対する效果》，《有酸性運動の健康科學》第十章，村山正博等編，朝倉
書店，頁 180，1991 年）。

❼❸ 龐樸《稂莠集》，上海人民出版社，頁 387─390，1988 年；《陰陽：道器之
間》，《道家文化研究》，第五輯，頁 4，1994 年。

❼❹ 參照第二篇注 ❶❺。

> 五十而起居衰，六十而耳目不蔥（聰）明，七十下枯上涗
> （脫），陰氣不用，淉泣留（流）出。**⑦**

表明身體的老化在不斷地進展。為了抵制老化的發展，康復衰退的
生理功能，它就竭力提倡在性生活中，必須注意八益與七損。這也
就是強調首先要心得必要的性知識，修復自己的基本體力，然後再
考慮適當地導入十動等房中導引術。詳細分析八益七損的內容，主
要也是為康復、治療弗（陽萎）、泄（早漏）等有關性機能的疾病。

　　十動等房中導引術亦見於《合陰陽》，《十問》第三問也有類
似的記述，稱之為「九至」，而且命名為「曹熬之接陰治神氣之
道」。延至《十問》成書的年代，「神氣」這個嶄新的術語已經完
全取代了陰氣。例如，〈第三問〉的「曹熬之接陰治神氣之道」，
〈第一問〉的「天師之食神氣之道」，〈第七問〉的「耉老接陰食
神氣之道」，〈第八問〉的「師癸治神氣之道」等。總之，追求增
強體內神氣的房中術已經形成全面展開的局勢，以增益陰氣為主的
房中至道，已經為多種「接陰治神氣之道」所替代。神僊方士除了
提出各種增強體內神氣的房中術外，又導入了榮養補益法、服氣法
等。由此可以推測在秦漢時期的社會上，已經出現多種增強神氣的
房中流派。

　　「神氣」這個術語，據筆者的調查可能最早使用於戰國最末

---

⑦　《馬王堆漢墓帛書（肆）》，頁 164。

期。❼我們可以從這個時期使用有關神氣的內容，探討所謂神氣的性質，以加深理解陰氣的實質性問題。《禮記・孔子閑居》篇云：「地載神氣，神氣風霆，風霆流形，庶物露生。」有學者就把這個「神氣」解釋為精氣。❼此外，《淮南子・要略》云：「言至精而不原人之神氣，則不知養生之機。」這是指出要掌握養生之要，就必須首先理解至精與神氣之間的關係。這個時期不問儒家、道家都使用了神氣這個詞語，而且在養生領域得到異常的重視。

　　所謂人體的神氣是什麼呢？為什麼通過強化陰器機能可以補充體內的神氣呢？增強神氣又會給身體帶來什麼樣的作用呢？這對防止老化、增進健康、延長壽命又有什麼樣的關聯性呢？對於諸如此類的問題，有必要從古代醫學的角度進行詳細地研討。《靈樞・天年》篇討論了人從生命誕生開始，胎兒的形成、成長，出生後的發育、成長、老化以及到死亡為止，即整個生命變化過程與神氣的密切關係。對於黃帝所提出的人是如何誕生，又是由什麼物質組成，年齡增長及其身體機能的衰退是受什麼氣的影響，這種氣的盛衰與百歲天年之間又有什麼樣關係等問題，岐伯都作出明確的解答。他首先說：「以母為基，以父為楯，失神者死，得神者生也」，接著

---

❼　「神氣」一語可能首見於《呂氏春秋》盡數：「口必甘味，和精端容，將之以神氣」；《禮記》以外的《莊子》：「汝方將忘汝神氣，墮汝形骸，而庶幾乎」（〈天地篇〉），「夫至人者，上闚青天，下潛黃泉，揮斥八極，神氣不變」（〈田子方篇〉）；《淮南子》：「古之人有處混冥之中，神氣不蕩於外」（〈俶真訓〉），「君臣乖心則背譎見於天，神氣相應微矣」（〈覽冥訓〉）。並參照本書附篇。

❼　竹內照夫《禮記》（新譯漢文大系），明治書院，頁788，平成5年。

詳細地解釋了出生以後，不同年齡所出現五臟、血氣、皮膚、肌肉、行動、感覺等變化徵候，身體運動能力以及智能衰退的情況，到了「百歲，五臟皆虛，神氣皆去，形骸獨居而終矣。」[78]

如附表所示，這是總結上述有關百歲為止身體變化的古代醫學文獻報告，並列出每十歲年齡組別身體變化的觀察結果。七十歲年齡組以上的數據資料比較少，可能與活到七十歲以上的老年人數欠缺有關。七十歲以下各年齡組的身體特徵觀察得比較仔細。特別到四十歲年齡組為止，以步行狀態表示運動能力，作為判斷健康與老化的重要指標。四十歲以上的各年齡組，隨著身體老化的開始，運動量逐漸減少，皮膚出現斑點與皺紋，頭髮開始發白脫落，肌肉開始軟弱，視力、聽力與記憶力等都明顯衰退。到了百歲，五臟功能與神氣都顯得極度衰弱，已經發展到無法康復的地步。這裏也提示了運動對預防人體老化的重要性。

古代醫學認為父母的至精是生命誕生的基本物質，而男女媾交行為本身直接參與體內神氣的生成。這種神氣不僅關係到胎兒的形成、發育，出生後的成長、身體素質，以及性格的形成，而且也是成長全過程生命活動的一種能量之源。[79]對於黃帝提出神氣是什麼的問題，岐伯回答說：「血氣已和，榮衛已通，五臟已成，神氣舍

---

[78]　《中醫四部經典》，頁 171－172。

[79]　《靈樞》（同上）：「故生之來謂之精，兩精相搏謂之神，隨神往來者謂之魂，並精出入者謂之魄」（〈本神篇〉，頁 128），「人始生，先成精，精成而腦髓生，骨為幹」（〈經脈篇〉，頁 131），「兩神相搏，合而成形，常先身生，是謂精」（〈決氣篇〉，頁 154）。並參照本書附篇。

心，魂魄畢具。」❽神氣又是依賴於五臟六腑所化生的精微物質來補充，精微物質變為氣血，流於心臟與脈管以支持身體機能的活動。❽所以從人的精神狀態、眼睛的活動、脈搏的跳動、皮膚的顏色等都可以觀察體內的神氣變化，判斷人的健康狀態，老化進展程度等。所以，神氣又可以看成是精氣在體表的一種表現。

　　古代醫家觀察、總結的不同年齡組別身體變化的特徵，不但可以作用判斷健康與老化的一種指標，而且也可以用於鑑別養生家、方士等修煉、養生的效果。也就是說通過判定他們的身體特徵與實際年齡的差別，則可以說明他們所使用的養生方法、方術的有效性，也可以作為判定當時的「健康年齡」，預測延長壽命的可能性。我們曾經系統地整理過現存文獻資料中所有的神僊傳記。❽這些被世人認定為神僊的人物，與各《地方誌》中所記載的壽星不同，沒有明確的年齡歲數是一個最大的特點。在確認所記述的推測年齡與身體特徵的過程中，發現存在著誇大他們的身體特徵以推測其年齡的評價傾向。例如，正史中所記載的漢代官僚王真雖然年過百歲，但通過他的顏面光澤與性生活能力等，判定其健康年齡大概

---

❽　同上，頁 171。

❽　《靈樞》（同上）：「營衛者，精氣也。血者，神氣也」（〈營衛生會篇〉，頁 143），「目者，五臟六腑之精也，營衛魂魄之所常營也，神氣之所生也」（〈大惑篇〉，頁 198），「心藏脈，脈舍神」（〈本神篇〉，頁 129），「所言節者，神氣之所遊行出入也。」（〈九鍼十二原篇〉，頁 117）

❽　我們已經把世傳的神僊人物以朝代、本籍、出身、記載壽命、經濟來源、修煉方法、服餌內容、居住環境、成僊形式、著作等二十個項目進行調查統計。家兄嚴善餘醫師為這項基礎統計做了大量的工作。

為五十歲左右，因此他所修煉的胎息法等就受到很高的評價。⑧

　　《十問》第四問認為神氣可以產生於「接陰之道」的房中導引術。這種看法是以《至道談》陰氣說為基礎的，也符合以房中術增進健康、推遲老化的基本認識。修行、修煉包括房中至道在內的多種方術的最終目的，在於追求不老長生。但是，為了判斷增進健康、不老長壽的效果，務必花費很長的歲月去追蹤調查才能得以證實，這在古代社會顯然是一種無法實現的計劃。可是，使用上述不同年齡組別身體特徵的橫斷調查結果，可以評價各種養生方法的使用效果，判斷老化的進展，推測健康的程度等等。所以，可以認為它在古代社會不失為一種有實用價值的評價方法。

　　《至道談》為了強調修身養形的重要性，提出了積精的概念，認為積精是治身的基本，利用房中導引術可以增益體內陰氣，所以可以說這種陰氣的內涵相當於精（氣）。從八益中所出現的多種服氣法，可以看出陰氣是氣的理論發展過程的一種中間產物。八益七損等主要觀點雖然被《黃帝內經》所引用，但最終只限於古代醫學領域，並沒有得到擴大的影響。這也說明房中至道是一個非常特別的養生領域，所創制的理論有其非常獨特的個性。《十問》放棄陰氣而採用神氣之說，可能有意識地擴大「接陰之道」在社會的影響，以及在陰陽理論盛行的時代，這樣也可以避免與陰陽之氣產生不必要的誤解。當時，《靈樞·小鍼解》篇還出現「神客者正邪共

---

⑧　《後漢書》卷八十二〈方術列傳〉：「王真年且百歲，視之面有光澤，似未五十者。自云：周流登五岳名山，悉能行胎息、胎食之方，漱舌下泉咽之，不絕房室。」

會也，神者正氣也，客者邪氣也」❽之說，神氣成為抗爭外來邪氣的體內精氣的代名詞。它不僅使用於古代醫學領域，也出現於《禮記》、《淮南子》等文哲著作之中。

六、結　論

　　考察馬王堆漢墓出土的房中養生文獻，可以發現從《至道談》的房中至道向《十問》所示幾種「○○接陰之道」的發展過程中，以房中導引術追求生理性的運動效果，在《十問》中已經呈現衰退傾向，同時鮮明地出現向往神僊崇拜的思想。房中至道以「凡彼治身，務在積精」為主旨，《十問》第六問雖然也強調「實下閉精，氣不屚（漏）泄」，但是追求「能者必神，故能刑（形）解。」❽這已表明積蓄精氣的目的不是單純為增進健康、抵制老化，而是夢寐以求屍解，實現成僊化神。這樣，房中術也就成為修行神僊道不可缺少的三大方術之一。而且，《至道談》從積精治身以救度個人乃至家庭出發，延至《十問》的時代，〈第八問〉提出：「凡治正（政）之紀，必自身始」❽，表明治身論已經活用於治政論之中。正如《漢書·藝文志》方伎略所說的「方技者，皆生生之具，王官之一守也」，房中術也就成為服務於王官、貴族等統治集團的一種保健醫術。

---

❽　　《中醫四部經典》，頁 120。
❽　　《馬王堆漢墓帛書（肆）》，頁 148。
❽　　同上，頁 149。

　　但是《至道談》與《十問》不同，尚未見到哲學的、抽象的、形而上的表現。可以說這是早期養生文獻的一大特徵。《至道談》所出現有關生命、健康、老化、壽命等議論，皆從人體生理的層次展開，並詳細地討論了精，但尚未與氣、或神相結合。其中提出了「至精」的概念，它明顯是指與生殖有關的精液，而且有意識地與區別於精。這個「精」字內涵著生命根元物質之義，是支持機體活動的能量之源和繁殖下一代種源物質的總稱，特別與男性的老化、壽命等有著密切的關係。**❽⓻**它基本上與精氣是同質的，所以又成為戰國後期形成精氣學說的基礎。《至道談》對體內精（氣）的損益提出了「精贏（羸）必舍，精夬（缺）必布（補）」的原則**❽⓼**，這在積精養生領域中具有極為重要的意義。這種以補瀉方法調和精（氣）的養生原則，不僅為《十問》所繼承，而且也給在精氣論上發展起來的古代醫學理論帶來很大的影響。**❽⓽**

---

❽⓻　進入飽食時代的先進國家，女性的平均壽命長於男性已經構成事實，而發展中的中國女性的平均壽命也比男性長（參照拙文《在日外國人と日本人の死亡狀況の比較研究》，《日本公眾衛生雜誌》，第 35 卷第 1 號，頁 8，1988 年）。

❽⓼　《老子》第七十七章：「天之道，損有餘而補不足」等，可以說都是含有非常精辟的哲理。但不少學者認為《老子》中很多條文與性有密切關聯，所以不能斷言是受《老子》的影響。例如，第五十五章：「含德之厚者，比於赤子，……骨弱筋柔而握固，未知牝牡之合而朘作，精之至也。」所述嬰兒精氣充足的現象，顯然是與大人比較之後所得出的結論。

❽⓽　《素問》（《中醫四部經典》）活用補瀉調和的原則，提出：「因其重而減之，因其衰而彰之，形不足者，溫之以氣，精不足也，補之以味。……中滿者，瀉之於內，……其實者，散而瀉之」（〈陰陽應象大論〉，頁 10）。醫聖張仲景云：「補不足，損有餘，是其義也」（〈傷寒卒病論〉），也把它作為一條重要的治療原則，並應用於臨床之中。

　　《至道談》首先強調修煉、掌握玉閉之技，也就是實現所謂保留性交。這是通過特殊的階段訓練法以收成效，但並不違反人體的生理機制，又是持續而有節律地進行長時間房中導引運動的根本保證。以導引為特徵的房中至道，要求持續性運動的效果，而且這種特殊環境的運動，可以使身體比較不易產生疲勞，能夠鍛鍊出維持長時間運動的體力。這種屬於有氧的全身運動，可以使視力與聽力得到改善，引起聲音、皮膚的變化，肌肉的結實隆起，強壯骨格的機能，增強人的耐力、毅力，從而達到增進健康、推遲老化、接近天年壽命的效果。「十動」作為持續導引的象徵，對後世房中術的發展影響很大。但多御少女房中術顯然是以「十女」替代了十動，與其說追求導引的效果，不如說傾心於從多數少女身上汲取陰氣以補充自身的元氣，表現出一種異常的心理狀態。❾⓿

　　掌握玉閉技術的人在修煉房中術中，時常可以體驗「產神明」的特殊感覺，這是修煉房中至道所追求的又一種生理性效應，可以使人感到全身輕快，充滿活力，意識清晰，思維敏捷。這與《合陰陽》所示的「大卒之徵」，即出現於性高潮期神志恍惚的精神狀態，在性質上有著很大的區別。有人非常生動而形像地證言了大卒之徵的體驗。❾① 佛教世界又把它描述為進入大樂的境地。❾② 房中至道雖然可謂典型的「養形之術」，但在持續導引運動中也追求精神

---

❾⓿　拙文《多御少女房中術に關する醫學的檢證》，《日本醫史學雜誌》第 48 卷第 2 號，2002 年。

❾①　Marie Stopes: Married Love, London, 128, 1918（矢口達譯《結婚愛》，朝香屋書店，1926 年）。

❾②　拇尾祥雲《理趣經の研究》，高野山大學出版部，頁 435－438，昭和 5 年。

健康。這種強調玉閉之技，追求神明的生理性感覺，可能影響東漢神僊方士探究體內精氣的再利用，激發他們開發還精補腦術房中術。❸

　　《至道談》從性生理學的角度提出「行年四十而陰氣自半」的老化理論，強調以房中導引術增強體內陰氣。延至《十問》、《內經》的時代，嶄新的神氣概念取代了陰氣。陰氣雖然不象精氣說、元氣說那樣成為古代哲學的重要理論❹，但對古代醫學有關人體化生理論、神氣說等予以一定的影響。同時《至道談》所記述五十歲以上身體老化的特徵，也促使醫家進一步收集與充實，百歲為止不同年齡組身體變化的特徵與陰氣關係的數據資料。但從現存的古代醫學文獻分析，無法斷定收集、整理這些資料的年代。考慮《至道談》的部分內容已被《素問·陰陽應象大論》引用的經緯，可以認為《內經》的這項研究工作的確有受到它的影響。這種不同年齡組別身體變化的特徵，可以作為判定健康狀況、老化進展的一種指標，也可以用於甄別、確認各種修煉、養生的效果，以及判斷房中導引術等各種養生方術、方法的實用價值。

---

❸　拙文《還精補腦術の形成と展開》，《東方宗教》第 103 號，2004 年。

❹　秦漢時期出現的「陰氣」一語，皆用於陰陽學說之中，與陽氣一語並用。例如，《呂氏春秋·古樂》：「多風而陽氣蓄積，萬物散解，果實不成，故士達作為五弦瑟，以來（采）陰氣，以定群生」；《淮南子》：「陰氣極，陽氣萌，故曰冬至為德。……陽氣極，陰氣萌，故曰夏至為刑」（〈天文訓〉），「孟秋行冬令則陰氣太勝，……行春令則其國乃早，陽氣復還」（〈時則訓〉）；《禮記·郊特牲》：「飲養陽氣也，故有樂。食養陰氣也，故無聲」等。

古代男女各年齡組的身體特徵表

年齡組	生理機能及其變化的特徵
十歲組	＊男女腎氣盛實、齒更髮長。 五臟始定、血氣已通、其氣在下、故好走。
二十歲組	＊男子天癸至、精氣溢瀉、故能有子。 ＊女子天癸至、月事時下、故有子。 血氣始盛、肌肉方長、故好趨。
三十歲組	＊男女腎氣平均、真齒生而長極。筋骨堅，身體盛壯。五臟大定、肌肉堅固、血脈盛滿、故好步。
四十歲組	＊男子筋骨隆盛、肌肉滿壯。 ＊女子陽明脈衰於上、面始焦、髮始墮。 五臟六腑十二經脈皆大盛以平定、腠理始疏、榮華頹落、髮頗斑白、平盛不搖、故好坐。
五十歲組	＊男子腎氣衰、髮墮齒枯、陽氣衰竭於上、面焦髮白。 ＊女子天癸竭、面焦髮白、形壞無子。肝氣始衰、肝葉始薄、膽汁始減、目始不明。
六十歲組	＊男子肝氣衰、筋不能動、天癸竭精少、腎臟衰形體極。 心氣始衰、苦憂悲、血氣懈惰、故好臥。
七十歲組	＊男子齒髮去。 脾氣虛、皮膚枯。
八十歲組	肺氣衰、魄離、故言善誤。
九十歲組	腎氣焦、四臟經脈空虛。
百歲組	五臟皆虛、神氣皆去、形骸獨居而終。

＊《素問・上古天真論》
　《靈樞・天年篇》

第四篇　多御少女房中術

一、引　言

　　在中國的古代社會，可能從很早就開始流傳著一種神妙的方術，即所謂多御少女房中術。傳說這種房中術的特徵是在一次的性行為中，要與多數的未婚少女、或童女交接，如果能保持不射精，這樣就可以從天真爛漫的少女身上汲取無盡的陰氣❶，補足自身的元氣以達到返老還童的目的。甚至認為隨著媾交少女的人數不斷增多，便有可能成僊化神，獲得長生不死。這種神奇的房中術，僅僅是停留於古人口頭上的傳說，還是一種曾經發生過的歷史事實，至

---

❶　女性一旦進入了性興奮期，陰器就開始分泌一定量的粘性液體，而且因人而異，有的量多如排尿。這種偏弱鹼性（pH7.5）的液體，其中含有比健康人稍高的少量蛋白（0.22%）、鹽（0.35%）、鈣（0.095%）、無機磷（0.31mg/dl）等，偏濃的似人唾液，偏稀的如水（押鐘篤《醫師の性科學》，學建書院，頁 781－788，1977 年）。有如《玄女經》等所說：「女煩動搖，精液如雨」、「女陰閉張，精液外溢」等等（《醫心方》卷二十八，人民衛生出版社，頁 640，1993 年）。古人可能因此而產生誤解，出現所謂「女人為陰氣的無盡器」的說法。即使就是一種營養豐富的液體，也很難從陰莖皮膚吸收於體內。

今仍然是一個未解之謎。而且，有關這方面的研究報告非常少。❷
有的學者認為這種房中術可能是一種誇張的說法。❸但是，這類的
風傳依然像幽靈一樣，時常迷惑著部分的男人去鋌而走險，冒犯少
女的人權。❹

　　東漢初期的王充在《論衡·命義》篇中說：「素女對黃帝陳五
女之法，非徒傷父母之身，乃又賊男女之性。」他已經對當時社會
上流行的房中術流癖提出了嚴厲的批判。我們因此可以推測西漢末
東漢初，社會上曾流行過多種流派的房中術，其中有可能存在多御
少女房中術。但這只是一種推測而已，尚無確實的證據。晉朝名醫
葛洪（公元 284－364 年）非常重視房中術在養生中的作用。他在《抱
朴子·微旨》篇中提出：「大都知其要法，御女多多益善。如不知
其道而用之，一兩人足以速死耳。彭祖之法，最其要者。」❺他認
為多多御女有益於男人的身體健康，並首推彭祖之法。

　　隋唐期間與養生學、醫學有關的《養生延命錄·御女損益》篇
和《備急千金要方·房中補益》篇，都是從醫學的角度討論房中術
與增進健康、預防老化的關係，並強調四十歲以上的男人學習、實
踐房中術的重要性與必要性。〈房中補益〉篇云：「昔黃帝御女一
千二百而登仙，而俗人以一女伐命，知與不知，豈不遠矣。其知道
者，御女苦不多耳」，又云：「但能御十二女而不復施瀉者，令人

---

❷　拙文《多御少女房中術に關する醫學的檢證》，《日本醫史學雜誌》，第 48
　　卷第 2 號，2002 年。

❸　江曉原《性張力下的中國人》，上海人民出版社，頁 47，1995 年。

❹　胡霞，島崎繼雄《中國人の性事情》，サイマル出版社，頁 105，1992 年。

❺　《抱朴子》，上海古籍出版社，頁 48，1990 年。

不老，有美色。若御九十三女而自固者，年萬歲矣。」❻類似此文
的記述亦見於《養生延命錄・御女損益》篇。這些著名的古代醫
家，不但在自著中極力推薦多御少女房中術，還論及這種方術與上
古時代的神僊彭祖、黃帝的密切關係。而且這些內容都可以在《素
女經》等房中術專著中找到注腳。

　　根據《素女經》的記述，黃帝問訊素女有關房中術的問題時，
素女回答他說：古代有位帝王也曾讓玄女去請教過彭祖。彭祖、黃
帝這兩位古神僊傳說，固然不可能是歷史的事實，但提示了一條重
要的信息，即古代帝王向來都很關心這種方術。如果我們相信這兩
位古代有名醫家的記述，也就意味著在古代社會中，的確存在過這
種神僊房中術。而且，也已經有古代醫家反對孫思邈這種所謂「以
人療人」的觀點。❼相傳為齊大夫褚澄所著的《褚氏遺書》云：

　　　合男女必當其年，男雖十六而精通，必三十而娶；女雖十四
　　　而天癸至，必二十而嫁。……今未笄之女，天癸始至，已近
　　　男色，陰氣早洩，未完而傷。

---

❻　《備急千金要方》卷二十七，宏業書局，頁 489，1987 年。
❼　元・朱震亨《格致餘論》：「或問，《千金方》有房中補益法，可用
　　否。……竊詳《千金》之意，彼壯年貪縱者，水之體，非向日之靜也。……
　　若以房中為補，殺人多矣。」（江蘇科學技術出版社，頁 63－64，1985 年）
　　清・章楠《醫問棒喝》：「無論其術驗否，當知天地間未有行悖理喪良之
　　事，而反能益獨長生者，其為害道邪說，顯而易見。豈有賢如孫真人，為此
　　害道之邪說哉？必由好奇之人，遮拾附會以偽託耳。後賢因過信孫真人，遂
　　不辨其偽妄，而反衍之，蓋亦千慮之一失也。」（中醫古籍出版社，頁 88，
　　1987 年）

　　《三元延壽參贊書》也有引用此說，還指出：「女破陰太早，則傷其血脈。」❽他們議論早婚、過早性交對未成年女子帶來的身體弊害，同樣也適用於理解被強制性交的童女、少女身上。有錢有勢的人妄圖獲得不老長生，不惜犧牲發育尚未成熟少女的肉體，同時也給她們的心靈帶來嚴重的創傷。❾這也許就是引起社會公憤的一個主要原因。

　　這種利己至極，充滿謎惑的多御少女房中術到底產生於何時？源於何處？它又是如何形成的呢？多御少女房中術的形成社會基盤又是什麼呢？它給童女、少女們都帶來什麼樣的危害呢？既然古代著名醫家或推薦、或批判這種多御少女房中術，那麼在古代醫藥文獻資料中，就有可能留下一些相關的痕迹。為此，本篇不但以正史以及有關神僊道教、房中術等文獻為基本資料，對上述的問題進行詳細的研討，而且從古代醫藥文獻資料中，查找診療有關童女、少女陰器疾患的記錄，並從醫學的角度進行驗證。同時詳細考察這

---

❽　此文亦為元・李鵬飛《三元延壽參贊書》卷一所引用（《道藏》，第 18 冊，文物出版社等，頁 530，1988 年）。根據他的友人葉應和寫的跋文：「余友李澄心裏尋母數百里外，適冑家多難，以藥活二十八人。……然其天性穎悟有言必覺，又心不苟取不倦醫，以是活人多也。」（同上，頁 526）說明李鵬飛是一位臨床經驗非常豐富的醫家。

❾　明・馮夢龍《醒世恒言》卷二十三「金海陵縱欲亡身」中描述海陵王強行性交少女，「乘興幸之，竟忘其質之弱，年之小也。此女果不能當，涕泗交下，……女陰中血流不止。」（上海古籍出版社，1992 年）明・齊東野人《隋煬帝豔史》（上海古籍出版社，1992 年）第三十一回描寫隋煬帝強制性交十三歲少女月賓，使少女感到無限的痛苦與恐怖。可以認為這些描寫多半是以實例為模特的。

種多御少女房中術的形成與歷史背景、風俗習慣、社會環境等關係。

二、從古代醫學驗證童女性交

根據《史記》卷六〈秦始皇本紀〉的記載，齊人徐市（福）上書秦始皇說東海中的三神山有僊人，可以與童男童女同往尋求不老不死的僊丹靈藥。於是秦始皇就派遣徐福「發童男女數千人，入海求僊人。」對於徐福要求帶去多數童男童女的目的，後世有各種各樣的推測。民間時常風傳從童男童女身上，取出藥用成分以煉製僊丹靈藥❿，而且自古以來醫家就很重視使用人精、經血等治療各種疾患。⓫南宋丹道家翁淵明也說：「近世多以十六歲童男童女，使之交合，結而成胎，謂之胎元丹，謂之紫河車，以此為金丹大

---

❿　《高平縣志》卷十六〈祥異〉篇：「嘉靖三十四年，民亂嫁娶。舊志時相傳採女童為僊藥，民間驚惶亂婚嫁。」（乾隆三十九年刻本）類似的記載散見於各地的方志。

⓫　古人很早就開始注目男子的精液，女子月經分泌物的藥用效果。馬王堆漢墓出土的《五十二病方》中就已經出現使用月經布治療馬不癇病、蠱病、癩病、牝痔出血等，而且強調「即以女子初有布」治療癩馬不癇病，「漬女子未嘗丈夫者（布）」治療蠱病等，並認為使用男子精液治療外傷可以不留傷痕等。《傷寒卒病論》記載：「取婦人中褌近隱處，剪燒灰」，作成燒褌散治療陰陽易。這些療法也多為後世所繼承。《政和本草》卷十五記載使用月經衣主治金瘡大出血等，《備急千金要方》用於治療重症霍亂等。《本草綱目》設有人部藥婦人血水條。《證類本草》卷十五，《千金要方》卷六都有使用人精的記載。

藥。」⑫紫河車又名人胞、胎衣、混沌衣、儽人衣等，著名藥物學家李時珍說：「丹書云：天地之先，陰陽之祖，乾坤之橐籥，鉛汞之匡郭，胚胎將兆，九九數足，我則乘而載之，故謂之河車。」⑬以紫河車為主藥製作的大造丸、河車丸等都是益氣補精的有名丸藥。所謂童男童女，就是指未成年的人。在早婚習俗的古代社會，不僅指婚姻上的未婚者，未體驗過交接之女也是一個重要的條件。《釋名·釋長幼》篇云：「十五曰童，……女子未笄者，亦稱之也」，即十五歲以下的男子稱為童男。所謂「笄」，就是女子用以結束頭髮簪子的一種，也是女子成年的一個標記。《禮記·內則》篇明記：「女子十年不出，……十有五年而笄，二十而嫁。」這也就是規定女子十五歲為帶笄的年齡，十五歲以下的未婚處女又稱為童女。

《備急千金要方》卷三〈婦人方中〉篇記述「治陰寬大令窄小方」之後，詳細地記錄著此藥的製作與使用的方法，即把幾種生藥研成粉末製作丸藥，然後放置於陰道之內使用。有關這種外用丸藥的藥用效果，《備急千金要方》認為使用「五十日如十五歲童女」。⑭這表明當時的醫家就認為：十五歲未婚少女的陰道緊縮度是滿足部分人性交欲求的最佳狀態。通常女子的第二性徵發達是表示進入思春期，一般從八、九歲開始第二性徵開始發育，並逐漸明顯地表露出來。大約經過十年的時間，至十七、八歲時體內的性機

---

⑫　《悟真篇注疏》卷一（《道藏》第 2 冊，頁 918）。
⑬　《本草綱目》，人民衛生出版社，頁 2963－2964，1982 年。
⑭　《備急千金要方》卷三，頁 54。

能才發育成熟。根據日本厚生省（相當於衛生部）的調查報告❶，昭和六十年（1985）女子的平均初潮年齡大約要比昭和十年（1935）的調查結果提早三年時間。分析其主要原因，可能是由於現代社會豐富的飲食生活所致。與現代社會的飲食內容無法相比的古代，可以推測古代女子的發育成長要比現代人遲三年，或者更長的時間。

《周禮》提出：「女子二十而嫁」，這種古代禮教提倡的女子結婚年齡，還是有一定的客觀依據。總而言之，遵循現代醫學生理學的觀點，十五歲以下的童女、少女，不管是在身體上還是在精神上，都處於成長、發育之中。假如無視童女、少女未成熟的身體，強制她們作為性交的對象，就會非常容易地造成陰器的損傷，如損傷陰道而引起陰道痙攣性疼痛、出血等症狀。有關治療這類童女、少女陰器疾患的臨床報告，可以認為是證明包括早婚等在內，特別多御少女房中術危害女子身體的一個有力證據。

《備急千金要方》卷三〈婦人方〉中篇記載：「治童女交接陰陽違理，及為佗物所傷血出，流離不止方。」❶所謂「交接陰陽違理」，多是指違背男女媾交的適當年齡，因年齡過小等所致陰道損傷，出血不止等症狀。該項同時出示如下三種帶有應急性治療的方藥。

1. 取釜底墨少許，研胡麻以傳之。
2. 燒青布並髮灰傳之，立愈。

---

❶　石濱淳美《セクシュアリティ入門》，メディカル出版，頁 9，1992 年。
❶　《備急千金要方》卷三，頁 54。

3.燒繭絮傳之。

這三張處方的藥物，都是古代社會日常生活中非常容易找到。而且，這些外用藥物的製作方法又都是很簡單。此外，還有記述著「治合陰陽輒痛不可忍方。」其中使用黃連、牛膝、甘草三種藥物煎成湯劑，不是用於內服，而是外用浸泡陰部，一天浸泡四次以直接緩解陰道疼痛。「治嫁痛單行方」中使用大黃，並以好酒一升沸煮，三沸之後即可頓服。「治小戶嫁痛連日方」中出示兩張處方，分別使用甘草、芍藥、生薑、桂心，與單味的牛膝，而且分別使用二升與三升的酒一起沸煮內服。芍藥配甘草有緩解痙攣性疼痛的效果。又有「治小戶嫁痛方」，使用單味烏賊魚骨，燒成粉末，取適量藥粉配酒內服。這些都是用於治療少女性交而產生陰道痙攣、疼痛等症狀。這些處方具有一個共同的特徵，就是使用比較大量的酒，但酒並沒有止痛的效用。這裏使用大量好酒的目的，可能是讓不習慣喝酒的童女、少女，盡快因酒醉昏睡而忘記陰部疼痛。

唐天寶年間（公元 742－756 年）王濤等編纂的《外臺秘要方》卷三十四〈婦人下〉篇中，也記述有「交接輒血出痛方二首」與「童女交接他物傷方三首」。❼這些都是治療童女因性交所致陰道損傷、痙攣性疼痛、出血不止等方藥。具體收錄如下。

(一)「交接輒血出痛方二首」
　　1.千金療女人交接輒血出方（桂心、伏龍肝、酒）。

---

❼　《外臺秘要方（二）》卷三十四，上海古籍出版社，頁 438－439，1991 年。

2.崔氏療合陰陽輙痛不可忍方（黃連、牛膝、甘草）。

㈡「童女交接他物傷方三首」

1.《集驗》療童女交接陽道違理，及他物所傷犯血出流離不止方。取釜底墨斷葫蘆以塗之。

2.又療童女交接陽道違理血出不止方。燒髮並青布末為粉塗之。

3.又方。割雞冠取血塗之。

其餘也收錄著「療小戶嫁痛連日方」，「療嫁通單行方」與「療小戶嫁痛方」三項，其內容皆明示引自《備急千金要方》或《千金翼方》。

　　《外臺秘要方》是收錄二十多家名醫部分論著的有關要點，以及他們的經驗方藥編纂而成，而且都明確地記載所有引用文、方藥、特殊療法的出典。這也就成為該書編集上的一個最大特徵。因此它保存了大量古代醫籍的佚文，所以在醫藥文獻學上得到很高的評價。我們比較一下上述《備急千金要方》與《外臺秘要方》引用的處方內容，發現兩者有非常相似之處。特別是外用於陰道損傷、出血不止的二、三張處方，實際上都是出典於《集驗方》。這說明《備急千金要方》也是參考《集驗方》的有關內容。從方藥的內容分析，其中沒有使用什麼特別的藥物，顯然是直接吸收民間的應急治療方法。從這一點推測，在當時的社會上強制性交童女、少女所致陰道損傷、疼痛、出血等病症，可能是一種很常見的臨床婦科疾患。

　　《隋書》卷三十四〈經籍志・醫方類〉記載：「《集驗方》十

二卷。」同時它還收錄著「《集驗方》十卷（姚僧垣撰），《姚大夫集驗方》十二卷。」根據《周書》卷四十七〈藝術本傳〉記載，所謂姚大夫者，就是指姚僧垣（公元 478－583 年），字法衛，曾經當任過梁朝的太醫正，後來又擔任過北周的太醫下大夫。一個長年參加指導國家醫療行政的負責人，在他的醫藥專著之中，不忘公開治療童女、少女因性交所致陰道損傷、疼痛、出血等病症的方藥。這表明在那個時代，這種病症在婦科臨床中經常可以見到，並不使人感到新奇。而且，在他長期負責的貴族、官僚階層的醫療工作中，必須應急處理這一類患者可能也不少。據統計《外臺秘要方》引用姚僧垣《集驗方》的條文為一百七十六，引用處方多達三百二十張。❸這也充分說明《集驗方》的臨床實用性與有效性。《醫心方》卷二十八房內篇「少女痛第二十九」一節中，分別引用《集驗方》的三張處方，《備急千金要方》的二張處方，以及從《玉房秘訣》引用的一張處方。《玉房秘訣》的處方與《備急千金要方》的「小戶嫁痛連日方」內容相同，皆由甘草、芍藥、生薑、桂四種生藥組成，只是前者用水煎，後者用酒沸煮。這可能是為加強鎮痛的效果，所以對少女、童女的治療方藥中也加上酒。《玉房秘訣》這部房中術專著之名已見於《隋書·經籍志》，表明強制性交童女、少女所致陰器損傷性病症，時常出現於修煉房中術之中。

東漢醫聖張仲景的《金匱要略》是辨證論治內科、婦科等雜病

❸　《中國醫學史略》，啟業書局，頁 146，1987 年；小曾戶洋〈《外臺秘要》による古醫籍の檢討〉，《日本醫史學雜誌》，第 30 卷第 2 號，後又收入《中國醫學古典と日本》，壎書房，頁 494，1996 年。

的臨床專著。其中所介紹的部分婦科雜病中，未見有關童女、少女因性交所致陰器損傷、陰道出血、疼痛等治療報告。因為現存有關秦漢時期的臨床醫療資料非常少，而且今本的《金匱要略》是北宋時期重編而成的❶，所以現段階不能輕易斷定當時不存在這些病症。從現存僅有的古代臨床醫學文獻資料分析，只能說這類病症是從南北朝開始登場的。戰亂不絕的魏晉南北朝時代，各個時期的政府為了增殖人口，擴大稅收，不斷地打出促進早婚的政策。晉武帝強制實行早婚規定，「制女年十七，父母不嫁者，使長吏配之」（《晉書》卷三〈世祖武帝紀〉）。《周書》卷五〈武帝紀〉記載，北周武帝親自發出「自今已後，男年十五，女年十三已上，……以時嫁娶，務從節儉」的命令。貴族、官僚等上流階層的人，可能要比一般民眾更早結婚。《魏書》卷四十八〈高允傳〉云：「今諸王十五，便賜妻別居。」獻文帝十三歲生孝文帝。陳文帝的沈皇后僅十歲就選入後宮。但是，如果男女雙方都是未成年結婚的，他們媾交所致陰器損傷的發病率，可能要遠遠地低於強制利用童女、少女修煉房中術的。

　　上述已經提到《備急千金要方》卷三〈婦人方中〉篇的「治陰寬大令窄小方」，它是使用兔糞、乾漆酪、鼠頭骨、雌雞肝與蜜製作成小豆大的丸藥，作為外用藥直接把丸藥放入陰道之內。醫家認為它可以使因分娩等致使陰道內壁鬆緩、彈性消退的陰道重新恢復良好的緊縮性。通常使用三天之後就開始出現效果，十天後陰道腔開始變小，使用五十日之後陰道就「如十五歲童女。」這自然不是

---

❶　《中國醫學古典と日本》，頁305。

醫家隨意編造的藥方，雖然其中用藥比較離奇，相反可能更加吸引人。推測在當時的社會上，可能有很多要求這種治療的人。這種治療方藥顯然與希望子孫繁榮的早婚、娶妾等不同，可以說完全是為了追求性的快樂。這也是部分男人熱心於交接童女、少女的「處女癖」的一種表現。「房中補益」篇甚至公開提議，有錢的人可以用錢選買「但得少年，未經生乳」[20]的處女。沒有經濟實力的人，只好使用外用丸藥以滿足自己的性癖。

延至北宋初期，宋太宗敕令醫官陳昭遇、王懷隱等人於公元978－992 年間負責主編《太平聖惠方》一百卷，其中共分一千六百七十門，收載處方一萬六千八百三十四首，可謂集方藥學之大成。徽宗政和年間（公元 1111－1117 年），庭臣等人受敕編輯《聖劑總錄》二百卷，全書共分六十門，載方兩萬多首，可稱集治療學之大成。但是，在這兩部大型綜合性臨床醫藥書籍中，一概未見記述治療有關童女、少女性交所致的陰器損傷、陰道出血、疼痛等項目，以及相關聯的方藥。而且，連南宋末期（1237 年）刊行的陳自民《婦人大全良方》這部婦產科專著之中，也未見到類似的記載。從臨床醫療經驗上看，每種類型病症的臨床治療都是隨著時代發展而不斷地更新，如果尚未出現更有效的治療方法，除非那種病症經過臨床的長期觀察，並得以確認已經根絕的話，是不會從臨床醫藥學專著中突然消失的。而且，這種現象特別不易發生於這種大型、專業性很強的醫藥學叢書之中。

眾所周知，隨著北宋興起的新理學，宋儒力圖重建儒家綱常倫

---

[20]　《備急千金要方》卷二十七，頁 488。

理秩序。朱熹繼承並進一步發展了二程學說，把儒學思想推向新的高度，形成所謂「程朱理學」。他們大力提倡封建禮教，進一步加強以男性為中心的社會意識，並提出極端的禁欲主義主張，要求不近妓女娼館等。因此，有學者認為這個時代才是「男性的處女嗜好」觀念的發生時期。❹但根據初唐醫家的記述，這種社會意識可能產生於更早的年代。宋朝一般男女的結婚年齡，司馬光《書儀》以及朱熹的《家禮》皆言男子十六至三十歲，女子十四至二十歲。宋代法定的婚齡與唐代相同，男子十五歲以上，女子十三歲以上始得婚嫁。❷

　　北宋時期有關童女、少女交接所致陰器損傷、陰道出血、痙攣疼痛等治療項目，在醫學文獻資料中突然完全消失，這並不是一起偶然發生的事情。程顯、程頤兄弟在洛陽興起理學，強調「餓死事極小，失節事極大」（《二程遺書》卷二十二），強烈要求女性要持守貞操，雖然他們對女性貞操倫理的議論也達到空前的地步，強調制限女性的自由，連婦人的再婚也成為卑賤的行為而受到社會的蔑視，但是《太平惠民和劑局方》的刊行時期早於二程的出世。北宋初期太祖趙匡胤登基之後，大力整頓道教，考核道士的學業，「開寶五年（972）冬十月甲辰，試道流，不才者勒歸俗」（《宋史》卷三〈太宗本紀〉），而且還下詔禁止私度道士，旨在提高道士素質。太

---

❹　陳本原《中國婦人生活史》，上海文藝出版社，頁 146，1990 年。但是，根據《備急千金要方》所述治療陰道內壁鬆弛的方藥可能否定這種觀點。也許北宋開始限制取妾，有錢也只好精選處女。這是符合一般消費者的心理現象。

❷　蘇冰、魏林《中國婚姻史》，文津出版社，頁 236，1994 年。

宗在位（976－997 年）期間，不斷招見有名道士，與建宮觀，搜集道書。以至當時的醫家可能判斷少女早婚媾交所致陰器損傷、陰道出血、痙攣疼痛等病症，在當時婦科臨床上並不多見，或在朝廷敕令編纂的醫藥學專籍中，收錄修煉房中術所致病症的證治方藥有失體統。事實上，從宋代正史開始已經不收錄房中術的專著書籍。

三、多御少女房中術的形成

考察現存的有關古代房中術的文獻資料，所謂多御少女可以長生不老之說可能開始於《彭祖經》。根據《神仙傳》❷所述，《彭祖經》這部房中養生書是黃山君跟隨彭祖修得房中術之後總結留世的。《彭祖經》這部佚書之名已見於《抱朴子·遐覽》篇，同時〈極言〉篇也多處散見「《彭祖經》云」的引用文，表明在文獻學上，《彭祖經》的存在是一個無可非議的事實。〈遐覽〉篇記載的道教圖書目錄，其製作時期大約為公元四世紀的中期。而且根據葛

---

❷ 根據《晉書》卷七十二〈葛洪傳〉的著書目錄以及《抱朴子·外篇》的〈自序〉，葛洪的確著有《神仙傳》十卷。對於現行本的《神仙傳》，余嘉錫說：「疑葛洪之原書已亡，今本皆出於後人所綴拾」（《四庫提要辨證》卷十九·子部十）。也有學者認為是唐代以後的作品（福井康順《「列仙傳」考》，《早稻田大學大學院研究紀要》3，1975 年）。根據《神仙傳》的復元研究，上述彭祖的部分內容與原本《神仙傳》彭祖傳的幾乎相同（小南一郎《「神仙傳」の復元》，《入矢教授·小川教授退休記念中國文學語學論集》，筑摩書房，1974 年）。所以又有學者推測葛洪可能利用《彭祖經》編纂《神仙傳·彭祖傳》（坂出祥伸《彭祖傳說と「彭祖經」》，山田慶兒編《中國新發見，科學史資料の研究論考編》，京都大學人文科學研究所，昭和六十年）。

洪自身所說，這個圖書目錄又是根據其師鄭隱的藏書著錄的。所以不難推定，《彭祖經》這部書至遲於公元三世紀的前期，乃至二世紀的中後期就已經問世。有學者推測該書可能為東漢末期的左慈，或西晉的鮑靚所著。❷《列仙傳》女幾傳的贊云：「玄素有要，近取諸身，彭祖得之，以陳五卷。」❷這表明《彭祖經》在當時人的眼中，就是一部比較特別的房中術專著，並認為它是在《玄女經》與《素女經》的基礎上，可能加入所謂彭祖自身的經驗編纂而成的五卷本著作。總合《醫心方·房內》篇中收錄的有關「彭祖曰」的條文內容，可以看出《彭祖經》除討論多御少女房中術以外，也探討求子、強陽等方藥，以及房中禁忌等問題。

　　《彭祖經》等有關古代房中專著力說多御少女可以長生不老、萬壽無彊時，非常有意識地強調兩個事項：❷其一，黃帝與一千二

---

❷　《彭祖傳說と「彭祖經」》。

❷　《隋書》卷三十四〈經籍志·雜傳〉記載：「《列仙傳贊》三卷劉向撰，鬷續，孫綽贊」。福井康順考證認為讚文係東晉·孫綽之作（《「列仙傳」考》，《早稻田大學大學院研究紀要》3號，1957年）。

❷　《玉房秘訣》云：「彭祖曰：夫男子欲得大益者，得不知道之女為善。又當御童女，顏色亦當如童女。女但苦不少年耳，若得十四五以上，十八九以下，還甚益佳也」（《醫心方》卷二十八，頁635）。《彭祖經》云：「彭祖曰：道甚易知，人不能信而行之耳。今君王御萬機治天下，必不能備為眾道也。幸多後宮，宜知交接之法，法之要者，在於多御少女而莫數瀉精。使人身輕，百病消除也」（《醫心方》卷二十八，頁633）。《玉房指要》云：「彭祖曰，黃帝御千二百女而登僊，俗人以一女而伐命，知與不知，豈不遠耶。知其道者，御女苦不多耳，不必皆須有容色妍麗也。但欲得年少未生乳而多肌肉者耳。但能得七八人，便大有益也。」（《醫心方》卷二十八，頁634）

百人女子媾交之後，化為神僊而昇天的傳說。其二，封建帝王國務繁忙，支持君主體力的是後宮無數年輕的美女。帝王依靠與少女性交來補足自己的元氣，這似乎為帝王後宮配備大量美女提供了正當的理由。文中所說的帝王沒有明確的年代記載，但在有關多御少女房中術的傳說中，古代帝王是不可缺少的模特兒。黃帝是戰國後期興起的黃老說中的一個主人公。《莊子・大宗師》篇說：「黃帝得之，以登雲天」，他同時又是一位神僊人物。黃帝排位先於堯、舜等帝王之前，這是早於孟子出生的方士鄒衍所編造的。❷孔子、墨子、孟子等諸子書籍中一律未見有關黃帝的記載，但是陰陽家、道家、神僊家、醫家、曆法家等都爭把黃帝作為自己的祖師。《史記》也以黃帝為五帝之首，把〈五帝本紀〉排於〈夏本紀〉之前，拉開中國五千年歷史的序幕。

　　《史記》有關黃帝的詳細記述，主要集中於卷一〈五帝本紀〉與卷十二〈孝武本紀〉之中。前者把他作為實在的歷史人物，記載著黃帝的姓名、出生、家族以外，主要介紹他轉戰南北，統一天下，獲鼎封禪等豐功偉績。後者又把黃帝作為傳說式的人物，屢屢出現於夢寐以求成僊化神、不老不死的漢武帝與多數方士的交遊之中。方士李少君進言，黃帝曾通過「祠灶致物」，煉丹砂化黃金，製作食器得以益壽。而且，他認為長壽則可見蓬萊僊人，封禪則可獲長生不死。於是武帝親自祠灶神，並派遣方士去蓬萊尋找僊人安期生。隨後，齊人方士公孫卿說黃帝學僊人之術，信鬼神百餘年，

---

❷　《史記》卷七十四〈孟子傳〉：「齊有三鄒子，期前鄒忌，……先孟子。其次鄒衍，後孟子。」

終於通合神靈。黃帝採首陽山銅鑄造寶鼎於荊山，鼎成飛龍迎黃帝
昇天。武帝感嘆地回答：「嗟乎，吾誠得如黃帝，吾視去妻子如脫
躧耳。」銅鼎鑄成之後，「天子既聞公孫卿及方士之言，黃帝以上
封禪，皆致怪物與神通」，禮祭名山封禪。濟南人公玉帶獻上所謂
黃帝時代的明堂圖，漢武帝就命令在紋上之邊築造明堂祭神。武帝
巡迴東海時，有方士說：「黃帝時為五城十二樓，以候神人於執
期，命曰迎年。」武帝就按其所說建造殿堂，親自穿上黃色禮服，
祭祀上帝。

　　《史記》卷十二〈孝武本紀〉云：「孝武皇帝初即位，猶敬鬼
神之祀。」他即位第二年就把神君迎入宮中祭祀。這位神君係因出
產而死的長陵婦人，後顯靈於兄弟之妻宛若身上。武帝外祖母平原
君為了子孫顯達曾祭拜過神君。少君死後，齊人方士少翁由於擅長
鬼神之術也得到武帝的寵愛。他為武帝再次會見死去最愛的王夫
人，獲得文成將軍之職。一年後他因騙人把戲被揭穿而秘密處刑。
少翁死後，患病的武帝聽信巫醫游水發根之言，把神君招請甘泉宮
行幸，病癒之後又設置祭具禮待神君。他親自舉行接神儀式，與神
君交感，而「其事秘，世莫知也」。此後，他又信任方士欒大煉製
黃金，擔心他不盡心煉金就封之為五利將軍，還把女兒衛長公主許
配給他。武帝為了獲得長生不死，幾乎都是無條件地接受方士的各
種提案。總而言之，漢武帝一生尋求有關黃帝的傳說，全力模倣黃
帝的「所作所為」，作夢也想成為像黃帝那樣的神僊。像他那樣奢
望不老長生，沉醉於神僊方術的帝王，在漫長的封建歷史之中可謂
獨一無二。

　　有關黃帝與房中術的關係，亦出現於《素女經》。該書名雖然

未見於《漢書·藝文志》，但素女之名已見於馬王堆漢墓出土的《養生方》。《十問》第四問是「容成之治氣摶精之道」，專門記述黃帝請教容成公房中養生的問題。其內容是討論容成公遵循自然環境變化的規律，把服氣養生法導入修煉房中術之中，並且提出：「治氣有經，務在積精，精盈必瀉，精出必補，補瀉之時，於臥為之。」❷❽現存的《列仙傳·容成公傳》云：「容成公者，自稱黃帝師，見於周穆王，能善補道之事，取精於玄牝，其要谷神不死，守生養氣者也。」❷❾這與《十問》所述的內容是相吻合的。容成公流房中術的歷史以及與黃帝的關係，至少可以追溯到西漢初期。也就是說它比世傳《列仙傳》的作者──劉向（公元前 77－76 年）早一百五十年左右。而且，《漢書》卷三十〈藝文志·方伎略〉已經收錄「《容成陰道》二十六卷」。

　　西漢初期，容成公流派的房中術已經流傳於世是一個事實。延至東漢三國時期，仍然得到不少有名方士的繼承。❸❶當時有位擅長容成公房中術的有名方士，名字叫封衡。據說當時他的年齡就已經二百多歲。根據《後漢書》卷八十二〈方術列傳〉所載，封衡字君達，道號為青牛師。三國時期與「甘始，元放，延年皆為操所錄，

❷❽　馬王堆漢墓帛書整理小組《馬王堆漢墓帛書（肆）》，文物出版社，頁147，1985 年。

❷❾　漢·劉向撰《列仙傳》（嚴一萍選輯《百部叢書集成》，藝文印書館印刊）卷上，頁 4，1965 年。

❸❶　《後漢書》卷八十二〈方術列傳〉：「壽光年可百五六十歲，行容成公御婦人法。……甘始，東郭延年，封君達三人者，皆方士也。率能行容成御婦人術。」

問其術而行之。」他們被曹操招集之事亦見於《博物志》卷七，其中說：「甘始，左元放，東郭延年，容成御婦人法，並為丞相所錄。間行其術，亦得其驗。」而且還收錄《典論》之文說：「寺人嚴峻就左慈學補導之術，閹豎真無事於斯而逐聲若此。」❸所謂「寺人」，乃侍奉於皇帝身邊的宦官。房中術對於太監來說應該是沒有任何實用價值，但不僅他要學，而且左慈也願意教他。這顯然是為協助皇帝掌握、使用房中術的共同行動。《醫心方》卷二十八〈房內〉篇收錄《玉房秘訣》的條文，其中有介紹說：「青牛道士曰，數數易女則益多，一夕易十人以上猶佳。常御一女，女精氣轉弱，不能大益人。」❸青牛道士也是一個提倡多御少女房中術的代表方士。《醫心方》卷二十七〈養生〉篇以及卷二十九中，也可以查到多數「青牛道士云」的條文，說明青牛道士是一位比較全面地研究養生方術與醫藥的神僊方士。

　　總而言之，與黃帝傳說有關的容成公、彭祖之流，皆以傳多御少女房中術為主，❸而彭祖房中術可能又是在容成公流派的基礎上，結合黃帝御一千二百女子成僊傳說而展開的。《抱朴子·微旨》篇說：「而俗人聞黃帝以千二百人女昇天，便謂黃帝單以此事

---

❸　晉·張華《博物誌》（王雲五編《叢書集成初編》），商務印書館，頁 41－43，1939 年。

❸　《醫心方》卷二十八，頁 635。

❸　《天下至道談》強調玉閉之技以及房中導引的運動效果，提出：「踵以玉閉，可以一邊」，並把「十踵」作為持續導引的時間標準。可能至容成公流派形成的時代，就已經易十動為十女。如《玉房秘訣》云：「御女欲一動輒易女，易女可長生。」（《醫心方》卷二十八，頁 635）《備急千金要方》也說：「其法一夜御十女，閉固而已，此房中之術畢矣。」（頁 489）

致長生，而不知黃帝於荊山之下，鼎湖之上，飛九丹成，乃乘龍登天也。黃帝自可有千二百女耳，而非單行之所由也。凡服藥千種，三牲之養，而不知房中之術，亦無所益也。」**❸**他雖然強調黃帝鑄鼎煉丹、服食靈藥、乘龍昇天之說，但並不否定多御少女房中術，是修練僊道不可缺少的一種方術。所以在黃帝昇天傳說之中，除鑄鼎說、練金說、尸解說以外，民間尚長期流傳著多御少女成僊之說。這種有關黃帝的傳說又是源於何時？出於何處呢？

根據《漢書》卷七十二〈貢禹傳〉所載，貢禹上呈的諫言書中評述了西漢各朝帝王後宮收容美女人數的變化，及其對貴族、達官等上流社會的影響。其中有一段引人注目的記述：

> 至高祖，孝文，孝景皇帝，循古節儉，宮女不過十餘，廄馬
> 百餘匹。……武帝時，又多取好女至數千人，以填後
> 宮。……，至孝宣帝時，陛下惡有所言，群臣亦隨故事，甚
> 可痛也，故使天下承化，取女皆大過度，諸侯妻妾或至數百
> 人，豪富吏民畜歌者至數十人，是以內多怨女，外多曠夫。

漢高祖滅秦建立西漢王朝之後，忙於鎮壓韓信王的謀反，討伐匈奴入侵等。後繼的惠帝因病弱早死。文帝在位二十三年以寬仁的君主稱世。其子景帝僅在位十六年，因收回諸王領地的政策失誤，致力於平定吳楚七國聯合的造反。十六歲繼承皇位的漢武帝至七十歲才死去，當權期間為五十五年。他不僅在位時間長，而且對任何

---

❸ 《抱朴子》，頁48。

事都充滿意欲，這種積極的性格使他建成西漢王朝最輝煌的時代。

　　貢禹是琅邪人，漢宣帝（公元前 73－49 年）徵為博士之後，任過涼州刺史，後因病辭去官職。彼的賢明而正直的性格深得漢元帝（公元前 48 年）的信任，再次被任命為諫大夫。所以，可以說他的諫言書信賴度應該是很高的。同一個人寫的諫文之中，對漢武帝與漢宣帝的有關記述分別選用「取好女」與「取女」，表明兩個朝代被送進後宮少女的選擇條件是有一定差別的。「好女」一詞，六見於《史記》，三見於《漢書》，《後漢書》雖有一見，但卻是指佛教中的玉女。❸❺可以說「好女」這個詞似為漢人喜用的一個詞彙，而且多用於好色的帝王與達官。《太平經》也說：「天下之人好善而悅人者，莫善於好女也，得之迺與其共生子，合為一心，誠好善可愛，無復雙也」❸❻，認為好女可愛，可以多生兒子，是人生最佳的伴侶。三國以後的正史中也就看不到此詞的用例。《穆天子傳》卷二：「獻好女於天子。」❸❼在六朝的房中術專著之中，好女與「惡女」成對，皆成為房中術的專用術語。

　　《醫心方·房內》篇並立「好女」與「惡女」的專節，詳細地

---

❸❺　《史記》：「九侯有好女，入之紂」（卷三〈殷本紀〉），「共令蔡人誘屬公以好女」（卷三十六〈陳杞世家〉），「狀貌如婦人好女」（卷五十五〈留侯世家〉），「得更求好女，後日送之（指河神）」，「其人家有好女者，恐大巫祝為河伯取之」（卷一百二十六〈滑稽列傳〉）。《漢書》：「即取好女以為妻」（卷八十二〈王商史丹傳喜傳〉），「遙望好女如李夫人之貌」（卷九十七〈外戚傳〉）。《後漢書》卷三十〈裏楷傳〉：「天神遣以好女」，實指天神獻玉女於佛。

❸❻　王明《太平經合校》，中華書局，頁 127，1992 年。

❸❼　《穆天子傳》（《增訂漢魏叢書（二）》，大化書局，頁 12，1988 年）。

介紹兩類女子的不同特徵。《玉房秘訣》云：

> 欲御女，須取少年未生乳，多肌肉，絲髮小眼，眼睛白黑分
> 明者，面體濡滑，言語音聲和調。而下者，其四肢百節之骨
> 皆欲令沒，肉多而骨不大者，其陰及腋下不欲令有毛，有毛
> 當令細滑也。❸

　　作為好女的主要選拔條件：首先，應該是未婚的處女。其次，
豐滿而濡滑的肉體。第三，陰部及腋下不長陰毛與腋毛。❸同文還
收錄著其它有關選擇好女的條件。如《太清經》云：「凡相貴人尊
女之法，欲得滑肉弱骨，專心和性，髮澤如漆，面目悅美，陰上無
毛，言語聲細，孔穴向前，與之交會，終日不勞，務求此女，可以
養性延年。」❹所謂「貴人」，是東漢光武帝時初設的女官，地位
僅次於皇后。封建社會女子的地位非常低，「尊」字皆用於形容男

---

❸　《醫心方》，卷二十八，頁 649。

❸　這類女性的特徵可能與體內的雌激素分泌量比較多，雄激素分泌量比較少有
　　密切關係。因為雌激素有促進女性第二性徵的發育，適量的雄激素可能刺激
　　陰毛及腋毛的生長。例如，男性長期注射雌激素，或患慢性肝病時，可以出
　　現肌肉變得很柔軟，乳房增大，體毛減少等現象。從皮膚感覺方面看，其中
　　觸覺又可分為粗大觸覺與細微觸覺。前者的感覺比較模糊、曖昧，多分布於
　　長體毛的部位；後者的感覺非常敏感，而且有準確的距離感，主要分布於
　　掌、口、唇等沒有體毛的部位，通常又稱為高級觸覺（新井康允《腦のしく
　　み》，日本實業出版社，頁 68，1999 年）。由此可推無陰毛的女子也許性感
　　比較豐富。

❹　《醫心方》，卷二十八，頁 649。

人，未見「尊女」一詞。所以貴人尊女當指貴人位尊，她們不但美貌高貴，而且在男女媾交之中不使男人感到疲勞，被公認為最佳的性交對象。《大清經》作為介紹測知「人生宿命盛衰壽夭，富貴貧賤」的道經❹，亦見於《抱朴子・遐覽》篇的道書目錄。

　　古代社會確認處女的檢查方法，詳見於西晉張華所著的《博物志》卷二。其中介紹說：「蜥蜴或名蝘蜓。以器養之，食以朱砂，體盡赤，所食滿七斤，治搗萬杵，點女人支（肢）體，終身不滅。有房室事則滅，故號守宮」，並且還說：「《傳》云，東方朔語漢武帝，試之有驗。」❷這也就是說它是根據《漢書・東方朔傳》所述的內容，漢武帝依照東方朔介紹的方法，對守宮液的效果進行試用並得以證實。《太平御覽》卷九四六「守宮條」引用《漢書・東方朔傳》，敍述東方朔在漢武帝面前猜守宮，但與用守宮液驗證女人房室之事無關。這與現存《漢書》本卷六十五〈東方朔傳〉所載的內容相同。不過，顏師古在其後出類似《博物志》一文之注說：「守宮，蟲名也。術家云：以器養之，食以朱砂，滿七斤，搗治萬杵，以點女人體，終身不滅，若有房室之事則滅矣。言可以防閑淫逸，故謂之守宮也。」❸這表明守宮檢查液的製作方法是由方士發明的。《太平御覽》還引錄《淮南萬畢術》以守宮製劑

---

❹　　《抱朴子》金丹篇，頁 28。

❷　　《博物誌》，頁 11。

❸　　《漢書・東方朔傳》注，中華書局，頁 2843，1975 年。

塗臂驗證女子房室之事。❹類似的記載亦見於《本草經集注》。這種傳說式的檢查處女的方法，終於由馬王堆漢墓出土的《養生方》所證實。其中有記載著守宮液的製作與使用的方法。《養生方》云：

> 取守宮置新甒（甕）中，而置丹甒（甕）中，令守宮食之。須死，即治。□畫女子臂若身。節（即）與男子戲，即不明。❺

這不僅證明《淮南萬畢術》、《博物志》等所述皆有出典，而且表明這類檢查方法已經盛行於西漢。

《養生方》不僅記述著治療「老不起」、「不起」、「男強」、「治陰」、「令人強」、「男子用少而清」等有關男性性功能障礙的方藥，而且作為教授「合氣之道」的古代文獻，還記述著類似《天下至道談》、《合陰陽》中所述的「十節」、「十脩」、「八動」、「五音」等內容。這是一篇介紹古代房中養生知識的文獻，證明守宮液的製作法是方士開發的。這種方法用於房中養生的目的，不外是為了確認女方是否處女而已。在介紹守宮液製作、使用方法的條文之後，又記述著二、三條有關女性脫毛的方法。其中

---

❹　《太平御覽》卷九四六：「《淮南萬畢術》又曰：守宮飾女臂有文章。取守宮新合陰陽已，牡牝各一，藏之甕中，陰乾百日。以飾女臂則生文章，與男子合陰陽輒減去。又曰：取七月七日守宮陰乾之，治合以井花水和，塗女人身有文章，則以丹塗之，不去者不淫，去者有郄。」（中華書局，頁 4200，1992 年）

❺　《馬王堆漢墓帛書（肆）》，頁 105。

云：

> 去毛：欲去毛，新乳始沐，即先沐下，乃沐，其涵毛去矣。
> 一曰：煎白鼙（罌）丘（蚯）引（蚓），穀智（蜘）蛛岡（網）
> 及苦瓠，而醉（淬）戳（鐵），即以汁傅之。一曰：以五月
> 拔，而以稱醴傅之。❻

這也許是利用產後下腹部肌肉比較鬆馳，或趁季節的變化，以藥液
塗於陰部以脫毛，或期待抑制陰毛再生的效果。從這些行為可以看
出古代社會的女性為裝扮「好女」而苦心，同時也表露當時的男人
追求「好女」的社會風氣。

東方朔又是世傳有名的神僊方士。《史記》卷一百二十六〈滑
稽列傳〉云：

> 武帝時，齊人有東方生名朔，以好古傳書，愛經術，多所博
> 觀外家之語。……詔拜以為郎，常在側侍中。數召至前談
> 語，人主未嘗不說也。時詔賜之食於前，飯已，盡懷其餘肉
> 持去，衣盡汙。數賜縑帛，檐揭而去。徒用所賜錢帛，取少
> 婦於長安中好女。率取婦一歲所者即棄去，更取婦。所賜錢
> 財盡索之於女子。

這段簡要的記述可以給我們提供幾條有關房中術的重要信息：其

---

❻　同上，頁105。

一，東方朔不但深知儒家經術，而且博覽外家之語，自然也深識神僊方術。其二，東方朔身為太中大夫，與漢武帝之間的關係是非常密切的，可謂無所不問，無所不答。其三，東方朔幾乎把皇帝賞賜的錢財都花費於尋找長安城內的好女。其四，東方朔自然有一套獨自選擇好女的標準，他不可能不把這套挑選好女的方法教給漢武帝。其五，東方朔每次娶好女為妻至多也不過一年時間，這顯然與房中術有關係。

關於黃帝的歷史真相，以及產生的時代背景目前尚不清楚。這種興起於戰國後期，連史學界都無法輕視的黃帝傳說，到漢武帝的時代可以說已經達到登峰造極的地步。這可能與神僊方士們深知漢武帝神僊嗜好的性格，奢求長生不死的欲望有密切關係。同時也表明古代方士的膽識與能力。正史中有關漢武帝與房中術的資料很少，但在黃帝傳說的展開之中，漢武帝自身為了獲得不老長生，完全有可能修練過房中術。我們可以舉出一個事實，就是他年過六十的高齡，還能使拳夫人懷妊而生下漢昭帝。就連強烈否定帝王神僊之說的葛洪❹，也不得不承認「漢武享國，最為壽考，已得養性之小益矣。」❹《漢武故事》❹與《玉房祕訣》等所記述的漢武帝本

---

❹ 小南一郎氏認為《神仙傳》各傳記所出現的帝王當中，以漢武帝最為多見，而且他與多數僊人都有密接關係，但最終並沒有成僊化神。葛洪提出新的神僊論，從而得出以帝王的地位、立場、生活環境等就不可能成為神僊的結論（《中國の神話と物語り》，岩波書店，第三章第六節，1984 年）。

❹ 《抱朴子》論仙篇，頁 9。

❹ 《武帝故事》描述漢武帝在河間巡獵時，與美人拳夫人相遇，結果與她生了漢昭帝。拳夫人本身能「解黃帝素女之術」。東方朔以及苑若亦擅長房中術。苑若跟神君修得房中術，活到一百多歲而顏面不衰。長陵的徐氏也「善

人，及其周邊人物與房中術的關係，不能視之為無稽之談。五十多年長時期當政的漢武帝，為擴張領土遠征東西南北，建造無數巨大的建築，公私兩面都是非常繁忙的君主。而且他嗜好神僊方術，與深知房中術的東方朔有著非常親密的關係，極為熱心地模倣黃帝傳說，其後宮又選集著數千名的好女。我們把這些片斷的歷史記述連接起來，就不難推測所謂黃帝御千二百女而成神僊之說，出於漢武帝身上的可能性要比其他任何時代的帝王都大。

四、追求處女的古代世俗

眾所周知，《周易》包括《易經》與《易傳》，《易經》是西周成王之前的「占筮之書」，即供用占筮的卦爻與卦辭。❺其中已出現對不同年齡的女性有著不同的稱呼，分別稱為女子、婦人與老婦。未婚的為女子，已婚的為婦人與老婦，又稱娶未婚女子為「取女」，取已婚的婦人為「納婦」。❺〈大過卦〉對老年男女的再

傳朔術，……善行交接之道」，而且與苑若一起教當時貴族們房中術，所以非常受人歡迎。此外，苑若勸告因精氣不足而陷入重病的霍去病將軍，接受神君所教的房中術治療，應用多御女子術可以補足精氣而治癒。有關該書的編撰者，現存的《古今逸史》本署名班固。也有齊‧王儉說（《四庫全書總目提要》）及晉‧葛洪說（《四庫提要辨證》）。

❺　關於《易經》的成書年代，有主春秋戰國說（郭沫若），有主西周初年說（張岱年），有主殷周之際說（蕭萐父）（參照唐明邦主編《周易評注》，中華書局，頁 15－16，1995 年），本篇基本上依張岱年的西周初年說。

❺　《易經‧蒙卦》云：「包蒙吉，納婦吉，子克家。」同卦解「蒙」為童蒙，認為接納帶有小孩的女人為良。與帶有兒女的既婚女性再婚，其兒女可以作

婚，分別占云：「老夫得其女妻，無不利」，「老婦得其士夫，無咎無譽」這表明在當時的社會，老年人的再婚尚未遭受世人的非議。〈漸卦〉描述女子出嫁之後命運的變化，首云：「漸，女歸吉，利貞。……夫征不復，婦孕不育，凶。……婦三歲不孕，終莫之勝，吉。」對於初婚不久的女性不稱婦人，而稱為女子。一個女性由「女」變成「婦」，因為丈夫離家服兵役而不能妊娠。認為丈夫離家三年之間不得懷孕為吉，這可能是對她們固持貞操所作的一種評價。〈屯卦〉云：「婚媾，女子貞不字（孕），十年乃字（孕）。」這也就是說整整結婚了十年，才得到懷孕的機會。有學者認為這可能是指「童子婚」。❷

所謂童子婚，就是結婚當時丈夫年齡還很小，自然不可能使妻子懷孕。實際上也就是要求妻子在丈夫未成年的歲月之間，不要發生妊娠，要保持自己的貞操。但是，即使新婚之後固守貞操，而婚前若有外遇，也就不會有好結果。所以，就有必要對少女進行婚前的貞操教育，要求她們保持處女的純潔品性。〈咸卦〉云：「享，利，貞，取女，吉。」選擇妻子的三大條件，包括「元」為四德❸

為勞動力幫助家務，對於再婚的男家來說倒是一件好事。另一方面，同卦又云：「勿用取女，見金夫，不有躬，無攸利」，以武力搶女成婚，有的自己喪身而亡，就大失利益。對「見金夫」一文，也有學者解釋之為好錢財的女子（本田濟《易》，朝日新聞社，1997 年）。〈姤卦〉云：「女壯，勿用取女」，不管指女子的體格，還是指性格，認為不宜娶剛強的女子。

❷ 《周易評注》，頁 9。
❸ 《周易程氏傳》：「元亨利貞，謂之四德。」（見《周易評注》，頁 1「注釋」項）

之中的三德，即亨（通達），利（利他），貞（固持），這很可能就有要求未婚女子的貞操。〈觀卦〉又云：「窺觀，利女貞」，認為經常窺視未婚女子的閨房有利於少女們的貞操。事實上也就是提出監督女子日常生活的必要性。這種外加壓力的作法，可能有利於女子保持貞操。《穀梁傳・襄公三十年》記載宋國伯姬的住宅遭火災時，伯姬還說：「婦人之義，保母不在，宵不下堂」，結果她被活活地燒死。當時的人對此事評價說：「婦人以貞為行也，伯姬之婦道盡矣。」這件事亦見於《左傳・襄公三十年》條，表明當時已有女子視貞節重於自己的性命。這也表現女子本身願意接受保護者的監視，以證明自己的品行。而且，在她們的日常生活中已存在不少封建的慣例。❺儘管西周時期的禮教與道德規範對女性還不是那麼嚴苛，但是上流社會諸如少女、貞婦等女性的貞操意識已經存在，並逐漸昇級發展。

　　由於在秦漢的典籍中很難找到有關處女貞操的記述，或連著名的班昭《女誡》也未明言此事，所以使人懷疑在先秦兩漢的時代，處女的貞操是否已經受到社會的重視。❺為此，西晉張華《博物志》介紹的以守宮液確認處女的檢查方法，幾乎未引發很大的議

---

❺　《儀禮注疏》卷第五云：「姆，婦人年五十無子，出而不復嫁，能以婦道教人者，若今時乳母矣。」（《十三經注疏整理本》第七集，北京大學出版社，頁 88，2000 年）《左傳》：「婦人送迎不出門」（〈僖公二十二年〉）；「九月衛穆公卒，晉三子自弔焉，哭於大門之外。衛人逆之，婦人哭於門內，送亦如之」（〈成公二年〉）。

❺　《性張力下的中國人》，頁 109。

論，連有名詩人杜牧、李賀、李商隱等有關的詩文❺❻，也不過是幾個文人好事而已。這種令人懷疑的傳說式檢查法，直至馬王堆漢墓《養生方》的出土，才從相關的記述中得到實證。有學者通過對《養生方》收錄的草藥種類、製劑特徵等研究，推測其成書上限不出戰國初期。❺❼所以，可以推測在戰國時代就已經使用這種方法。考察開發這種檢查法的經緯時，首先要考慮當時的社會是否存在確認處女的必要性。《養生方》也記述著不少有關房中術的內容，說明這不可能是專門針對女人的外遇，用於確認處女、或對女子實行婚前檢查的更為廣泛。因為開發這種檢查方法的時期，與當時各國出現媒妁制度有著一定的關係。

中國古代嫁娶制度的形成時期可能很早，至遲可以追溯到殷商時期。因為殷商肯定是一個父系家族社會，雖然嫁娶的內容尚不清楚，但周之婚禮應當有繼承殷商禮俗的內容。❺❽《禮記‧婚義》篇云：「婚禮者，將合兩姓之好，上以事宗廟，而下以繼後世也。」隨著氏族制度的確立，家族、財產等繼承權，種的純潔性就自然成為重要的社會問題。要求女子作婚前檢查，確認是否處女，以及結婚後的專一性，在男尊女卑的社會也是很自然的事。《管子‧入國》篇云：「凡國皆有掌媒。」這是說當時各國都有媒妁制度及其專職的管理官員。《周禮‧地官》篇媒氏說：「媒氏掌萬民之判，

---

❺❻ 杜牧：「深宮鎖閉猶疑惑，更取丹砂試辟宮」（《宮詩二首》）；李賀：「蠟光高懸照紗空，花房夜搗紅守宮」（《宮娃歌》）；李商隱：「巴西夜市紅守宮，後房點臂斑斑紅」（《河陽詩》）等。

❺❼ 馬繼興《馬王堆古醫書考釋》，湖南科學技術出版社，頁 670，1992 年。

❺❽ 《中國婚姻史》，頁 27。

凡男女自成名以上，皆書年月日名焉，令男三十而娶，女二十而
嫁。」這種專職的官媒檢查新婚男女的年齡，管理與發行結婚之
判，即實行一種結婚登記制度。這種制度當然是首為上流社會所設
置的。

　　《戰國策·燕策》說：「處女無媒，老且不嫁，舍媒而自衒，
弊而不售。」其主要原因可能與「自媒之女，醜而不信」（《管
子·形勢》篇）有關，即私自結婚的女子將要受到一種社會與論的遣
責。這也就是說媒妁制度保證了適合結婚年齡女子的「美」與
「信」。所謂「醜」，通常是評價一個女子的容貌、姿態等外觀，
但這很清楚並非以外表美貌為準，而是指女子的內心世界，即根據
女子的道德行為而評定。即使女子的外貌並不很漂亮，只要她不是
私自結婚的話，在道德倫理方面就會得到良好的評價。所謂「不
信」，也就是不能信賴其「質」，問題的焦點完全可能涉及到是否
處女的判斷，這是直接關係到貞操的根底問題。秦漢開始要求婦人
貞操的基準是「從一而終」，即禁止婚外性行為、寡婦再婚等。
《恒卦·象傳》說：「婦人貞，吉，從一而終也。」《禮記·郊特
牲》亦云：「信，婦德也，一與之齊，終身不改，故不死不嫁。」
我們以為這種強調不是什麼新的貞操定義，只是把原有對少女子之
「信」，擴大適用於婦人以限制寡婦的再婚。

　　媒妁在古代，除官媒之外還存在一種私媒。《戰國策·燕策》
所說的「周地賤媒」的媒人就屬於私媒。❸東周各地可能存在著不

---

❸　陰法魯、許樹安主編《中國古代文化史（2）》，北京大學出版社，頁 103，
　　1991 年。

認真，或不重視媒妁制度的現象。因為媒人為了滿足雙方家庭的結婚條件，各投其好，出現弄虛作假，甚至可能從中獲得非法利益。❻通常媒人接受雙方家庭的委託，進行必要的調查，可能首先就是負責確認女子是否處女。從《孟子·滕文公》篇所述的「不待父母之命，媒妁之言，鑽穴隙相窺，踰牆相從，則父母國人皆賤之」，至《白虎通·嫁娶》篇所規定的「男不自專娶，女不自專嫁，必由父母，須媒妁何，遠恥防淫泆也」❻，即從戰國至東漢的四、五百年漫長歲月之中，一直都在強調利用媒妁制度的必要性。其中最重要的目的，不外乎禁止年輕男女的自由接觸，防止所謂不正當的性行為。秦漢時代強調婦人的貞操，並不是放任不管女子的道德問題，可能對少女的道德觀念已經在社會上定形。開發各種檢查技術的目的，可能與健全媒妁制度有很大的關係，其中最主要的目的還是為挑選進入帝王後宮的好女。❻

---

❻ 《戰國策·燕策》：「周地賤媒，為其兩譽也。之男家曰女美，之女家曰男富。」

❻ 《白虎通義》，上海古籍出版社，頁 60，1992 年。

❻ 《後漢書》卷十〈皇后紀〉：「遣中大夫與掖庭丞及相工，於洛陽鄉中閱視良家童女，年十三歲以上，二十歲已下，姿色端麗，合法相者，載還後宮，撰視可否，乃用登御。」為了皇帝後宮的處女，由專職的朝廷官員、掖庭丞、相工等組合，按規定的年齡，法相等進行挑選，送進宮中後還需要進行「撰視」，才能登御。所謂「掖庭」，一指後宮妃嬪居住的地方。〈本紀〉中頻見此詞。卷五十八〈班固傳〉注引《西都賦》曰：「後宮則有掖庭，椒房，后妃之室。」二指宮中官署之名，以宦官為令丞，掌管后宮貴人采女之事。秦代原名永巷，漢武帝大初元年改為掖庭。《漢書》卷九十七〈外戚傳〉：「掖庭丞史以下皆與昭儀合通，無可語者」，卷八十五〈谷永傳〉：「毋聽後宮之請謁，除掖庭之亂獄」。根據《資治通鑑》漢武帝後元元年記

　　戰國時代的侯王以各種名目配置自己的妃子。《墨子·辭過》篇云：「當今之君，其蓄私也。大國拘女累千，小國累百」，指出王侯、貴族的後院中已經幽禁著大量的女子。齊國的襄公「唯女是崇，九妃六嬪，陳妾數千」（《管子·小匡》）。他的行徑都遭到自己子孫的批判。《漢書》卷四十〈張良傳〉提到劉邦入秦，看到秦始皇後宮選集的「婦女以千數」。不僅封建帝王無制限地招集天下美女，這種現象自然也擴大於貴族、官僚等上流社會。曾任秦漢二朝的重臣，前漢初期的丞相張蒼是個活到百歲以上的老壽星，「妻妾以百數，嘗孕者不復幸」，也就是說已經懷孕生子過的妻妾就不再為交接的對象（《漢書》卷四十二〈張蒼傳〉）。這與東方朔經常在長安城內尋求「好女」的正史記述不能說是一種偶合。可以推測，當時的王公、貴族、官僚等上流社會已經非常盛行房中術。在中國正史中擁有百人以上妻妾的達官人數並不少。例如，漢武帝的舅舅武安侯田蚡「後房婦女以百數」（《漢書》卷五十二〈田蚡傳〉）。

　　《禮記·昏義》云：「古者天子後立六宮，三夫人，九嬪，二十七世婦，八十一御妻，以聽天下之內治，以明章婦順，故天下內和而家理。」把這幾種類型的女官合計起來恰好為一百二十人。《禮記》是總結秦漢以前的各種禮儀論著的選集，傳說是在漢宣帝在位（公元前 73－49 年）時期由禮學博士戴聖編纂（《漢書》卷八十八〈儒林傳〉）。鄭玄注：「帝嚳而立四妃，象后妃四星，其一明者為正妃，餘三小者為次妃，帝堯因焉。至舜不告而娶，不立正妃，但

載，當時的確存在「掖庭獄」，武帝就是以掖庭獄處死鉤弋夫人。說明這種挑選後宮處女的制度很早就已經存在，只是不明具體的內容。

三夫人而已。夏氏增以三三而九，為十二人。殷人又增以三九二十七，合三十九人。周人上法帝嚳而立正妃，又三二十七，為八十一人，以增三十九，並后合百二十一人。」❻因為秦朝以前未存明確記錄妃子具體人數的文獻，所以也無法確認鄭玄之說。當時所謂「夏禮一娶九女」之說，早就遭到西漢元帝太后的否定。❻《禮記·昏義》篇提倡復活周禮，其中可能隱含限制帝王後宮女子人數的意圖。

西漢末期王莽引經據典進行纂權，建立新的王朝，實現了做皇帝的野心。《漢書》卷九十九〈王莽傳〉云：「莽誦《六藝》以文奸言」，卻又想留下「周公禪讓」的美談。他自稱為黃帝的後嗣，以黃帝為始祖建造巨大的黃帝太初祖廟，並舉行大規模的祭祀。同時，他參考當時發現的《周官》（即《周禮》）設定禮樂，建設郊宮，接受九錫，製造嘉量等。他還模倣「六宮」，配備和嬪、美御、和人三人以合三公，九位嬪人以合九卿，美人二十七以合大夫，御人八十一以合元士，凡百二十人。郎官陽成脩利用他思念死去妻子的心情，進言說：「修獻符命，言繼立民母。又曰：黃帝以百二十女致神僊。莽於是遣中散大夫，謁者各四十五人分行天下，博采鄉里所高有淑女者上名」，從全國各地挑選一百二十人淑

---

❻　《儀禮注疏》卷第一（《十三經注疏整理本》第7集，頁23）。

❻　《漢書》卷六十〈杜欽傳〉：「自上為太子時，以好色聞，及即位，皇太后詔采良家女。欽因是說大將軍鳳曰：禮壹娶九女，…… 將軍輔位，宜因始初之隆，建九女之制，詳擇有行義之家，求淑女之質，毋必有色聲音技能，為萬世大法。……鳳白之太后，太后以為故事無有。」

女❻，模倣黃帝舉行昇天儀式。隨後，王莽就「日與方士涿郡、昭君等於後宮考驗方術，縱欲樂焉。」也就是說他在後宮接受方士的指導，致力於修練房中術。為此，也有學者推測黃帝多御女子成僊昇天的傳說始於王莽。❻

　　東漢光武帝初年（公元 25 年）新政權的成立，後宮的人員配備也出現大變化。除皇后、貴人以外，又增設了美人、宮人、采女三種女官。健全西漢以來挑選宮女的制度，每年八月定期地在洛陽及其近郊的村莊選集從十三至二十歲，美貌麗姿，符合規定的未婚少女送往後宮再次篩選。明德馬皇后、虞美人等皆十三歲就被選中入宮。桓帝時期的後宮，「帝多內幸，博採宮女至五、六千人」（《後漢書》卷十〈皇后紀〉）。生活豪華富貴、奢侈至極的帝王、貴族、達官們，總是擔憂著政權顛覆的危機，但又身不由己地捲入權力鬥爭的渦窩。他們之中以安穩的心情修練神僊方術、追求健康長壽的人可能很少。傾注國家的權力與財富，尋求神僊的秦始皇、漢武帝也無法圓其美夢。東漢桓帝在宮中祭黃老、浮屠以示清虛，崇尚無為而治。但襄楷仍然多次上疏諫言：「今陛下豔婦婬女，極天下之麗，甘肥飲美，單天下之味，奈何欲如黃老乎。」（《後漢書》卷三十〈襄楷傳〉）這充分暴露了封建君主執著追求現世快樂的本來

---

❻　《詩經·周南》：「窈窕淑女，君子好逑」，朱子解釋：「淑女，蓋指文王之妃太姒處子（處女）」（《詩集傳》《景印文淵閣四庫全書》第 72 冊，頁 750）。《後漢書》卷八十一〈匡衡傳〉：「古詩曰：窈窕淑女，君子好逑。言能致其貞淑，不貳其操」。《楚辭·招魂》：「二八侍宿，夕遞代些，九侯淑女，多迅眾些」，淑女是貴族寢室內使用的侍女。

❻　鐘來因《「真誥」長生經精華錄》，文匯主版社，頁 242，1994 年。

面目。正史文獻雖然很少出現有關帝王與房中術關係的記述，但從上述的例子，可以看到古代封建帝王、貴族、官僚的生活基盤，在多御少女房中術的形成與展開之中，起著不可缺少的重要作用。

五、結　論

通過詳細考察現存的六朝、隋唐時期的古代醫藥及房中養生等文獻資料，可以發現部分應急治療童女、少女因受違理的性行為所致陰器損傷，產生陰道痙攣性疼痛、出血等婦科疾患的臨床記錄。雖然其中有的可能是因為早婚媾交所致，但更多的是當時社會流傳的修煉多御少女房中術所造成的危害。因為在房中術和追求「處女癖」盛行的時代，多御少女房中術的流行是一個無可非議的事實。後漢房中家認為這種房中術是源於古代帝王，它可以增強帝王體力以應付繁忙的國務。權力和欲望的極度集中是古代封建君主政治的一個象徵。他們為了充實後宮，按照嚴格的選拔條件從全國各地挑選好女、淑女、美女、少女，當然首先應該是處女。這種帝王的特權正是形成多御少女房中術不可缺少的條件。

追溯多御少女房中術的形成時期，從現存文獻資料所見，似乎與彭祖、容成、黃帝等上古神僊有著密切的關係。這種彭祖流的房中術可能是以容成公流派為基礎，增加黃帝御千二百女成僊的傳說而成。《史記》記載東方朔經常出沒於京城尋求好女的行徑，及其與漢武帝之間的親密關係。漢武帝後宮選集著幾千人好女的事實，而且他性喜漁色，夢寐以求成僊化神，經常聽信方士模倣黃帝傳說，鑄鼎煉金，祭神封禪等。再參考古代小說中漢武帝與房中術的

關聯性描述，以及房中術專著中出現與黃帝有關的內容。雖然有些
資料不能直接作為證據，但是把這些零散、片斷的事實聯結起來，
就不難推測多御少女房中術源於漢武帝的可能性，要比其他任何朝
代的帝王都大。而且，從同時代的貴族、達官之間也可以找到部分
相關的踪迹。

　　《神仙傳·彭祖傳》云：「采女具受諸要以教王，王試之有
驗。殷王傳彭祖之術，屢欲秘之，乃下令國中，有傳彭祖之道者誅
之。又欲害祖以絕之，祖知之乃去。……王不常行彭祖之術，得壽
三百歲。……俗間言傳彭祖之道殺人者，由於王禁之故也。」**❻❼**殷
王活了三百年，彭祖也只好把房中術傳授給黃山君而逃往國外。
《抱朴子·極言》篇也有引用上述《彭祖經》的說法。殷王為獨占
彭祖流房中術，欲殺彭祖的內容可以說是來自《彭祖經》的。為什
麼葛洪既否定帝王神僊說，又設定殷王的壽命為三百年呢？這種非
常奇妙的殷王長壽之設定，可能使人聯想起帝王中有名的長壽者漢
武帝。已經推定《彭祖經》的成書時期為東漢後期，往前推三百年
時值西漢武帝在位，正是他追求不老長壽最迫切的時期。也許葛洪
心中想說的是：熱心推進儒教作為國教的漢武帝本人、正是想把多
御少女房中術密封於自己後宮的人。

　　宗族制度的確立，極度追求子孫繁榮，不免出現早婚、多娶小
妾等社會現象。除了正妻以外，只要家庭經濟許可盡量多娶幼妾，
這在古代社會已經成為一種慣例。以男性為中心的父系社會，男尊

---

❻❼　晉·葛洪撰《神仙傳》（嚴一萍選輯《百部叢書集成》藝文印書館印刊），
　　卷 1，頁 5，1965 年。

女卑已經成為一種社會常識，女性甚至成為生產孩子的一種道具。在這樣封建社會中，男性的人道意識完全麻痺，強行性交少女、童女根本不存在罪惡之感。正如《韓非子·內儲說下》云：「衛人有夫妻禱者，而祝曰：使我無故得百束布。其夫曰：何少也？對曰：益是，子將以買妾。」妻子勸丈夫省錢買妾似乎也是做妻子的一種責任。這種使用金錢買少女的社會習俗，事實上也是多御少女房中術流行的一個根本保證。

　　東漢後期，由於連年戰亂、自然災害、流行病的蜂起與蔓延等，徹底地破壞民眾的生活基盤。人們不但失去生產的意欲，而且連養育子孫的欲望也消失了。❸世間流傳黃帝御千二百人女子成僊傳說，青牛道士多御少女之說，還出現還精補腦房中術等，對於這種社會現象，與其說是因普及健康長壽方術知識的流傳，不如說在絕望的人生之中，反而出現追求現世快樂思想的氾濫。延至六朝，這種多御少女房中術已經成為一種極為常見的修道手段。隋唐期間，連醫學名著《備急千金要方》也公開勸人選買「好女」以補體，有錢財的人買「少年未經生乳」的處女已經成為家常便飯，可能就像當今社會購買壯陽的補藥。北宋以後，雖然多御少女房中術在社會舞臺上消失了，但在修練內丹的道士中，仍然暗躍不絕❹，

---

❸　《三國志·魏書》卷十六〈鄭渾傳〉：「天下未定，民皆剽輕，不念產殖；其生子無以相活，率皆不舉。」

❹　《混元八景真經》卷四：「金鎖法者，取白虎首經，謂之真鉛。二七十四，二八十六，並三五十五，乃為上也」（《道藏》第 11 冊，頁 447）；《韓氏醫通》：「世有以此，實恣淫欲，為泥水金丹而背相授受，卒致喪亡者，深可惡也，深可惡也。」（江蘇科學技術出版社，頁 35，1985 年）

成了社會批判道教的標的。

　　儘管考慮不同的時代背景、社會環境等因素，作為倫理道德上的問題，多御少女房中術強行性交正在發育、成長之中的童女、少女，也是一種不能容忍的行徑。一部分人為了維持自己的健康、延遲老化，不惜傷害少女、童女的身心，這是古代醫學早已驗證不容置疑的事實，古代醫家對此也曾提出不同的批判意見。這在中國幾千年的文明史中，可以說是一種負的遺產。雖然我們不能用現代社會的人權意識去批判古人，但是通過揭露古代社會對少女、童女的暴行，深刻理解生長、發育中的少女、童女肉體與心靈所受的創傷，希望能杜絕這種異常現象的再發。

第五篇　黃赤混氣房中術

一、引　言

　　在中國道教史上迄今還存在著一個很大的懸案，就是東漢末期早期道教五斗米道（道經中又稱之為正一道、天師道等）所創制、傳授與修鍊的黃赤混氣房中術的性質及其應用形態的問題。五斗米道是一個在國家政治極端混亂、軍閥混戰連年不斷、疫病災害頻繁發生的時代環境中，以一般民眾為基本信徒的大規模教團。早期道教組織為了擴大教團的勢力，積極地給廣大民眾提供救濟性的食住、醫療之便。在救治疾病的過程中，他們使用了靜思反省、符水念咒、房中術等方法。❶具有健身、治病、生子等多種功效的房中術，在東漢初期就已經成為與醫經、醫方、神僊並列的四大方技之一。五斗米道使用這種古代生命技術，按理不會使人感到奇怪與疑惑，但隨著早期道教的發展和教團勢力的壯大，他們在傳統房中術的基礎上

---

❶　《三國志》卷八〈張魯傳〉注引《典略》：「（張）修法略與角同，加施靜室，使病者處其中思過，……實無益於治病，但為淫妄，然小人昏愚，競共事之。」（中華書局，頁 264，1982 年）《神仙傳·張道陵傳》：「其治病事，皆采取玄素，但改易其大較，轉其首尾，而大途猶同歸也」（《太平廣記》，上海古籍出版社，頁 47，1990 年）。

創制出新型的黃赤混氣房中道術，不僅傳授於道教內部，還廣泛地流行於社會。而且由於時間的流逝，這種口傳身教的道術的具體內容，修行的目的與方法，及其實際效果等，都存在著許多不明之處，因而產生了不少的誤解。

建安二十年（公元 215 年）曹操率領大軍征伐漢中，斬殺張魯胞弟攻陷陽平關，張魯只能識時務投歸曹操。統治巴蜀漢中一帶（今四川及陝西南部），長達三十多年的政教合一的地方政權也就被迫解體。張魯父子及部下數人受封，而且張魯為侯，教團上層組織的大部分北遷於黃河流域，而部分的祭酒、道官以及大部分的信徒都流入民間社會。特別在建安二十五年劉備占領漢中以後，道教組織的上下關係完全失控，教團已經陷入非常混亂的狀態。有如《大道家令戒》所云：「因公行私，男女輕淫，違失天地，敗亂五常，外是內非，亂道紀綱」❷，各種違反道規、道法的事件連續不斷地發生。

祭酒們獨自解釋經文，私自把各種的黃赤經契應用於房中術，並且傳授於民間社會。延至五世紀的初期，黃赤混氣房中道術就已經多達一百二十種❸，可以說四世紀是黃赤道術發展的最昌盛時

---

❷　《正一法文天師教戒科經》（《道藏》，第 18 冊，文物出版社等，頁 237，1988 年）。

❸　《老君音誦戒經》：「妄傳（張）陵身所授黃赤房中之術，授人夫婦，淫風大行，損辱道教」，「房中之教，通黃赤經契有百二十法，步門庭之教，亦無交差一言。自從係天師道陵昇僊以來，唯經有文在世，解者為是何人。……今後人詐欺，謾道愛神，潤飾經文，改錯法度，妄造無端，作諸偽行，遂成風俗。」（《道藏》第 18 冊，頁 211、216）

期。世稱黃赤混氣房中道術為「種子之術」，但應用它使女人懷孕的成功率卻非常低，因此東晉時期的道教上清派楊、許集團（三世紀中期）就對它提出嚴厲的批判，同時也承認它對增進個人健康、延遲老化有一定的效果。❹綜上所述，我們不難推測冠於張道陵之名的黃赤混氣房中術，作為求嗣種子之術在道教內部以及民間社會，都曾有過廣泛流傳的事實。持續發展了二百多年的黃赤道術，雖然在民間社會得以迅速流傳，但因使女人懷孕以及出生男兒的效果得不到充分證實，信賴性也就很快地下降。而且，應用這種道術又得不到令人滿意的救度效果❺，延至劉宋時期，黃赤混氣房中術在歷史上也就逐漸地消失了。❻

　　但是，隨著國內外的學界對道教文化的關注，有關《黃書》的研究也得到一定的發展。有學者推測《黃書》是傳述早期道教模倣

----

❹　《真誥》卷二：「黃赤之道，混氣之法，是張陵受教施化，為種子之一術耳，非真人之事也。吾數見行此而絕種，未見種此而得生矣。百萬之中，莫不盡被考罰者矣。千萬之中，誤有一人得之」，「夫黃書赤界，雖長生之秘要，實得生之下術也。」（《道藏》第 20 冊，頁 497）

❺　對於宗教拯救人類靈魂的抽象行為，英語通常使用「salvation」；日本語多用漢語「救濟」一詞，但這個詞在中文習慣指物質性的援助。《中國大百科全書》宗教卷、《中華道教大辭典》都未收這類術語。《正一天師告趙昇口訣》云：「九光萬稱符至尊，救度人也」（《道藏》第 32 冊，頁 594），故選用之。

❻　《太上洞淵神咒經》卷十：「道言人以黃書受來經久不得過度，日日有考，令人多病，田蠶虛耗，宅中不利，不終年壽，中道而夭」（《道藏》第 6 冊，頁 78）。吉岡義豐（《道教經典史論》第二編第一章，道教刊行會），小林正美（《六朝道教史研究》第二篇補論一，創文社，1990 年）都認為十卷本《太上洞淵神咒經》中，卷七至卷十的經文完成於劉宋中期。

古代慶祝公眾節日時所舉行性的集體狂歡儀式，但他列舉的資料根本無法證明。❼有學者認為過度儀是一次神意裁判，對入道者的身心來說都是一場強制性的考驗。❽也有學者從都功符籙方面議論與黃赤混氣道術的關係。❾還有學者從九宮圖的演變與黃書過度儀的關係探討了這個問題。❿但是，這些論文都不是專題討論黃赤混氣房中道術，多是在有關聯的部分中附帶談到。近年，有學者把《黃書》作為天師道房中養生書，考察它的來歷與房中術之間的關係。⓫有學者考證東漢魏晉南北朝房中術的各種流派，比較注重解釋天師道房中術中有關術數的內容。⓬有學者從思想史的角度討論早期道教的儀式，及其內含性事的活動。⓭也有學者綜述古代房中術的功用，考察早期道教應用黃赤道術的目的。⓮但是，尚未見到從宗教學救度的觀點，正面而系統地考察這種問題的專論。這雖然

---

❼ Maspero, Henri 著，川勝義雄譯《道教》，平凡社，頁 183，1978 年。

❽ Stein Rolf A.著，川勝義雄譯《紀元二世紀の政治＝宗教的道教運動について》，《道教の研究（二）》（吉岡義豐編），昭森社，1967 年。

❾ Schipper Kristofer M.著，福井重雅譯《「都功」の職能に關する二，三の考察》，《道教の總合的研究》（酒井忠夫編），國書刊行會，昭和 53 年。

❿ Marc Kalinowski 著，王東亮譯《六朝時期九宮圖的流傳》，《法國漢學》第2 輯，清華大學出版社，1997 年。

⓫ 王卡《「黃書」考源》，《世界宗教研究》，1997 年，第 2 期。

⓬ 李零《東漢魏晉南北朝房中經典流派考（下）》，《中國方術續考》，東方出版社，2000 年。

⓭ 葛兆光著、池平紀子譯《道教における性の儀禮》，《中國學志》，同人號，大阪市立大學中國學會，1998 年。

⓮ 林富士《略論早期道教與房中術的關係》，《中央研究院歷史語言研究所集刊》，第 72 本第 2 分，2001 年。

是直接關係到古代房中術應用的專題，但性行為並不是這個問題的關鍵所在。

　　為此，本篇不是從狹義房中術的視點，而是從房中術發展的角度出發，把探討的重點放於考察黃赤混氣房中道術的形成、應用的目的與形態，以及各自的指導思想。我們以《正統道藏》收錄的有關黃書的經文為基礎資料，結合研究早期道教經典《太平經》、《老子想爾注》（以下簡稱《想爾注》）⓯，以及漢代天文曆學等文獻資料，考察它們對「黃赤之道、混氣之法」，以及過度儀式的形成帶來的影響。並且盡可能結合古代社會的實情，從正面說明這種道術的實踐形式，以及指導實踐的思想淵源。同時，結合五斗米道政教合一政權發展的時代背景、社會環境，深入探討早期道教所提出「種姓」、「種民」、「後世種民」等概念的形成與目的，及其與黃赤道術的關聯性。

⓯　饒宗頤（《敦煌六朝寫本張天師道陵著老子想爾注校牋》，饒氏刊，1956年）與陳世驤（《「想爾」老子「道德經」敦煌殘卷論證》，《清華學報》，新 1 卷第 2 期，1957 年）都認為《想爾注》乃張天師一家之作。大淵忍爾也認為是張魯之作（《老子想爾注の成立》，《岡山史學》19 號，後收入《初期の道教》，創文社，1991 年）。持不同意見的有嚴靈峰、福井康順、楠山春樹、麥谷邦夫等。嚴氏《讀「老子想爾注校牋」書後》，《老子眾說糾謬》，1956 年，《老子「想爾注」寫本殘卷質疑》，《大陸雜誌》第 31 卷第 6 期，1965 年等。詳細參照麥谷氏《「老子想爾注」について》的注 4（東方學報，第 57 冊，1985 年）。本文同意饒、陳等氏的意見，把該書作為五斗米道的理論書。

二、《黃書》的救度理論

黃赤混氣房中道術可以說是《黃書》救度理論的實際應用，在道經中又有黃書赤界、黃赤經契、黃道、陽道等稱法。《正統道藏》中冠有「黃書」的道經有《洞真太微黃書九天八錄真文》、《洞真太微黃書天帝君石景金陽素經》、《洞真黃書》與《上清黃書過度儀》（以下簡稱《過度儀》）四部。❶有學者推測冠名「洞真太微」的兩部黃書是上清派在六世紀中編纂的❶，但其中看不到有關房中術的內容。《洞真黃書》採用陰陽五行、八卦九宮、六合八生、天干地支、二十四氣、星圖符籙等理論，提出遵循月亮的盈虧變化進行混氣修行，慎重選擇男女媾交的日期，注意禁忌日等事項。《過度儀》敍述整個過度儀式的全部程序，它包括入靖、存吏兵、思白氣、思王氣、咽三官、啟事、地網天羅、四尊、存思、十神、配甲、五神、八生、解結食、九宮、度甲、甲乙咒法、還神、王氣、兒迴等二十個項目，其中有的項目又由數種不同的內容組成。《黃書》以道家氣論結合道教神學對陰陽化生、人的生成進行演繹，並且把它具體化、形像化、形式化。同時在神秘而煩雜的儀式中，可以看到不少使用存思、行氣、導引、按摩等身體技法，以及神咒符籙、祈禱攘解、步綱躡紀等道教法術。而且，這些道教法術與身體技法，又是相互結合應用於混氣修行與過度儀式之中。這

---

❶　《道藏闕經目錄》中還著錄著〈上清太微黃書八垣四門高上經〉與〈黃書〉兩部經書。

❶　朱越利《道藏分類解題》，華夏出版社，頁 106、341，1996 年。

也就成為黃赤混氣道術的一個最重要的特徵。所以，我們就把它稱為黃赤混氣房中道術。這樣，就比較客觀而容易地把它與《玄女經》、《素女經》等所傳授的傳統房中技法進行區別。

根據《洞真黃書》所述，漢安元年七月七日張道陵跟隨太上老君學道，獲得各種各樣的符契圖籙之後才著手編著《黃書》。而且，他還接受了具有「長生度世，尸解，白日昇天，子孫係世過度諸災」等功效的秘文口訣。[18]翌年，他就把這些法術傳授給弟子趙昇、王長等，然後再由這些弟子傳教給他的三位夫人。從民間巫術發展而來的符咒，成立時期可以追溯到先秦[19]，它廣泛地流傳於社會的上、下階層，其中王莽就是一位承認「符命」功效的帝王。在道教的世界，符籙的流傳可能是從張道陵開始。論述二十四節氣對應二十四符籙的《太上正一盟威籙》等道經，都主張符籙的制作開始於張道陵。[20]張道陵不僅諳熟房中術並用於修鍊神僊，而且又對玄女流、素女流的房中術進行改良，應用於疾病治療，同時也把這

---

[18]　《洞真黃書》：「天師以漢安元年壬午，二年癸未，從老子稽首受黃書八卷，赤炁三炁九符七符各一，玄籙一，混成一，中章三，神籙一。」（《道藏》第 33 冊，頁 595、592）

[19]　工藤元男《雲夢睡虎地秦墓竹簡「日書」と道教的習俗》，《東方宗教》76號；《埋もれていた行神》，《東洋文化研究所紀要》第 106 冊。

[20]　《後漢書》卷七十五〈劉焉傳〉：「（張）魯字公旗。初祖父陵，順帝時客於蜀，學道鶴鳴山中，造作符書，以惑百姓。」陳國符《道藏源流考》，中華書局，頁 98−101，1985 年。王明《道家和道教思想研究》，中國社會科學出版社，頁 211 及注❷，1984 年。

些技法傳授給那些戀戀不捨俗世凡間的弟子們。㉑在這種符籙神咒、房中術已經存在的前提下，早期道教教團的形成與發展的過程中，他們創制與傳授黃赤混氣房中道術的看法，應該說是可以成立的。

　　推測《洞真黃書》、《過度儀》的成書年代存在著不同的意見㉒，基本上認定於四世紀至六世紀初期之間。雖然有張道陵編著《黃書》之說，至今尚未發現有力的證據。我們可以認為隨著教團的成立與擴大，反復舉行的入道儀式，儀式本身從簡到繁，經過反復的實踐與理論的整理，逐漸充實而趨於完善。《洞真黃書》云：

　　　　師曰，天地九夷八蠻六戎，天地水三官，考召六質，二十四官，君天師，女師，係師三師。㉓

示意早期道教上層組織的形成與少數民族之間的關係。在道教發展

㉑　《神仙傳·張道陵傳》：「其治病事，皆采取玄素，但改易其大較，轉其首尾，而大途猶同歸也。行氣服食，故用偉法，亦無以易。故陵語諸人曰，爾輩多俗態未除，不能棄世，正可得吾行氣導引房中之事。」（《太平廣記》，頁47）。

㉒　關於兩部黃書的完成時期，吉岡義豐推測為六朝末期（《六朝道教の種民思想》，《日本中國學會報》第16集，昭和43年）。小林正美推定為劉宋末的南齊時期，由南方天師道中的三洞派編著的（注❻，第五章）。李殿魁推測成於五世紀（《正統道藏目錄索引》序文，頁2，藝文印書館）。朱越利推定為元熙二年（420）至天監十七年（518）之間（《道藏分類解題》，頁341）。王卡推測為四世紀（注⓫）。

㉓　《道藏》第33冊，頁595。

的早期階段，就已經吸收西南地區少數民族的「三官」等信仰❷，而且這種觀點已得到多數人的贊成。《過度儀》中出現的「新出老君」、「種民」、「後世種民」等道教術語，在成書於三國曹魏後期的《大道家令戒》中就已經出現。❷《真誥》的神真誥授中有關黃書赤界的議論❷，可以說已經道破上述兩部《黃書》的真髓。經過黃赤混氣房中道術應用的最興旺時期，由於倡說的種子效果不能得到令人滿意的證實，又加上各地發生劉舉、李弘的暴動，以及來自北魏新天師道創建者寇謙之（365－448 年）與佛教方面的強烈批判，其活動勢力也就不斷地衰弱。劉宋中期，修行黃赤道術的道士已經受到社會的歧視，區別於三洞系統的道士而受到冷遇。❷在崇虛館致力於全面整理道教經典，提出「三洞說」的有名道士陸修靜（406－477 年），雖然也對黃赤道術提出不少批判的意見，但佛教方

❷　向達《南詔史論略》，《歷史研究》，1954 年，第 2 期。

❷　《正一法文天師教戒科經》所收錄《大道家戒令》的成書年代，推測於三國曹魏後期的有陳世驤（注❸）、《中國道教史》（任繼愈主編，上海出版社，頁 44，1990 年）、大淵忍爾（《初期の道教》，頁 264），而唐長孺推定為四世紀中至五世紀初（《魏晉期間北方天師道的傳播》，《魏晉南北朝史論拾遺》，中華書局，1983 年）。唐、大淵兩氏都有比較詳細的論證。

❷　《真誥》卷六：「又頃者末學互相擾競，多用混成及黃書赤界之法，此誠有生和合二象匹對之真要也。若以道交接，解脫網羅，推會六合，行諸節氣，卻災消患，結精寶胎。……此雖相生之術，佹度之法。……或違戾天文，譖害嫉妒，靈根鬱塞，否泰用隔，犯誓怨明，得罪三官。……將身死於外，而家誅於內也。」（《道藏》第 20 冊，頁 522－523）

❷　《太上洞淵神咒經》卷十：「道言道士悉奉三洞之人，不得與黃赤之道士俱游也。奉經道士，三洞法師，當入山遠避濁世，若在人間，男女黃赤道士自別立治舍。」（《道藏》第 6 冊，頁 37）

面還是嘲笑他為熱心於黃書的代表人物。❷根據上述的經緯，可以推定黃書成立的下限可能不遲於四世紀的中期。

　　《真誥》及其卷一提到的《四極明科經》，都有關於黃書赤界功效的議論。它們認為如果遵照黃書道術的規定進行混氣修行的話，不僅對男女的健康有互相促進的作用，而且可以解災消禍、除厄滅祟、袪疾治病，甚至還能獲得長生不老等。這也就是說嚴格地遵守道規、道戒，接受師的指導，應用正確的手法，《黃書》的確可以發揮各種救度的效果。如果對道教的規定抱有懷疑，產生不信或不滿，甚至違反道規，隨心所慾進行合氣的話，不僅因此毀滅自己的身體，還可能連累祖宗七世，使他們的靈魂也要受到各種嚴厲的懲罰。❷總而言之，早期道教強調從參加入道儀式開始，以及修行黃赤混氣房中道術的過程，能否遵照師的教導，遵循道術的規定與程序，也就成為能否獲得修行效果的分歧點。當時的信徒、道民熱心修行黃赤道術，除期待救度自身之外，而且還相信通過混氣修

❷　陸修靜《太上洞玄靈寶授度儀》：「或采博下道，黃赤之官，降就卑猥，引屈非所，顛倒亂妄，不得體式，乖違冥典，迷誤後徒。」（《道藏》第 9 冊，頁 840）釋玄光《辯惑論·合氣釋罪》之注：「至甲子，詔為醮錄，男女媟合，尊卑不別。吳陸修靜復勤行此。」（《弘明集》卷八，《大正新修大藏經》，大正一切經刊行會，卷二一○二，頁 48，昭和 36 年）

❷　注❷，《四極明科經》卷一：「黃書赤界真一之道，此交接之小術，亦道手之秘事。其理妙嶮，皆二象離合，三氣相和，濁（消字之誤）災解厄，還精養神，令人不死。受此法者，有虧損正氣，心生愛欲，混濁不節，嫉妒疑貳，攻伐師本，更相讒訕，其禁尤重。有犯此罪，己身及七祖同充左右二官之罰，履山食火，負石填河，三塗五苦，經三掠得過，然後長充鬼役。」（《道藏》第 3 冊，頁 418）吉岡義豐認為本經是出於正一教一派（《道教と佛教（第二）》，豐島書房，頁 112，昭和 45 年）。

行可以結精生子。這種經過結精成神修鍊階段而誕生的新生命，具有切斷家族承負的惡性循環、救度家族的作用。

　　承負之說首見於《太平經》，其中解釋說：

　　　　比若父母失至道德，有過於鄰里，後生其子孫反為鄰里所害，是即明承負之責也。❸⓿

這種先承後負的理論認為祖輩先有過失或犯罪，其子孫後代就要承受罪惡的苦果，而且這種惡性循環連綿不斷地延續下去，何時、何地、何人、接受何種方式的懲罰，只有天上神靈才能知道。像這樣的問題不管對誰來說，都會感到恐懼和不安，勢必給人沈重的精神負擔。《太平經》五事解承負法篇還應用它說明世上發生的災害、戰爭、疫病、貧困、飢餓、病痛、老衰、死亡等所有人間的不幸。這種以家族為基本單位，世代之間連續不斷地承負惡果責任之說，也是傳統善惡報應思想的一種發展。有的學者認為這是宗教神學的一大支柱。❸① 《太平經》提倡切斷承負的一個救度方法就是修鍊守一法，又稱為「無極之術」。❸② 有學者推測當時已經存在從房中術

---

❸⓿　王明編《太平經合校》（以下簡稱《合校》），中華書局，頁 54，1992 年。
❸①　王明《道家和道教思想研究》，中國社會科學院出版社，頁 126，1984 年。
❸②　《合校》：「古今要道，皆言守一，可長存而不老。人知守一，名為無極之道」（頁 716），「北斗之屬，相嬉相樂，然後合心，共生成，共為理，傳天地之統，御無極之術」（頁 649），「男女各出半力，同志和合，乃成一家。天地之道，乃一陰一陽，各出半力，合為一，乃後共成一」（頁 715）。

的觀點理解守一法的宗派。❸

　　這種具有多種救度功能的黃赤道術，恰好成為北魏新天師道改革道教的標的。寇謙之亦稱接受老子之命，提出「清整道教，除去三張之偽法，租米錢稅及男女合氣之術。」（《魏書·釋老志》）他們不僅嚴禁道教內部修行黃赤混氣房中道術，而且還禁止在入道儀式和日常修行之中攜帶各種契令、符籙等。理由是認為黃赤道術不僅不能實現救度自身，而且具有煽動民眾的性質，隱藏引發社會動亂的危險性。但是，新天師道也沒有禁止傳統的房中術。❹眾所周知，寇謙之徹底取消舊天師道的男女共修黃赤道術、集體團祭，採用禮拜祭壇、通達齋功、誦讀經書，以及結合服氣、存思等，堅持以個人為主的清修法。

　　禁止使用的黃赤經契、符籙等，從《要修科儀戒律鈔》引用〈太真科〉的經文中，可以略知它們的使用價值。以陰陽五行為基礎，與日月、五惑星等相對應的神籙，以及與神籙相結合的各種契

---

❸　吉岡義豐《道教と佛教（第三）》，國書刊行會，頁 326，昭和 51 年。

❹　《老君音誦戒經》反覆提到：「稱劉舉者甚多，稱李弘者亦復不少」，可能認為當時各地發生的動亂與天師道有關。所以寇「謙之汝就係天師正位，並教生民，佐國扶命，勤行道法，斷發黃赤」，「勸教天下男女，受佩契令，愚聞相傳，不能自度，而相領弟子，惑亂百姓，犯罪者眾，招延災考，濁欲道教，毀損法身。吾誦誡斷改黃赤，更修清異之法，與道同功。其男女官籙生佩契黃赤者，從今誡之，後佩者不吉。……若夫婦樂法，但勤進問清正之師，按而行之，任意所好，傳一法亦可足矣。」（《道藏》第 18 冊，頁 211－216）有學者指出寇謙之在江南的孫恩、盧循政治運動失敗之後，同感於為天師道無禮無法而苦惱的當時士大夫，毫不猶豫地進行道教整頓工作（陳寅恪《崔浩與寇謙之》，《嶺南學報》11 卷第 1 期，頁 120）。

令，它們都與古代天文學的黃道、赤道有密切相關。這些具有不同宗教神力的黃書契令、赤界契令，就是靠運行於黃、赤道上的日月、五惑星等，觀測陽氣的變化及其對人體的影響。❸基於獨自文化發展起來的古代天文學，既有實際的天象觀察，比較精確的曆算，同時又有非常豐富的星占研究內容。西漢的災異說與隨後流行的讖緯思想，都深刻地影響著星占的發展，並廣泛地應用於政治、經濟、宗教等各個不同的領域。《太平經》云：「故言四時五行日月星宿皆持（人）命」，認為男女媾交、受胎懷孕、胎兒的性別、壽命、命運等都由天數所定，它們都與日月、五惑星、二十八宿等運行有著密切的關連，而且還認為可以依靠日常的善行改變自己的命運。❸

　　二十八宿是古代天體觀察的一個重大成果。這個體系的確立可以從湖北省隨縣發掘戰國初期曾侯乙墓，出土的小漆箱蓋上裝飾繪畫中的星圖得到證實。隨後出現的二十四節氣，雖然形成於中原地區，延至西漢的《淮南子》才首次齊全地記載了二十四節氣的名稱。但是，能夠準確地推定二分（春分、秋分）二至（冬至、夏至）以及二十四節氣，則是天文學發展到黃赤理論成立之後。《隋書》卷

---

❸　《要修科儀戒律鈔》卷十：「黃書契，六甲契，神籙，真籙，聖僊籙。右二契三籙明土德，信為首，主（府）月行黃道，仙攝鎮星。赤界契，青童契，赤甲籙，青甲籙。右二契二籙明火德，禮為先，主日行赤道，仙攝熒惑星。」（《道藏》第 6 冊，頁 968）

❸　《合校》：「陰陽接會，男女成形，老小相次，稟命於天數，於星二十八宿展轉相成，日月照察不得脫。……壽算增減，轉相付授，故言四時五行日月星宿皆持（人）命，善者增加，惡者（自）退去，計過大小，自有法常」（頁 552）。

十九〈天文上〉云：「漢孝和帝時，太史揆候，皆以赤道儀，與天度頗有進退。以間曲星待詔姚崇等，皆曰〈星圖〉有規法，日月實從黃道。官無其器。至永元十五（103）年、詔左中郎將賈達，乃始造太史黃道銅儀。至桓帝延熹七（164）年，太史令張衡，更以銅製。……又云：黃赤二道，相共交錯，其間相去二十四度，以兩儀準之，二道俱三百六十五度有奇。」這表明觀測赤道的歷史比較悠久，而黃道應用於天象測定乃進入東漢後的發展。這些都是天文學史上的事實，只是在時間推定上有一定的出入。❸但不管怎麼說，早期道教的確利用了當時天文觀察的最新成果。

眾所周知，五斗米道在巴蜀漢中建設的二十四個治區，就是以二十八宿為本對應二十四節氣所致。張道陵自己坐鎮的陽平治乃二十四治中的第一治，即對應二十四節氣之首的立春。《老君音誦戒經》云：

吾本授二十四治，上應二十八宿，下應陰陽二十四氣，授精

---

❸ 賈達的生卒年是（30－101年），張衡的生卒年為（78－139年），皆早於永元十五與延熹七年。《漢書》卷二十一，〈律曆志下〉只載二十八宿的赤道度數，及其與二十四節氣的關係。《後漢書·律曆下》「步術」項中記載黃道測定的二十八宿，以及二十四節氣的準確度數。並云：「步術，以步法伏日度分，〔加〕星合日度餘，命之如前，得星見日度也。……其分有損益，前後相放。其以赤道命度，進加退減之。其步以黃道。」這種以黃道進退測定二十八宿的「步術」，可能與早期道教的「步綱躡紀」，即「步罡」有一定的關係。步綱躡紀出現於《過度儀》的〈九宮〉、〈支干數〉、〈躡時〉之中，有待今後進一步研究。

　　進祭酒，化領民戶。**㊳**

而且這種說法頻繁地出現於早期的道經之中。《論衡·談天》篇云：「二十八宿為日、月舍，猶地有郵亭，為長吏廨矣。」《禮記·月令》已經記載二十八宿與十二個月以及太陽的關係。而且，有學者認為可以通過二十八宿逆推日、月在朔的位置。**㊴**因為在朔日是看不見月亮，所以古人只能從新月出現之日（陰曆初三）往前推算，從而推測太陽的位置，了解天地陽氣的強弱變化。這對於黃赤混氣房中道術的實踐，具有非常重要的指導意義。在古代天文學上，二十八宿是觀測與確定日月、恒星運行的基礎座標，又直接關聯於十二個月、二十四節氣。而且，古人的季節觀念是以識別、區分節氣為主的。特別是二十四節氣，主要用於農業，給安排農業生產以極大的方便。**㊵**自古以來祈願豐收的儀式多受生殖禮儀的影響，這種可以給農業生產帶來增產的天文理論，應用於生子之中也是不難理解的。

　　五斗米道利用黃赤理論，從二十四節氣等編造出二十四神，十二月神以及甲子六十陽神等，配合黃赤混氣修行之用。《洞真黃書》云：「日道生未然，先具甲子諸神，次具二十四神。正月一日隨日名號至十二月，男女神厷同其一，失一者其命不全，故置神位

㊳　《道藏》第 18 冊，頁 216。

㊴　新城新藏《東洋天文學史研究》，臨川書店，頁 199，平成元年。

㊵　席澤宗《論中國古代天文學的社會功能》《科學史論集》（方勵之主編），中國科學技術出版社，頁 190，1987 年。這種觀點屬主流，但也有學者持不同看法（江曉原《天學真原》，遼寧教育出版社，頁 140－145，1991 年）。

隨月施行，不可失之錯互他呼召」，「事可守一，不可三更」❹，
認為不管呼喚神靈以求再生、還是協助生子，守一則為一種基本手
法。而且，這裏的二十四神與現存《黃庭經》中的二十四神不同。
《女青鬼律》卷三云：「道士雖知黃書契令，不知二十四神人，故
為偽人。」❷這表明有關二十四神的名字是經口授，與公開的黃書
契令不同，可能屬於一種秘傳的口訣。接受二十四神的二十四氣官
祭酒，二十四職以及二十四籙的人，就是受天師之命管理二十四治
區的重要道官，也是傳授黃赤道術的主要傳人。❸

　以八卦九宮為中心而展開的《洞真黃書》，頻繁出現以三五七
九對應二十四氣、二十四神、二十四官等。這是以一般民眾熟知的
二十四節氣為主幹，在天人相關思想的基礎上，應用氣論並結合道
教神學的演繹，把天地神靈與人體進行有機的結合。❹所以，《洞
真黃書》開卷就云：

---

❹　《道藏》第 33 冊，頁 595、596。

❷　《道藏》第 18 冊，頁 245。

❸　《正一天師告趙昇口訣》：「受吾真法為百鬼主者，使開二十四治以應二十
　　四氣，置署職籙以化邪俗之人，黃老赤籙以修長生。……使吾先授職籙化看
　　人情，後授黃老赤籙，分別善人以補種民。」（《道藏》第 32 冊，頁 593）

❹　《洞玄靈寶課中法》：「夫正一籙初流傳於世，總有二十四階，以應二十四
　　生氣。……正一三五一百五十將軍籙有兩階，上階云上仙，下階云上靈，俱
　　是人身上二儀之正神也。又釋正一三五混沌元命真人赤籙之由。……混沌者
　　是我身初生受氣之時，亦如天地混沌之初也。元命者有我身之元命也。……
　　氣者則二十四神之正氣也，氣亦成神，神亦成氣。」（《道藏》第 32 冊，頁
　　229）

> 黃書八炁（卷字之誤）有二十四神人，三神人，三神尊，以三
> 一炁應其炁，夫婦結精成神，……陰家生炁，兩半成一，可
> 共度厄消病，所求與老子生炁並，但行九一無妄施。❹

此文提示了幾個有關黃赤道術的重要問題：第一，黃赤混氣房中術
是以夫婦共修為主，這是開道教男女雙修之先河。第二，所謂夫婦
結精成神，就是以積精為主，而且通過黃赤混氣的修行以實現長生
不老。❹第三，「兩半成一」之說源於《太平經》，即提倡以陰陽
相交而守一，以達到結精生子的目的。第四，所謂「九一」，是指
傳統房中術的「九淺一深」技法，既可以延長男女媾交的時間，又
能避免不必要的射精，即起到積精的作用。

　結精成神與結精為生，是《想爾注》以體內精氣為中心而展開
的兩個重要概念，對後世道教養生思想的發展起了很大的影響。
《想爾注》對只顧個人長生不老，私自使用還精補腦術房中術的道
者提出嚴厲的批判，並稱這類人為「惡人」，認為他們最終只能得
到自食其果的下場，不能成為「善人」或「善神」，並且提出了
「道重繼嗣，種類不絕，慾令合精產生，故教之。」❹這很清楚是

---

❹　《道藏》第 33 冊，頁 591。

❹　《想爾注》：「奉道戒，積善成功，積精成神，神成僊壽」（頁 17），「能
　　用此道，應得僊壽，男女之事，不可不勤也」（頁 10），「結精成神，陽炁
　　有餘」（頁 13）。

❹　《想爾注》：「今世間僞伎詐稱道，託黃帝，玄女，龔子，容成之文相教，
　　從女不施，思還精補腦」（頁 12），「惡人寶精，唐自苦，終不居，必自泄
　　漏也」（頁 29），頁 10。

接受《太平經》「廣嗣」房中思想的影響。**⑱**《太平經》己部〈陽尊隱卑訣〉篇分析男女身體構造的異同，並以傳統的陰陽理論進行說明，認為男女形體的最大不同之處在於生殖器，即睪丸與子宮。男人的睪丸有核為實，故為陽為尊；女子的子宮空虛無實，故為陰為卑，但是通過妊娠、生子育兒，男女可以獲得宗教上的平等，而且女子好善之心勝過男子。因為，女性的妊娠、出產，以及男性確實地使女人懷孕都能算為善行。**⑲**這種通過妊娠、生子以積累善行，可以成為善人的早期道教的主張，可能有利於激發女性的熱情，成為促進婦女參加道教活動的一個重要因素。這對早期道教推行男女共修黃赤道術，促進黃赤混氣房中術的發展也起一定的作用。張魯本人共生五男一女，可以說是一個執行道教方針的模範。

《想爾注》云：「魄，白也，故精白，與元（氣）同色」，「所以精者，道之別氣也，入人身中為根本。」**⑳**這種乳白色精液之中寄宿著人魄的思想，可能是以古代醫學理論為基礎而發展起來的。**㉑**精氣是構成天地萬物的基本元素，道家又稱之為道氣。它是

---

⑱ 《後漢書》卷三十，〈襄楷傳〉：「前者宮崇所獻神書，專以奉天地，順五行為本，亦有興國廣嗣之術，其文易曉，參同經典。」東漢延熹九年（公元166）襄楷把此經獻給漢桓帝的最大理由還是「廣嗣之術」。桓帝十五歲就位相繼「納三皇后，又博採宮女五六千人，並無子也」（《後漢書》卷七，〈孝桓帝紀〉注，中華書局，頁321，1973年）。

⑲ 《合校》云：「故守本而有實，好施與者為善人。本空虛無實核無，常不足反好求者為惡人。」（頁387）

⑳ 《想爾注》，頁13、29。

㉑ 《靈樞·本神》篇：「並精出入者謂之魄」（傅景華等點校《中醫四部經典》，中醫古籍出版社，頁128，1996年），《素問·金匱真言論》：「精者，身之本也」（頁6）。

構成人體的一種重要物質，同時又是一種媒介之氣，可以自由地進出於人體，傳達神靈的意志。而且在現實生活之中，不是所有的男女媾交都可能產生妊娠，修煉房中等方術就可以成僊化神。所以對他們來說，如何更多地把天地的陽氣引進身體是一個非常重要的修煉課題。《想爾注》進而解釋說：「今但結精便可得生乎？不也，要諸行當備。……夫欲寶精，百行當修，萬善當著，調和五行，喜怒悉去，天曹左契，笄（筭）有餘數，精乃守之」❷，認為提高結精生子的機會與獲取長生不老，除了努力修煉各種方術，有效地使用自身精氣之外，更需要盡力於各種社會的善行活動，因為善行也是補足自身精氣的一種有效辦法。

但是，五斗米道對於男性的「好施」行為是有限制的。男子二十歲才允許參加過度儀、黃赤混氣的修行，同時強調要有節制的性生活，以利於長期的生子活動。❸這種要求顯然也是追隨《太平經》的主張❹，加強合天地、四時之陽氣。所以，修行黃赤道術

---

❷ 《想爾注》：「陰陽之道，以若結精為生。年以知命，當名自止。年少之時，雖有，當閑省之。綿綿者微也，從其微少，若少年則長存矣。……年少，微省，不絕，不教之勳力也。」（頁10、29）

❸ 《過度儀》開篇云：「夫弟子在師治受道，不得過二十不過度。二十外受道，即過度。」（《道藏》第32冊，頁735）道教規定二十歲為成人，才能正式參加過度儀，同時傳授黃赤混氣房中術。二十歲以下未成年人不能與女子媾交，這種規定在甄鸞的自述中也得到傍證。《三洞修道儀・初入道儀》篇云：「凡初欲學道，……如已成夫婦者，男稱清真弟子，女稱清信弟子。常依科齋戒，兼行黃赤交接之道，能便斷得即為佳也。」（《道藏》第32冊，頁166）

❹ 《合校》：「三五十五，而內藏氣動。四五二十，與四時氣合而欲施，四時者主生，故欲施生。五五二十五，而五行氣足而任施。五六三十而強，故天

「成神」也罷，「生子」也罷，結精是男女雙修的一個重要目的。在以夫婦為中心參加的集體混氣修行的過程中，存思二十四神、六十神等陽神，也就是一個修鍊結精成神的過程。他們堅信道教，遵守道戒、道規，排除各種慾望，積累善行以圖救度。假如不是這樣，神靈就會介入男女媾交的行為，引誘人們在房中禁忌之日，或禁忌的時刻性交妊娠，這樣孕生的子女就要承負先祖的惡行，或者犯上新的罪孽。⑮

　　《太平經》提出解除承負的救度方法，不單是守一法，而且認為天師本身就具有偉大的救度神力，其救度的範圍上至帝王、下到百姓，幾乎對所有人的承負都能徹底消除。⑯發揮陰陽相交作用的守一法，在《洞真黃書》中已經成為「兩半成一，可共度厄消病」的典據。《過度儀》云：「入靜（室），必先啟師，然後行事」，反復向師「乞求過度」的目的，就是相信天師的救度力量，期待得以過度成為種民、或後世種民。有學者指出《太平經》試圖救度世上所有的人，這種救度他人的思想給太平道、五斗米道很大的影

使常念施，以通天地之統以傳類，會三十年而免。老當衰，小止閉房內。」（頁 217）

⑮　《合校》：「先時為惡，殃咎下及。故令生子，必不良之日，或當懷妊之時，雷電霹靂，弦望朔晦，血忌反支，以合陰陽。生子不遂，必有禍殃。」（頁 572）

⑯　《合校》「師既為皇天解承負之仇，為后土解承負之殃，為帝王解承負之厄，為百姓解承負之過，為萬二千物解承負之責」（頁 57）；「今交陰陽，相得盡樂。有子孫祭神求吉，而自若不能生子，豈有解耶？……欲解承負之責，莫如守一」（頁 60）。同時參照湯一介《魏晉南北朝時期的道教》第十三章，東大圖書公司，1988 年。

響。❺五斗米道是應用《太平經》的救度思想，在傳統的房中術中增加符咒神籙、祈禱攘解、步綱躡紀等道法，試圖通過集體混氣修行以實現集體救度的目的。❺

三、黃赤混氣與過度儀

《洞真黃書》論述另一個重要的主題，就是結合月亮盈虧的變化，每一個月進行二十四天的黃赤混氣修煉，以及修行的禁忌事項等。佛教激烈地攻擊、嘲笑道教，特意把道教修行混氣稱為「合氣」行為。所謂合氣，自古以來作為表示男女之間性關係的一般用語，在馬王堆漢墓出土的《養生方》中就已經出現。《論衡・物勢》亦云：

> 夫天地合氣，人偶自生也，猶夫婦合氣，子則如自生也。夫婦合氣，非當時欲得生子，情欲動而合，合而子生矣。

〈自然〉篇又云：

---

❺　麥谷邦夫《初期道教における救濟思想》，《東洋文化》第 57 號，頁 49，1976 年。

❺　《女青鬼律》：「天師曰，……三五七九之日慎行生氣，子依吾圖局不犯三氣，如可仙化。民一千不知道父母真名，故為俗人」，「日月列布如流星，三五七九道炁明，分布九州若父兄，皆同一契心合並。義各如一道引經，黃赤大要守長生，上部太紫人數並，萬萬之紀合神靈。」（《道藏》第 18 冊，頁 245、248）

> 天之動行也，施氣也。體動氣乃出，物乃生矣。由人動氣
> 也，體動氣乃出，子亦生也。夫人之施氣也，非欲以生子，
> 氣施而子自生矣。

古人可能把男女媾交之時，因運動身體而發散的體熱稱為「施
氣」。〈命義〉篇詳細解說「星命說」，認為：「凡人受命，在父
母施氣之時，已得吉凶矣。……受氣時，母不謹慎，心妄慮邪，則
子長大狂悖不善，形體醜惡」，又認為女性的懷孕是「受氣」的結
果，而且要受到天地間各種氣的影響。總而言之，在古代社會人們
以為男女之間的接吻、呼吸的交混、手腳及身體的局部接觸，即包
括性交在內的所有兩性接觸行為，都有給女性帶來懷孕的可能性。
但是在現實生活中，女性即使在男女媾交之中確實地接受了男性的
射精，也並不是所有的人都有可能產生妊娠。而且，不少女性結了
婚卻終身不孕。很多人結婚十多年，或更長的時間才有幸得子。諸
如此類，在人們可能想像的各種各樣有關因素之中，到底哪一種是
使女性懷孕的決定要因，這個問題對於古代醫學界來說，也是一個
根本無法解決的難題。五斗米道重視天地的陽氣，要求男女共修混
氣以增強體內的陽氣，可能利用集體之氣使女性多妊娠、生子。因
此，受到佛教方面的激烈批判，誤解為一種異常的性行為。❺⁹
　　黃赤混氣的修行通常從每個月蛾眉月出現之日開始，直至第二

---

❺⁹　釋明槩《決對傳奕廢佛僧事（并表）》：「使四目兩鼻上下相當，兩口兩舌
　　彼此相對，陰陽既接精氣遂通，此則夫婦之禮成，男女道合。」（《廣弘明
　　集》卷十二，《大正新修大藏經》卷二一〇三，頁172）

十八日結束，前後合起來為二十四天。最初的九天之間，遵守九九
的原則進行混氣的同時，結合使用八卦九宮、二十四神與三五七九
對應的行氣法。《洞真黃書》云：

> 道以月生一日至九日，各共思玄元始炁在頭目，頭念八卦在
> 人身，二十四神與三五七九，知之身可度矣。道以月旬之
> 後，其數三五七九，從十日盡十五日，日行三五七九
> （日），此為天地人之六合。日月當明，不得妄雨，可消
> 災。雨則傷敗枯根糜子。不明三五之法，七九之施，為欲妄
> 施，恐子如魚之失水，人之失炁。雨有害，慎之慎之。道以
> 月十六日施八八至一八，此旬中可一雨。下弦屬戊己，七八
> 可風不雨，二十八日當止。子不能共施三五，但行三五七九
> 與二十四神相應，不與左無上，右玄老，中太上相應。❻

所謂「九九」，就是從一九開始至九九為止，即每天按九的序數而
增加的行氣法。它是遵照上旬天地之間的陽氣不斷增強的規律，逐
漸增加行氣的次數。其次的六天之間，每天進行三五七九的行氣
法。最後的八天之間，則遵守八八的規則進行行氣，其中也使用三

---

❻　《道藏》第 33 冊，頁 594。《洞真黃書》：「月生一日一九，二日二九，三
　日三九，四日四九，五日五九，六日六九，七日七九，八日八九，九日九
　九，八十一中雨。……從十六日行八八，十七日行七八，十八日行六八，十
　九日行五八，二十日行四八，二十一日行三八，二十二日行二八，二十三日
　行一八。此旬中可一雨，天地夫妻陰陽之行。」（《道藏》第 33 冊，頁 592
　－593）

五七九與二十四神對應的行氣法。所謂「八八」，就是從八八開始至一八為止，即每天按八的序數逐漸減少的行氣法。它是遵照下旬天地之間的陽氣不斷衰退的規律，相對地減少行氣的次數。男女之間不斷地更換組合，進行多樣形式混氣修行的同時❻，在九九行氣與八八行氣之間，即在上旬與下旬的混氣修行之間，各自出現「中雨」與「此旬中可一雨」的指示。這就是許可夫婦之間的媾交，或者性交射精的行為。

《論衡·祀義》云：「風猶人之有吹煦也，雨猶人之有精液也。」說明自古存在把性行為中的射精，隱喻為天地間下雨的習慣。如果按照這樣的說法，把上旬從新月初日開始九天之間所示的「中雨」，可以認定是一次受許可的夫婦媾交。在下旬八八行氣的八天之間，也有一天是「天地夫妻陰陽之行」，意味著又一次可行的夫婦性生活。中旬以十五日為中心的六天時間，經文明言「不可妄雨」，並且告誡假如在這六天期間進行男女媾交的話，男性不僅可能出現精氣枯竭，女性還有發生流產的危險。其最大的理由是：「七八屬戊己，不可妄行」。《周易參同契注》云：「青赤白黑各居一方，皆裹中宮戊己之功」❻，認為戊己的最大作用就是安定天地宇宙。古人可能認為因性交排泄精氣，有引發體內陰陽失調的危險性，或者認為七加八為十五，十五日必須嚴禁性的行為。因為，

---

❻　從注❼所述，未成人的信徒從小觀看父母、兄弟、姊妹的修行，也是一種潛移默化的學習。《笑道論》云：「又道律云，行氣以次，不得任意排醜近好，抄截越次」（《廣弘明集》卷九，《大正新修大藏經》卷二一〇三，頁152）的〈道律〉規定，不難推測教團的混氣修行是以集體形式進行的。

❻　《道藏》第20冊，頁98。

十五日與三十日的前後相繼的日子，是陰陽二氣處於極端強弱的狀態，特別在男女共同修行期間，性的行為更屬嚴禁之列。古人早就把這些日期列入房中禁忌，在《太平經》、《千金翼方》等著作中都有明確的告誡。(63)

黃赤混氣的修行，是遵循八卦、干支、配合五行、方角的「月生六甲，陰陽相配」理論。這種月體納甲的說法見於《京氏易傳》，以及東漢易學專家虞翻的《易注》。《周易參同契》使用了履、臨、泰、大壯、夬、乾、姤、遁、否、觀、剝、坤十二消息卦，把握火候進退以煉製金丹，就是按一年十二個月，一天十二個時辰進行說明。俞琰在《周易參同契發揮》中把十二消息卦分成一個月三十天，認為「泰三陽之卦也。……以一月言之，為初六至初八半。……否三陰之卦也。……以一月言之，為二十一至二十三半。」(64)泰卦表示陰陽二氣相交，萬物繁榮欣欣向上；否卦有閉塞之意，為了疏通陰陽二氣，所以有必要進行相交。這與敍說「生無道位，死為下鬼」的《課中法》中，法籙干支八卦圖所畫的「地戶」和「天門」的方位也相一致。所以，《黃書》在理論上規定混氣修行之中每月兩次的性交日期，很清楚是按照八卦九宮的理論，

---

(63) 《合校》：「弦望朔晦，血忌反支，以合陰陽，生子不遂，必有過殃」（頁572）。《千金翼方》卷十二：「凡大月十七日，小月十六日，此各毀敗日，不可交會，犯之傷血脈。凡月二日，三日，五日，九日，二十日，此生日也，交會令人無疾」（國立中國醫藥研究所，頁141，1974年）。《醫心方》卷二十八：「房中禁忌，日月晦朔，上下弦望」（人民衛生出版社，頁650，1993年）。

(64) 《道藏》第20冊，頁230、231。

上旬的媾交旨在生子，下旬純為調和陰陽兩性，兩者的目的都有明確的區別。

　　三五七九是黃赤道術的重要混氣方式，一貫用於二十四天的修行之中。《洞真黃書》反復強調說：

> 三五六合，七九六合，左三氣，右六氣，三五七九與二十四
> 神相應。**⑥**

《過度儀》在〈甲乙咒法〉中云：「仰頭鼻三納生氣，三五七九咽。……閉口以鼻納生氣，口吐之」，〈支干數〉云「咒曰：三五成日月，出窈窈，入冥冥，真氣入，正氣通，神氣布，道氣行，姦邪鬼賊皆消亡。……三五七九咽，鼻微微納生氣，至三五七九二十四氣至都畢」，而且在各個項目之中，都挾有與房中術有關聯的咒語。**⑥⑥**其目的可能是讓信徒暗記這些口訣化的交接法，即通過混氣修行配合練習行氣法，期待活用於生子之中。《協紀辨方書》卷六云：「六合是日月合辰也」，象徵著構成宇宙的三氣五運、七星九天。採用神秘術數對應二十四氣於體內，與二十四位神靈形成一體，期待結精化神再生、求子、救度家族。

---

⑥　《道藏》第33冊，頁593。

⑥⑥　《上清黃書過度儀》：「陽（甲）言天道行，乙言地道行，便進入生門中，
令半首。……言九一生其中，小退還半首，度甲先行始生氣」（甲乙咒
法），「便二十四息止，小退言太初君，令半首，……太陰中又小退，念太
素又退，太始君出朱門，便龍倒下」（支干數）。（《道藏》第32冊，頁
740、741）

　　明朝中期的名醫徐春甫，在《古今醫統大全》卷八十四中，收錄著年代不明、引用於所謂《秘驗》的「多男三鍊法」口訣文，並且留下詳細的解說。根據注釋文的解說，這種「三鍊法」是四川資縣人鄧士魯奇遇一位道士而得到傳授，據說他本人按照這種方法出生了十幾個男兒。口訣文的中心部分云：「數用重陰六十八（四），須知十減四七五。莫教火候過離下，一擦一度伏臍間，九九老陽互相壓，又知九息上增九，八十一息純乾卦。春夏秋冬名四時，二十四氣尸生化，三五七九奪氣機，一奪一吸深取之，周而復始天不違。」解說文是應用房中術解釋這些口訣，把三五七九作為陽數的基本，通過二十四節氣的再生、一年的陰陽轉化演算周天的日數，說明增強身體的陽氣對生男育兒起著的重要作用。❻實際上這個口訣文與《洞真黃書》介紹的三種類型的行氣法非常相似。

　　另一方面，釋玄光在《辯惑論》中云：「乃開命門，抱真人，嬰兒迴，戲龍虎，作如此之勢，用消災散禍。其然可乎。」❻這顯然是批判《黃書》的內容。實際上，這是《洞真黃書》所述「八生大度」儀式中的一部分，也就是《過度儀》所介紹「八生」、「地

---

❻　《古今醫統大全·蟲斯廣育》篇注釋說：「此房中之術，言採奪女之氣之機也。三五七九皆陽數，言與女交時，但至四數皆深入其中，上以鼻吸，下以脇提，而奪取之，使女之氣過我也。周而復始者，三五七九既畢，而又再從三起也。周天之數，三百六十，三五七九，共二十四數，以合二十四氣。交時先仰行六遍，每遍二十四，得數百四十有四。後合行九遍，每遍亦二十四，得二百一十有六，共成三百六十，以合周天之數。此妙理也，非仙莫悟。仰合即天地否泰，男女上下，互相迭施之道。」（人民衛生出版社，頁749，1991年）

❻　《弘明集》卷八，《大正新修大藏經》卷二一○二，頁48。

網」、「天羅」、「兒迴」等項的相關內容。當過度儀進入八生階段，男女成對地跳著模倣龍虎之舞，經過戲龍虎、轉關、龍虎交、龍虎校、龍虎推、龍虎蕩、龍虎張、揖真人八個程序。在最後的兒迴階段，信徒們都彎曲自己的手腳有如胎兒的形狀，口唱咒詞：「生我者甲子王文卿，師父康。懷我者甲午衛上卿，師母妊，生我活我，事在大道與父母。」❻這種稱為「嬰兒迴」的儀式，完全可以認為是一種祈願過度、以求再生的表現。

　　青龍、白虎、朱鳥、玄武原是二十八宿中代表東西南北的主星座，不僅《史記・天官書》已經提到，而且已經常出現出土於公元一、二世紀的裝飾煉瓦圖案之中。其中所描述的青龍與白虎，通常是成對的星圖。有學者推測從公元前五世紀後期開始，這些表示陽氣、季節變化的星宿可能就被應用於農業生產。❼《論衡》云：「案龍虎交不相賊，烏龍會不相害」（〈物勢篇〉），「風從虎，雲從龍，同類通氣，性相感動」（〈偶會篇〉）。古人把青龍與白虎象徵著陰陽，認為它們的交會引起每年季節的再生。《過度儀》中八生大度跳龍虎舞的真正目的，有如參加者所詠唱「願為臣妾解除三官考逮，解脫羅網，撤除死籍，著名於長生玉曆，過度九厄，得為後世種民」❼的那樣，非常清楚地表明他們期待通過陰陽化生的儀式祈願再生，以求獲得永遠的生命。

　　在現存的《過度儀》中，基本上看不到所謂猥褻的內容。但

---

❻　　《道藏》第 32 冊，頁 742。

❼　　林巳奈夫《中國古代の生活史》，吉川弘文館，頁 178－180，平成 4 年。

❼　　《道藏》第 32 冊，頁 737。

是，考察所記述的儀式過程，的確存在不少誘惑男女引發性行為的因素。首先，參加過度儀的信徒反復請求黃赤祭酒過度自身，這很明白是在儀式之間把自身委託於師的表現。在「解結食」中，師與弟子相互解開對方衣服的結節、帶子，散開頭髮，男女交叉兩手行氣。在「自導」中，參加者用兩手反復按摩左右的胸部、下丹田（下腹部）、命門（腰部）乃至陰部之後，各自接受師的氣。總而言之，過度儀可能是一種檢閱與檢驗經過一定時間混氣修煉培訓的成果，而黃赤混氣修行乃是房中術結合行氣、存思與各種道術的修鍊講習會，可以當場接受師的指導，進行各種意象性的訓練。當然，在這種異性長期接觸的環境中，出現違反道規戒律，以致發生性行為的可能性是不可否定的。但是，道教對於教團內部發生的淫佚行為並不隱瞞，提出嚴厲的批判，而且非常講究混氣修行中的男女距離，相互接觸的部位，以及制定違反行為的懲罰條例和防止對策等。❼

　　從道教轉身於佛教的甄鸞，在《笑道論》中談到年輕時在天師道教團參加黃赤混氣修行的體驗。❼這種「檢舉」似乎暴露了天師

---

❼　《正一法文天師教誡科經》：「祭酒主者，男女老壯，各爾憒憒，與俗無別，口是心非，人頭蟲心，房室不節，縱恣淫情，男女老壯，不相呵整，為爾憒憒，群行混濁。」《女青鬼律》卷三：「不得以赤炁妄傳俗人，口手胸心更相交接，委道自叛，師主無法，天奪算三百。」（《道藏》第18冊，頁238、245）

❼　《笑道論》：「臣二十之時，好道術就觀學。先教臣黃書合氣，三五七九男女交接之道。四目兩舌正對，行道在於丹田。有行者度厄延年。教夫易婦，惟色為初，父兄立前，不知羞恥。自稱中氣真術。今道士常行此法，以之求道，有所未詳」（《廣弘明集》卷九，《大正新修大藏經》卷二一〇三，頁

道內部的「醜聞」，千餘年來不斷地激起人們無限的想像，以為天師道的混氣修行是猥褻的性集會，而且屢屢成為批判、嘲笑道教的一個「鐵證」。其中提到的「中氣真術」，是丹田行氣法的一種。東漢《申鑑·俗嫌》篇云：「道者常致氣於關（鄰臍二寸），是謂要術」，它與當今養生氣功有類似之處，因為在臍下丹田部位鍛鍊行氣是氣功的基本方法。《過度儀》的「存思」、「解結」、「度甲」、「自導」、「王氣」等項目之中都有相關的記述。在道教教團的內部，夫婦媾交生子之事不在話下，為了治療病人，術者使用外氣、或房中術進行治療的行為也屬救度他人的善行。但是，佛教方面卻把這些行為嘲笑為「合氣釋罪」（《辯惑論》）。

甄鸞改變了自己的信仰，成為佛教徒之後就開始批判道教。這只是個人信仰的變化，並不會因此而出賣自己的靈魂。因為不管古今，個人性的行為是關係到人格的重大問題。他所敘述過去在道教中的體驗和見聞，與《過度儀》中的「存思」、「配甲」、「解結食」等儀式內容都沒有太大的差別。過度儀式、集體混氣修行等活動，可以認為完全逸脫了封建禮教的常規。《禮記·內則》篇所記述儒教家庭內部的嚴格規定，男女行動有別的生活風景，可能僅出現於貴族、士大夫、封建文人等富裕大家。對於居家狹窄的貧民、勞動者階層來說，這種生活方式不管是他們的經濟條件、還是思想意識都是無法實現的。相反，那種貧民群居的生活情景對於出身儒教家庭的甄鸞來說，已經就是一種無法容忍的羞恥行為。

152）。這與黃赤祭酒以八卦九宮等示教信徒的混氣術沒有太大差別，而且他也承認這些道術至今依然為道士修行所用。

　　以一般民眾為主體的早期道教，還有「男生」、「女生」、「錄生」❼等多數未成年的信徒。他們從小跟隨父母、兄弟入道，在教團那樣大家庭的生活環境中成長，比大人更容易形成一種命運共同體的觀念。而且，經過混氣修行之後出生的孩子，可能在教團中會產生一種「大家之子」的意識。其次，這些勞動者、貧民出身的信徒，把局限於家庭與親人之間的日常生活樣式，直接搬進教團的大集體生活之中。這種共同生活的環境可能有利於培育信徒、道民的團結意識，增強他們的共同體命運感。《女青鬼律》卷五云：「日月列布如流星，三五七九道炁明，分布九州若父兄，皆一同契心合並，義各如一道引經，黃赤大要守長生。」❼這表明在師的引導之下，過度儀中使用相同的符籙、契令，以夫婦為主的集體混氣修行，都有可能使信徒感悟共同救度的命運，從而形成同生死、共患難的堅強信念。這也許就是成為道教組織經常發生動亂的一個重要原因。

　　《太平經》云：「人生迺受天地正氣，四時五行，來合而為人。此先人之統體也。」❼在那種精氣理論支配著整個社會思想的時代，導致妊娠不是單純只靠男女合氣，既使在受胎的瞬間，天地之間各種各樣的氣同樣以各自不同的形式參與，這種看法可能也是

---

❼　《三洞修道儀・初入道儀》篇：「凡初欲學道，男七歲號錄生弟子，女十歲號南生弟子，始授訓師門，性行稍淳與授三戒，五戒，漸止葷血，自此後不更婚嫁。如已成夫婦者，男稱清真弟子，女稱清信弟子。常依科齋戒，兼行黃赤交接之道，能便斷得即為佳也。」（《道藏》第 32 冊，頁 166）

❼　《道藏》第 18 冊，頁 248。

❼　《合校》，73 頁。

一種很普通的認識。而且在道教的世界裏，氣的作用已經受到最大限度的神化，人們期待利用黃赤道術，通過混氣修行，呼喚天地神靈協助再生衰弱的肉體，誕生嶄新的生命以切斷家族承負的惡性循環。從舉行過度儀式的三天之前開始，參加的信徒首先需要沐浴，清潔肉體與精神，注意不要把付著於身體內外的污濁之氣帶進神聖的場所。男女老少在過度儀式中一起修行混氣，祭酒誦唱咒文，呼喚天地神靈，這種特定空間所進行氣的融合，有可能使不同的人變為同一氣質。參加者被承認成為教團正式成員的同時，完全超越了一般的家庭觀念，在一個負有命運共同體的環境之中，逐漸形成一種堅固的連帶關係。種民、後世種民可能就是在這種思想環境中，產生出來具有象徵性的概念。

四、種姓與種民政策

「種民」、「後世種民」、「種姓」這三個詞，已經出現於《大道家令戒》。這篇旨在呼喚、招集「新故民戶」，即新舊的信徒、道民及其家屬回歸道教組織的經文中，開篇簡潔地敍述大道之氣的內涵，及其對天地與人體的形成作用之後，提出：

> 《易》稱有天地然後有萬物，有萬物然後有男女，有男女然後有夫婦，有夫婦然後有父子，父子者欲係百世，使種姓不絕耳。❼

---

❼　《道藏》第 18 冊，頁 235。

這顯然是把傳統的儒教思想融入道教，企圖在早期道教中確立永世不絕的道宗種姓，而且為了保全道教組織的核心勢力，就有必要建立以天師種姓為中心的外圍組織。他們應該是無條件地忠誠於種姓的信徒、道民，並且與種姓之間在宗教信仰上又有直接的關係。[78]

　　早期道教的上層組織決定從廣大的信徒、道民中選拔種民、後世種民。作為種民的基本條件就是「忠孝」二字。經文明言：

> 臣忠子孝，夫信婦貞，兄敬弟順，內無二心，便可為善，得
> 種民矣。[79]

可能比道理教義更為重要的就是對天師種姓的忠誠之心。這種重忠孝仁義的人必然會忠心地擁護道教的種姓，模範地遵守地區社會的一切制度，熱心地保衛地區社會的秩序，無疑對地區社會的安定起著重要的作用。這種種姓、種民的構想，可能是早期道教為安定漢中政權與地區社會的一個重要策略。這種把儒家的忠孝思想融入道教的動向，可能開始於《太平經》，也深刻地影響著《想爾注》。《太平經》云：「夫孝者，莫大存形，乃先人統也，揚名後世，此之謂善人謹民。」[80]「謹民」一詞多見於《太平經》，它是指直接

---

[78]　陳寅恪《崔浩與寇謙之》引用了《魏志》、《辨惑論》、《太平經鈔》甲部的有關內容，首先提出種民問題，並認為種民包含有種姓之義（《嶺南學報》第 11 卷第 1 期，頁 122）。

[79]　《道藏》第 18 冊，頁 237。

[80]　《合校》，頁 723。

受天師指導，地位居於「下賢人」（相當於道官）之下的愚民。**❸1**而且這個詞又是《太平經》獨創的，因為精查其它的秦漢古籍，都未發現有關謹民的用例。

《想爾注》提出：「道重繼祠（嗣），種類不絕，欲令合精產生」，盡管殘篇尚未發現種民、後世種民的字樣，而所謂「種類不絕」，就有造就與保護道教核心種姓的構想。「種類」一詞多見於《論衡》與《太平經》**❸2**，也見於《後漢書》卷八十六〈南蠻西南夷傳〉。西南夷族的白馬「氐人勇戇抵冒，貪貨死利。……建武初，氐人悉附隴蜀。及隗囂滅，其酋豪乃背公孫述降漢，隴西太守馬援上復其王侯君長，賜以印綬。後囂族人隗茂反，殺武都太守。氐人大豪齊鐘留為種類所敬信，威服諸豪，與郡丞孔奮擊茂，破斬之。」文中「種類」一詞就是指氐族的種人。氐人原居於廣漢西部、武都河池一帶（現甘肅南部武都縣，鄰接四川、漢中），東漢初期部分氐人移居於蜀地，因此又有「巴氐」之稱。巴氐後也稱為賨人，而且與張魯五斗米道的關係非常密切。

所謂「種」的觀念，顯然是受古代農耕社會的影響。《論衡·奇怪》篇考察上古聖人出生的奇異傳說時說：「萬物生於土，各似

---

❸1 《合校》：「今得天師書道德，以往付謹民，使謹民使歸」（頁 303），「上賢得以守儒良，中賢德（得）以上為國家至德之輔臣，其中小賢化為順善之吏，其中下愚，猶為謹民」（頁 432）。

❸2 《論衡》十見「種類」一詞。〈物勢〉篇：「然則人生於天地也，……因氣而生，種類相產。」〈講瑞〉篇：「鳳凰麒麟，生有種類，若龜龍有種類矣。」《合校》：「慎毋盡滅煞人種類，適可也」（頁 80）；「一家尚親，自共血脈，同種類而生」（頁 314）。

本種，不類土者，生不出於土，土徒養育之也。母之懷子，猶土之
育物也。堯高祖之母，受龍之施，猶土受物之播也，物生自類本
種。」古人把男性的精氣比作種子，女性的子宮喻為土地用於育
種。《太平經》也說：

> 「如今施其人欲生也，開其玉戶，施種於中，比若春種於地
> 也，十十相應和而生」，「非其土地，不可強種，種之不
> 生，言種不良，內不得其處，安能久長」。[83]

認為人類生男育女是男女分工合作的結晶，男人的作用有如春天耕
地播種，女人似土地要熱情地接納種子，保護胎兒，負責出產等。
《太平經》所提出的謹民概念和有關種的認識，對早期道教的種
族、種姓、種民等思想的形成產生一定的影響。

種民選補的具體人數、地區、條件，以及與種人、黃赤道術的
關係，都詳細地見於《正一天師告趙昇口訣》，但該道經尚未出現
「後世種民」一詞。趙昇是天師張陵的高徒之一，也是「黃書」的
第一傳人，大名早見於《洞真黃書》。口訣經文旨傳太上老君的誥
語，要求趙昇挑選二十四萬人充當種民。所謂「聖人前敕三陽比
筭，南至大江，北至北濱，東至東夷，西至濛汜，已逆注十萬人名
上太玄紫簿，餘十四萬人於三代之中索之」[84]，就是指移居於長江
以北曹魏領內的信徒、道民，其中有十萬人已經預先登錄為種民。

---

[83]　《合校》，頁 733、210。
[84]　《道藏》第 32 冊，頁 593。

漢中宗教王國解體之後，有數萬戶道民隨同張魯移居曹魏支配下的關中、洛陽、鄴城的事實。❽剩下十四萬名要經過「考校州郡里域，求清貞慈孝忠信樸實之人以充種民」❻，即示意從道民家系中挑選忠孝仁義之士。此外，入選的則是「使吾先授職籙化，看人情後授黃老赤籙，分別善人以補種民」，即經過一段時間修行黃赤道術，認定其品行良好的人，也可以候補為種民。該經還說：「吾親在事，尚復如此（指上文例舉的各種違法行為）。後世當以黃赤相傳，以為常事，不可分別。」❼這也就是決定要把黃赤混氣作為一種長期修行的項目，觀察他們在修行中的實際表現，然後評定善人、增補種民。

「種人」應該是一類特別的種民，也有學者認為它是種民的同義詞。❽但是，該經明確指出：

> 「見有佩吾萬稱九光符者，便以種民定數注上太玄玉籙」，「其是壬辰癸巳前，得吾九光萬稱符者，皆在種人之例，壬辰癸巳後受符無復及也」。❾

---

❽　《三國志》卷十五〈張既傳〉：「（張）魯降，既說太祖拔漢中民數萬戶以實長安及三輔」；《三國志》卷二十三〈杜襲傳〉：「綏懷開導，百姓自樂出徒洛、鄴者，八萬餘口。」

❻　《道藏》第 32 冊，頁 593。

❼　同上，頁 593。

❽　參照注❽的論文，頁 99 注 15。

❾　《道藏》第 32 冊，頁 593、594。

即保存有「九光萬稱符」的種人可以優先為種民。此文還提出兩個重要的問題：一是「九光萬稱符」的性質與功效。二是「壬辰癸己」所指的年代。所謂九光萬稱符，其全稱是「大玄九光萬稱生符」，而且認為「此符如天子有玉璽，三公有黃鉞，諸侯有印綬。」❾⓿這表明持有這種符的種人，對早期道教的政權建立曾經做出很大的貢獻，所以此符可以顯效於宗教王國的上層組織。根據該經所述，這種符在道教神學上具有免除三官的懲罰，直接記入太玄玉錄等特別功效。「太玄玉錄」又稱為「太玄生簿」，或「太玄紫簿」。至於壬辰癸己的年代，根據經文的內容可以推定為東漢末期的二一二至二一三年間，時值五斗米道統治漢中的後期階段，可能是封功加爵的時期。因為前一輪的壬辰癸己年間，早期道教可能尚未形成組織；後一輪的壬辰癸己，經過三國延至西晉，天師道已經進入離散的階段。

種人一詞九見於《後漢書》卷八十六〈南蠻西南夷傳〉，而且集中用於巴郡、西南夷中擁有武裝勢力的少數民族。❾❶這對理解早期道教有關種姓、種人、種民的由來有很大的幫助。當時西南一帶的少數民族俗好巫鬼禁忌等，其中記載：「巴郡南郡蠻，本有五

---

❾⓿　同上，頁 594。

❾❶　《後漢書》卷八十六〈南蠻西南夷傳〉：「至建武二十三年，南郡潳山蠻雷遷等始反叛，寇掠百姓，遣威將軍劉尚將萬餘人討破之，徙其種人七千餘口置江夏界中」，「種人皆刻畫其身，象龍文，衣皆著尾」，「（建武）二十七年，賢栗等遂率種人戶二千七百七十，口萬七千六百五十九，詣越嶲太守鄭鴻降，求內屬」，「永平十二年，哀牢王柳貌遣子率種人內屬，其稱邑王者七十七人，戶五萬一千八百九十，口五十五萬三千七百一十一」等。

姓：巴氏、樊氏、暉氏、相氏、鄭氏。……未有君長，俱事鬼神」
等。《晉書》卷一百二十載記二十〈李特傳〉云：「漢末張魯居漢
中，以鬼道教百姓，賨人敬信巫覡，多往奉之。」《華陽國志》卷
九也記載說：「世祖本巴宕渠賨民、種黨勁勇、俗號鬼巫。漢末張
魯居漢中，以鬼道教百姓，賨人敬信。值天下大亂、自巴西之宕渠
移入漢中。」這也表明早期道教推行的「鬼道」內容與少數民族的
信仰有著不少相同之處。所謂「賨人」，也就是指居住於巴蜀的蠻
夷種人。

　　《後漢書》卷八十六〈南蠻西南夷傳〉云：「至高祖為漢王，
發夷人還伐三秦。秦地既定，乃遣還巴中，復其渠帥羅、朴、督、
鄂、度、夕、龔七姓，不輸租賦，餘戶乃歲入賨錢，口四十。世號
為板楯蠻夷。」七姓的種人因立功免交租賦，而其餘隨從他們的賨
人只收低賦四十錢。有學者考證認為早期道教徵收五斗租米就是以
此為依據。❾❷《說文解字》云：「賨，南蠻賦也。」本傳記載：
「漢興，改為武陵。歲令大人輸布一匹，小口二丈，是謂賨布。」
四十錢也許就是賨布一匹的價錢。順帝永和元年，武陵太守曾建議
皇帝增加南蠻的租稅，「尚書令虞詡獨奏曰：……先帝舊典，貢稅
多少，所由來久矣。今猥增之，必有怨叛。……帝不從。其冬澧
中、漊中蠻果爭貢布非舊約，遂殺鄉吏，舉種反叛。」南蠻巴氏非
常忠誠五斗米道，建安二十年為抵抗曹操大軍，三月至陳倉時，
「將自武都入氐，氐人塞道」。四月，「氐王竇茂眾萬餘人，恃險

---

❾❷　張澤洪《五斗米道命名的由來》，《宗教學研究》（四川大學）1988 年，第
　　4 期。

不服」。九月，「巴七姓夷王朴胡、賨邑侯杜濩舉巴夷、賨民來附」。因為七月「魯潰奔巴中，公軍入南鄭，盡得魯府庫珍寶，巴、漢皆降」（《三國志》卷一〈武帝紀〉）。

有學者認為這篇道經《正一天師告趙昇口訣》是託名趙昇，推測成書於東晉末期。❸但是，經文中提到這篇口訣是在「孟津河上」接受太上老君的誥授，固然是為增加神秘的宗教色彩，也意味著當時河上尚無橋樑。《漢書》卷二十九〈溝洫志〉第九云：「故道（黃）河自積石，歷龍門，南到華陰，東下底柱，及盟津，雒內至于大伾。」盟津又稱孟津，現在河南省孟縣的東南。傳說周武王討伐商紂時，在此地盟會諸侯渡河故得此稱。東漢時開始置關於此，成為雒陽周圍八關之一。據考證孟津河上開始架橋是在西晉之後。❹人們對大河素懷敬畏之感，這種神秘的魔力可能隨著橋樑的建成而消失。經文所述的內容、時代背景類似《大道家令戒》，但尚未出現後世種民的構想。我們認為不能排除它早於《大道家令戒》出現的可能性。經文批判部分人「自稱真人，買術自榮，妖惑愚人，貪尺帛十錢斗米，聚斂人物，求目下之安，不顧大命將至三官條狀，受贓詭不恥。」❺這充分暴露漢中政權崩潰之後道教內部的混亂現狀，部分祭酒、道官利用自己的地位、法術欺騙、詐取信徒、道民的信物。

---

❸　吉岡義豐（注❷）。

❹　《辭海》縮印本，上海辭書出版社，頁 1266，1990 年。

❺　《道藏》第 32 冊，頁 593。

　　後世種民與種民的稱號存在著一定的差別。《大道家令戒》對它們所下的定義是：「棄往日之惡，從今日之善行，災消無病，得為後世種民」，而「新故民戶見世知變，便能改心為善，行仁義則善矣。可見太平，度脫厄難之中，為後世種民。雖有兵病水害之災，臨危無咎。」**⑯**這是對所有的信徒、道民，特別是以往做過錯事，幹過壞事，甚至犯過罪的人一次再生的機會，提示改惡行善的人都有成為種民候補的可能性。成為後世種民就可以得到神靈的保護，避免各種災難之危。雖然《大道家令戒》已經反復強調「神僊之說」、「長生之言」等，卻始終沒有與種民、後世種民之間發生關係。推測在那個時期，混亂的道教組織尚無多餘的精力在種民的概念上，移植稼接長生不老的神僊思想。**⑰**這種比較樸素的種民概念，從現存的文獻資料中雖然無法確認源於何時，但可以認為這是漢中道教政權開拓的一項重要政策。有學者認為可以把種民理解是道官道民的通用語，它可能起於五斗米道成立之時，並懷疑張魯在世之時已經存在。**⑱**我們還可以從種民發展到後世種民的過程中，進一步考察教團的意圖與當時地區社會的背景。

　　建安二十四年（公元 219）劉備占領漢中之前，《三國志》卷八〈張魯傳〉云：「雄據巴漢垂三十年。」據此推算，五斗米道在東漢後期初平元年平定漢中之後，就開始著手建設他們的宗教王國。

---

⑯　《道藏》第 18 冊，頁 237、236。

⑰　繼陳寅恪之後，楊聯陞在《老君音誦戒經校釋》（《中央研究院歷史語言研究所集刊》第 28 本，頁 24）中提出種民應該是可以長生不死。吉岡義豐（注**㉒**）也認為種民可以長生不死。

⑱　大淵忍爾（注**⑮**），頁 304。

但是在現存的文獻資料中，幾乎看不到五斗米道的組織構造、道民戶籍管理、稅收制度等史料。所以，早期道教的研究只能依據南北朝時期編纂的道經中殘留的史料。漢中道教政權的主要財政收入是向信徒、道民等徵收五斗租米。《玄都律文》云：

> 天租米是天之重寶，命籍之大信。不可輕脫。……其歲中，雖有死亡減口，租不在脫例，依常輸上。❾❾

表明當時教團執行過非常嚴格的徵收制度，不僅對漢人的信徒、道民，少數民族的道民同樣也是徵租的對象。《正一法文太上外籙儀》中記述「四夷之人」前來入道、出願受籙的一些情況，要求他們要記入「某東西南北四方荒外，或某州郡縣山川界內，夷狄羌戎姓名，今居某處，改姓某，易名某，年歲某月日時」。❿教團不僅對少數民族的信徒同樣實行嚴格的登錄制度，甚至連「流移寄在其地者，不敢不奉也」（《後漢書》卷七十五〈劉焉傳〉注引《典略》），就更不用說當地的居民。

　　張魯的時代除交納五斗租米之外，可能還徵收絹、器物、紙筆、肉類等其它各種物資。⓫這些可能是信徒、道民為了入道、還願等而奉納的信物，即所謂「脫信之例」。至於物品的種類、數量

---

❾❾　《道藏》第 3 冊，頁 459－460。

❿　《道藏》第 32 冊，207 頁。

⓫　《神仙傳・張道陵傳》：「弟子戶至數萬，即立祭酒分領其戶有如官長，並立條制，使諸弟子隨事輸出米絹器物紙筆樵薪什物等」（《太平廣記》，頁 47）。

以及徵收的對象，是否包括所有的信徒、道民或一般的居民，具體的事實都不明確。但是，教團嚴密地實行命籍登錄，即戶籍人數的登記制度都是事實。〈正一盟威之道禁戒律科〉記述：「道科宅錄，此是民之副籍，男女口數悉應注上，守宅之官，以之為正。……若口數增減，皆應改籍。……若增口不上，天曹無名，減口不除，則名簿不實。……師以命籍為本，道民以信為主，師為列上三天，請守宅之官依籍口保護，禳災卻禍。」❷這就是說所申告的家庭人數，除登記戶籍以外，同時也記錄於命籍簿並保存天師之處，以便上報天上神靈保祐全家平安，道民因此就能免除災禍、疾病等。這種把宗教神學導入戶籍登記制度，對於信徒、道民來說可能比較樂意接受。

根據《華陽縣志·漢中志》記載，張魯進入巴蜀地區就採取「行寬惠，以鬼道教，立義舍，置義米」等政策，只徵相當大人十天口糧的五斗租米❸，遠遠地低於漢朝的算賦加口賦的稅額。如果作一個簡單的推算，一個士兵一年的生活費用大約需要四十人的租米，那麼一萬人的軍隊至少要四十萬人來供養。當時巴蜀、漢中的人口以九十萬人❹計算的話，依靠五斗租米的財政收入是完全無法

---

❷　《陸先生道門科略》（《道藏》第24冊，頁780）。

❸　大淵忍爾（本注❺，頁394及注❸）。《後漢書》卷八十六〈南蠻西南夷傳〉：「四萬人赴之，……軍行三十里為程，而去日南九千餘里，三百日乃到，計人稟五升，用米六十萬斛」。

❹　《晉書》卷十四〈地理志上〉：「劉備章武元年（221），……其戶二十萬，男女口九十萬」；《三國志》卷三十三〈後主傳〉注引《蜀記》：炎興元年（263）「（後主）又遣尚書郎李虎送士民簿，領戶二十八萬，男女口九十四萬，帶甲將士十萬二千，吏四萬人。」（中華書局，頁901，1982年）

應付政教兩方面的支出。他們在宗教上需要救濟災民、流民等，在軍事上已經擁有相當人數的軍隊。⑩僅限於居住教團管內的人口徵收租米，就根本無法維持他們的政權，以致有必要導入一些新的政策。開發黃赤混氣房中術期待增加人口，發展種民以增加他們奉獻的脆信。這樣，不僅可以增加定額以外的稅收，而且可以給信徒、道民們嶄新的精神刺激。事實上張魯封藏的大量珍寶連曹操也能感到滿足，並得到侯爵官位。這可以說明當時接受脆信的數量是相當可觀的。

　　種民、後世種民非常頻繁地出現於《過度儀》，這是通過入道儀式得以救度的一個重要目的，也可以說是這部道經的一大特徵。參加黃書過度儀的男女在師的指導下，祈願誦讀：「謹有某郡縣鄉里男女生某，甲年如乾歲，好道樂仙，今來詣臣求乞過度。奉行陰陽五行，……三炁相結，共成為道。……當為臣及甲解釋三官考逮，撤除死籍，著名長生玉曆，得在種民輩中」，或「乞丐過度，共奉行道德，乞長生久視，得為種民。」⑩就是期待修行黃赤道術，通過三氣結合，讓三官除名於死籍，署名於長生玉曆。希望成為後世種民的人反復祈願：「共奉行道德，乞丐陰陽和合，生氣布流臣妾身中，精神專固，各得無他，當為甲撤除死籍，著名長生玉曆，過度九厄，得為後世種民。」⑩即使曾經有做過錯事，犯過罪行，只要能自省歸道，通過黃赤道術的修行，也可以成為後世種

---

⑩　《三國志》卷九〈曹真傳〉注引《魏略》：「時漢中有甘露降，子郎（李休）見張魯精兵數萬人，有四塞之固，遂建言。」（同上，頁290）

⑩　《道藏》第32冊，頁736、740。

⑩　同上，頁737。

民，同樣可以署名於長生玉曆。雖然兩者都繼承了《大道家令戒》的思想，但在內容上已經有很大的差別。《過度儀》中不管是種民、還是後世種民，都已經結合上長生不老的神僊思想。

五、結　論

　　早期道教的五斗米道通過救濟、治病等手段廣泛地開展布教活動，在當時的地區社會引起巨大的反響，同時吸引大量的一般民眾參加教團組織，使他們成為道教的信徒、道民。五斗米道利用靜室、義舍使病人得到安靜的休養，同時應用符咒、靈水使其靜思反省，或使用房中術以養病療疾等。對於這些「醫療行為」所帶來臨床效果的真偽，現代人也許會感到疑問，或認為不可思議。[108]然而在軍閥連年混戰，自然災害連續不斷的東漢後期的社會環境中，疾病發生的最大原因可能就是焦慮、憂愁、驚惶、恐怖等情緒、精神的因素，再加上逃難生活的疲勞、飢餓等。可以推測這一類疾病可能要占相當大的部分。特別對於四十歲以上的人來說，這些情緒精神因素能造成男性激素睾丸酮分泌水平的下降。[109]從現代醫學的觀

---

[108] 《三國志》卷八〈張魯傳〉及《後漢書》卷七十五〈劉焉傳〉注引《典略》說：「角為太平道，脩為五斗米道，太平道者，師持九接杖為符祝，教病人叩頭思過，因以符水飲之，得病或日淺而愈者，則云此人信道。其或不愈，則為不信道。脩法略與角同，加施靜室，使病者處其中思過。」（中華書局，頁 264，1982 年）這表明早期道教對患器質性疾病，以及無法治癒的病人皆以「不信道」處置，以免增加自己的負擔。

[109] Maleolm Carruthers 著，橫山博美譯《男性更年期の謎》人間と歷史社，頁 27，1998 年。

點去分析考察，可以認為在義舍、靜室進行靜養或反思等，有利於消除各種情緒因素，恢復疲勞。而且，房中術本身就有促進與提高男性激素睪丸酮的分泌水平，恢復性的活力，改善悲觀的人生，使肉體從疲勞之中解脫出來，有利於健康的恢復。

從戰亂、災害、病痛之中解救了信徒、道民的肉體，繼而需要進行靈魂與精神的再生。為此，五斗米道繼承了《太平經》的救度思想，以及男女同守一共修「廣嗣」無極之術。他們在傳統房中術的基礎上，不僅應用陰陽五行、八卦九宮等理論、而且採用當時最新的天文曆算知識，同時結合使用存思行氣、導引按摩等身體技法，創制出《黃書》的理論與實踐的道術、使黃赤混氣房中術帶上宗教救度的性質。入道過度儀式嚴格要求信徒在師的指導之下，結合使用神咒符籙、祈禱攘解、步綱躡紀等道法，借天地神靈之力以影響星宿的運行，通過混氣修行以增強體內的陽氣，達到自我再生、自我救度的目的。而且，以夫婦為主的集體混氣修行，也是一個修煉結精為神的階段，可圖獲得長生不老。黃赤混氣修行可以說是《黃書》理論與道術、方術相結合的實踐講習會。《黃書》規定夫婦每月上、下旬各有一次性生活，上旬媾交的目的在於結精生子，期待誕生新的生命以切斷家族承負的連鎖，救度整個家族。這種富有宗教救度魅力的黃赤混氣房中道術，無疑對擴大早期道教勢力起了很大的作用。

五斗米道為了達到永久保存道宗種性的目的，又繼承了《太平經》的種類、謹民的思想，融合儒教的忠孝觀念制定道規，要求信徒、道民對天師家族的忠誠，並提出了種姓、種民等構想。詳細分析早期道教種民思想形成的歷史背景與特定的社會環境，不難發現

它與當時漢中政教合一地方政權的實情，特別是地區社會的人口、稅收等問題有著密切的關係。推測這種種民政策對於維持與安定早期道教的區域性統治起到很大的作用。漢中宗教王國解體之後，天師種姓及上層組織與祭酒、道官之間失去聯繫，廣大信徒、道民流離失所。他們為了再建道教組織，重新恢復種民和提出後世種民的構想中，也把修行黃赤道術作為一種再教育的重要手段，但當時尚無餘力導入長生不老的神儒思想。早期道教融入儒教的忠孝思想，要求忠誠天師種姓的早期種民思想，隨著時代的發展也逐漸變貌。延至四世紀，它已經與黃赤混氣房中道術分離，隨後完全為新型的「真君種民」（《魏書釋老志》）、「金闕種民」（《太平經》甲鈔）所替代。⑩

　　擁有多種救度功效的黃赤混氣房中術，以夫婦為主的集體混氣修行方式，可能從五斗米道教團就已經開始。這可以說是黃赤道術的一個最大的特徵，同時也開創後世道教養生、男女雙修之先河。這種不分男女老少、比較平等的修行方式，對於出生於士大夫、封建文人家庭的人，以及追求個人輪迴轉世、解脫出世的佛教徒來說，自然是「士女無分，閨門混亂」（惠通《駁顧道士夷夏論》），完全違背傳統封建禮教、社會倫理道德的行為。但是，這種集體修行的教團生活，可以培養一種堅固的連帶關係。特別在新生一代出現之後，可能形成一種命運共同體的思想意識，隱藏著集體救度的偉大目標。北魏新天師道決心徹底改革、整頓道教組織，提出「專以禮度為首，而加之以服食閉練」（《魏書·釋老志》），即提倡道教

---

⑩　　參照吉岡義豐（注㉝，第三章第一節、第二節）。

也應該以禮教為主導，通過個人為主的修行以救度自身。寇謙之
這種堅定不移、堅持改革道教組織和道術的背後，可能對黃赤混氣
房中道術所蘊藏的集體救度思想的巨大潛能，存在強烈的戒備之
心。

第六篇　還精補腦房中術

一、引　言

　　還精補腦房中術是一種綜合性的方術，它是在傳統房中術的基礎上，引進還精補腦術結合而成的。還精補腦術又稱為還精術，在古代被認為是一種非常神秘的養生技法。隨著它被應用於房中術之後，不僅方術的價值獲得高妙的評價，而且使用範圍也得到迅速地擴大。在現存的有關古代神僊方術的文獻資料中，最早提到還精補腦術的可能是成書於東晉初期建武年間（公元 317－318）的《抱朴子·內篇》。在這部廣泛收集與評價各種各樣古代神僊方術的著作中，有幾處記述著還精補腦術與房中術的使用情況。這些零星、片斷的記載無疑是考察這種方術發展的時代背景，及其社會影響的貴重資料。〈釋滯〉篇云：「房中之法十餘家，或以補救傷損，或以攻治眾病，或以采陰益陽，或以增年延壽。其大要在於還精補腦之一事耳。此法乃真人口口相傳，本不書也。雖服名藥，而復不知此要，亦不得長生也。」❶從此文可以看到在葛洪的時代（公元 284－364 年），還精補腦術已經廣泛地應用於房中術之中，同時表明這

---

❶　葛洪《抱朴子》，上海古籍出版社，頁 57，1990 年。

種秘傳的道術可以大大地增強房中術的消除病苦、增進健康、延長壽命等效果，而且在房中術中已經起著主導的作用。所以，不難推測還精補腦術在當時的社會已經很受人注目。據說有人宣傳應用這種方術可以獲得名譽與地位，也有人利用它擴大招收弟子，以騙取錢財之利。❷葛洪對這些行為感到非常憤怒，並加以嚴厲的批判。

但是，在古代神僊方術流傳的過程中，存在著非常嚴格的「師授」關係。在神僊道教的經著之中，通常不會公開方術、道術的使用秘訣與要點。所謂僊道方術的「口訣」傳授，都要經過嚴格的拜師手續以及接受各種的考驗，只有取得尊師信賴，經過舉行歃血為盟等嚴肅儀式之後，才有可能得到師傳的言傳身教。據說這些秘藏的口訣、技法等若沒有得到高師的傳授是很難自學到手，也就意味著無法成就神僊之道。❸但是，隨著時代的發展與社會的進步，方術的神秘性也就逐漸地消失了。有的因秘藏隱匿而被忘卻遺失，但也有的由於各行各業專家的努力，得到重新發掘與整理。延至六朝時期，還精補腦術受到養生家、鍊丹家、宗教家、醫家等多方的努力探索，隋唐時代的養生家基本上已經了解了它的修鍊方法與要點，以及精氣在體內的流行途徑。大約成書於中唐之前的《上洞心

❷　《抱朴子》微旨篇：「聞房中之事，能盡其道者，可單行致神僊，併可以移災解罪，轉禍為福，居官高遷，商賈倍利，信乎？抱朴子曰：此皆巫書妖妄過差之言，由於好事增加潤色，至今失實，或亦奸偽造作虛妄，以欺誑世人，隱藏端緒，以求奉事，招集弟子，以規世利耳」（頁48）。

❸　參照吉川忠夫《師受考——「抱朴子·內篇」によせて》，《東方學報》京都第 52 號，1980 年（後收入《六朝精神史研究》，同朋舍出版，昭和 59 年）。

丹經訣》❹，在記述修鍊內外丹的理論中，非常詳細地談到還精補腦術的具體使用內容，及其在服食外丹中所起的重要作用。而且，隨後發展起來的丹道之中，還精補腦術不僅得到進一步的充足與發展，並且成為修鍊內丹的一種不可缺少的手法。

這樣，人們或許要問：這種還精補腦術到底是形成於何時的呢？它是如何使體內的精氣向上逆流於頭部以補益腦髓呢？其理論根據又是什麼呢？它的形成過程以及補腦的目的，都與房中術有著什麼樣的關係呢？諸如此類有關養生方術的基本理論問題，至今尚未得到詳細的研討。雖然在討論房中術的部分論文中，有的學者片斷地提到它與還精補腦術的關係❺，但並沒有系統地分析還精補腦術的基本原理、具體內容以及應用範圍等。也有學者推測還精說本身可能關係到古代的醫學理論，認為是一個需要廣泛研究的課

---

❹　陳國符《道藏源流續考》，明文書局，頁 322，1983 年。《上洞心丹經訣》卷中云：「又運精氣自尾閭夾脊入腦，尾閭穴在第十九節，夾脊節在第十二節下，補腦法：其初當偃頭向後，緊閉大椎穴第三節，不令氣過，先緊閉夾脊，不令氣過，大椎穴名上關，夾脊穴名中關，後漸漸一起，直入腦滿，腦滿之後，丹自玄膺而下，其味甘，其氣香，至此則內丹成矣」（《道藏》第19 冊，文物出版社，頁 403，1988 年）。唐宋時期的內丹家又稱之為「肘後飛晶」，「黃河逆流」，「牽轉白牛」等。

❺　中林凡人《神僊術としての房中術》（《東洋思想》第 3 卷第 2 號，昭和 52年）；坂出伸祥《長生術》（《道教》1 所收，平河出版社，1983 年）；石田秀實《氣流れる身體》（平河出版社，1987 年）；原田二郎《養生說における〈精〉の概念の展開》（坂出祥伸編《中國古代養生思想の總合的研究》，平河出版社，1988 年）；小林正美《房中術》（《六朝道教史研究》，創文社，1990 年）等。

題。❻但是，迄今尚未發現探討與體內精氣有密切關聯的精液和髓液的生成、貯藏，及其在體內的流行途徑等研究論文。為此，本篇就上述所涉及的問題，利用早期道教文獻結合古代的傳統思想、醫學理論等進行詳細地考察，著重探討它們對還精補腦術形成的影響，以及在它發展的過程中，特別是在房中術的應用之中所起的重要作用，盡可能解明還精補腦術與房中術之間的相互關係。

二、《太平經》的還精法

還精補腦術顯然不是形成於東晉初期，而是在東漢後期、或者在東漢中期就可能已經出現了。曹植（公元 192－232 年）在《飛龍篇》這首詩中詠唱：「授我仙藥，神皇所造。教我服食，還精補腦。壽同金石，永世難老。」他好像非常贊賞神僊方術，認為服食藥餌法、還精補腦術等是獲得長生不老的主要手段。根據《博物志》卷五記載，魏武帝曹操晚年大業告成，非常喜好養生。當時，他從全國各地招集十六人有名的方士，其中就有左慈、華佗、封君達、甘始、東郭延年等。據說左慈是擅長房中術的優秀人物，甘始、封君達、東郭延年等都對容成公流派的房中術有專長，而且這些方士都是百歲以上的老壽星。❼曹植可能深受其父的影響，從年輕開始就對神僊養生之道產生濃厚的興趣。也許他還跟隨那些房中

---

❻　原田二郎《太平經の生命觀・長生說について》，《日本中國學會報》第 36 集，頁 80 及注 ㉑，1984 年。

❼　《後漢書》卷八十二〈方術列傳〉：「甘始，東郭延年，封君達三人者，皆方士也。……凡此數人，皆百餘歲及二百歲也。」

術的專家學習過還精補腦術。

　　但是，明確地講到還精補腦術與房中術關係的卻是《老子想爾注》。該書在注釋《老子》第九章「持而盈之，不若其已，揣而悅之，不可長寶」一文中說：

> 道教人結精成神，今世間偽伎詐稱道，託黃帝，玄女，龔子，容成之文相教，從女不施，思還精補腦，心神不一，失其所守。❽

　　根據這段解釋文字，我們可以讀出幾點有關還精補腦術與當時社會相關的重要信息：其一，所謂還精補腦術，是一種以存思為主的身體技法，集中心神為其修鍊的要點。其二，它已經被應用於各種不同流派的房中術之中。不難推測還精補腦術在房中術修煉之中，有力地輔助著玉閉之技，既可以固守精氣於體內，同時又能利用存思法使精氣逆流於頭部以補益腦髓。其三，不僅表明當時社會已經流傳著房中術結合使用還精補腦術的事實，而且在早期道教的組織中，部分信徒也受到這種思潮的影響。他們為了優先自身的長生不老，私自應用還精補腦術於房中術修行之中。因為這種行為已經違反了教團提倡的男女協力生育孩子的宗旨❾，所以受到了警告與遣責。

---

❽　饒宗頤《敦煌六朝寫本張天師道陵著老子想爾注校牋》饒氏刊，頁 12，1956年。

❾　拙文《初期道教と黃赤混氣房中術》，《東方宗教》第 97 號，頁 7，2001年。

　　「還精」這個詞，根據筆者的調查尚未出現於先秦諸子的古籍，它可能最早見於《太平經》。該經的〈洞極上平氣無蟲重複字訣第一百三十六〉篇敍述應用丹書符文、存思丹字的方法，認為使用這些方法不但可以治療與預防各種疾病，解除厄難、安心靜養，而且還能獲得不老長壽的效果。具體的操作方法是把具有治病除災的丹書符文吞入腹內，「見其字，隨病所居而思之。名為還精養形」，即應用存思法，意念集中自己體內的精氣並把它引向患病之處，以消除邪氣、修復損傷的部位。❿〈八卦還精念文第一百三十〉篇中還記述有「八卦六甲追道還精念文」，它也是一種還精用的丹書符文。根據《太平經》的片斷記載，可以推測這種還精法雖然是一種存思法，但它可能與某種「養形」的技法有關。而且，自古以來流傳著巫祝的「移精變氣」治療方法，它也已經受到醫家的關注。⓫

　　但是，《太平御覽》卷六六七收錄《太平經》的引用文說：

　　真人云：人之精神常居空閑之處，不居汙濁之間也。欲思還神皆當齋戒香室中，百病自除。不齋戒則精神不肯返人也。

---

❿　　《太平經》長壽符圖第一百二十八：「天符還精以丹書，書以入腹，當見腹中之文大吉，百邪去矣。……守之積久，天醫自下，百病悉除，因得老壽」（王明編《太平經合校》（以下簡稱《合校》，中華書局，頁 330，1992年）。

⓫　　《素問》設有〈移精變氣論〉的專篇，開篇云：「黃帝問曰：余聞古之治病，惟其移精變氣，可祝由而已」（傅景華等點校《中醫四部經典》，中醫古籍出版社，頁 16，1996 年）。

皆上天共訴人，所以人病積多，死者不絕。⓬

　　這就是說可以通過齋戒等以潔身，靜心養神、消除雜念，集中自己的精神之後使用存思法，就可能得到息病消災的效果。假如人們無法控制自己的心神，那麼「精神」就會離開身體，上天去向天帝報告訴說。這樣，他們就可能出現各種各樣的疾病，甚至發生死亡。這段文句也被《三洞珠囊》所收錄。⓭詳細地比較兩者的內容，基本上是相同的，不同的只是「欲思還精」被改為「欲思還神」。表明這種還精法也可以說成「還神法」，其中的「精」與「神」具有相同的意義。⓮關於還精法的原理，《太平經》詳細地說明：「夫神明精氣者，隨意念而行，不離身形。神明常在，則不病不老，行不遇邪惡。若神明亡，病者立死。……各自保養精神，故能長存。精神減則老，精神亡則死，此自然之分也」。⓯從這段經文也可以看出「精」與「神」在體內是同質的。《太平經》宗教

⓬　　《太平御覽》卷六六七，中華書局影印，頁 2977，1992 年。

⓭　　《三洞珠囊》卷一〈救導品〉引用《太平經》的文句中有「夫神精其性常居空閒之處，不居污濁之處也。欲思還神皆當齋戒，懸像香室中，百病消亡。不齋不戒，精神不肯還反（返）人也。皆上天共訴人也，所以人病積多，死者不絕。」（《道藏》第 25 冊，頁 303）

⓮　　劉笑敢提出秦漢時期「精神」已經成為一個「複合概念」（參照《莊子哲學及其演變》第一章，頁 8，中國社會科學院出版社，1987 年）。拙文《論古代固有「精神」概念的形成與發展》（待發表）。而且，原田二郎認定漢詩中的精字可以作為神的用例很多（參照《養生家の肉體表象について》，《東方學》第 72 輯，頁 52，昭和 61 年）。

⓯　　《合校》，頁 698。

神化「精神」的現象，是對形成於秦漢時期固有「精神」概念的一個重要發展，但它仍然是基於古代的精氣之說，在人體中還是以「先天之精」為本。❻

　　《太平經》云：「神者居人心陰，精者居人腎陰」，「心神，乃天之神也。精者，地之精也。」❼這種利用古代「天人相關」的理論，宗教神化地解釋人體中精與神的說法，清楚地表明它是在古代醫學臟腑理論的基礎上展開的。因為醫經《靈樞・本神》篇云：「心藏脈，脈舍神，……腎藏精」。❽就精氣而言，在古代醫學生理學上通常分成兩類：一是作為生命根元的「先天之精」。二是作為機體活動能源的「後天之精」。《素問・陰陽應象大論》云：「精不足者，補之以味」❾，提出中醫的一條重要的治療原則。它認為飲食五味的精品食物可以補充人體後天性的營養不足。對於一個奢望長生不老，追求神僊不死的人來說，多食精制的藥餌，盡量補足後天之精，是成就僊道的一個重要步驟。比如，馬王堆漢墓出土的《十問》第四問就說：「以精為充，故能久長」，因為它已經討論了「治氣有經，務在積精。……酒食五味，以志（資）治氣」❿的食補問題。所以，這裏的精氣不僅指先天之精，而且也包括了後天之精。《論衡・道虛》篇說：「聞為道者，服金玉之精，食紫芝

---

❻　拙文《論古代固有「精神」概念的形成與發展》（參見本書附篇）。

❼　《合校》，頁706、696。

❽　《中醫四部經典》，頁129。

❾　同上，頁10。

❿　馬王堆漢墓帛書整理小組《馬王堆漢墓帛書（肆）》，文物出版社，1985年。

之英，食精身輕，故能為神僊」，指出有人認為服食精制的藥餌，對於修煉僊道的人來說，是一個非常重要的問題。曹植在詩中亦唱：「教我服食，還精補腦。」表明古人已經明確地認識到：通過服餌可以補充體內的精氣，而且這是修煉還精補腦術的一項基礎工作。

　　所謂「補腦」這個詞尚未見於今本的《太平經》，但《三洞珠囊》卷一〈救導品〉中收錄著原《太平經》卷三十三的一段長文。其中提到：

> 真人問曰：凡人何故數有病乎？神人答曰：故肝神去，出遊不時還，目無明也。心神去不在其唇，青白也。肺神去不在，其鼻不通也。腎神去不在，其耳聾也。脾神去不在，令人口不知甘也。頭神去不在，令人昫冥也。腹神去不在，令人腹中央甚不調，無所能化也。四肢神去，令人不能自移也。㉑

　　他們認為在人體之中，除心、肝、肺、脾、腎五臟中寄宿著五臟神之外，身體的其它部位也存在著頭神、腹神、四肢神等。這些寄宿於身體不同部位的神靈，一旦離開人體就會使人發生各種不同的疾病。但是，五臟神離開身體的表現，不是在五臟所在的胸部、腹部出現相應的病態症狀，而是在頭部的五官各自出現異常的徵象。中醫診斷學通常是應用臟腑相關的理論，認為體內的五臟與五

㉑　《道藏》第 25 冊，頁 303。

官之間有著密切的關係，可以通過五官的變化去推測與確定體內五臟的異常。所以，《太平經》顯然是利用了古代醫學的診斷理論。《太平經》又云：「面者，有七正，耳目口鼻可以通氣，神祇往來」❷，認為頭部的五官是與構成天地宇宙基本物質的精氣產生直接關係的器官，所以也就成為神靈進出身體的主要通道。這樣，頭部的作用已經完全超越了醫學的範圍，也就成為宗教神學觀察與確認體內神明安否的重要部位。這很清楚地表明，《太平經》是借用古代醫學理論發展其宗教的身體神系之說。

但是，五臟神離開人體時所產生的五官症狀，是從屬於頭神離去之時所出現的頭暈、目眩、耳鳴等症狀，而且這些症候在臨床上是很常見的。從古代醫學的觀點❸考慮這個問題，不難想像主宰五官的頭神，其重要性要遠遠地超過五官之神、或五臟之神。《太平經》云：「又人生皆含懷天氣具洒出，頭圓，天也；足方，地也；四肢，四時也；五臟，五行也；耳目口鼻，七政三光也；此不可勝紀，獨聖人知之耳」❹，認為人稟天地之氣而生，人體就是天體宇宙的一個縮影，也就是通常所說的小宇宙。這完全是繼承了古代「天人相關」的思想，頭部象徵著天，更加顯示其在人體的重要地位。通常頭神離開頭部所出現的頭暈、目眩、耳鳴等症狀，古代醫

---

❷　《合校》，頁 336。

❸　《素問・脈要精微論》：「頭者，精明之府」，「夫精明者，所以視萬物，別白黑，審短長。以長為短，以白為黑，如是則精衰矣」（《中醫四部經典》，頁 19）。《靈樞・海論》：「腦為髓之海，……髓海不足則腦轉耳鳴，脛痠眩冒，目無所見，懈怠安臥」（同上，頁 155）。

❹　《合校》，頁 36。

家一般認為是因腦髓不足所致。神僊方士自然也熟知這些臨床醫學知識。

　　內經體系的醫學認為頭部的「腦為髓之海」（《靈樞·海論》），而且《靈樞·衛氣》篇又指出：「故氣在頭者，止之於腦」❷⑤，醫家認為頭中有一個貯藏腦髓與精氣的空腔。根據內經醫學體系的臟腑理論，所謂「臟藏而不瀉，腑瀉而不藏」的臟腑機能分類原則❷⑥，醫家又把不屬於臟也不屬於腑，分別貯藏腦髓、髓液、血液、膽汁等液體狀物質的腦、骨、脈管、膽囊等，重新劃分出一個稱為「奇恆之腑」的體內系統。這些臟器有著一個共同的特徵，就是不但有貯藏的功能，同時又都運送或排泄液體狀的物質。但是，當時的方士在議論這個問題時，就提出他們的不同看法，認為應該把腦歸於臟，而不是奇恆之腑。❷⑦他們不根據上述的腑臟分類標準，認為腦不僅是貯藏腦髓與精氣的場所，而且也像五臟一樣是一個具有實質性的臟器。例如，《春秋元命苞》說：「人精在腦」❷⑧，就是認為腦是貯藏人體精氣的臟器。而且，在《韓詩外傳》中也早有記載：「禽息秦大夫薦百里奚，不見納。繆公出，當車以頭擊闌，腦乃精出。」❷⑨這種使用外力使頭部裂傷、腦漿流出

---

❷⑤　《中醫四部經典》，頁 171。

❷⑥　《素問·五臟別論》：「所謂五臟者，藏精氣而不瀉也，故滿而不能實。六腑者，傳化物而不藏，故實而不能滿也」（同上，頁 15）。

❷⑦　《素問·五臟別論》：「黃帝問曰，余聞方士或以腦髓為臟，或以腸胃為臟，或以為腑。敢問更相反，皆自謂是，不知其道，願聞其說」（同上，頁15）。

❷⑧　《太平御覽》卷三七五，頁 1731。

❷⑨　同上注。

的現象也稱為「精出」。說明一般人也認為腦是藏精的臟器，頭部腦腔積藏著人體的精髓物質。

在現存的《太平經》中，未見直接論述還精與補腦之間的關係的問題，但其中有提出：「積精篤竭自化，易其形容，即是上天聖人也」。❸這是認為要實現長生不老、成僊化神，就要通過各種的修煉活動去積存自身體內的先天之精。因為，通過修煉存積精氣的過程，可以使身體產生不斷地變化，而這種形體、容貌的變化正是獲得長生不老的證據。所謂「壽者，乃與天地同優也。……故壽者長生，與天同精」❸，也就是說經過修煉各種方術的長生者，他們體內所積之精就與「天精」同質，即介於體內精氣的變化，以實現成為與天地同質的人。❸古代醫學認為經過胃腸消化吸收的營養物質，在體內變化為後天之精，隨時提供給身體活動的能量，同時有部分轉化為先天之精。但是，學習神僊道術的人首先要使用各種修煉的方法，盡可能把後天之精轉化為先天之精積存於腎臟，然後再把它們轉送傳入腦中貯藏起來。如何把這種先天之精送上頭部以充實腦髓，使頭神不離人上天，也就成為一個迫切需要解決的課題。總而言之，不可否認《太平經》的還精法以及對頭神的認識，對於還精補腦術的形成帶來直接的影響。

---

❸　《合校》，頁 309。

❸　《合校》，頁 310。

❸　《合校》：「道之生人，本皆精氣也。」（頁 723）《老子想爾注校牋》：「所以精者，道之別氣也，入人身中為根本。」（頁 29）《尚書·帝命驗》注：「天有五帝，集居太微，降精以生聖人。」（《太平御覽》卷五三三，頁 2814）《管子·內業》篇：「天出其精，地出其形，合此以為人。」

三、《黃帝內經》的體內髓液循環

　　《靈樞·經脈》篇從人的發生、形成的角度，提出「人始生，先成精，精成而腦髓生，骨為幹」之說。❸這可能是想像人在授生成形的階段、胎兒的生長發育過程中，精氣與腦髓以及骨頭之間的密切關係。正如《書經·泰誓下》篇所載「刳剔孕婦」的記述那樣，很可能是通過諸如此類的機會，觀察到以圓大頭部為特徵的胎兒形狀之後得出的一個結論。上文中提到的「精」，就是指在形成胎兒之前，所接受父母雙方之精，又稱之為「先天之精」。

　　古代醫學通常把流行於人體之中的液體狀物質分為兩種類型：一是血液。二是津液。津液又分為稀薄與濃稠的兩類：前者叫作津，直接關係於唾液、眼淚、鼻涕以及汗、尿的形成。汗、尿是體內新陳代謝的排泄物，但對於修鍊僊道的人來說，還有再利用的價值。❸後者稱為液，一般是指比較濃稠的液體，如血液和髓液。髓液是精微體液的一種，通常又稱之為「後天之精」。部分的髓液形成腎精，貯藏於腎臟。此外，它可以滲入關節腔，潤滑關節，或滲入骨腔與腦腔以滋養、補充骨髓與腦髓之不足。所以，《素問·脈要精微論》說：「骨者髓之府」。❸《說文解字》解釋：「髓，骨中脂也」，認為髓液乃津液濃縮而成，這種油脂樣的髓液也可以結成灰白色的塊狀。

---

❸　《中醫四部經典》，頁 131。

❸　李約瑟著，山田慶兒譯《東と西の學者と工匠（下）》，河出書房，頁 134，1977 年。

❸　《中醫四部經典》，頁 19。

關於體內髓液的生成、代謝、貯藏等，《靈樞·五陸津液別》篇云：

> 五穀之津液，和合而為膏者，內滲入於骨空（腔），補益腦髓，而下流於陰股。陰陽不和，則使液溢而下流於陰，髓液皆減而下。**㊱**

古代醫學認為人從口攝取的食物，通過胃腸功能的消化，吸收其營養成分，繼而濃縮成後天之精。它們經過血液循環滲入骨腔、腦腔以補充骨髓、腦髓之外，其中還有一部分流到下半身的陰部，作為滋養、補充先天之精的原料。其中所形成的精氣，又貯藏於腎臟之中，也就是通常所說的精液。如果體內陰陽不調，髓液將下注於陰囊形成積水。由此，我們可以推定在人體生理學上，作為髓液的流行途徑，除通過骨腔而滲入腦腔以外，腎臟也是一個有密切關聯的臟器。《素問·奇病論》篇敍述厥逆病的發生機制，其中分析說：「當有所犯大寒，內至骨髓，髓者以腦為主，腦逆故令頭痛，齒亦痛，病名為厥逆」**㊲**，認為寒氣侵入人體之後，可能隨著骨髓的循環而逆上進入頭腦。這種病理學上的傳導途徑，也說明骨與腦之間存在著髓液的流行通道，而且滲入腦腔的髓液可以化生為腦髓。因為頭部具有貯藏腦髓的功能，所以又有「腦為髓之海」的說法。一旦滲入腦腔的腦髓就不會再下流參與體內髓液的循環。

㊱ 同上，頁 157。
㊲ 同上，頁 54。

　　但是，隨脊椎腔內下流於陰部的髓液，不可能直接就化生為精液。《素問・陰陽應象大論》云：「腎生骨髓」，而〈平人氣象論〉亦云：「腎藏骨髓之氣也」。❸❽表明古代醫家已經認識到腎臟不僅參與髓液循環，是貯藏髓液的臟器，而且在精液（先天之精）的化生過程中也起著重要的作用。❸❾例如，對於陰囊積水症的病理變化，《靈樞・刺節真邪》篇云：「腰脊者，身之大關節也。肢脛者，人之管以趨翔也。莖垂者，身中之機，陰精之候，津液之道也。故飲食不節，喜怒不時，津液內溢，乃下溜於睪，血道不通，日大不休，俯仰不便，趨翔不能。」❹他們已經觀察到滲入骨腔的髓液，不經過腎臟的化生而下流於陰部的時候，就不會變為精氣（精液），而是形成一種水濕停滯於陰囊之中。

　　另一方面，《靈樞・決氣》篇又云：

　　　穀入氣滿，淖澤注於骨，骨屬屈伸，洩澤，補益腦髓，皮膚潤澤。❹

　　這也是說從口攝取的食物，經過體內胃腸的消化與吸收，濃縮成為精微的營養物質滲入骨腔，但不同的是認為經過運動身體的骨

---

❸❽　同上，頁 8、21。

❸❾　《難經・三十六難》：「腎兩者，非皆腎也，其左者為腎，右者為命門。命門者，諸神精之所舍，原氣之所系也。故男子以藏精，女子以系胞，故知腎有一也」（同上，頁 210）。

❹　同上，頁 189。

❹　同上，頁 154。

節，可以把精微物質送往頭部以補益腦髓。對於這段經文，楊上善
注釋：「五穀之精膏，注於諸骨節中，其汁淖澤，因屈伸之動，流
汁上補於腦，下補諸髓，旁益皮膚。」❷明代名醫張景岳也在《類
經》中解說：

> 穀入於胃，其氣滿而化，故輩澤而注於骨，凡骨屬舉動屈
> 伸，則經脈流行而洩其澤，故內而補益腦髓，外而潤皮膚，
> 皆謂之液。❸

日本古代醫家涉江抽齋也贊成楊、張二氏的解釋（參照《靈樞講
義》）。這裏必須引起我們注目，而且有必要加以重新認識的是：
在促使髓液逆流而上，滲入腦腔以補充腦髓的過程中，身體運動是
一項不可缺少的重要方法。也可以說頭部腦髓的充足程度不但與攝
取食物的質量好壞，胃腸消化吸收功能的強弱等有直接關係之外，
尚與身體的運動有著密切的關係。這是一個非常重要的醫學認識。
　　臨床常見腦髓不足的症狀有耳鳴、目眩、頭暈、脛痠等。《抱
朴子·雜應》篇所示的「聰耳之道」中，不僅強調需要「能龍導虎
引熊經，龜咽燕飛，蛇屈鳥伸，天俯地仰，令赤黃之景，不去洞
房。猿據兔驚，千二百至，則聰不損也」，而且對於症狀嚴重的病
人還提出：「蒸鯉魚腦灌之，皆愈也。」❹葛洪的臨床治療經驗表

---

❷　隋·楊上善《黃帝內經太素》，人民衛生出版社，頁 10，1983 年。
❸　明·張景岳《類經》，人民衛生出版社，頁 159－160，1965 年。
❹　《抱朴子》，頁 117。

明：為了增強耳朵的功能，不但可以應用各種不同的導引運動，而且也可以採用倒立運動，也許認為這樣可能使髓液更快地滲入腦腔，補充腦髓以緩解症狀。《醫心方‧房內》篇收錄《玉房秘訣》的條文云：「若乃動不瀉，氣力有餘，身體能便，耳目聰明」，而「能動而不施者，所謂還精」。❹這也就是說通過修煉房中術，運動身體，促進還精以補充腦髓。擅長房中術的方士在養生實踐中，也經常做身體倒立運動。❹不管是應用房中術以還精，還是通過食補以增強耳目的功能，運動身體是一個不可缺少的重要環節。這種養形修身的養生理論可能是受《內經》有關運動理論的影響。

　　因為頭部的腦腔是貯藏腦髓、精氣的場所，所以方士們認為它應該是像五臟一樣具有實質性的臟器，故又稱之為「泥丸」。《胎息精微論》云：

> 應腦為泥丸，泥丸是土，有兩條脈下徹腎精，其精在腎，謂精流入泥丸則為腦，腦色黃，故象土也。❹

這不僅仔細地觀察到腦與腎的形態構造，以及兩個臟器之間的關係，而且認為從腎臟逆流而上，滲入腦腔的精髓之液可以質變為黃色泥土狀的物質，即形成腦的組織。《靈寶無量度人上品妙經》卷

---

❹　《醫心方》卷二十八，人民衛生出版社，頁 643、634，1993 年。

❹　《後漢書》卷八十二〈方術列傳〉：「甘始，東郭延年，封君達三人者，皆方士也。率能行容成御婦人術，或飲小便，或自倒懸，愛嗇精氣，不極視大言。」

❹　《道藏》第 18 冊，頁 447。

二云：「玄燿雙眼，內徹泥丸，赤文（紋）之庭」，而且認為通過行香、誦經等可以促使「泥丸堅固」。[48]這表明古人已經觀察到腦組織表面分布的細小血管，可能也確認了泥丸這種腦組織的質地是很柔軟的。至於把腦稱為「泥丸」的由來，馬伯樂認為這個術語是梵文涅槃（Nirvana）的中文音譯。[49]但有些學者通過分析印度思想與佛教涅槃理論的發展否定了這種看法[50]，指出馬氏的推論不能成立。我們認為泥丸可能不是描述剛剛解剖的新鮮腦組織，而是對放置數日之後，開始發生變質的模樣所作的表述。[51]在流行病、水旱、蝗蟲等自然災害蜂起，以及戰爭頻繁發生的古代社會，到處發生強盜、殺人等事件[52]，隱居於荒山老林的方士可能經常有機會看到這種被害遺棄的屍體。即使這是根據實際解剖觀察得出所謂泥丸這種腦形態的認識，但根據當時的醫學水平，也是完全無法解明大腦的功能。

　　泥丸這個詞，從字面上可以直接理解為「泥土之丸」。這種字

---

[48]　「道言夫未學道淺，或仙品未充，……同學至人為其行香，誦經十過，以度屍形。如法則神宮縝密，泥丸堅固」（《道藏》第 1 冊，頁 12－13）。

[49]　Henri Maspero: Taiosm and Chinese Religoin. The University of Massachusetts Press. 1981 p.457.

[50]　石田秀實《氣流れる身體》（平河出版社，頁 74－75，1987 年）；山田利明《六朝道教儀禮の研究》（東方書店，頁 332 及注[3]，1999 年）。

[51]　筆者曾在秋天的季節，把新鮮的豚腦裝在玻璃杯中，放置於庭院觀察它的變化過程。開始變質後，皮質的灰色逐漸加深，髓質白色也隨著時間的經過變為土色。隨著腦組織的變質（腐敗）而變得更加柔軟，成為土色與黑灰色的混合體。

[52]　《合校》：「子死不見葬，無有衣木，便見埋矣。狐狸所食，骨棄曠野」（頁 598）。

眼對中國人來說並無陌生之感。劉向（公元前 77–76 年）在《說苑·
雜言》篇云：「隨侯之珠國之寶也，然用之彈，曾不如泥丸。」❸
《素問·大奇論》云：「脈至如丸泥，是胃精予不足也」❹，由於
體內精氣不足呈現軟弱無力的脈象，故把它喻為丸泥之狀，就是將
之顛倒變換為泥丸，也不致影響內容的說明。延至葛洪的時代，
《抱朴子·外篇》云：「泥涅可令齊堅乎金玉」❺，而在其內篇的
神僊世界中，已經出現用泥丸一詞作為丸藥的名稱。在所舉出不少
奇妙的靈藥之中，就有「駃馬泥丸」（〈雜應篇〉），「封君泥丸」
（〈黃白篇〉）等。這種把丸藥命名為泥丸，不能單純地理解為一種
形象化的表述，因為用泥丸命名的丸藥除了《抱朴子》之外，未見
於其他的古代醫藥學文獻資料。

　　封君出現於《神仙傳》以及《後漢書·方士列傳》等。封君泥
丸很可能是利用僊人封君達的簡稱之名的丸藥。封君達自幼喜好僊
道，而且擅長藥餌、藥物製作與治療。據說他因服用黃連、白朮一
百五十年，所以可以保持二十多歲人的容貌。傳說他經常攜帶著丸
藥，而且給病亡的人灌服此藥便能起死回生。駃馬泥丸可能是使用
貴重的駃馬腦髓製作而成的丸藥。駃馬又稱為駃馬，「是食虎豹」
（《山海經·西山經》）的珍奇動物。《抱朴子·仙藥》篇還記述說，
如果服用這種生息於南海地方珍獸的腦髓，就有可能得到一百五十
歲的高壽。根據《列仙傳》所載，出沒於南海地方象州出身的僊人

❸　《說苑》卷十七（《增訂漢魏叢書》），大化書局，頁 1924，1988 年。
❹　《中醫四部經典》，頁 55。
❺　《抱朴子》，頁 174。

桂父，傳說他就是服用以龜的腦髓、桂等藥物製作的丸藥。〈仙藥〉篇還認為蝙蝠之所以集居倒懸，是因為其腦重之故。特別是一種白色如雪的千歲蝙蝠，陰乾粉末口服，可以使人活到四萬歲。在南海森林之中，棲息著一種風生獸，如果捕獲取其腦和以菊花服之，服了十斤，就能得五百歲。總之，神僊方士非常重視各種生物腦髓的藥用效果。古代有宦官因為受到方士的誘惑，為補益自身的精力，結果發生殺害千餘名童男而吞食其腦髓的犯罪事件。❺❻所以推測上述提到的泥丸藥配方之中，可能都含有生物的腦組織。

　　古代醫學認為男子十六歲、女子十四歲是開始具備生殖能力的年齡。這是接受父母雙方的天癸得以促進身體的發育與成長，繼而引起男女不同生理變化的結果。❺❼同時，也是他們把積存於腎臟的精氣開始排出體外的年齡，雖然存在著個體的差異，但必然導致體內精氣不足的現象。假如再加上房室過度，反復射精等，勢必影響到骨髓、腦髓的量與質。正如《靈樞·海論》所述：「髓海不足，則腦轉耳鳴，脛痠眩冒，目無所見」，成為引發各種病症的原因。《史記·扁鵲倉公傳》收錄的二十五個臨床病歷之中，大約三分之一的症例就是因房事過度所致的。醫聖張仲景在《金匱要略》中提

---

❺❻　沈德符《萬曆野獲編》卷二十七云：「近日福建抽稅太監高案，謬聽方士言，食小兒腦千餘，其陽道可復生如故，乃徧買童稺潛殺之」（中華書局，頁725，1984年）。

❺❼　《素問·上古天真論》：「（女子）二七而天癸至，任脈通，太衝脈盛，月事以時下，故有子；……七七任脈虛，太衝脈衰少，天癸竭，地道不通，故形壞而無子也。（丈夫）二八腎氣盛，天癸至，精氣溢瀉，陰陽和，故能有子；……七八肝氣衰，筋不能動，天癸竭，精少，腎臟衰，形體皆極。」（《中醫四部經典》，頁3）。

出內傷病的三大病因之中，「房室」就是一個重要的因素。馬王堆漢墓出土的《天下至道談》早就指出：「損生者色也，是以聖人合男女之必有則也」❺❽，因此強調學習房中術的必要性。

下流的髓液在腎臟得到進一步的加工，形成先天之精的精液。方士、養生家非常重視這種可以傳生下一代的物質。如何把它逆流於頭部的腦腔，化生為腦髓進行貯藏的想法，已經遠遠地超越了《內經》醫學體系的理論。這正是成為方士研究、開發還精補腦術的出發點。《十問》第四問云：「補瀉之時，於臥為之」❺❾，認為精氣的補瀉以臥位為最佳體位。這樣，可能使貯藏於腎臟的精液在性行為的特定環境（近於水平的臥位狀態與全身性的運動）中，更易於流向頭部，滲入腦腔。腎臟貯藏的先天之精，依靠房中術使它沿著脊椎腔向頭部逆流，滲入腦腔以充足腦髓，促其形成為泥丸狀的固體。古人可能相信這樣就能與「天精」同質，易於變成神僊真人。正如《養性延命錄・御女損益》篇所說：「道以精為寶，施之則生人，留之則生身，生身則求度，在仙位。」❻⓪

四、還精補腦術的應用

《抱朴子・對俗》篇云：「〈仙經〉曰：服丹守一，與天相畢，還精胎息，延壽無極，此皆至道要言也」❻❶，認為〈仙經〉舉

❺❽　《馬王堆漢墓帛書（肆）》，頁 165，1985 年。

❺❾　同上，頁 147。

❻⓪　《道藏》第 18 冊，頁 483。

❻❶　《抱朴子》，頁 14。

出的服丹法、守一法、胎息術以及還精術，它們都是具有可以延長壽命功效的方術。該書〈至理〉篇又云：「今導引行氣，還精補腦，食飲有度，興居有節，將服藥物，思神守一，……如此則通，可以免此六害。」⑫由此可以看到在當時的僊道世界，還精術與還精補腦術已經成為同類的身體技法。葛洪本身雖然沒有詳細論述還精術，或還精補腦術的原理，但他在〈微旨〉篇云：「善其術者，則能卻走馬以補腦」⑬，基本上已經透露了這種方術的主旨。所謂「走馬」，就是指在修煉房中術之中，不能抑制自己的情動而出現射精的行為。現在這個詞已經變成俗語，只是把它換成「跑馬」而已。因為古代漢語的「走」字現代已演變為「跑」。跑馬還是同樣表示男性的射精行為。

其次，關於〈仙經〉這個詞，更確切地說可能是指一部僊道經書之名。不但《抱朴子·內篇》多處引用了〈仙經〉的有關養生理論，而且道教史上幾個非常有名的人物，如陶弘景、孫思邈等人的著書《真誥》、《千金要方》、《養性延命錄》、《玉房指要》之中，都可以見到許多引用〈仙經〉的不同記述。但是，這些不同的著作所引用的內容是否都出於同一部的〈仙經〉，目前尚無法確認。神僊道的歷史可以上溯於秦漢，所以至少可以推定《抱朴子·內篇》所引用的〈仙經〉，可能成書於東漢後期。

《抱朴子·遐覽》篇的道書目錄中，挾在《玄女經》、《素女經》、《彭祖經》、《容成經》等房中術書名之間還有一部《子都

---

⑫　同上，頁38。
⑬　同上，頁48。

經》，所以可以認定《子都經》是屬於房中術同類的書籍。而且，
《子都經》之名也見於《養性延命錄·御女損益》篇，並存在部分
引用的內容。《醫心方·房內》篇治傷節中有收錄不少《玉房秘
訣》的逸文，其中也有以「巫子都曰」的形式，介紹使用還精術以
增強眼睛、耳朵等功能的內容。可以推測它們可能都是引用於《子
都經》的。根據《玉房秘訣》所述，巫子都是一個在西漢當過駙馬
都尉的人，六十五歲開始跟隨陵陽子明先生學習房中術，一直堅持
實踐七十多年。他一百三十八歲的時候，在渭水邊遇見巡察全國的
漢武帝。武帝向他請教房中術的技法，他回答說：「諸求生者當求
所生，貪女之容色，極力強施，百脈皆傷，百病併發也」。❻但在
正史幾乎查不到有關巫子都的記事。

　　《子都經》推薦使用房中術「令人目明之道」的還精法。根據
《玉房秘訣》所收錄的條文，其中記述：

> 臨（情）動欲施時，仰頭，閉氣，大呼，嗔目左右視，縮腹
> 還精氣，令入百脈中也。❻

這就是說在修鍊房中術之中，利用情動射精之時，可以使先天之精
滲入全身脈管，經過體內氣血的循環，然後上昇於頭部以增強眼睛
的視力。《靈樞·大惑論》篇云：「五臟六腑之精氣，皆上注於目

---

❻　《醫心方》卷二十八，頁 634。
❻　同上，頁 645。

而為之精」❻，表明古代醫家已經觀察到要維持眼睛的功能，就需要依賴五臟精氣的供養。所謂「五臟六腑之精氣」，通常是指由機體所吸收、利用的後天之精，而還精術一般使用先天之精，其功效當然優於後天之精。還精術顯然是應用這種古代醫學理論，試圖利用先天之精增強眼睛的視力。

《子都經》提出「令人耳不聾之法」，即增強耳朵聽力的還精法。《玉房秘訣》的收錄文云：

> 臨欲施瀉，大咽氣，合齒，閉氣，令耳中蕭蕭聲。復縮腹合氣，流布至堅，至老不聾。❼

這也是應用房中術，結合一些腹式行氣法使欲射出之精氣，直接進入血液，經過體內氣血的流布，上流於頭部以增強耳朵的功能。《靈樞·脈度》篇云：「腎氣通於耳，腎和則耳能聞五音矣。」❽醫家認為腎臟與耳朵之間有著密切的關係。所以，房中家可以結合房中術和還精法，把貯藏於腎臟的精氣，直接用於維持、或強化耳朵的聽力。

《子都經》還提出調整五臟機能、增強胃腸消化功能，以治療百病的還精法。收錄於《玉房秘訣》的引用文說：「臨施張腹，以意內（納）氣，縮後，精散而還歸百脈也」❾，認為應用房中術可

---

❻　《中醫四部經典》，頁198。
❼　《醫心方》卷二十八，頁645。
❽　《中醫四部經典》，頁142。
❾　《醫心方》卷二十八，頁646。

以使精氣通行於全身百脈，收縮腹部肌肉以散其精氣。與其說通行百脈以散發精氣，不如說是通過腹式呼吸刺激胃腸功能的活動，以達到促進消化的作用。還有為了不損傷腰部、背部肌肉的還精法，如《玉房秘訣》的收錄文所云：「當壁申（伸）腰，勿甚低仰，平腰背所卻行，常令流欲，補虛養體治病，欲瀉勿瀉，還流流中，流中通熱。」❼ 這是一種保護脊椎骨、腰部而適當地進行運動的方法，在運動生理學上是可以得到評價的。

上述有關《子都經》的內容，即強調以「還精」為主而展開的各種身體技法，顯然不像《太平經》那樣純粹屬於存思的還精法。因為它們都是以修煉房中術為主，同時配合各種不同的全身運動，並且還選擇性地使用各種應急的行氣法，有時也配合意念的技法。但是，這些還精法多以古代醫學理論為基礎而展開，其主要目的在於利用先天之精強化頭部各器官的功能。雖然未見補腦一詞，而眼睛、耳朵都是頭部的重要器官，即使不說補腦，其目的也是一目瞭然。自古以來養生家、道家等都認為保持良好的聽覺、視覺是健康長壽不可缺少的條件，在腦的思惟功能被人認識之前就已經非常受人重視、引人注目。《老子》早就指出「長生久視」的重要性，因為視覺、聽覺功能的減退是老化的一個主要標誌。《靈樞·本神》篇說：「故智者之養生也，必順四時而適寒暑，和喜怒而安居處，節陰陽而調剛柔，如是則僻邪不至，長生久視」❼，認為順應

---

❼　同上，頁 646。

❼　《中醫四部經典》，頁 128。

自然界的變化，善於調整自己的感情，有節度的性生活都是非常重要的。這種養生醫學的提言可能有繼承古代道家的清靜寡欲的思想。然而在神僊世界，追求不老長生的同時，如《太平經》所說：「耳目口鼻可以通氣，神祇往來，……使四方八極遠境聰明悉來至也」**⑫**，也非常重視耳目的視聽功能。他們可能希望通過良好的耳目功能，可以加強與天地神靈之間的聯係。所以，為了增強眼睛、耳朵的功能，如何補益腦髓也就成為方士的一個重要的研究課題。這可能給還精補腦說的形成與發展帶來重要的契機。

此外，《抱朴子·內篇》還引用有關〈仙經〉的還精補腦術應用於房中術的具體方法，這些方法也散見於《備急千金要方》、《養性延命錄》與《玉房指要》等書。現將它們總結為四種，並詳細敘述如下。

《玉房指要》引用〈仙經〉的方法**⑬**有二種：一種是在修煉房中術之中，如果出現無法抑制的性衝動、將要發生射精的時候，急忙用左手的藥指與中指，用力按押陰囊與肛門之間的穴位，同時長吐氣息、即做深呼氣動作，並叩齒數十次，但不要憋住呼吸。他們認為這樣即使有射精的衝動，也不會排泄精液於體外，可以讓精液

---

⑫ 《合校》，頁336。

⑬ 《醫心方》卷二十八：「又云〈仙經〉曰，還精補腦之道，交接精大動欲出者，急以左手中央兩指卻抑陰囊後，大孔前，壯事抑之，長吐氣，並啄齒數十過，勿閉氣也。便施其精，精亦不得出，但從玉莖復還，上入腦中也。……又曰，若欲御女取益而精大動者，疾仰頭張目，左右上下視，縮下部，閉氣，精自止。」（頁643）

沿著脊椎內腔上昇於頭部，然後滲入腦中。這種方法在《備急千金要方·房中補益》篇中也有介紹，認為應急地按押陰囊與肛門之間的屏翳穴，就可以使精液不排泄出體外。但是，事實上按照這種方法，精液並不能上行逆流於頭部的腦腔，只是從輸精管流入膀胱，暫時看不到精液排出體外而已。❼

其次，就是在情動將要引發射精之前，急忙舉頭並睜大眼睛，然後進行左右、上下地轉視，同時要求收縮下腹部的肌肉，並暫時停止呼吸。據說這樣就能有效地抑制射精的發生。張大眼睛，暫時憋住呼吸等動作，有緩解高度緊張的精神狀態，使人的心情得以恢復平靜的效果。❼這非常生動地描述了古人使用渾身的氣力抑制射精的衝動，以阻止精液排泄出體外。這種死命地保存精液的信念，可以窺視古代的精氣思想對人影響之深刻。

《養性延命錄·御女損益》篇和《備急千金要方·房中補益》

<hr>

❼　萬全《萬氏家傳養生四要》：「今人好事者，以御女為長生之術，如九一采戰之法，謂之奪氣歸元，還精補腦，不知渾濁之氣，渣滓之精，其機已發，如彄張之弩，孰能御之耶……因此而成淋瀝者有之。或謂我精欲出，閉而不泄，謂之黃河逆流，謂之牽轉白牛，長生久視義在於斯，不知停蓄之處，為癰為腫者有之，非以養生，適以害生也」（湖北科學技術出版社，頁 5，1984 年）。筆者在臨床診療過一位患尿道炎的男性年輕病人，自述因手淫而射精，慌忙用手按押陰部偶然發現這個部位。以後便經常利用這種方法，以至引起尿道炎。據說這種方法在有手淫習慣的年輕人中甚為流傳。

❼　這些行動可以引起體內的各種中樞性的反射性調節，即所謂「體感——內臟反射」。例如，Aschner 反射、Hering-Breuer 反射等，它們可以通過刺激迷走神經以達到緩和緊張情緒的效果。

篇還引用一種相同的方法，❼即男女在共同學習僊道、修行房中術
的過程中，要求緩慢地進行、避免產生射精，同時存思臍部出現如
雞蛋大小的赤色球形。存思的內容男女相同，即使呼吸的方法各自
不同也不影響效果。因為他們認為在臍部後側的正面與下段脊椎骨
之間有一個「精舍」，或又稱為「精室」，那是貯藏體內精氣的地
方。還精補腦術的一個重要目的，就是要使貯藏於那裏的精氣產生
氣化作用，使之同化為道。這種把天體宇宙比喻成雞蛋，可能是接
受西漢末東漢初張衡所提倡「渾天說」的影響。這種把古典的宇宙
生成理論導入存思法之中，使腎臟的精氣上昇於象徵天的頭部，其
中就隱藏著使自身的小宇宙同化於自然界大宇宙的目的。這種追求
所謂的同化，顯然也是受到古代「天人相關」思想的影響。

　　《備急千金要方》還引用〈仙經〉的一種方法❼，即修鍊房中
術的同時，把自己的意念集中於丹田（臍下正中線三寸處）進行存
思，存思從丹田出來的赤色之氣（內側是黃色，外側包著白色），逐漸
分解變化為太陽與月亮，而且日、月互相吸引又形成一個圓形。這
種圓形的直徑大約為三寸左右，在丹田之中回轉並慢慢地上昇頭部
的泥丸，同時配合緩慢的呼吸，但要求連續性的存思。這種追求

---

❼　《備急千金要方》卷二十七：「又（〈仙經〉）曰，男女俱仙之道，深內勿
　　動精，思臍中赤色大如雞子形，乃徐徐出入，情動乃退，一日（旦）一夕可
　　數十為定，令人益壽，男女各息，意共存思之，可猛念之」（宏業書局，頁
　　489，1987 年）。

❼　《備急千金要方》卷二十七：「〈仙經〉曰，令人長生不老，先與女戲，飲
　　玉漿。玉漿，口中津也。使男女感動，以左手握持，思存丹田，中有赤氣，
　　內黃外白，變為日月，徘徊丹田中，俱入泥垣。兩半合成一團」（同上
　　注）。

「兩半成一」的原形思想，可以見於《太平經》以及《抱朴子·微旨》篇所收錄的服氣存思口訣之中。⓲有學者認為兩半的原義本來就是指陰陽，或者日月一類的東西。⓳由於房中術導入了還精補腦術，所以在男女媾交的同時，可以存思逆行上昇頭部的精氣變為有色的幻影，又將之分解為太陽與月亮，然後再度讓它們融合變成宇宙的原型。古人可能希望通過男女媾交的形式，同時再結合存思法，使人的肉體與精神化合為一，即陰陽結合化精為氣以歸於道，這樣就可能獲得不老不死。

五、結　論

通過分析現存的各種古代文獻資料，可以認為還精術是出於《太平經》的一種存思法。它顯然是由神僊方士所開發的，原來的目的是用於治病息災，獲取不老長壽。繼承了古代「天人相關」思想的《太平經》，認為人的頭部不僅宿居著頭神，而且也是體內五臟神等出入的場所。所以，如何使人的頭部充滿腦髓，並使之變成與「天精」同樣的物質，這就成為神僊方士探索的一個重要課題。因為，這樣既可以解決使體內的神靈長期留宿於身上，不能上天報

⓲　《合校》：「夫大神不過天與地，大明不過日與月，尚皆兩半共成一。……天地之道，乃一陰一陽，各出半力，合為一，乃後共成一」（頁 715）。
　　《抱朴子》：「夫始青之下月與日，兩半同昇合成一。出彼玉池入金室，大如彈丸黃如橘，中有嘉味甘如蜜，子能得之謹勿失」（頁 47）。

⓳　麥谷邦夫《道と氣と神，道教教理における意義をめぐって》，《人文學報》63 號，頁 103 及注⓳，平成 3 年。

告其人不良行為，又可以與天地同化，獲得長生不老。他們可能以這種思想為主導，結合古代的醫學理論，即人體可以把從口攝取的食物補品，經過胃腸的消化吸收，轉化營養成分為後天之精，供給身體作為活動的能量之外，部分在腎臟變成先天之精。然後就是如何把這種精氣從腎臟逆流上行於頭部滲入腦腔，貯藏腦內以補益腦髓。這就是神僊方士需要解決的中心問題，同時也就成為他們開發還精補腦術的出發點。開發這種方術的最大的目的，就是在於使腦內填滿泥土狀的先天之精。

漢代所形成的《內經》醫學體系，是以傳統的陰陽五行理論為中心，結合大量臨床經驗構築而成的理論。但是，它對人體大腦功能的研究不但沒有帶來任何進展，反而起著嚴重的阻礙作用。不過，當時的醫家已經從生理以及病理兩方面，仔細地觀察了髓液的生成、貯藏以及體內循環的途徑。我們集中《黃帝內經》有關的片斷記載，進行綜合性地分析，可以推導古代醫家的確已經認識到以骨腔、腦腔、腎臟三大器官為中心而形成的體內髓液流行途徑。而且，他們還提示通過運動身體的骨節，有助於髓液向上逆流於頭部，滲入腦腔以充實腦髓。這些觀點可能是從觀察死人的骸骨構造而得到啟發。因為頭骨、脊椎骨以及肢幹的大骨內都可以看到空腔的存在。這種需要通過運動肢體骨節才能把髓液送往腦內的醫學認識，必然給熟知醫學理論的神僊方士極大的啟發，為他們開發還精補腦術，以及結合使用於房中術提供了重要的理論依據。所以，我們可以認為還精補腦術是神僊方士以《太平經》的存思還精思想，以及《黃帝內經》有關體內髓液循環，運動肢體等理論為基礎而研製開發的，並於東漢後期廣泛地應用於房中術修煉之中。

　　綜合古代房中術專門書籍中所收錄的還精術、還精補腦術的內容，可以看到古人在修行房中術的過程中，為了加強避免發生射精的行為，積極配合使用行氣法、存思法。如果還不能抑制性衝動而引發射精之時，他們就直接緊縮身體，以非常樸素的應急方法全力以赴。由於使用全身之力收縮頸部、背部、腹部，特別是下腹部的肌肉，以及高度的精神緊張，可能使腰背部、頸部乃至頭部產生異常的感覺。⑧所以，我們不能排除由此而產生精氣沿著脊椎逆流向上，滲入腦內這種錯覺的可能性。其中也曾出現過為「長生久視」，強化頭部耳目功能而開發的還精術，但它們基本上都與古代醫學理論有著密切的關係。但是，追求長生不死、奢望成儒化神的神儒方士的實踐行為，已經超越了醫學生理學的領域，其中不少是屬於心理學的問題。而且，其中很大部分已經接受有關「天」、神等宗教思想的影響。

　　《子都經》的還精法基本上是以「能動而不施，所謂還精」為原則而展開的。這種說法可以追溯於馬王堆漢墓出土《天下至道談》，以房中導引術進行積精練形，即通過全身性持續運動以增進健康，增強體內器官的功能，推遲身體的老化。⑧但是，戰國時代的方士尚無法理解由運動所致身體變化的真正原因。延至「巫子都」的時代，他們開始把這種身體變化理解為一種「還精」現象，就是使貯藏於體內的先天之精，通過還精補腦術進入氣血循環之

---

⑧　《醫心方》卷二十八：「踞脊引頭，張鼻歙肩，閉口吸氣，精便自上」（頁644）。

⑧　拙文《馬王堆漢墓の養生房中の竹簡についての研究（古代の房中導引を中心に）》，《中國出土資料研究》第 8 號，2004 年。

後，到達身體的不同部位，對局部的組織、器官產生特別的補益作
用。這種還精說可謂世界上最早解釋運動生理學的理論。它試圖解
釋人為什麼通過運動可以使機體的組織、器官及其功能得到改善與
增強，包括運動後局部肌肉的隆起、結實等變化。特別是上年紀人
的身體出現各種的變化，可能被視一種「返老還童」的現象。所以
在這個「還精」一詞中，已經明確地包含一種體內能量轉化的思
想，就是把貯藏於體內腎臟的先天之精，應用房中術使之參入氣血
循環，轉化成為一種特殊的能量，運往身體需要補給的部位發揮其
相應的作用。可以認為《子都經》的還精法，是對《天下至道談》
房中導引的一種繼承。因為後世的房中術基本上不強調這方面的作
用，所以推測其成書年代可能比較早，而且對《太平經》的所謂
「還精養形」有過一定的影響。

　　此外，《黃庭內景經》已經完全繼承與發展了《太平經》的有
關頭神、五臟神、肢體神等身體之神的思想體系，並對各種身體之
神進行了系統的命名、取字立號。取代頭神的是泥丸神，正如〈至道
章〉所唱：「泥丸百節皆有神，髮與蒼華字太元，腦神精根字泥丸，
眼神明上字英玄，鼻神玉龍字靈堅，耳神空閑字幽田，舌神通命字
正倫。齒神崿峰字羅千，一面之神宗泥丸，泥丸九真皆有房」❷，
開創了以腦神泥丸為中心的頭部九真神系登場於道教的世界。❸而

---

❷　《道藏》第 4 冊，頁 848。

❸　《合校》：「入室思存，五官轉移，……其念常與凡人殊絕異、朝夕未常念
　　地上，欲聞天事也。意乃念天上職事，乃後可下九室。」（頁 309）這種以
　　存思為中心展開的條文中出現的「九室」說法，可能與泥丸「九宮」之說有
　　關連。

且，同篇〈五行章〉又說：「洞房靈象斗日月，父曰泥丸母雌一」❽，泥丸神主宰上丹田諸神，改變了《抱朴子・地真》篇把男女二神置於三丹田的〈仙經〉守一之說，編造出以泥丸腦神為主導、嶄新的身體神體系。所以，可以推定應用還精補腦術以先天之精充填腦髓，促進腦髓脂化成為泥丸的願望，給《黃庭內景經》確立以泥丸為中心的身體神體系帶來很大的影響。

---

❽　《道藏》第 4 冊，頁 861。

第七篇　存思內觀房中術

一、引　言

　　陶弘景（公元 456－536 年）認為《真誥》乃「真人口唉之誥也」（19.2a）❶，即南嶽夫人等道教神真降臨於靈媒楊羲（公元 330－386年？），並介於他以啟發、引導許謐（公元 305－376 年）父子躍身於神僊世界所傳授的誥語。在他們的降神活動中出現一些非常奇妙而難解的事情，就是紫微夫人等神真策劃楊羲、許謐等人與神女結成婚姻關係。這對他們致力修道、追求成真來說，具有非常重要的意義。因為應用存思內觀法修道見神、與神女結成良緣，不僅使修道者易於擠身僊界、內定僊官神位，而且在造作上清派的經書中，也起著主導的作用。❷存思見神在東晉上流社會的宗教世界，不管是

---

❶　陳國符考證認為《真誥》二十卷中一至十八卷是「三君手書」，最後兩卷為陶弘景手著（《道藏源流考》下冊，中華書局，頁 234，1963 年）。本篇所示的卷數，葉數均以《正統道藏》（臺灣新文豐出版，1977 年）為准。

❷　《真誥》：「明君（楊謐）……加為吳越鬼神之君也（2.8a）。……復二十二年，明君將乘龍駕雲，白日昇天，先詣上清西宮，北朝玉皇三元，然後乃得東軫執事矣」（2.9a）。有關經書的造作參照神塚淑子《六朝道教思想の研究》，創文社，第一篇第三章，1999 年；王家葵《陶弘景叢考》，齊魯書社，第三章第二節，2003 年。

精神層次、還是儀禮形式等，都遠遠超越江南下層社會中所盛行的巫祝俗道。❸然而為了培養卓越的見神能力，單為排除惡夢的騷擾至少要修行三年，即使具有通靈的素質，比較自如地與神靈交感，可能要花更長的歲月專心致志於各種的修行。❹

　　楊羲曾有記錄過神女愕綠華降臨於靈媒羊權的經驗。他與許謐雖「年並懸殊，而早結神明之交」（20.11b），一起組織宗教活動。興寧三年（公元 365）六月二十四日晚，紫微夫人與南嶽夫人降臨傳授僊界隱奧。翌日晚間紫微夫人領九華真妃一起下降，並直接把她介紹給楊羲。九華真妃熱情大方，作詩「相贈，以宣丹心」（1.14a）。六月二十六夜，九華真妃與數名男女神真再次降臨，楊羲在眾僊真的助言之下就和她結成「伉儷」。對於這種人神相愛、結成姻緣之事，有學者認為上清經派內有秘傳一種神交的修行法門，是精神上幻覺狀態的一種修行秘法。❺多數學者以為是已婚道士夫婦修煉男女雙修房中術的口實。❻也有學者認為這是靈媒求神

---

❸　李豐楙《西王母五女傳說的形成及其演變》（鍾來因著《長生不死的探求》），文匯出版社，頁 285，1992 年。《真誥》亦記華僑見神之例，「世事俗禱，僑初頗通神鬼，常夢共同饗醼，每爾輒靜寐不覺，醒則醉吐狼籍。」（20.13b）

❹　《真誥》：「三年之後，唯神感旨應，乃有夢也，夢皆如見將來之明審也，略無復惡占不祥之想矣」（9.16b），「（華僑）始亦止是夢，積年乃夜半形見。」（20.14a）

❺　李豐楙《誤入與謫降·六朝隋唐道教文學論集》，臺灣學生書局，頁 173，1965 年。

❻　鍾來因《長生不死的探求》，文匯出版社，第五章第五節，1992 年；胡孚琛主編《中華道教大辭典》，中國社會科學出版社，1995 年，第十類房中養生「真人偶景」及「隱書」項，1995 年；祝亞平《道家文化與科學》，中國科

降臨的一種手法。❼這些見解多數是未經詳細考證的推測。我們以為可以從不同的角度探索隱藏於其中的精神規律。

　　存思內觀自古以來就是一種修身養神、修行僊道的方術。它起源於《老子》的「抱一」、《莊子》的「守一」。在現存的文獻資料中，可以說守一是一種最古老的存思法。《太平經》在守一法中導入「兩半合一」的陰陽原理，同時把交感神靈作為一種重要的修道項目。❽東晉的楊、許集團部分地繼承老莊道家的思想，選擇地吸收了太平道、五斗米道的道術，不但把交感神靈上昇為修真方術，而且把它置於存思內觀的顯要地位。❾六朝末期，陶弘景集上清派之大成，為建立新的道教體系決心重編《真誥》。眾所周知，在他編纂《真誥》之前，劉宋道士顧歡已經發表《真跡》一書。陶

學技術大學出版社，頁 497，1995 年。朱越利《論六朝貴族道教新房中術的產生》，《世界宗教研究》，2001 年第 3 期。

❼　小南一郎《中國の神話と物語り》，岩波書店，第四章第四節，1984 年。

❽　王明編《太平經合校》（中華書局，1992 年版）：「一者數之始也，一者生之道也，一者元氣所起也，一者天之綱紀也，故使守思一」（頁 60）；「男女各出半力，同志和合，乃成一家。天地之道，乃一陰一陽，各出半力合為一，乃後共成一。……守一者，真真合為一也」（頁 715－716）；「瞑目內視，與神通靈，不出言與道同，陰陽相覆無所封」（頁 193）；「俗念除去，與神交結，乘雲駕龍，雷公同室，軀化而為神，狀若太一」（頁 306）。

❾　《真誥》：「四月二十九日夜半時，夢與許玉斧俱座。……玉斧曰，情淺區區，貧慕道德，故慾乞守一法尔。言未絕，周君（紫陽真人）又言曰，……君乃真人也，且已大有天稟，將用守一何為耶。」（17.6a）卷十八介紹玉斧服用「六甲符」、「青牙」等，修行「迴元道」、「空常」、「日月在心泥丸之道」、「奔二景道」等等。同時參照注❷，神塚淑子著書、注❻，鍾萊因著書。

弘景對《真跡》所流露的不滿態度，在《真誥·敘錄》篇中隨處可見。❿他特別重視有關人神相愛、結成姻緣的降神記錄，並把這些誥語編入《真誥》的卷首⓫，而且非常自負地說：

> 又按並衿接景陽安，亦灼然顯說。凡所興有待無待諸詩，及辭喻諷旨，皆是雲林應降嬪僬侯事義。……今人讀此辭事，若不悟斯理者，永不領其旨。（19.4b）

　　另一方面，世稱陶弘景著作的《養性延命錄·御女損益》篇，與《抱朴子·微旨》等篇都持相同的觀點，即大力推崇還精補腦術、多御少女房中術等為獲取不老長壽的重要方術。東漢後期傳統的房中術導入了還精補腦術，使之成為僊道修行不可缺少的方術。⓬至於形成西漢初期的多御少女房中術很早就流傳於民間。⓭通過考察《醫心方·房內》篇所收錄的多數房中術專門書籍，可以推知六朝期間房中術廣為流傳。特別是在佛道論爭之後，房中術又成為佛教批判道教的標的。在這樣的時代背景之中，重新編纂的《真誥》必然受到社會的注目。世人可以從新編的《真誥》，辨識與評判上清

---

❿　《真誥》：「書字中有異手增損俍改，多是許丞及丞子所為，或招引名稱，或取會當時，並多浮妄，而顧皆不能辨，從而取之。」（19.6a）

⓫　《真誥》：「又按此書所起以真降為先，然後眾事繼述。真降之顯，在乎九華，而顧撰最致末卷。」（19.8b）說明顧歡的《真跡》是把神真降臨，人神戀愛等誥語編於卷末。

⓬　拙文《還精補腦術の形成と展開》，《東方宗教》，第 103 號，2004 年。

⓭　拙文《多御少女の房中術に關する醫學的檢證》，《日本醫史學雜誌》，第 47 號第 2 期，2002 年。

派對房中術所採取的態度，及其道教改革的內容。

　　至今為止，學界探討存思見神、人神相愛，以及隱秘於「有無兩待」詩歌中之奧旨的論著不多，或挾論於《真誥》綜合性研究之中❹，或兼議於六朝文藝論之內❺，或泛論於房中術之中❻，尚未見到從道術修行的觀點，研究道術修煉與其指導思想關聯性的專論。為此，本篇以《真誥》有關人神相愛、戀婚等誥授為基礎資料，並聯繫方術、女性等與時代、社會環境等變化，進一步深入研究上述提出的諸問題。特別注重探討隱藏於存思內觀、交感神靈的修道之中，所出現人神相愛、戀婚的真意。致力解明他們為了達成修道成真的目的，開發使用存思內觀的基本手法與思考的特徵，及其所形成的思想基礎與有無兩待哲學命題的關係。此外，一般認為編著者的觀點直接影響作品的形式與內容。從這種視點分析《真誥》，考察陶弘景自身對房中術、女性等問題所持的看法，以及這些觀念的形成與家庭、社會等關係。

二、陶弘景的道術與女性觀

　　陶弘景不僅把南嶽夫人、九華安妃等神女降臨，楊羲與神女相愛、結成姻緣等誥文編於首卷，而且《真誥・運象》篇卷二開篇就是強烈批判舊天師道教團推行黃赤混氣房中術為生子道術的誥文，

---

❹　參照注❷，神塚淑子著書。

❺　參照注❺，李豐楙《魏晉神女傳說與道教神女降真傳說》；注❼，小南一郎著書。

❻　參照注❻，鍾萊因著書，第五章第五節。

隨後又編入有關許謐與神女右英夫人之間相戀、緣談的誥語。這種重新編纂的形式，鮮明地表明了以陶弘景為首的上清派，是源起於神降的旨意，與天上神僊世界有著緊密的聯繫。同時，通過強烈批判黃赤混氣房中道術，以表明新興上清派與舊天師道不同的道術立場，期待收到擴大教團的作用。陶弘景對修煉過房中術的名人不持好意，即使是神僊人物也不給面子。他酷評葛玄，以及其師左慈❶，「凡此諸人術解甚多，而仙第猶下者，並是不聞三品高業故也。」（12.3b）對於許謐之兄，即傳說曾經傳授《三皇內文》的許邁，以及有名道士鮑靚❶，《真誥》云：「靚所受學本自薄淺，質又撓滯」（12.2b），陶弘景解釋：「鮑亦通神而敦尚房中之事，故云撓滯。」（12.3a）在他編造的〈真靈位業圖〉（《道藏·洞真部》）之中，鮑靚定於第六左位，左慈、葛玄及許邁都列在第六地僊散位，表明他們在神僊世界的地位都很低。

　　許邁在《真誥》中是個被稱為「先生」的高名道士。但是，陶弘景對他及其師並不表示敬意。他評價許邁之師李東說：「李東曲阿人，乃領戶為祭酒，今猶有其章本，亦承用鮑南海法，東才乃凡劣，而心行清直，故得為最下主者使，是許家常所使。永昌元年，先生（許邁）年二十三，就其受六甲陰陽行廚符。」（13.2a）李東是舊天師道的祭酒，擅長黃赤混氣房中道術，並且又將之傳授給許

---

❶　晉·張華《博物志》卷七：「甘始、左元放，東郭延年行容成御婦人法，並為丞相所錄。」（王雲五編《叢書集成初編》，商務印書館，頁 41，1939年）

❶　《仙鑑》卷二十一〈許邁傳〉：「初，鮑靚授以中部之法及三皇內文。」（《道藏》，第 5 冊，文物出版社等，頁 223，1988 年。）

邁。許謐也許通過這種關係學過房中術。❶《真跡》原有收載王羲
之父子所寫的「許邁傳記」，而《真誥》卻把它刪除了。《真誥·
敘錄》篇說：「又先生事跡未近真階，尚不宜預在此部。……唯先
生成仙之後，與弟書一篇，留在下卷」（19.8b），這封被保留的許
邁信書，只不過是一份有關自我批判，讚辭許謐父子的文章。陶弘
景採取與顧歡完全不同的處理方法，不難看出他有意貶低許邁的動
機。

裴靈真人授誥云：「食草木之藥，不知房中之法及行炁導引，
服藥無益也，終不得道」（5.11b），認為在僊道修行之中，應該追求
服藥食餌、房中、行氣導引等綜合的效果。陶弘景卻批判地解釋：

> 此謂徒服藥存修，而交接之事不絕，亦不得長生，非言都不
> 為者。若都不為，止服藥皆能得仙。（5.11b）

認為儘管採取綜合性的修煉方法，假如不禁止使用房中術的
話，就無法得到不老長壽的效果，同時表明即使不修煉房中術，單
靠服藥食餌、存思內觀也有可能修煉成僊。陶弘景不信任裴君的原
因，可能與他年經時修煉過房中術的經歷有關。❷

---

❶　《真誥》：「給事安和（陶注：即長史也），以十九日南州。……方爾悠
　　悠，未卒歸也。將琴絃之陰德乎？聊當一笑（陶注，琴絃事出彭素經，房中
　　之術也）」（18.1b）、「又告云，道士耳重者，行黃赤炁失節度也。不可不
　　慎（陶注，此蓋戒長史也）。」（9.9a）

❷　《真誥》：「陰氣之接，永不可以修至道也。吾昔常恨此，賴改之速耳。」
　　（6.14a）

在中國傳統文化中，很早就出現根據天地的性質分離人的形體與「精神」的思想。❷《淮南子·精神訓》云：「是故精神（者）天之有也，而骨骸者地之有也。精神入其門，而骨骸反其根，我尚何存。」隨後的《史記》卷一百三十〈太史公自序〉也說：「神者生之本也，形者生之具也。」這些都明確地表明構成人的基本要素有「精神」與「形體」，而且在兩者之間，「精神」對肉體起著主導的作用。陶弘景也繼承了這種思想，他在《本草集注》序文中說：

> 精神者，本宅身為用，身既受邪，精神亦亂。神既亂矣，則鬼靈斯入，鬼力漸強，神守稍弱，豈得不至於死乎。❷

而且，把它用於分析與考察疾病發生的原因等。他在〈答朝士訪僊佛兩法體相書〉中又說：「今且談其正體。凡質像所結，不過形神。形神合時，則是人是物；形神若離，則是靈是鬼；其非離非合，佛法所攝；亦離亦合，仙道所依。今問以何能而致此仙，是鑄煉之事極，感變之理通也。……假令為仙者，以藥石鍊其形，以精靈瑩其神，……欲合則乘雲駕龍，欲離則屍解化質。」❷他不僅從分析形神的構造入手，提出人、鬼、佛、僊的不同性質，而且根據它

---

❷　參照本書附篇《論古代固有「精神」的形成與發展》。

❷　序文的引用原則依據日本龍谷大學《敦煌寫本本草集注序錄》，龍谷大學佛教文化研究所，頁 248，平成 9 年。同時參照尚志鈞校《唐·新修本草》，安徽科學技術出版社，1981 年。

❷　《藝文類聚》卷七十八〈靈異部上·仙道〉，上海古籍出版社，頁 1344，1982 年。

們的構成特點，認為要達到成僊化神的目的，就必須對形體與「精神」採取不同的修煉方法。這也就很清楚地表明了他的道術觀。

在修煉「精神」的方面，陶弘景特別重視與神靈交感。他二十九歲時隨從宜都王赴任石頭城的途中，「忽得病，不知人，不服藥，不飲食，經七日乃豁然自差，說多有所覩見，從此容色疲悴，言音亦跅宕閒緩者矣。」❷有學者推測這次起死回生的大病，有可能使他得到神秘的體驗，以致與他產生重視交感神靈的修道思想有關。❷他的確對神靈懷有特別的感情，而且完全逸脫了名醫扁鵲、醫典《黃帝內經》所示的醫生原則。❷他甚至在《本草集注・序》文中還說：「大都鬼神之害人多端」，並提倡「但病亦別有先從鬼神來者，則宜以祈禱祛之。」❷大病翌年他入道師孫游岳之門，努力修行道教，並成為唯一准許入室的弟子。三年之後孫師僊去，他正式成為第三代的繼承人。重編完成《真誥》之後，他又誘導弟子周子良冥通神靈，實踐錄寫誥語。《周氏冥通記》就是以周子良見神記錄為底稿而編撰的。

要把存思內觀神靈作為修真的主要方法，首先就要禁止所謂淫猥的房中術，蓄積所有精氣於體內，以提高自己的視覺、聽覺等身體的感覺機能，作好交通神靈的身心準備。《論語・八佾》篇云：

---

❷　《本起錄》（《道藏》第 5 冊，頁 502）。

❷　麥谷邦夫《陶弘景年譜考略（上）》，《東方宗教》，第 47 號，頁 47。

❷　《素問・五藏別論》：「拘於鬼神者，不可與言至德」（傅景華等點校《中醫四部經典》，中醫古籍出版社，頁 15，1996 年）；《史記》卷一百五〈倉公扁鵲傳〉提出「六不治」的原則中就包含有「信巫不信醫」的患者。

❷　《敦煌寫本本草集注序錄》，頁 248。

「祭如在，祭神如神在」，強調祭神時把握自己心情的重要性。陶弘景說：「道教使性成真，則同於道矣」（5.1b），認為作為修性成真的方法首先是交感神靈的體驗。為此，他們採用傳統的守一法，反復存思內觀以改變自身的感覺，潛移默化追求自心的變化，期待與神明形成一體。他的這種追求「真」的修行態度，也反映於選定服藥食餌以修煉形體的藥材工作之中。**❷❽**

《老子》讚揚女人的特有性質，守柔不爭、若水善下等，其目的並非為解放女性。《太平經》有為女子代辯不平，其結果也不過維持所謂「一夫二妻」的理想婚姻制度。然而，陶弘景重視人神相愛的誥語，從中全面申明女性的主張。例如，九華安妃誥授說：「今可謂得志懷真，情巳如一，方當相與，結馴玉虛，偶行此玄。同掇絳實於玉圃，併採丹華於閬園，分飲於紫川之水，齊濯於碧河之濱。」（1.17a）其中所使用的「同是」、「併採」、「分飲」、「齊濯」等詞語，可以表明是從女子的立場，要求男女共同行動，男女之間的平等。在「一夫多妻」的儒教社會，女子的地位極為低賤，要求愛情可謂荒唐之事。但《真誥》卻立足於女性的立場，堂堂正正地對男性要求愛的忠誠心和愛的專一性。這種女性要求自身

---

❷❽ 《本草經集注》序文援引《神農本經》上藥類的效用：「主養命以應天、無毒、多服久服不傷人，欲輕身益氣，不老延年者。」（《敦煌寫本本草集注序錄》，頁 243）為了修身練形必須長期服用，所以即使是上藥，有微量的毒性也不行。《本草經集注》為了確保藥物的安全性，對《神農本經》七百三十種的生藥（包含上藥類三百六十五種）進行全面驗證，從所謂「無毒」的上藥類中檢出石膽、龜甲、瓜蒂、麻蕡、牛黃含有毒性，並標明「有毒」。但遺憾的是未出示驗證的具體方法。

解放的意向，並不因為是神真誥授就可以另眼看待，六朝社會的確出現過擺脫傳統的禮教規範，尊重人性平等的精神㉙，儘管他們沒有成為社會的主流。

　　《華陽陶隱居內傳》卷上說：「先生既冠而不肯婚。先生澡潔去嗜慾，蓋一生不邇於聲色也」㉚，認為陶弘景從小受神僊思想的影響，成年之後就立志於修煉僊道而沒有結婚的願望。但是《南史·隱逸傳》以及《十七史商榷》等都把此事關聯於其父被小妾殺害身亡事件。㉛在他二十六歲那年，其父突然遭受小妾殺害，因而史家推測可能因此使他對女性產生嫌惡感。也許其父意識到弘景不婚意堅難移，才又娶小妾。到底為什麼使一個弱身女子變成殺人罪犯，其原因至今不明。極為罕見的殺人事件，有可能使他對女人產生不信感、嫌惡感，以致下定終生不婚的決心。但是，也不能否定他以拒婚無後，抗議其父對女性輕率態度的可能性，對於固持孝道的六朝文人來說，只是無法公開地非難自己父親言行而已。人生重大的意志表示，不是瞬間就能決定而不變，可能因各種因素互相影響逐漸才固定下來。陶弘景終身類似佛教徒的出家行為，與他深受

㉙　《晉書》卷九十五〈辛靈傳〉：「天地之於人物也，一也，咸欲不失其情性，奈何制服人以為奴婢乎？諸君若欲享多福以保性命，可悉免遣之。」這是辛靈對江州士人提出解放奴婢的言論。參照吉川忠夫《六朝精神史研究》，同朋舍出版，序章（二，六朝精神諸相），昭和 59 年。

㉚　《道藏》第 5 冊，頁 501。

㉛　《南史》卷七十六〈陶弘景傳〉：「父為妾所害，弘景終身不娶。」清·王鳴盛《十七史商榷》卷六十四：「陶弘景父為妾所害，故弘景終身不娶。其遊於方外，雖性耽野逸，實因痛其親而割棄世緣，蓋以孝成隱。」（樂天出版社，頁 346，1972 年）

佛教影響的事實也是分不開的。他自幼因熱心佛教的母親關係開始
與佛教接觸，隨後自己也熱心地研究佛教經典，並與沈約以及佛教
徒慧約、曇鸞等結交好友，而且還受到梁武帝佛教政策的制約。總
之，他終身與佛教結下難解之緣。

　　此外，考慮陶弘景在收集、編輯、注釋《真誥》之中，表明反
對房中術的態度，以及表白的女性觀，如果說他對女子存有偏見、
或有嫌惡女性態度的話，估計很難編纂出這樣的經書。陶弘景在其
父去世的翌年寫下《水仙賦》一詩，把舜帝之妃娥皇、女英讚為水
僊，詠出「亦有先覺之秀，獨往之英」❸❷，吐露自己憧憬神女，向
往僊道的心情。他讚揚紫微夫人為「才豐情綺，動言富逸，牽引始
末，恒超理外」（6.1a）。崇愛神女的純潔性、知性、精神性以淨化
自己的女性觀，這都可能成為他徹底排除傳統房中術的決定因素。
這種一貫反對房中術的立場，與冠名「陶弘景」的《養性延命
錄》，特別是其中〈御女損益〉篇公開提倡房中術的觀點相比，完
全展現出兩種水火不相容的主導思想。根據確證為陶弘景編纂的
《真誥》中所表明反對房中術的理念，至少應該指出〈御女損益〉
篇不可能是他的作品。

三、人神相愛與交梨火棗

　　張陵為首的五斗米道教團在傳統房中術的基礎上，又導入當時
最新的天學知識、神咒符籙、祈禱攘解等創制黃赤混氣房中道術，

---

❸❷　《藝文類聚》卷七十八〈靈異部上·仙道〉，頁 1339。

試圖依靠夫婦協力大量生子以達到集團救度的目的。❸《真誥‧運象》篇第二開篇就以神真誥授的形式，對黃赤混氣房中道術進行了強烈的批判。後續的紫微夫人誥語也認為這種房中道術不是獲取不老長壽的上道，並警告心懷黃赤淫邪之念與神真交感是冒犯神靈的行為。同時又說：

> 夫真人之偶景者，所貴存乎匹偶，相愛在於二景，雖名之為夫婦，不行夫婦之迹也。是用虛名以示視聽耳。(2.2a)

強調夫婦婚戀、相愛而又不留下夫婦的痕迹，即意味著沒有孕產孩子的目的，這樣的事情顯然不是發生於現實的封建社會之中。此處的夫婦只表示交感神靈之中與神女婚戀而已，如同所用的「匹偶」、「二景」一樣，都是指異性一對，不用說對方是神女、或男真。這與《太平經鈔乙部》懸像思神法中所示的「男思男，女思女」，即初期道教規定的男性存思男神、女性存思女神的存思內觀基本原則完全不同。楊、許新興宗教組織所展示存思修道內容的顯著變化，除了考慮受五斗米道教團以夫婦為中心修行黃赤混氣道術的影響之外，可能與六朝社會環境的變化也有一定的關係。

首先，考察紫微夫人誥語中出現的「相愛」一詞，這是理解《真誥》存思見神、以及人神婚戀的一個關鍵詞。從戰國時代延至西漢，相愛主要以「仁」的含意使用於男性之間，或女性之間的同

---

❸　拙文《初期道教と黃赤混氣房中術》，《東方宗教》，第 97 號，2002 年。

性交友關係㉞，並沒有關聯到男女之間的性愛。但是《太平經》提出：

> 女慾嫁，男慾娶，不能勝其情慾，因相愛不能相離，是二窮
> 也。既相愛，即生子，夫婦老長。㉟

　　這個「相愛」，可能是最早表現男女之間性愛關係的用例。世稱上清派重視《太平經》，他們把相愛一詞應用於神真誥授之中，可以看出他們接受《太平經》影響的一斑。而且在交感神靈之中，以「偶景」表現純潔之愛，強調女性追求愛的專一性。這是有意識地提倡理想的夫婦關係，對「一夫多妻」封建社會的夫妻從屬關係表示最大的不滿。其中可能隱藏著上清派想方設法誘發女人的同感，擴大吸收女性信徒的意圖。

　　《抱朴子·疾謬》篇批判侮辱女性的「戲婦之法」，虐待女性的「繫腳倒懸」行為等，同時又嘆息地說：「世故繼有，禮教漸頹，敬讓莫崇，傲慢成俗。……而今俗婦女休其蠶織之業，廢其玄

㉞　《墨子·魯問》篇：「交相愛，交相恭，猶若相利也」；《莊子·天地》篇：「端正而不知以為義，相愛而不知以為仁」；《淮南子·主術訓》：「而明相愛之仁」，《易·家人·九五象傳》：「王假有家，交相愛也」；《史記》卷一百二十五〈佞幸列傳〉：「今上為膠東王時，嫣與上學書相愛，及上為太子，愈益親嫣」；《漢書》卷九十七〈外戚傳〉：「始（薄）姬少時，與管夫人、趙子兒相愛，約曰：先貴毋相忘。」《漢書》卷三十四〈盧綰傳〉：「盧綰，豐人也，與高祖同里，綰親與高祖太上皇相愛。」由於篇幅的關係，《史記》、《漢書》尚有十餘例省略不舉。
㉟　《太平經合校》，頁72。

統之務，不織其麻市也，婆娑舍中饋之事。修周旋之好，更相從詣
之適親戚。承星舉火，不已于行，多將侍從，暐曄盈路，婢使吏
卒，錯雜如市。尋道褻謔，可憎可惡。或宿于他門，或冒夜而反。
遊戲佛寺，觀視漁畋，登高臨水，出境慶弔，開車褰幃，周章城
邑，盃觴路酌，絃歌行奏，轉相高尚，習非成俗。」❸這是對女性
的自由生活風氣表示重大的不滿。這種生活情景也出現於茅山周
邊，「自二十許年，遠近男女，互來依約，周流數里，廨舍十餘
坊，而學上道者甚寡」（11.15b），「三月十八日，輒公私雲集，車
有數百乘，人將四五千，道俗男女，狀如都市之眾看人，唯共登
山，作靈寶唱讚。」（11.13b）這可以說是當時的女人以宗教為名自
由地參加社會活動的真實記錄。

　　在戰亂與災害連續不斷的六朝時代，社會環境的確發生很大的
變化，特別是所謂儒教道德倫理觀的低下。東晉謝安的劉夫人嚴厲
監視丈夫的男女關係，成為有名的嫉妒婦人，還登場於劉宋期虞通
之的《巷女記》。沈約的《俗說》記載了荊州刺史荀介子的夫人，
嫉妒丈夫不限於女性，甚至連美男子也不放手。《世說新語·惑
溺》篇還記述了妻子接吻丈夫的舉動。❸有學者指出這種女人追求
愛情所表現出強烈的妒性，可能與當時女性的地位提高有關。她們
活躍地參加社會活動，甚至出現要求婚姻自主，自己安排終身大事

---

❸　《抱朴子》外篇，上海古籍出版社，頁 239、242，1990 年。

❸　《世說新語·惑溺》篇：「王安豐婦常卿安豐，安豐曰：婦人卿婿，於禮為
　　不敬，後勿復爾。婦曰：親卿愛卿，是以卿卿，我不卿卿，誰當卿卿？遂恆
　　聽之。」（《諸子集成》新編十，四川人民出版社，頁 742，1998 年）

等。❸但是在存思內觀、交感神靈之中，所謂相愛只是要求男性修道者要有專心致愛的精神。這種對女子純潔愛心的形成，是存思見神、交感神女的基本要素，即所謂「要而言之，貞則靈降，專則神使矣。」（2.1b）

上清派又把傳統修煉僊道的方法分為「上道」和「下道」。《真誥》說：

> 爾慎言濁生之下道，壞真宵之正氣也。思懷淫慾，存心色觀，而以兼行上道者，適足明三官考罰耳。（2.1a）

判斷上道和下道的一個重要標準，就是其中是否含有性的因素。所謂性的因素，不單指肉體行為，也包括心中的淫慾之念，即使是出現瞬間的不良意識，也就成為下道。比如，在修煉上道、存思二景相愛之時，心中突然混入色觀，即使是瞬間的邪念，也被視為冒犯神靈的行為。一旦被判定是心懷色觀的修行者，就被押往三官之處，接受嚴厲的懲罰。❸心懷色觀，或暗中修行房中術而漏泄精氣，視覺、聽覺等就會受到一定的影響，顏面失去修道者的特有光澤，眼圈出現灰暗之色❹，一般是很容易被發現的。

---

❸　閔家胤主編《陽剛與陰柔的變奏》，中國社會科學出版社，頁 195，1995年；朱大渭、劉馳等《魏晉南北朝社會生活史》，中國社會科學出版社，頁356，1998年。

❸　《真誥》：「有淫慾之心，勿以行上真之道也。昨見清虛宮正落除此輩人名，而方又被考罰，以度付三官，推之可不慎乎。」（2.4a）

❹　《真誥》：「然面目亦有毀壞者，猶氣亦有喪失。要人之所惜，常在於面

　　對於立志修煉僊道的人，若有痼疾或患病的就必須先治好病，然後採用服餌行氣，養神存思等方法，重新構築身體的健康基盤。禁止一切可能使體內精氣發生漏泄的行為，男女媾交、無益排精自然不在話下。為了避免唾液、氣息的損失，甚至連哭泣、大聲說話也屬禁忌之列。**❹**對於存思內觀的修道者，裴君要求說：「夫真者都無情慾之感，男女之想也」（6.14a）。南極夫人也告戒說：「愛慾之大者，莫大於色，其罪無外，其事無赦」（6.9b）。絕對禁止性的行為，以尊敬與畏服之念存思與神女純愛的情景，經過反復地存思內觀，自然地從內心徹底排除淫穢之念。這就是以所謂「以毒攻毒」的修行法，實現成僊化神的目的。

　　不斷積累精氣的另一個目的就是提高耳朵與眼睛的功能。《真誥》把耳朵與眼睛看成直接關係修道成敗的重要器官，所謂

> 耳目是尋真之梯級，綜靈之門戶，得失繫之而立，存亡須之而辨也。（9.6a）

目。慮有犯穢，次及四肢耳。若使惜氣常為一身之先急，吾少見其枯悴矣。案此所云氣，蓋是房中精氣之氣，非呼吸之氣。」（6.11b）

❹　《真誥》：「夫學生之道，當先治病，不使體有虛邪及血少腦減津液穢滯也。不先治病，服食行炁無益於身」（10.18a）；「夫學生之夫，必夷心養神，服食治病，使腦宮填滿，玄精不傾」（10.18b）；「學生之人，一接則傾一年之藥勢，二接則傾二年之藥勢，過三以往，則所傾之藥都亡於身矣。是以真仙之士常慎於此，以為生生之大忌。夫學道唯慾嘿然養神，閉氣使極，吐氣使微，又不得言語大呼喚，令人神氣勞損」（10.19a）；「學生之法，不可泣淚及多唾泄，此皆為損液漏津，使喉腦大竭。」（10.20a）

表明交感神靈必須要有敏感的聽力和洞徹的視力。修道者只有具備超越的感覺，才能盡快察知凡人所聽不見、看不到的信息。❷精氣不足必然會降低耳目的功能，產生耳鳴、重聽、幻聽、眼花、目眩等症狀。這些都給交感神靈帶來不良影響，所以有必要盡快消除過視、過聽、憂鬱等問題。❸上清派重視《黃庭內景經·腎部章》所說的「（腎）主諸六腑九液源，外應兩耳百液津，蒼錦雲衣舞龍幡，上致明霞日月煙」❹，認識到津液對耳目功能所發揮的重要作用。唾液的流失同樣影響體內精氣的蓄積，招致腦髓不足而引起耳目功能的減退。❺採用各種修煉方法以提高耳目的功能，如「真人常居內經」（9.7a）所示的按摩顏面穴位等法也都屬於上道。

由於禁止使用傳統的房中術，所以不僅要重視平常積累自己體內所產生的津液與精氣，而且要探求如何增進化生津液的方法。《黃庭內景經·隱藏章》說：「兩神相會化玉漿，淡然無味天人糧」❻，《外景經·下部經》也說：「兩神相得下玉英，上稟天氣

---

❷ 《真誥》：「耳目便精明，久為之徹視千里，羅映神靈，聽於絕響者也，此亦真仙之高道，不但明目開耳而已。」（9.11b）

❸ 《真誥》：「仙真之道，以耳目為主，淫色則目闇，廣憂則耳閉，此二病從中來而外奔也。……慾得上通徹映，旁觀鬼神，當洗心絕念，放棄流淫，所謂嚴其始矣。」（9.11a）

❹ 《道藏》第 4 冊，頁 851。

❺ 《素問》脈要精微論：「頭者，精明之府」，「夫精明者，所以視萬物，別白黑，審短長。以長為短，以白為黑，如是則精衰矣」（《中醫四部經典》，頁 19）。《靈樞·海論》：「腦為髓之海，……髓海不足則腦轉耳鳴，脛痠眩冒，目無所見，懈怠安臥。」（《中醫四部經典》，頁 155）

❻ 《道藏》第 4 冊，頁 867。

命益長。」❹務成子解釋：「金醴、玉英，口中之津。」❹存思二
景相愛就是促進體內津液化生的一個重要方法，而且古道者的實踐
表明，這種形式的存思內觀可以刺激體內的唾液分泌。❹《周易參
同契》說：「近在我心，不離己身，抱一毋舍，可以長存」，並且
提倡心中存思交感異性之神，類似男女媾交，旨在不斷吞嚥沸溢的
津液並促進氣化，使津液從頭至腳進行反復循環。❺這說明在相當
早的時期，神僊方士就開始探索以體內產生的津液，結合存思、氣
化等作用煉製內丹的方法。

　　《備急千金要方·房中補益》篇極力推崇房中術，並把還精補
腦術、存思法、胎息法等溶為一體，應用於房中術修鍊之中。孫思
邈引用〈仙經〉提出男女共同修行房中術，利用存思行氣使精氣沿

---

❹　同上，頁 877。

❹　同上，頁 853。

❹　《真誥》中多數提到的《玉佩金鐺經》：「存玉女之口津液，令注我口中，
　　我又漱滿而隨咽之，又九十遍止，靜心思感行之，務多不復有限也。」
　　（《道藏》第 1 冊，頁 904）現代醫學認為，唾液腺接受交感神經與交感神
　　經的雙重支配。副交感神經內含乙醯膽鹼和血管活性腸肽，前者能引起唾液
　　分泌，後者可舒張血管，增加唾液線的血供，增強膽鹼受體的親和力，結果
　　引起唾液線分泌大量稀薄的唾液。交感神經則只能分泌少量粘稠的唾液。

❺　《道藏》第 20 冊，頁 115。《周易參同契》：「月受日化，體不虧傷。……
　　男女相須，含吐以滋，雄雌錯雜，以類相求」（同上，頁 110）；「證難以
　　推移，心專不縱橫，寢寐神相抱，覺悟候存亡。……修之不輟休，庶氣雲雨
　　行，淫淫若春澤，液液象解冰，從頭流達足，究竟復上昇，往來洞無極，怫
　　怫被容中」（同上，頁 109）。

脊椎向上逆流變成日月，然後又混合為一融入丹田。❺這與《抱朴子·微旨》篇記述的先師傳授「真人守身煉形之術」的口訣非常相似。口訣文云：「夫始青之下月與日，兩半同昇合成一，出彼玉池入金室。大如彈丸黃如橘，中有嘉味甘如蜜，子能得之謹勿失。既往不追身將滅，純白之氣至微密，昇於幽關三曲折，中丹煌煌獨無匹，立之命門形不卒，淵乎妙矣難致詰。」❺說是先師所傳的口訣，實為《九皇上經》的一段經文。後來有人又把這一段口訣文編入《諸真論還丹訣》，稱為〈容成公內丹歌訣〉並加以注釋，收錄於《道藏》洞真部方法類部分。❺

綜合地應用還精補腦、存思、胎息等方術，可以在自身中修煉出使人感到有形、有色、有味的陰丹靈藥。〈許遠游與王儀之書〉中又把這種陰丹叫作「交梨火棗」。《雲笈七籤》卷五十六「元氣論」中也收錄類似上述的口訣文，其後注：「交梨火棗生在人體之中，其大如彈丸，其黃如橘，其味甚甜，其甜如蜜，不遠不近，在於心室。」❺隨後的〈許遠遊與王羲之書〉，也認為交梨火棗是體內制作的一種陰丹。《真誥》：

---

❺ 《備急千金要方》卷二十七〈房中補益篇〉：「〈仙經〉曰：令人長生不老，先與女劇，飲玉漿，玉漿口中津也。使男女感動，以左手握持，思存丹田中有赤氣，內黃外白變為日月，徘徊丹田中，俱入泥垣，兩半合成一團。」（臺北宏業書局，頁489，1987年）

❺ 《抱朴子》，頁47。

❺ 有學者推測此經文是宋元時代的人編輯的（朱越利《道藏分類題解》，華夏出版社，頁333，1996年）。

❺ 《道藏》第22冊，頁387。

　　玉醴金漿；交梨火棗，此則騰飛之藥，不比於金丹也。
（2.19a）

認為交梨火棗不同於金丹，「色如乾棗，而形長大，內無核，亦不作棗味，有似於梨味耳」（1.13a），但同樣具有強力的昇天效果。火棗自古就是神僊嗜好的餌果，交梨在後世內丹中是修煉金液還丹的重要原料。❺❺但從《真誥》的記述可知，交梨火棗不是二種不同的東西，而是指一種內煉而成的陰丹。《真誥》已經把植物的果實抽象為無形的靈丹，這對後世丹道學的發展予以很大的影響。

　　《真誥》說：「火棗交梨之樹，已生君心中也」（2.19b），把內鍊的交梨火棗比喻生長於心中神木所結出的果實。清純的心地，

---

❺❺　火棗可能是經過加工的棗。《晏子春秋》：「昔者秦穆公乘龍治天下，以黃帝布裹蒸棗至海而投其布，故水赤蒸棗。」（《太平御覽》卷九六五，中華書局，頁 4281，1992 年）《史記》卷十二〈孝武本紀〉：「今陛下可為館如緱氏城，置脯棗，神人宜可致。」《漢書》卷二十五〈郊祀志〉：「安期生食臣棗，大如瓜。」《神仙傳》載神仙沈義，李意期等都有食棗。《真誥》的「玉醴金漿，交生神梨，方丈火棗，玄光靈芝」（2.20a）所見「方丈」一語，《雲笈七籤》卷二十六「方丈」條：「方丈洲在東海中心，西南東北岸正等方丈。」（《道藏》第 22 冊，頁 197）張伯端在《悟真篇·開篇》的「丹房寶鑑之圖」中，已把交梨列入「汞」，火棗歸於「鉛」（《道藏》第 4 冊，頁 712）。《金丹正宗》（《道藏》第 24 冊，頁 188），《還真集》（《道藏》第 24 冊，頁 101）等後世內丹專著也都把交梨火棗作為內丹的藥物異名。陳致虛總結了內丹藥物的異名說：「如丹所言藥之內名者，曰魂月魄、庚虎甲龍、水銀朱砂、紅鉛黑錫、黃芽白雪、蛇女嬰兒、金液流珠、華池神水、交梨火棗、鳳髓龜精，此皆藥之內名也。」（《道藏》第 2 冊，頁 401）

滋潤的津液，均緩的呼吸，調和的身心都是內丹修煉必須的條件。基於應用自然鑛物燒鍊黃金丹藥的漫長歷史，借用古代化學技術的實踐經驗，探索使用身體的技法，以津液與精氣作為原料在自己的心中修煉陰丹靈藥。總而言之，如何把《老子》的陰陽化生思想導入儸道修行，這對發展守一法來說是一個重要的課題。《真誥》以存思內觀二景相愛的方法取代傳統房中術的男女交接，目的在於促進體內津液的化生，利用氣化功能轉化津液為精氣，並於心中自我煉制神丹靈藥。這種利用自身的兩性以實現「積精治身」的目的，也可以說是一種變相的房中術，所以又稱之為「存思內觀房中術」。楊羲交感九華真妃的期間，所謂「妃先以一枚見與」（1.13a），這枚交梨火棗實際上就是他在自身心中修煉而成的陰丹。

四、存思內觀與有待無待

楊羲與九華真妃結為夫婦，與眾儸真共歡同度初夜。眾真先行，真妃少留之後惜別楊君，「持手而下床，未至戶之間，忽失所在」（2.2b），宛如夢中發生的情景，但一切清晰可視。《世說新語·文學》篇提到大約與楊、許同年代的衛玠，曾「問樂令夢，樂云是想。」❺❻但是，存思見神與作夢顯然有很大的差別，它開始可能有存在「想」的因素，為了消除這些因素必須接受長期的修道訓

---

❺❻　《諸子集成》新編十，頁 626。鄭玄《周禮·大卜》注：「夢者，人精神所寐。」

練。《真誥》描寫人神夫婦純愛的場面好用「景」字，如「對景之好」、「雙景遠飛」、「內冥偶景」等等。《太平經鈔乙部》所載「懸象還神法」，即把神像掛軸懸掛窗口然後迎光存思。《黃庭內景經》把體內臟腑器官神格化，各有姓名、服裝等示其形像，以便於存思內觀。對於「景」的解釋，同經《務成子注敘》說：「其景者，神也。」❺❼有學者推測「二景者，疑指日月之二景」。❺❽也有學者認為「二景是指人身內之陰陽」，《真誥》的二景好像是意味著兩個人的靈魂。❺❾我們對此二景的理解是：名為存思見神中的相愛之男女，實喻修道者自身中的整合之陰陽。

　　圍繞景與「有待」的議論早見於《莊子・齊物論》篇，但《莊子》通書未見「無待」之詞。有學者認為有待和無待這個哲學範疇，是郭象在《莊子注》中首先提出的❻⓿，使它成為魏晉玄學的一個重要的哲學命題。《逍遙遊注》對「夫列子御風而行……猶有所待者也」一文注釋：「非風則不得行，斯必有待也。唯無所不乘者無待耳」❻❶，從「有待」引出了「無待」。所謂逍遙不單純是行為，更重要的是指人的思維方式。有學者指出郭象認為人之所以不能逍遙的主要原因，在於「羨慾」或「跂尚」之心，也就是心懷

---

❺❼　《道藏》第 22 冊，頁 62。

❺❽　王明《道家和道教思想研究》，中國社會科學出版社，頁 361，1984 年版。

❺❾　Max Kaltenmark：《「景」與「八景」》，《福井博士頌壽記念東洋文化論集》，早稻田大學，1969 年版，頁 1148 以及頁 1153 的注 6。

❻⓿　有關「無待」參照劉笑敢：《莊子哲學及其演變》，中國社會科學出版社，頁 137－142，1987 年。

❻❶　《景印文淵閣四庫全書》第 1056 冊，臺灣商務印書館，頁 6，1986 年。

「是非」。⑫他在《齊物論注》中提出「遣是非」的具體方法，「既遣是非，又遣其遣，遣之又遣之，以至於無遣，然後無遣無不遣，而是非自去矣」⑬，通過自己心中反復地「遣」，就可能到達無是非的心態。《莊子注》中隨處可見「自得」、「自知」、「自明」、「自爾」、「自能」、「自貴」、「自取」等以自我為中心的詞語用例，這也表明郭象強調自我變易的重要性。

　　《莊子・齊物論》篇道出景與「罔兩」的困惑心情。它是一種憑籍他者而存在的有待心態。莊周以夢中變成胡蝶之例解釋，並提出「物化」之說。夢無疑屬於一種人的精神活動，睡眠中無夢與有夢可以表示不同的身心狀態，但是夢又不是形體與精神所能自由地生產或控制。郭象在《齊物論注》中發展了物化說，提出「獨化於玄冥之境」的理論。他認為包括景、罔兩在內的萬物都不是造物主所制，它們各自發生，存在於天地之間，而且各自發展與變化，彼此之間相因而不相待，故云：「故彼我相因，形影俱生，雖復玄合而非待也。」⑭李約瑟很讚賞郭象的《莊子注》，在引用《莊子》「罔兩問景」一文時指出：它們之間不受意識控制，其一切效果的完成也不需要任何意識。⑮我們認為也可以從這種意識與無意識的心理學觀點，去理解有待與無待的問題。

　　《真誥》云：

---

⑫　馮友蘭《郭象「莊子注」的哲學體系》，《中華學術論文集》，中華書局，頁 573，1981 年。

⑬　《景印文淵閣四庫全書》第 1056 冊，頁 14。

⑭　同上，頁 19。

⑮　李約瑟《中國科學技術史》，中華書局，頁 327、357，1975 年。

　　夫處無用於囂塗，乃得真之挺撲。任凡庸以內觀，乃靈仙之
　根始也。（2.9b）

　所謂「內觀」，不是有意識地存思某種特定影像化之神，而是盡可
能實現在無意識之中內觀見神、交感神靈，傾聽神靈的呼喚，領受
神靈的誥語，達到化俗成真的目的。靈媒楊羲生性淵懿沈厚，虔誠
信教，並有通靈的素質。他在降神活動中，以存思內觀、交感神
真、人神婚戀、誥授經言、吟詠詩文等方式，誘導世族官僚的許謐
等參加修道實踐。楊羲初期也許肩負著信士的期待，在意識之中開
始存思內觀，隨著心中雜念的逐漸清除，最終使自己的肉體與精神
同至無慾的境界。他以純潔而敬畏之心，追求「完全的女性」，意
外地與神女結成婚緣。

　　但是，許謐和右英王夫人的緣談與楊羲、真妃的情況不同，進
展得不很理想，其原因主要在於許謐身上。首先，其「婦亡後，更
慾納妾」（4.3a），難免在修道之中出現動搖。其次，他是接受楊羲
傳達的誥語，為了實現與神女交感，只能根據楊羲所給的暗示在自
己心中描畫意想。不用說這是一種有待，也就是以期待的心情存思
內觀。而且他年過六十，希望早日得到交梨火棗。❻為了成全他們
的婚緣，十位神僊不遠千里聚會茅山山堂，作歌吟詩以示聲援。對
於神真們深澀難解的詩篇，有學者認為是探討神僊究竟是什麼樣存

---

❻　《真誥》：「性甚寬仁，而所聞急，而應物速者，更違旨耳，火棗事未宜問
　　也。」（2.16a）

在的問題。❻縱觀這些詩篇不外涉及兩個方面的內容：一是暢情敘述神僊乘風踏雲逍遙天空，從天上看到地面的名山秀嶺，以及相會於茅山的歡樂心情，這也是詩編共有的背景。二是邀請眾真制作詩歌的真正目的，就是圍繞著有無兩待的問題發表各自的意見。我們簡單地介紹詩編的共同背景，重點放在討論有無兩待的詩句，從中探索存思內觀、見神修道所要具備的思想、修煉原則，以及處理存思中所出現相關問題的心得。

首先，右英王夫人唱：

> 駕欻敖八虛，徊宴東華房。阿母延軒觀，朗嘯躡靈風。我為有待來，故乃越滄浪。（3.2b）

詩句描述右英夫人受著王母的期待，踏風乘雲穿越滄浪而來，旨在勸告許謐斷念取妾，專心存思內觀修真以躍身僊界。為此邀請眾神真出謀獻策，議論解決許謐的有待心緒。❻紫微夫人詠：「乘飆溯

---

❻ 據陶弘景的考證：「右英王夫人從七月三日四日頻夕降也。」（2.11a）右英在七月二十六日的長文詰語中表揚許謐才華的同時，勸告他「然穢思不豁，鄙處內固，淫念不漸，靈池未澄，將未得相與論內外之期，況二景之交耳。夫失機者貴在能改，相釋有情，今無妨矣。」（2.17b）七月二十八日晚又送詰詩勉勵許謐：「……咸恒當象順，攜手同袞帶。何為人事間，日焉生患害。」（2.18b）八月七日夜，關於交梨火棗又傳詰語：「仁侯體未真正，穢念盈懷，恐此物輩不肯來也。……火棗交梨之樹，已生君心中也。心中猶有荊棘相雜，是以二樹不見不審。」（2.19a）八月十七日夜再傳詰語：「道易聞而患不真，書易得而患不行，若專如此，大天之中盡真仙比肩也，我亦無

九天，息駕三秀嶺，有待徘徊眄，無待故當淨，滄浪奚足勞，孰若越玄井。」（3.3a）詩句表示理解右英王夫人的心境，認為有無兩待的人會出現不同的行動，可能與他們各自不同的經歷有關，並希望她繼續努力引導。桐柏山真人吟：「寫我金庭館，解駕三秀畿，夜芝披華峰，咀嚼充長饑。高唱無逍遙，冬興有待歌，空同酬靈音，無待將如何。」（3.3a）詩句敘述自己來茅山的經過，似有替代許謐表白心境，認為以有待與神靈交感的人心中無法逍遙，同時為能否到達無待的境界而感到困惑。

清靈真人詠：「朝遊鬱絕山，夕偃高暉堂，振轡步靈峰，無近於滄浪，玄井三仞際，我馬無津梁，儵欻九萬間，八維已相望，有待非至無，靈音有所喪。」（3.3a）詩句描述自己遠方而來的感想，認為未能超越有待的修道者，交感神靈可能存在一定的局限性，並

咎於不能為者。」（2.20b）許謐回信右英並反省：「穆奉被音告，頻煩備至。……穆沈滯流俗，豈忘拔跡，輒已誓之中心，思為階漸，考室東山，栖景林壑，此志必也，此舉決也。……穆愆穢未蕩，俗累未拔，胸心淳濁，精誠膚淺，未敢預聞。南真哀矜，去春使經師授以方諸洞房步綱之道，八素九真，以漸修行，不敢息懈。九真至須幽靜，人事雜錯，患在不專耳。……夫人垂恩所賜，自可徐徐須移東山，然後親授。」（2.21b）八月二十二日夜眾儔真舉行「有無兩待」的詩歌會。隨後右英又繼續傳送誥文。許謐在回信中說：「穆惶恐言，沈染鄙俗，流浪塵昧，罪與年長，愆隨日積，幸遭玄運，靈啟其會」（3.11b），報告自己認真反省與努力修道的近況，同時放棄取妄之心。這可以說是世界上最早的有關心理學的研究資料。右英王夫人是勸導師，而且美貌熱情，以神話誘導許謐修真。許謐以書信的形式表白（confession），闡釋（elucidation）自己的變化，接受右英等儔真的輔導（education），反復自我反省、自我認識、自我轉化（transformation），其中保存著一份非常珍貴有關心理分析的案例報告。

為能否到達無待的世界而感到疑問。中候夫人唱：「龍旂舞太虛，飛輪五嶽阿，所在皆逍遙，有感興冥歌，無待愈有待，相遇故得和。滄浪奚足遼，玄井不為多，鬱絕尋步間，俱會四海羅，豈若絕明外，三劫方一過。」（3.3b）詩句除安慰遠方而來的右英王夫人外，認為有待與無待猶如天地之遠近，人生之長短，似乎表面上存在著差異，無待優越於有待，但它們之間的關係並非絕對，相遇之後是可以進行調和、整合。

昭靈李夫人詠：「縱酒觀群惠，儵忽四落周，不覺所以然，實非有待遊，相遇皆歡樂，不遇亦不憂，縱影玄空中，兩會自然疇。」（3.3b）詩句似乎是在無待的世界實現與神靈交感的體驗之談，並表明存思修道、交感神靈所必須具備的正確態度。這是直接關係到交感神靈的成敗，也是能否收到精神修行效果的基本原則。九華真妃吟：「駕欻發西華，無待有待間，或眄五嶽峰，或濯天河津，釋輪尋虛舟，所在皆纏綿，芥子忽萬頃，中有須彌山，小大固無殊，遠近同一緣，彼作有待來，我作無待親。」（3.4a）這使人聯想起有名的佛經《維摩詰經》不思議品第六中，「諸如來諸菩薩有八不思議門，得知此門者，以須彌之高廣入芥子中無所增減」❻❾一節。這是認為有必要像對待大小、遠近等問題一樣，對待有無兩待這個命題。修道者不可能都像楊羲那樣具有通靈素質，他們有的

❻❾　《大正新修大藏經》卷四七四，大正一切經刊行會，頁 527，昭和 3 年。此經又名為《維摩詰所說不思議法門經》、《普入道門經》等，據說在社會上流傳非常廣。本經為二卷或三卷本，其內容共分十四品，但卻以「不思議品」為經名，可見此節內容的顯要性。本經為避難於三國·東吳的支謙所譯，不能排除它對道教社會的影響。

（可能指許謐）與其說修道，不如說更關心得到交梨火棗之類飛天靈藥。可以說此詩既是給右英夫人的助言，同時也是給修道者的重要傳言。

太虛南嶽真人唱：

> 無待太無中，有待太有際，大小同一波，遠近齊一會，鳴絃
> 玄宵顛，吟嘯運八氣，奚不酣靈液，眄目娛九裔，有無得玄
> 運，二待亦相蓋。（3.4a）

詩句認為如大小，遠近等表面上存在著差異一樣，有無兩待的世界似有太無和太有之別，但兩者之間的關係都是相對而非絕對。萬物自身有著玄妙的運動特性，有無兩待之間可以互相調和與整合。方諸青童君「偃息東華靜，揚軒運八方，俯眄丘垤間，莫覺五嶽崇，靈阜齊淵泉，大小互相從，長短無少多，大椿須與終，奚不委天順，縱神任空同」（3.4b）的詩句中，所用的典故與《莊子》有密切相關，不僅是大小、長短，也言及成長萬年以上的大椿。所有這些差異都是相對的，正如《齊物論注》所示：「天也者，萬物之總名也。……故物各自生而無所出焉，此天道也」❼，包括有無兩待在內，所有事物都能順其天性而逍遙。

南極紫元夫人吟：

> 控飆扇太虛，八景飛高清，仰浮紫晨外，俯看絕落冥，玄心

---

❼　《景印文淵閣四庫全書》第 1056 冊，頁 10。

　　　空同間，上下弗流停。無待兩際中，有待無所營。體無則能
　　　死，體有則攝生。東賓會高唱，二待奚足爭。命駕玉錦輪，
　　　舞鑾仰徘徊，朝遊朱火宮，夕宴夜光池，浮景清霞秒，八龍
　　　正參差，我作無待遊，有待輒見隨，高會佳人寢，二待互是
　　　非，有無非有定，待待各自歸。　(3.4b)

詩歌的前半部敘述前來聚會的歡樂情景，認為不必為兩待而爭執，
有待無所運營而自化，無待的世界寬廣無限。其中，以生死比喻有
無兩待的詩句，使人聯想郭象《至樂注》的「所謂齊者，生時安
生，死時安死」❼一文。詩的後半部認為修道存思內觀，在有無兩
待的世界都可能與神女交感，出現人神相愛。有無兩待似乎各有不
同的歸屬，但兩者之間並不存在不可逾越的界限。全詩暗示修道的
關鍵在於修道者自身的認識，一切皆由修道者自心而定。

　　楊羲生性冥通神靈，心地純誠而敬畏神女，可以在無意識之中
與神女交感。這對於動搖於官界與宗教界之間的許謐來說，的確不
是一件易成之事。集中自己的意念，按楊羲傳授的形象在心中意
象、閉目內視。反復存思內觀，也可以說是一種冥想法。心理學家
榮格認為冥想法的修煉，特別在濃厚的宗教環境中就更容易收到效
果。❼❷從意識開始逐漸向無意識領域昇華，加深自我認識，促進自
我完善、自我超越，這並非簡單之事。不僅要有堅定的修道信念，

---

❼　同上，頁90。

❼❷　榮格著，湯淺泰雄譯《東洋的瞑想の心理學》，創元社，頁 240，昭和 60
　　年。

有時必要依靠外部威嚴者的誘導，就像神真聚會茅山，以文人、官僚喜愛的詩歌形式誥授僊真們的心得，加深修道者對有無兩待的理解，使他們感到信服，從中得到啟示。此後，許謐不斷增強修道求真的信念，反復自我反省、自我完善，斷念取妾就是一個可喜的收效。❼❸

　　古代的文人社會有著憧憬女神的傳統。以宋玉的〈神女賦〉為首，曹植的〈洛神賦〉，陳琳、王粲、楊脩、張敏的〈神女賦〉，謝靈運的〈江妃賦〉等優美的詩篇，都寄託著他們對神女的強烈思慕之情。這種崇拜神女的觀念深深地扎根於文人的深層意識。降臨於楊羲的神女中除魏夫人以外，紫微夫人、紫元夫人、右英王夫人、九華真妃等人，可能都是只有十三、四歲的貞潔少女。這些純真無垢、個性豐富、充滿熱情的淑女，給生活於充滿動亂不安的時代，動搖於官界和宗教世界的江南豪族、文人，可以帶來溫馨的安慰、無限的希望。神女們不僅外表美貌、香氣漂溢，而且在素與女人無緣的高深玄學之中，才氣橫溢、詩文雅致。這些才女正是他們所追求精神上的理想伴侶。

---

❼❸　陶弘景注：「長史婦亡後更慾納妾，而修七元家事，最是所禁，故屢有及之。」（4.3a）許謐云：「竊懼熠燿之近暉，不可參二景之遠麗，嗟彼之小宿，難以廁七元之靈觀。……自奉教以來，洗心自勵，沐浴思新，其勤獎也。標明得道之妙致，其檢戒也。陳宿命之本迹，淫客所以喪基，鄙滯所以伐德。」（3.17a）

五、結　論

　　房中術是基於陰陽生化與「積精治身」的思想，逐漸發展成為一種修煉僊道不可缺少的傳統道術。❼但是楊、許集團以神真誥授的形式，公開批判舊天師道教團創制的黃赤混氣房中道術。在房中術盛行的時代，他們首次提出嚴禁使用房中術，甚至在存思內觀、交感神女之中，也不允許出現瞬間的淫念。這些措施對於新興的道教組織來說，完全可以收到標異立新的效果。他們極力開拓自己的精神境界，應用傳統的守一法、神女傳承等，把存思內觀、通靈見神發展成為一種新型的修道之術。這不但可以迎合東晉上流社會的宗教意向，擴大教團對政治與社會的影響，而且在造作上清派的道經，培養新興宗教領導人也起著重要的作用。

　　創制存思見神、人神相愛，是為內觀個性豐富的「完全的女性」，與神女易心交流，議論嶄新的夫婦形式，發誓真心相愛，實踐精神之愛。這是超越肉體之性、生殖之性，追求完全淨化的精神之性，同時也是從有待實現無待的精神境界，獲取自我超越的清修之道。為了實現與神靈交感，首先必須蓄積體內所有的精氣，以提高視覺、聽覺等感覺功能。通過各種形體的修煉不斷強化自己的信念。堅持以清純的心靈存思二景相愛，促進體內津液的化生與氣化，累積精氣以修煉神丹靈藥，即具有強力飛天效果的交梨火棗。這種利用自身的兩性以實現「積精治身」的目的，可以認為是一種

---

❼　拙文《馬王堆漢墓の房中養生の竹簡についての研究，古代房中術の成立を中心に》，《中國出土資料研究》第 5 期，2001 年。

變相的房中術，故又稱之為存思內觀房中術。這種在自我心中修煉
陰丹的方法顯然受到《周易參同契》的影響，而存思二景相愛、修
煉交梨火棗的實踐，不管是身體的修煉技術，還是精神的思考方
式，都深刻地影響後世內丹學的發展，可以說開後世丹道所謂「神
交體不交」之先河。

　　存思內觀、交感神靈是一個從有待向無待超越的過程，宛如從
意識向無意識領域的自我昇華。這種思想的根底流淌著郭象的自生
獨化而無待的理論。存思內觀、人神相愛是舊來巫祝憑神、神女傳
承所無法比擬的。它是依靠修道者的信念與自覺，通過自力修行、
自我認識、自我反省、自我改造以實現理想的精神境界。存思內觀
與異性之神交感，可以最大限度地暴露自身中的異性成分，加深認
識未知的部分以發揮自己的潛力。通過反復認識自身中的異性，調
和身中的陰陽兩性，這對完善自己的人格具有非常重要的意義。而
且，與異性之神相愛、結婚，使隱藏身中曖昧的兩性狀態❼⑤產生有
機的結合，自身的陰陽得到重新整合與統一，這也就是完成自己身
中陰陽的「兩半合一」。所以說在《真誥》中，保存著一份非常珍

---

❼⑤　《老子》第四十二章：「道生一，一生二，二生三，三生萬物，萬物負陰而
　　抱陽。」這是演釋宇宙生成，天地萬物發生的原理。人同樣據陰陽生化的原
　　理而繁殖，世代傳延。同時在一個人（男或女）身中也存在著陰陽，即男性
　　和女性雙方的特性。如《太平經》云：「天地之性，陽好陰，陰好陽，……
　　陽者以其形反為陰形，陰者以其形反為陽形，……陽者若陰人身也，陰者若
　　陽人身也。」（《太平經合校》，頁 449）這不僅是說男求女，女追男的兩
　　性之間的一般關係，而且男或女的自身之中也存在陰陽兩性。所謂「陽者若
　　陰」、「陰者若陽」只是身中的陰陽出現了偏頗的現象。這也是「天地之
　　性」，即自然界中存在的一種普遍規律，在一般人群中都可以見到。

貴的心理分析的案例報告。

　　陶弘景三十四歲接替了孫遊岳的地位，將道教組織的興世館從喧嘩的京城建康移往清靜的茅山。他為準備與先進入茅山的尊尚《靈寶經》的道教勢力抗爭，以及建樹新興上清教團的形象，開始著手編纂《真誥》。在編集之際，他特別顯彰有關人神相愛與姻緣的誥文，目的在於加強顯示上清派和神僊世界的聯繫，同時把書寫的經文視為神真的誥授，以抬高上清道經的價值。他以注釋誥語的形式，有意貶低修行房中術的道士與神僊，暴露他們因使用房中術以致影響僊界的地位，以表明自己堅決反對房中術的立場。他迎合了梁武帝的佛教信仰，目的在於利用政治的影響以擴大教團勢力。但在他的一生之間，不斷地接受佛教的影響也是一個事實。至於他的道術觀、女性觀的形成，與他人生神妙的體驗、憧憬神女的文人深層意識結構也有很大的關係。

第八篇　星占求子房中術

一、引　言

　　求子之道也是古代房中術的一個重要的組成部分，因為《漢書·藝文志》方伎略收錄八家古代房中術專著之中，就已經出現《三家內房有子方》的書名。盡管不知其中「三家」的具體內容，但從這部佚書之名可以推定當時求子之道已經納入房中術之中。戰國中期形成的「玉閉」技術，是確立古代房中至道的一項根本條件。❶這樣，學習、掌握了房中術的人，在男女媾交之中就可以更有效地控制自己的射精。他們可以通過性行為積存精氣於自己的體內，從而成功地達到受胎健康孩子的目的。古代中國人非常熱心於求子，其特徵大體上有二：一是追求出生男兒、而且多多益善，即所謂「多子多福」。二是望子成龍，大家都期待所生的兒子能擁有「福、壽、祿」的美好命運，而且能給整個家族、宗族帶來榮華富貴。由於這種願望非常強烈，自然就會使人產生操作命運的思想。事實上，古人非常認真地對待這項生育工作，而且的確也為此付出

---

❶　拙文《馬王堆漢墓の房中養生の竹簡についての研究（古代の房中導引を中心に）》，《中國出土資料學會》第 8 期，2004 年。

了巨大的努力。

「求子之道」一語早就出現於馬王堆漢墓出土的《胎產書》。該竹簡以「求子之道曰」的引用文形式開始敘述，文中記述著想孕產孩子的夫婦必須用「九宗之草」（不詳）製作藥酒，然後夫妻倆人同飲此酒便可使女方受孕懷胎等內容。這顯然不是《胎產書》作者的經驗之談。由此可以推知，在《胎產書》成書之前的社會中，就已經存在求子受胎的專門技術。有學者推定《胎產書》是抄寫於西漢高祖及皇后呂雉執政（公元前 206－180 年）期間。❷可以推測求子受胎在很早的古代社會，就已經作為一種與生命誕生有密切相關的方術而成立。而且，從《胎產書》的抄寫延至《漢書》刊行大約三百餘年期間，既是房中術發展極為昌盛的時期❸，也是發展中的房中術和求子之道相互融合的重要時期。

《胎產書》還介紹了分別孕懷男孩與女孩的方法。比如，可以通過選擇不同的食物，採用不同的飲食方法，以及選擇掩埋新生兒胎盤場所等，以決定下次出生孩子的性別等，但文中尚未出現宣傳「男尊女卑」的思想傾向。此外，它還記述著女人月經乾淨之日開始的三天之內是受胎懷孕的最佳時期，而且第一天為男孩，第二天為女孩。此後，這種受胎之說從三天延長到六天，並且明確地規定奇數日可懷男兒，偶數日可孕女兒。《備急千金要方》和《外臺秘要方》等著名醫書也都繼承了這種說法。直至清代名醫傅山著《傳

---

❷　馬繼興《馬王堆古醫書考釋》，湖南科學技術出版社，頁 9，1992 年。

❸　拙文《多御少女の房中術に關する醫學的檢證》，《日本醫史學雜誌》，第 48 卷第 2 號，2002 年。

青山女科》仍然沿襲這種觀點。他曾建議著名學者顧炎武置妾，並傳授其在小妾月經後第三日、五日媾交。顧先生自然是白費精力，結果還是立侄兒為嗣。❹這種錯誤的受胎之說，二千年以上連綿不斷地支配著中國人的思想。傳到日本千餘年後，高井思明在文化十二年（1815）出版的《姪事戒》中質疑了這種說法。❺

　　另一方面，中國的天文曆算從一開始就和國家權力相結合，長期以來被國家所獨占，以致星占術也具有很強的國家性質。對於曆法的由來，《世本·作篇》曾留下「容成作調曆」一文。《晉書》卷十七〈律曆志〉解釋說：「軒轅紀三綱而闡書契，乃使羲和占日，常儀占月，與區占星氣，伶倫造律呂，大撓作甲子，隸首作算數，容成綜斯六術，考定氣象，建五行，察發斂，起消息，正閏餘，述而著焉，謂之調曆。」容成公不僅在天文曆數方面有很大的貢獻，而且作為房中術的一位始祖，在古代社會久享盛名而不衰。《漢書·藝文志》方伎略就記載當時國家圖書機關收藏有二十六卷本的《容成陰道》。馬王堆漢墓出土的房中養生資料《十問》第四問就是議論「容成治氣搏精之道」，其中主要論說修煉房中術，特別要「君若欲壽，則順察天地之道，天氣月盡月盈，故能長生。」❻這是強調男女媾交要遵循月亮的盈虧變化，也就是注意自然界陽氣盛衰的必要性。這種思想後為早期道教《黃書》理論所繼承。

　　房中術與生命誕生有直接相關的求子道術相結合，繼而又吸收

---

❹　顧炎武《享林文集》卷六〈規友人納妾書〉，臺灣商務印書館，1968 年。
❺　風俗原典研究會《日本の性學事始》，河出書房新社，頁 228，1989 年。
❻　馬王堆漢墓帛書整理小組《馬王堆漢墓帛書（肆）》，文物出版社，頁146，1985 年。

了當時流行的星占術，這樣就把求子受胎推向一個新的階段。古人以為應用房中術先把精氣蓄積於體內，然後選擇最佳的受胎日期、受胎時刻準確而切實地射精，就可以完全把握受胎子女的未來命運。這樣出生的子女不但不會危害家族的成員❼，同時可能給自己以及全家帶來福、壽、祿。東漢末期五斗米道教團所創制、使用的黃赤混氣房中術，就是應用當時最新的天文學成果，追求受胎生子以達到救度家庭與集團的目的。❽所以，本篇試圖使用兩漢至唐代的古代婦產科學、道教、佛教等有關資料，詳細地探討古代醫學與房中術文獻中有關求子受胎的內容，著重分析求子受胎與星占術的關係，而且特別考察這些古代文獻資料中所出現的求子受胎與曆法、月宿日等關聯性。

二、星占術與求子受胎

《漢書》卷三十〈藝文志・數術略〉云：「天文者，序二十八宿，步五星日月，以紀吉凶之象，聖王所以參政也」，認為日占、月占、五星占、二十八宿占等是構成古代天文曆法的重要組成部分，並且廣泛地應用於占卜國家政治、社會生活、個人命運等各個

---

❼ 自古有「生子不舉」之說，如《史記》卷七十五〈孟嘗君列傳〉云：「五月子者，長與戶齊，將不利其父母。」《論衡・四諱》篇亦舉例「諱舉正月五月子，以為正月五月子殺父與母，不得舉也」、並解釋說：「夫正月歲始，五月陽盛，子以此月生，精熾熱烈，厭勝父母，父母不堪，將受其患。」類似的說法古史中很多，可以參照李貞德《漢隋之間的「生子不舉」問題》，《中央研究院歷史語言研究所集刊》第 66 本，第 3 分，1995 年。

❽ 拙文《初期道教と黃赤混氣房中術》，《東方宗教》第 97 號，2001 年。

情況。古代天文學的最大目的不是科學地解明宇宙天體的真相，而是「曆象日月星辰，敬授人時」（《尚書·堯典》），即根據所觀察的各種天體現象，參與決定地上社會的政治、宗教、戰爭、農業、經濟活動等重大事務。實際上也就是把它作為輔助管理國家，策定人事的一項政治手段。他們更注意觀察星宿運行中發生的各種現象，以此預測國家政治、社會變化、自然災害、判斷有關人事的凶吉禍福。《史記》卷二十七〈天官書〉所示的二十八星宿和地上十二州的配屬，就是古代分野說的一個典型例子。

　　王充繼承孔子高名弟子子夏的「死生有命，富貴在天」（《論語·顏淵》）的天命思想，在《論衡·命義》篇提出「凡人受命，在父母施氣之時，已得吉凶矣」之說，並且還繼續解釋說：

> 至於富貴，所稟猶性，所稟之氣，得眾星之精，眾星在天，天有其象。得富貴象者則富貴，得貧賤象則貧賤，故曰在天。在天如何，天有百官，有眾星。天施氣，而眾星布精，天所施氣，眾星之氣在其中矣。人稟氣而生，舍（含）氣而長，得貴則貴，得賤則賤。貴或秩有高下，富或資有多少。皆星位尊卑大小之所授也。

這種依據星命說大講命運的富貴貧賤、也是「天人感應」思想的一個重要發展。這種星命說又被葛洪所繼承，《抱朴子·塞難》篇開篇就云：「命之脩短，實由所值，受氣結胎，各有星宿。」❾這也

------

❾　《抱朴子》，上海古籍出版社，頁 49，1990 年。

是認為受胎時的星宿已經決定了人的壽命。接著葛洪又解釋說：「命屬生星，則其人必好僊道，好僊道者，求之亦必得也。命屬死星，則其人亦不信僊道，則亦不自修其事也」❿，認為人的命運被生星和死星等所支配，不僅表現於出生後對僊道好惡的不同態度，而且直接關係到未來能否得道成僊的重要問題。但是，沒有看到有關占驗星宿與求子受胎的具體記述。

　　王相日也是一種與求子受胎有密切相關的占驗方法。根據隋朝蕭吉（公元 530－610 年）編纂的《五行大義》卷二〈論四時休王〉篇所述，自古以來就存在有「五行體休王」、「支干休王」與「八卦休王」三種不同類型的王相日。前兩者是五行之氣與兩個天干相對應的王、相、休、囚、死，從季節與時刻的陽氣變化推測人事的吉凶等；後者是以八卦之氣對應王、相、胎、沒、死、囚、廢、休，以占驗人之貴福凶禍的運勢。《論衡・難歲》篇敍述：「立春、艮王、震相、巽胎、離沒、坤死、兌囚、乾廢、坎休。王之衝死，相之衝囚，王相衝位，有死囚之氣。乾坤六子，天下正道，伏羲文王，象以治世。」這是一個有關八卦休王的例子，其中的王為旺盛，相為強壯，胎為妊娠，沒為沒落，死為死亡，囚為囚禁，廢為廢疾，休為休止之意。

　　《太平經》云：「受陽施多者為男，受陰施多者為女，受王相氣多者為尊貴則壽，受休廢囚氣多者數病而早死，又貧極也。故凡人生者，在其所象何（五）行之氣，其命者繫於六甲何（五）曆，以

---

❿　同上，頁 49。

類占之，萬不失一也」❶，認為人在受胎之時，當時陽氣的強弱就決定胎兒的未來命運，接受王、相之氣者，未來可能穫得財富、地位和長壽；接受休、廢、囚之氣者，將來不好逃脫貧困、疾病、短命的命運。《五行大義》卷五〈論人配五行〉篇多次援引了《文子》的內容。《文子》曾提出：「故天地之間，二十有五人，上五有神人、真人、道人、至人、聖人，次五有德人、賢人、善人、忠人、辨人，中五有仁人、禮人、信人、羲人、智人，次五有仕人、庶人、農人、商人、工人，下五有眾人、小人、駑人、愚人、完（肉）人」，而且「其神真道至聖德賢七者，受王氣而生也。善中辯仁禮信義智八者，相氣而生也。士庶農商工五者，休氣而生也。眾小駑愚肉五者，囚氣而生也。」❷同時《五行大義》還引用《祿命訣》說：「王氣中生者，其人王相宜爵祿。相氣中生者，其人多官。死氣中生者，其人多疾病短命。」❸而且《文子》還認為：「此二十五等人，由稟五行之氣，各有優劣，故有多等，善惡不同。」❹這也就是說即使接受了王、相之氣而受胎，但因胎兒本身所持五行之氣的不同，出生後有可能產生一定的差異。

　　《養性延命錄·御女損益》篇就王相日云：「謂春甲乙，夏丙丁，秋庚辛，冬壬癸。」❺《備急千金要方·房中補益》篇和《外臺秘要方·求子法》也有同樣的記載。根據支干五行的分類：天干

---

❶　王明編《太平經合校》，中華書局，頁 424，1992 年。

❷　《續百子全書》，北京圖書館出版社，第 19 冊，頁 118、125，1998 年。

❸　同上，頁 126。

❹　同上，頁 124。

❺　《道藏》第 18 冊，文物出版社等，頁 484，1988 年。

是甲乙為木，丙丁為火，庚辛為金，壬癸為水。地支是寅卯為木，丑未為火，申酉為金，子亥為水。王相日在古代社會應用甚廣，《後漢書》卷七十六〈王景傳〉敍述的各種卦卜占驗之中、就有「堪輿日相之屬」一文。李賢注：「前書藝文志，《堪輿金匱》十四卷。許慎云：『堪，天道也，輿，地道也。』日相，謂日辰王相之法也。」⓰古人甚至認為王相也是製藥與服藥的良日，它還可以提高神僊靈藥的效果。⓱如果單純地應用天干、地支對應年月日的話，每十日兩天干，每個月大約有六天可能為王相日。這與〈御女損益〉篇所說的「凡養生，要在於愛精。若能一月再施精，一歲二十四氣施精，皆得壽百二十歲」⓲之主旨似乎存在著一定的差距。但是天干與地支同時對應五行進行類別的話，王相日在春季為甲寅與乙卯，夏季為丙午與丁巳，秋季為庚申與辛酉，冬季為壬子與癸亥，這樣三個月期間至多只能對上兩天。

　　〈御女損益〉篇指出每個「月二日、三日、五日、九日、二十日，此是王相生氣日。」⓳《千金翼方》卷十二〈養性〉篇亦云：「凡月二日、三日、五日、九日、二十日，此生日也。交會令人無疾。」⓴而〈房中補益〉篇卻說：「若合春甲寅乙卯，夏丙午丁

⓰　　《後漢書》，中華書局，頁 2466，1973 年。

⓱　　《太清經》：「凡欲合服神僊藥者，以天清無風雨，欲得王相日，上下相生日，合之神良」（《醫心方》卷二，人民衛生出版社，頁 64，1993 年）。

⓲　　同上，頁 484。

⓳　　同上，頁 484。

⓴　　《千金翼方》，宏業書局，頁 142，1987 年。

巳，秋庚申辛酉，冬壬子癸亥，與此上件月宿日合者猶益」**❹**，提倡盡量選擇王相日、王相生氣日，以及和月宿日相重合的日子，認為通過這樣多重的陽氣結合，不僅可以保全自身的健康，而且給受胎子女的未來命運也會帶來良好的影響。

有關應用星占術選擇受胎日的記載，見於〈御女損益〉篇和〈房中補益〉篇等。〈御女損益〉篇中有援引「天老曰」的長文，其內容與《千金翼方》卷十二〈養生〉篇中所說的內容幾乎一樣，也是以「天老曰」開始的引用文。《漢書·藝文志》方伎略收錄的八部房中術專著之中，已經出現《天老雜子陰道》佚書之名。但上述兩部醫書中有關的引用文是否屬此書的佚文，現階段是無法斷定的。〈御女損益〉篇中的「天老」認為人的社會地位有尊卑貴賤之分，這種差異與受胎時刻以及八星宿（室、參、井、鬼、柳、張、心、斗）的運行位置有著密切的關係，而且根據受胎情況可以分之為上、中上、中及下（凡人）四個類型。具體地說，既「合宿」又「得時」，也就是兩者完全一致的受胎者為上等；不「合宿」而「得時」的為中上；「合宿」而不「得時」的為中等；既不「合宿」也不「得時」的為下等凡人。

所謂合宿，就是八星宿重合於月宿日之日，即選擇月宿日與八星宿相重合的日子進行媾交而受胎的孩子。正如該書所說：「合宿交會者，非生子富貴，亦利己身，大吉之兆。」**❷**這是認為選擇這種重合之日進行媾交而受胎出生的子女，即使不能成為占有財富與

---

❹　《備急千金要方》卷二十七，宏業書局，頁491，1987年。

❷　《道藏》第18冊，頁484。

地位的貴人，至少不用擔心會給子女，以及自身的健康帶來任何不良的影響。所謂得時，就是選擇王相日夜半陽氣開始旺盛的時刻進行媾交而受胎的。正如該書所說：「有子皆男，必壽而賢明、高爵也」❷❸，認為這樣出生的孩子都是男的，而且一定都會長壽、生性賢明。關於八星宿的名稱，《千金翼方》稍有不同，其中以斗宿替代房宿。《養性延命錄》未收錄具體的月宿日。《備急千金要方》和唐天寶十一年（公元 752）成書的《外臺秘要方》卷三十三〈求子法〉中，都詳細地收錄著一年十二個月合計一百十九天的月宿日。可以推知，至少延至唐代中、後期，這種星占求子受胎的方法廣為人知。十二個月的月宿日具體如下所示。

正月：一日、六日、九日、十日、十一日、十二日、十四日、二十一日、二十四日、二十九日

二月：四日、七日、八日、九日、十日、十二日、十四日、十九日、二十二日、二十七日

三月：一日、二日、五日、六日、七日、八日、十日、十七日、二十日、二十五日

四月：三日、四日、五日、六日、八日、十日、十五日、十八日、二十二日、二十八日

五月：一日、二日、三日、四日、五日、六日、十二日、十五日、二十日、二十五日、二十八日、二十九日、三十日

六月：一日、三日、十日、十三日、十八日、二十三日、二十六

---

❷❸　《備急千金要方》卷二十七，頁 490。

日、二十七日、二十八日、二十九日

七月：一日、八日、十一日、十六日、二十一日、二十四日、二十
　　　五日、二十六日、二十七日、二十九日

八月：五日、八日、十日、十三日、十八日、二十一日、二十二
　　　日、二十三日、二十四日、二十五日、二十六日

九月：三日、六日、十一日、十六日、十九日、二十日、二十一
　　　日、二十二日、二十四日

十月：一日、四日、九日、十日、十四日、十七日、十八日、十九
　　　日、二十日、二十二日、二十三日、二十九日

十一月：一日、六日、十一日、十四日、十五日、十六日

十二月：四日、九日、十二日、十三日、十四日、十五日、十七
　　　　日、二十四日

因此，利用唐朝初期國家公布的「戊寅曆」貞觀二年的官曆㉔，按
順序反復地填上二十八宿的室、壁、奎、婁、胃、昂、畢、觜、
參、井、鬼、柳、星、張、翼、軫、角、亢、氐、房、心、尾、
箕、斗、牛、女、虛、危，可以制成一張二十八宿的年曆表。然
後，再按月宿日的日期依次填寫於十二個月之中，其結果如表㈠所
示。一年中八星宿與月宿日相重合的僅三十三天，兩者互相重合的
天數比較少，而且找不出什麼規律性。這些重合日占一百十九天月

㉔　根據兩《唐書》卷二〈太宗本紀〉的「貞觀元年閏三月癸丑朔」，「九月庚
　　戌朔」，「二年三月戊申朔」，「八月甲戌朔」，「三年秋八月己巳朔」等
　　朔閏日的記載。並參考陳垣《二十四史朔閏表》，中華書局，頁 84，1962
　　年。

表一 唐貞觀二年的二十八宿曆

月		1日	2日	3日	4日	5日	6日	7日	8日	9日	10日	11日	12日	13日	14日	15日	16日	17日	18日	19日	20日	21日	22日	23日	24日	25日	26日	27日	28日	29日	30日
一月	小	室	壁	奎	婁	胃	昴	畢	觜	參	井	鬼	柳	星	張	翼	軫	角	亢	氐	房	心	尾	箕	斗	牛	女	虛	危	室	
二月	大	壁	奎	婁	胃	昴	畢	觜	參	井	鬼	柳	星	張	翼	軫	角	亢	氐	房	心	尾	箕	斗	牛	女	虛	危	室	壁	奎
三月	小	婁	胃	昴	畢	觜	參	井	鬼	柳	星	張	翼	軫	角	亢	氐	房	心	尾	箕	斗	牛	女	虛	危	室	壁	奎	婁	
四月	小	胃	昴	畢	觜	參	井	鬼	柳	星	張	翼	軫	角	亢	氐	房	心	尾	箕	斗	牛	女	虛	危	室	壁	奎	婁	胃	
五月	大	昴	畢	觜	參	井	鬼	柳	星	張	翼	軫	角	亢	氐	房	心	尾	箕	斗	牛	女	虛	危	室	壁	奎	婁	胃	昴	畢
六月	小	觜	參	井	鬼	柳	星	張	翼	軫	角	亢	氐	房	心	尾	箕	斗	牛	女	虛	危	室	壁	奎	婁	胃	昴	畢	觜	
七月	大	參	井	鬼	柳	星	張	翼	軫	角	亢	氐	房	心	尾	箕	斗	牛	女	虛	危	室	壁	奎	婁	胃	昴	畢	觜	參	井
八月	大	鬼	柳	星	張	翼	軫	角	亢	氐	房	心	尾	箕	斗	牛	女	虛	危	室	壁	奎	婁	胃	昴	畢	觜	參	井	鬼	柳
九月	大	星	張	翼	軫	角	亢	氐	房	心	尾	箕	斗	牛	女	虛	危	室	壁	奎	婁	胃	昴	畢	觜	參	井	鬼	柳	星	張
十月	小	翼	軫	角	亢	氐	房	心	尾	箕	斗	牛	女	虛	危	室	壁	奎	婁	胃	昴	畢	觜	參	井	鬼	柳	星	張	翼	
十一月	小	軫	角	亢	氐	房	心	尾	箕	斗	牛	女	虛	危	室	壁	奎	婁	胃	昴	畢	觜	參	井	鬼	柳	星	張	翼	軫	
十二月	大	角	亢	氐	房	心	尾	箕	斗	牛	女	虛	危	室	壁	奎	婁	胃	昴	畢	觜	參	井	鬼	柳	星	張	翼	軫	角	亢

宿日的比率，大約只為百分之二十八。再次以二月一日對應奎宿為起點制成的二十八宿年曆表，其重合日的比率與上述結果相似。為此，我們只好繼續探索這樣兩個問題：第一，當時的民間社會曾經利用什麼樣的小曆（或俗稱黃曆）來使用這種月宿日呢？第二，這種所謂可以給受胎兒帶來好運勢的八星宿到底又是源於何處呢？

三、道教二十八宿傍通曆

早期道教五斗米道非常重視星宿、節氣等天文曆法。張道陵就是用二十八宿對應二十四節氣，以漢中蜀地為中心創建了二十四治所。東漢末期成書的《太上三五正一盟威籙》❷❺就已經言及二十四治所與節氣的關係。《老君音誦誡經》云：「吾本授二十四治，上應二十八宿，下應陰陽二十四氣，授精進祭酒，化領民戶。道陵演出道法，初在蜀土，一州之教。……從今以後，諸州郡縣男女有佩職籙者，盡各詣師改宅治氣。按今新科，但還宿官稱治為職號。受二十四治中化契令者，發號言補甲乙正中官，真氣角宿，治以亢宿氐宿房宿，二十八如法。……其蜀土宅治之號，勿復承用。」❷❻北魏的寇謙之（公元 365－448）對舊天師道進行了改革，廢除了蜀土的舊二十四治管理體系，並且推行新的治屬配置法。

二十八宿體系的歷史非常悠久。1977 年湖北省隨縣附近發掘

---

❷❺ 陳國符考證認為本書屬於《正一盟威籙》的主要部分，此籙是東漢張陵依託太上之著（《道藏源流考》，中華書局，頁 351，1986 年）。

❷❻ 《道藏》第 18 冊，頁 216－217。

了戰國初期曾侯乙墓，出土了一個四方形的漆箱。箱蓋表面的中央有一個很大的「斗」字，兩邊畫著白虎與青龍，周邊寫著二十八星宿的名稱。由此可知在公元前五世紀末期，以北斗星為中心的二十八宿體系在社會上就已經得到一定的流傳。不過，以度數表示二十八宿在天體位置的記述，可能最早出現於《史記》卷二十七〈天官書〉與《淮南子·天文訓》。《漢書》二十一〈律曆志〉以赤道為中心計算了二十八宿在天體的位置，並以具體的宿度記錄表示。東漢永元十五年（公元 103）七月接受敕命製成的黃道銅儀，才開始利用與赤道相對應的黃道觀測日、月的運行。《後漢書》志第二〈律曆中〉收錄的賈逵論述曆算的條文中，記述著二十八宿的赤道宿度和黃道宿度，並且明示二十四節氣中的太陽位置。五斗米道教團制定的二十四治所，很清楚是應用當時最新的天文曆算知識，以二十八宿對應二十四節氣。這些最新天象知識也就成為早期道教教團創制黃赤混氣房中道術的一個背景。

二十八宿體系傳統是按東西南北分為青龍七宿（角、亢、氐、房、心、尾、箕），朱雀七宿（井、鬼、柳、星、張、翼、軫），白虎七宿（奎、婁、胃、昴、畢、觜、參），玄武七宿（斗、牛、女、虛、危、室、壁）四組天象。寇謙之所說的「真氣角宿，治以亢宿氐宿房宿，二十八宿如法」，就是以角、井、奎、斗四宿作為代表，即以二至（冬至和夏至）、二分（春分和秋分）為主，設定以二十四節氣對應二十四治所的管理體系。張道陵本身鎮坐的陽平治就是與二十四節氣之首的立春相對應的。《漢書》卷二十六〈天文志〉記錄著西漢的太初曆，正月一日為營室，二月一日（春分）為奎宿，五月一日（夏至）為東井，八月一日（秋分）為角宿，十一月一日（冬至）為牽

牛。這是漢武帝太初元年由方士落下閎等人制定的，但冬至牽牛宿的度數並不準確。東晉姜岌在公元 348 年制作「三紀甲子元曆」時，重新計算冬至為斗宿十七度。但是，這個數據在此後百餘年的曆法中並未被利用。㉗

　　據說寇謙之年輕時曾經學過張魯之術。他累年演算七曜周髀時發現有所不合，故又花了七年時間跟大儒成公興學習。㉘《魏書》卷九十一〈殷紹傳〉有介紹到成公興。殷紹於太安四年（公元 458）上呈《四序堪輿》於朝廷，在他的上書表中提到曾跟隨成公興學習《九章》。成公興字廣明，自稱是膠東人。他與沙門釋曇影、道人法穆等有過親密的交往，並把這兩個人介紹給殷紹。而且殷紹也跟從他們，在深山學習《九章》與《周髀》等術數。釋曇影、法穆等人不但精通「九章數家雜要」，用以測量計算五臟六腑、心髓血脈體積等，而且也善於占驗天文與自然，精通土圭、周髀等測量技術。早有學者指出通過與成公興的關係，寇謙之、殷紹等人從佛教徒那裏學習了當時印度的天文曆算、醫藥知識等，並在道教改革中

㉗　《隋書》卷十七〈律曆志〉：「漢書武帝太初元年丁丑歲，落下閎等定太初曆冬至之日，日在牽牛初。今以甲子元曆術算，即得斗末牛初矣。晉時有姜岌，又以月食驗於日度，知冬至之日日在斗十七度。宋文帝元嘉十年癸酉歲，何承天考驗乾度，亦知冬至之日日在斗十七度。……唯晉及宋，所在未改，故知其度，理有變差。至今大隋甲辰之歲，考定曆數象，以稽天道。」

㉘　《魏書》一百十四卷〈釋老志〉：「（寇謙之）早好仙道，有絕俗之心，少修張魯之術。……後謙之算七曜有所不了，惘然自失。……謙之曰，我學算累年，而近算周髀不合，以此自愧。……（成公）興曰，先生試隨興語布之。俄然便決。謙之歎伏，不測興之淺深，請師事之。」

起了一定的作用。❷

　　《道藏》不僅收錄《赤松子章曆》、《通占大象曆星經》、《秤星靈台秘要經》等與星占術有關的道經，也收錄著用二十八宿占卜氣候的《北斗治法武威經》，以及《太上洞神五星諸宿日月混常經》等。此經敘述二十八宿、北斗星以及五星等諸星的精氣，可以變成各種各樣人的模樣出入於世間，去造就或影響世人的運勢。還有《金鎖流珠引》卷二十一把二十八宿作為命星，同時收錄著「二十八宿旁通曆」作為基本的小曆，以便觀察它們的明暗度變化，占驗吉凶災厄以解厄除難等。但是，這種傍通曆與古代印度的曆法一樣，也是不使用牛宿，所以嚴密地說只能算「二十七宿傍通曆」。「旁通曆」這個詞語也出現於沈括《夢溪筆談》卷十八，其中有「傍通曆則縱橫誦之」一文，據說是一個叫衛樸的盲人能背誦以二十八宿編成的民間小曆。

　　考慮傳統道教非常重視二十八宿與二十四節氣等關係，所以就以上述《漢書》與《隋書》等所示的二至、二分，即以二月、五月、八月、十一月與一月的初一日星宿為基本數據，並模做民間小曆以一年十二個月、每月三十天為例❸，順序地應用二十八宿的排

---

❷　陳寅恪《崔浩與寇謙之》，《嶺南學報》第 11 卷第 1 期，頁 119。

❸　佛經《宿曜經》所示的「大唐月建圖」，道教經典《金鎖流珠引》所示的「二十八宿經傍通曆」等民間小曆，皆與《金鎖流珠引》所述的「具推一周年十二月有三十日算其所本身屬宿，即從一日而始畢於三十日，隨月而配之」（《道藏》第 20 冊，頁 451）一樣，以一年十二個月、每月三十天為準。至於早期道教與雲南地方彝族歷史的關係，很早就受人關注並進行了一定的研究。具體可參閱聞一多《神仙考》（《聞一多全集》第 1 冊），向達《南詔史略論》（《歷史研究》第 2 期，1954 年），劉堯漢《中國文明源頭

列編製一張小曆，其結果如表㈡所示。我們把這種小曆暫稱為「道教二十八宿傍通曆」。三十天乘以十二個月為三百六十天，再加上餘下的四天（五月的參宿，七月的軫宿，十月的箕宿，十二月的危宿），恰好為三百六十四天，即大約一年的日數。我們注目此表中所出現的十三次的井宿，它們分別是：一月十日、二月八日、三月六日、四月四日、五月一日和二十九日、六月二十七日、七月二十五日、八月二十二日、九月二十日、十月十八日、十一月十五日、十二月十三日。暫不詳細計算它們具體的時刻，這些日期正好與道教所設定的會神之前，用蘭湯洗澡的十三次「沐浴日」的日期是完全一致的。

北周武帝（公元 561－578 年）平定北齊之後編纂的道教經典《無上秘要》❸卷六十六中，有援引《洞玄真一五稱經》的十三次沐浴日，它們都是定於井宿出現的日子。其中所明示的具體日期與時刻分別是：

新探（道家與彝族虎宇宙觀）》，郭武《道教與雲南文化——道教在雲南的傳播、演變及影響》等。此外，中國天文學史整理研究小組在涼山彝族地區調查研究發現彝族也有二十八宿體系，而且頗有獨特之處。彝族二十八宿體系有兩種：一種是最後一宿與再初一宿重合，因而實際上是二十七宿。一種是不重合，是真正的二十八宿。這兩種曆法往往交互使用（鄭文光《中國天文學源流》，萬卷樓圖書，頁 114，2000 年）。涼山彝族的彝曆一般是：一年有三百六十天，分為十二個月，每月三十天。每月上下半月，上半月為明月，下半月稱為暗月（陳遵媯《中國天文學史（3）》，上海人民出版社，頁 1510，1984 年）。

❸　《赤松子章曆》卷二「五臘日」項云：「王長謂趙昇真人曰，子知五臘日乎？趙昇真人曰，吾於鶴鳴洞侍右，聞先師與鬱華真人論之。五臘日者五行旬盡新舊交接，恩赦、求真、降注生氣、添神請算之良日也。」（《道藏》第 11 冊，頁 187）

表二　道教二十八宿通曆

月＼日	1	2	3	4	5	6	7	8	9	10	11	12	13	14	15	16	17	18	19	20	21	22	23	24	25	26	27	28	29	30
一月	室	壁	奎	婁	胃	昴	畢	觜	參	井	鬼	柳	星	張	翼	軫	角	亢	氐	房	心	尾	箕	斗	牛	女	虛	危	室	壁
二月	奎	婁	胃	昴	畢	觜	參	井	鬼	柳	星	張	翼	軫	角	亢	氐	房	心	尾	箕	斗	牛	女	虛	危	室	壁	奎	
三月	婁	胃	昴	畢	觜	參	井	鬼	柳	星	張	翼	軫	角	亢	氐	房	心	尾	箕	斗	牛	女	虛	危	室	壁	奎	婁	胃
四月	昴	畢	觜	參	井	鬼	柳	星	張	翼	軫	角	亢	氐	房	心	尾	箕	斗	牛	女	虛	危	室	壁	奎	婁	胃	昴	畢
五月	觜	參	井	鬼	柳	星	張	翼	軫	角	亢	氐	房	心	尾	箕	斗	牛	女	虛	危	室	壁	奎	婁	胃	昴	畢	觜	
六月	參	井	鬼	柳	星	張	翼	軫	角	亢	氐	房	心	尾	箕	斗	牛	女	虛	危	室	壁	奎	婁	胃	昴	畢	觜	參	井
七月	鬼	柳	星	張	翼	軫	角	亢	氐	房	心	尾	箕	斗	牛	女	虛	危	室	壁	奎	婁	胃	昴	畢	觜	參	井	鬼	
八月	柳	星	張	翼	軫	角	亢	氐	房	心	尾	箕	斗	牛	女	虛	危	室	壁	奎	婁	胃	昴	畢	觜	參	井	鬼	柳	星
九月	張	翼	軫	角	亢	氐	房	心	尾	箕	斗	牛	女	虛	危	室	壁	奎	婁	胃	昴	畢	觜	參	井	鬼	柳	星	張	
十月	翼	軫	角	亢	氐	房	心	尾	箕	斗	牛	女	虛	危	室	壁	奎	婁	胃	昴	畢	觜	參	井	鬼	柳	星	張	翼	軫
十一月	角	亢	氐	房	心	尾	箕	斗	牛	女	虛	危	室	壁	奎	婁	胃	昴	畢	觜	參	井	鬼	柳	星	張	翼	軫	角	亢
十二月	亢	氐	房	心	尾	箕	斗	牛	女	虛	危	室	壁	奎	婁	胃	昴	畢	觜	參	井	鬼	柳	星	張	翼	軫	角	亢	

正月十日人定時，二月八日黃昏時，三月六日日入時，四月
四日日昳時，五月一日日中時，二十九日巳時，六月二十七
日食時，七月二十五日早食時，八月二十二日日出時，九月
二十日雞三鳴時，十月十八日雞初鳴時，十一月十五日過夜
半時，十二月十二日夜半時。㉜

考慮小曆中所出現的井宿日和十三次的沐浴日完全一致，而且連時
刻都細算明載，以及注㉚中所列舉的西南地區彝族曾經使用過道教
小曆的歷史等，可以推知上述的「道教二十八宿傍通曆」，至少在
當時道教社會中流傳很廣。此外，唐朝以前成立的道經《赤松子章
曆》中記載有「五臘日」，這可能與早期道教的民間小曆有一定的
關係。㉝所謂五臘日就是：正月一日天臘，五月五日地臘，七月七
日道德臘，十月一日民歲臘，十二月王侯臘。因為王侯臘沒有定出
具體的日期，作為調整日使用的可能性很大。

　　以這種「道教二十八宿傍通曆」曾經在民間廣泛流傳使用為前
提，再考慮孫思邈又是唐朝初期的有名道士，而且〈房中補益〉篇
詳細地記載著月宿日，可以推測當時社會應用這種道教小曆，進行
求子受胎的可能性很大。所以，在這種「道教二十八宿傍通曆」上
按日期記入上述的月宿日，其結果如表㈡所示，八星宿和月宿日相
重合的天數很多，一年中合計為九十六天。在一百十九天的月宿日
中，這些重合日數所占的比率大約達百分之八十一。而且，可以看

㉜　朱越利《道藏分類題解》，華夏出版社，頁 349，1996 年。
㉝　《道藏》第 25 冊，頁 219。

到每個月都有連續三天以上的重合規律。這樣在日常生活中使用起來，可能既好記又方便。

四、佛經的星占術與傍通曆

佛教的星占術主要以密教為中心而展開的，其中要數「宿曜占法」最有名。它至今在日本民間社會依然很受歡迎。佛經《文殊師利菩薩及諸仙所說吉凶時日善惡宿曜經》，以下簡稱《宿曜經》可以說是宿曜占法的代表之作。根據其中的記述介紹，該經是唐朝佛教徒不空三藏在乾元二年（公元 759）翻譯的，隨後由瑞州司馬史瑤與俗人弟子楊景風於廣德二年（公元 764）編纂而成。這部佛經分為上、下兩卷。上卷收錄著楊景風利用二十八宿制作的一張稱為「大唐月建圖」的小曆。在史瑤翻譯的下卷中，收錄著古代印度式的曆算內容，也就是利用二十七宿制作「宿曜傍通曆」的具體方法。它的制作方法有兩個特徵：一是除掉二十八宿中的牛宿。二是在具體的制作上，首先決定每個月第十五日的星宿，然後把前半個月的十五天定為白月分，後半個月的十五天定為黑月分。❸這種佛教的宿

---

❸　《宿曜經》下卷：「二十七宿十二宮圖。（小注：唐用二十八宿，西國除牛宿，以其天主事之故。……）西國皆以十五日望宿，為一月之名，故二月為角月，三月名氐月，四月名心月，五月名箕月，六月名女月，七月名室月，八月名婁月，九月為昴月，十月名觜月，十一月名鬼月，十二月名星月，正月名翼月。夫欲知二十七宿日者，先須知月望宿日。欲數一日至十五巳前白月日者，即從十五日下宿，逆數之可知。欲知十六日巳後至三十日（黑月），即從十五日下宿，順數即得，但依此既定。（小注：假如二月十五日是角日，十四日是軫日，十三日是翼日。若求十五日巳後者，即十五日是角

曜傍通曆與上述道經《金鎖流珠引》卷二十一中列表記述的「二十八宿傍通曆」內容（即除外牛宿的二十七宿經傍通曆）是完全一致的，但經中明言此傍通曆為「上古大真太上老君受元始道君之教也，文書謂之二十八宿經。」❸❺

　　道經《金鎖流珠引》中沒有明確敍述這種小曆制作的具體方法與出典。但是，其中的二月、三月、四月、五月、八月、九月、十一月、十二月的第三十日星宿，分別與三月、四月、五月、六月、九月、十月、十二月、一月的初一日星宿完全相重合。這就非常清楚地表明《金鎖流珠引》是利用佛教的宿曜傍通曆制作方法編造出來的。它也就是首先決定每個月十五日的星宿，並以其為中心分出所謂的白月分（從十四日致初一日）和黑月分（從十六日致三十日為止），然後按印度式的二十七宿（昂、畢、觜、參、井、鬼、柳、星、張、翼、軫、角、亢、氐、房、心、尾、箕、斗、女、虛、危、室、壁、奎、婁、胃）以十五日的星宿為中心，兩側同時進行順序地排列。不管哪一邊的星宿出現不夠時，白月分則從這種二十七宿順序的末尾胃宿開始選接；而黑月分則從這種順序的開頭昂宿開始選接，各自依次補上不同的星宿。這樣，自然就會發生相鄰兩個月的頭尾兩天星宿重合的現象。但是，如果按照中國民間小曆的制作方法，通常以二月初一日的星宿為起點，然後根據二十八宿的順序進行排列，反復配置直至一月三十日為止。這樣就根本不會產生星宿重合的現象。綜上所

日，十六日是亢日，十七日是氐日，他皆倣此）」（《大正新修大藏經》卷一二九九，大正一切經刊行會，頁 394－395，昭和 3 年）。有關白月、黑月之說亦見於《大唐西域記》卷二。

❸❺　《道藏》第 20 冊，頁 451。

證，道經《金鎖流珠引》的作者確實盜用了印度《宿曜經》的小曆制作方法。**36**日本從宣明曆（公元 862－1684 年）開始使用印度式二十七宿體系，一直延用到江戶時代貞享改曆為止。**37**

　　另一方面，我們從《新修大藏經》檢出其中應用二十八宿占驗災害、氣候、國家，以及個人命運等內容的佛經，希望從中能查出與八星宿的由來關係。**38**首先是由竺律炎與支謙共同翻譯的《摩登伽經》，其中「說星圖品第五」詳細介紹與月亮同行的二十八宿，即以昴宿為起始的畢、觜、參、井、鬼、柳、星、張、翼、軫、角、亢、氐、房、心、尾、箕、斗、牛、女、虛、危、室、壁、奎、婁、胃，各星座的構成、形狀、祭祀時的供品、主宰之神及其姓名等等。該經「觀災祥品第六」中詳細地說明了月亮與各星宿的位置關係，和出生者的運勢，城堡的建造和繁榮，氣候與農作物的收穫，國家災難吉凶，出生者的性格等關係。在「明時分別品第七」中，說明月亮在各星宿與疾病、治療、女子身體出現黑痣的部位等關聯性，但未見有關求子受胎的星占內容。支謙在《高僧傳》

36　這部道經的開篇介紹說：「二十八宿傍通曆，仰視命星明暗扶衰度厄法。」（《道藏》第 20 冊，頁 450）但曆表中未見牛宿，實際上是「二十七宿傍通曆」。本經署名為「中華儜人李淳風序注」，但有學者推測此經乃唐代末期的偽託之作（祝亞平《道家文化與科學》，中國科學技術大學出版社，頁 139，1995 年）。也有學者推測它為宋元時期的人偽作（《道藏分類題解》，頁 124）。

37　渡邊敏夫《日本の曆》，雄山閣，頁 82，昭和 51 年。

38　與二十八宿有關的佛經年代等問題，可以參照李約瑟《中國科學技術史》第四卷《天文學》（天文學翻譯小組，中華書局，1978 年）第二十章，頁 198 注 1。

中沒有單獨的傳記，而是附隨於魏吳建業初寺康僧會傳之後。據說他是月支人，字恭明，東漢獻帝末期（公元 190－220 年）避難於東吳期間，被孫權封為博士，隨後開始翻譯佛經。竺律炎在《高僧傳》中也未被立傳，根據「魏吳武昌維祇難」傳所述，他出身於天竺，吳黃武三年（公元 224）受維祇難的邀請，在武昌開始翻譯佛經。

西晉時期沙門竺法護翻譯的《舍頭諫太子二十八宿經》中，介紹了名稱宿、長育宿、鹿首宿、生眚宿、增財宿、熾盛宿、不觀宿、土地宿、前德宿、北德宿、象宿、彩畫宿、善元宿、善挌宿、悅可宿、尊長宿、根元宿、前魚宿、北魚宿、無容宿、耳聰宿、貪財宿、百毒宿、前賢迹宿、馬師宿、長息宿計二十八宿。這些與《摩登伽經・說星圖品第五》中所載的二十八星宿名稱雖然完全不同，但根據所記述的「厥名稱宿有六要星，其形像加畫夜周行。……以酪為食，主乎火天」❸，即這個星座的星數及其構成的形狀、主宰的神格、關連的食物等等，和《摩登伽經》所示昴星座的構成，「昴有六星，形如散花，……祭則用酪，火神主之」❹等相比較，兩者的內容基本上是一致的。其他的星宿經過仔細的對比，也都得出相同的結論。該經詳細地說明各星宿與出生兒的性格、命運，還有與氣候、災害、農作物的收割情況，以及易患的疾病等關聯性，但支言未及有關求子受胎的星占內容。根據《高僧傳》記載，竺法護是月支出身，晉武帝在位時期（公元 265－290 年）途經長安，開始收集佛經並進行翻譯工作。他是一位被譽為「經法

---

❸　《大正新修大藏經》卷一三〇一，頁 415。

❹　同上，卷一三〇〇，頁 404。

所以廣流中華者，護之力也」❹的人物。

延至隋朝，由三藏那連提耶舍翻譯的《大方等大集經》卷四十一和卷四十二，就是由敍說二十八宿的構成、形狀等的「日藏分中星宿品第八之一」，和解說二十八宿占驗內容的「日藏分中星宿品第八之二」所組成。「第八之一」篇記述著有關傳授星占法驢唇僊人的奇妙故事。傳說瞻波城三摩多王的夫人由於時興與驢馬交配，出生的王子頭部像驢馬，所以就把他遺棄於山中。他被路過的驢神收養，並帶往大雪山。驢頭王子跟隨驢神長年學習聖法，修煉肉體，所以獲得到絕大神靈法力，同時驢頭也慢慢地變成了人頭，唯獨口唇無法改變，所以被稱為驢唇僊人。這顯然是為了宣傳新的星占術而編制的神話傳說。「第八之二」篇詳細地解說各星宿與誕生兒的運勢關係之外，也參雜地介紹有關受胎兒的運勢與星宿的關係。可以說在譯成中文的佛經之中，這是記載受胎星占術的最早資料。所以，從中摘選出直接與室、參、井、鬼、柳、張、心、斗八星宿有關聯的內容❹，列舉如下。

> 牛宿、奎宿、七星宿日及心宿日而受胎者，其人薄德，常作下事。
> 若以女宿、婁宿、斗宿、張宿等日而入胎者，為惡不善。
> 井宿（中略）其日生人及受胎者，宜為田作，當得大富。又饒畜生象馬羊等。
> 欲在室宿、鬼宿、翼宿、婁宿、斗宿等日受胎者吉。

---

❹　梁·釋慧皎著，湯用彤校注《高僧傳》，中華書局，頁 23，1996 年。
❹　《大正新修大藏經》卷三九七，頁 276－280。

心宿、奎宿、氐宿，此三宿日受胎者貧乏少財物。參宿、危
宿、畢宿等日受胎者，凶常作惡事。翼（宿）、胃（宿）、斗
宿此三宿日而受胎者，作事自在得他人物。

婁宿、井宿此二宿日受胎最惡。

井宿、室宿二宿之日，其受胎者從生至死常宜作事。

張宿、胃宿、箕宿之日，受胎者多有障礙。房宿、柳宿、奎
宿等日入胎者，平無有善惡。氐宿、井宿、室宿等日受胎亦
惡離散不合。

心宿之日有入胎者，無有障礙。

　　如上所述，觀其內容非常雜亂，互相矛盾的部分也很多。雖然
可以看到如井宿、心宿等與好運勢有關，但查不出什麼關聯性的規
律。根據《續高僧傳》卷二所載，那連提耶舍是北天竺相當於國王
的人物。北齊天保七年（公元 556）獲得謁見文宣帝的機會，同時被
邀請翻譯佛經。至他死去為止，共翻譯了菩薩見實、月藏、日藏、
法勝毘雲等十五部八十餘卷的佛經。

　　還有，西天竺國的婆羅門僧金俱叱在唐朝貞元十年（公元 794）
纂寫的《七曜攘災決》。有學者指出在現存的幾部有關七曜曆的佛
經之中，《七曜攘災決》與《宿曜經》要比一行撰的《梵天火星九
曜》、《七曜星辰別行法》早，而且其中的七曜曆是由印度星占術
發展而來的。它是最早按實際距離計算出天體中日、月、五星每天
與二十八星宿的交接位置，並以此每年制作曆律公開發表。❸也有

---

❸　藪內清《增補改訂中國の天文曆法》，平凡社，頁 178－184，1990 年。

表三　大唐月建圖悟通曆

	1日	2日	3日	4日	5日	6日	7日	8日	9日	10日	11日	12日	13日	14日	15日	16日	17日	18日	19日	20日	21日	22日	23日	24日	25日	26日	27日	28日	29日	30日
一月	虛	危	室	壁	奎	婁	胃	昴	畢	觜	參	井	鬼	柳	星	張	翼	軫	角	亢	氐	房	心	尾	箕	斗	牛	女	虛	危
二月	室	壁	奎	婁	胃	昴	畢	觜	參	井	鬼	柳	星	張	翼	軫	角	亢	氐	房	心	尾	箕	斗	牛	女	虛	危	室	壁
三月	奎	婁	胃	昴	畢	觜	參	井	鬼	柳	星	張	翼	軫	角	亢	氐	房	心	尾	箕	斗	牛	女	虛	危	室	壁	奎	婁
四月	胃	昴	畢	觜	參	井	鬼	柳	星	張	翼	軫	角	亢	氐	房	心	尾	箕	斗	牛	女	虛	危	室	壁	奎	婁	胃	昴
五月	畢	觜	參	井	鬼	柳	星	張	翼	軫	角	亢	氐	房	心	尾	箕	斗	牛	女	虛	危	室	壁	奎	婁	胃	昴	畢	觜
六月	參	井	鬼	柳	星	張	翼	軫	角	亢	氐	房	心	尾	箕	斗	牛	女	虛	危	室	壁	奎	婁	胃	昴	畢	觜	參	井
七月	鬼	柳	星	張	翼	軫	角	亢	氐	房	心	尾	箕	斗	牛	女	虛	危	室	壁	奎	婁	胃	昴	畢	觜	參	井	鬼	柳
八月	星	張	翼	軫	角	亢	氐	房	心	尾	箕	斗	牛	女	虛	危	室	壁	奎	婁	胃	昴	畢	觜	參	井	鬼	柳	星	張
九月	翼	軫	角	亢	氐	房	心	尾	箕	斗	牛	女	虛	危	室	壁	奎	婁	胃	昴	畢	觜	參	井	鬼	柳	星	張	翼	軫
十月	角	亢	氐	房	心	尾	箕	斗	牛	女	虛	危	室	壁	奎	婁	胃	昴	畢	觜	參	井	鬼	柳	星	張	翼	軫	角	亢
十一月	氐	房	心	尾	箕	斗	牛	女	虛	危	室	壁	奎	婁	胃	昴	畢	觜	參	井	鬼	柳	星	張	翼	軫	角	亢	氐	房
十二月	心	尾	箕	斗	牛	女	虛	危	室	壁	奎	婁	胃	昴	畢	觜	參	井	鬼	柳	星	張	翼	軫	角	亢	氐	房	心	尾

學者認為這是印度的星占術與中國古代天文學相結合的，其中中國的因素很多。❹我們從中可以看到多數占卜出生兒運勢等內容，就是未見有關占驗求子受胎的記述。該經上卷開篇就說：「與大歲五行王相合者，必生貴人。若與月五行合者，亦生貴人。若月至休廢囚死宿，所生之處多為庸人。」❺從中不難看出它受到中國五行王相說的影響。

《宿曜經》記載的「大唐月建圖」也是以二十八宿配列的小曆。考慮到佛教、佛經在唐朝社會的影響，也把上述〈房中補益〉篇的月宿日按日期記入這個小曆，其結果如表㈢所示。八星宿和月宿日相重合的天數很少，一年中合計僅有三十九天。這些相重合的日數占一百十九天月宿日的比率大約為百分之三十三，而且也看不出任何規律性。所以，我們認為當時利用「大唐月建圖」選擇求子受胎的可能性很小。綜上所證，我們可以斷定隋唐醫藥書中出現的八星宿不可能來源於佛經，完全可以排除有關占驗求子受胎運勢的內容來自印度佛經影響的可能性。

五、《堪餘經》的傍通曆

　　《醫心方》卷二十四是專篇收錄論述古代有關求子與受胎的內容，而且其中大部分是援引於《產經》一書。該卷「為生子求月宿法第十三」載曰：

---

❹　　矢野道雄《密教占星術》，東京美術，頁 144－146，1986 年。
❺　　《大正新修大藏經》卷一三〇八，頁 426。

> 《產經》云，《堪餘經》曰，正月朔一日營室，二月朔一日
> 奎，三月朔一日胃，四月朔一日畢，五月朔一日井，六月朔
> 一日柳，七月朔一日翼，八月朔一日角，九月朔一日氐，十
> 月朔一日心，十一月朔一日斗，十二月朔一日女。

這明白地表明《產經》是利用《堪餘經》的傍通曆星占生子，而且
根據所述的內容可以認為，這也是一種由二十八宿構成的小曆。緊
接著就是說明《堪餘經》傍通曆的具體制作方法，「各從月朔起數
至月盡三十日止，視其日數則命月宿，假令正月七日所生人者，正
月一日為室，二日為辟，三日為奎，四日為婁，五日為胃，六日為
昂，七日為畢。正月七日月宿為在畢星也。又假令六月三日所生兒
者，六月朔一日為柳，二日為星，三日為張，張即是其宿也。他
皆倣此。」**❹**

　　根據這段被引用的《堪餘經》內容，首先在一年十二個月，每
月三十天構成的小曆中，每月初一日按順序配以室、奎、胃、畢、
井、柳、翼、角、氐、心、斗、女。其次、從一月初一日開始按二
十八宿的室、壁、奎、婁、胃、昂、畢、觜、參、井、鬼、柳、
星、張、翼、軫、角、亢、氐、房、心、尾、箕、斗、牛、女、
虛、危這種順序進行反復地排列，便可以作成如表㈣的二十八宿傍
通曆，我們就把它稱為「《堪餘經》傍通曆」。每月三十天乘以十
二個月為三百六十天，再加上餘下的四天（即四月三十日之後的參宿，
六月三十日之後的張宿，十月三十日之後的箕宿，十二月三十日之後的危宿），

---

❹　《醫心方》卷二十四，頁539。

表四　《揵餘經》傍通曆

月份	1日	2日	3日	4日	5日	6日	7日	8日	9日	10日	11日	12日	13日	14日	15日	16日	17日	18日	19日	20日	21日	22日	23日	24日	25日	26日	27日	28日	29日	30日
一月	室	壁	奎	婁	胃	昴	畢	觜	參	井	鬼	柳	星	張	翼	軫	角	亢	氐	房	心	尾	箕	斗	牛	女	虛	危	室	壁
二月	奎	婁	胃	昴	畢	觜	參	井	鬼	柳	星	張	翼	軫	角	亢	氐	房	心	尾	箕	斗	牛	女	虛	危	室	壁	奎	婁
三月	胃	昴	畢	觜	參	井	鬼	柳	星	張	翼	軫	角	亢	氐	房	心	尾	箕	斗	牛	女	虛	危	室	壁	奎	婁	胃	昴
四月	畢	觜	參	井	鬼	柳	星	張	翼	軫	角	亢	氐	房	心	尾	箕	斗	牛	女	虛	危	室	壁	奎	婁	胃	昴	畢	觜
五月	井	鬼	柳	星	張	翼	軫	角	亢	氐	房	心	尾	箕	斗	牛	女	虛	危	室	壁	奎	婁	胃	昴	畢	觜	參	井	鬼
六月	柳	星	張	翼	軫	角	亢	氐	房	心	尾	箕	斗	牛	女	虛	危	室	壁	奎	婁	胃	昴	畢	觜	參	井	鬼	柳	星
七月	翼	軫	角	亢	氐	房	心	尾	箕	斗	牛	女	虛	危	室	壁	奎	婁	胃	昴	畢	觜	參	井	鬼	柳	星	張	翼	軫
八月	角	亢	氐	房	心	尾	箕	斗	牛	女	虛	危	室	壁	奎	婁	胃	昴	畢	觜	參	井	鬼	柳	星	張	翼	軫	角	亢
九月	氐	房	心	尾	箕	斗	牛	女	虛	危	室	壁	奎	婁	胃	昴	畢	觜	參	井	鬼	柳	星	張	翼	軫	角	亢	氐	房
十月	心	尾	箕	斗	牛	女	虛	危	室	壁	奎	婁	胃	昴	畢	觜	參	井	鬼	柳	星	張	翼	軫	角	亢	氐	房	心	尾
十一月	斗	牛	女	虛	危	室	壁	奎	婁	胃	昴	畢	觜	參	井	鬼	柳	星	張	翼	軫	角	亢	氐	房	心	尾	箕	斗	牛
十二月	女	虛	危	室	壁	奎	婁	胃	昴	畢	觜	參	井	鬼	柳	星	張	翼	軫	角	亢	氐	房	心	尾	箕	斗	牛	女	虛

恰好為三百六十四天，大約構成一年的天數。

該卷的〈相子生屬月宿法第十一〉篇和〈生子二十八宿相法第十二〉篇，都是利用二十八宿分別占驗出生兒的星宿，與出生兒的未來運勢、性格等。〈生子二十八宿相法第十二〉篇也是全文援引《產經》的內容，並且注明《產經》又是引用了《佛家大集經》的經文。而且其中的內容，基本上都可以在《大方等大集經》卷二十〈寶幢分第九三昧神足品第四〉篇中得到確認。實際上它們都是從曇無讖所翻譯的部分中抽選出來的。所以，我們可以說當時的所謂《佛家大集經》也就是《大方等大集經》的別稱。由此可知在《產經》成書之際，佛經中像《宿曜經》的「宿曜傍通曆」那樣小曆尚未出現。所以可以推定，〈為生子求月宿法第十三〉篇雖然引用了佛經的占驗出生兒的內容，又只能援引「堪餘經傍通曆」的制作方法以應酬日常的使用。此外，從這個小題目還可以讀出二、三個信息：第一，從「為生子求月宿」六個字是無法斷定此項內容到底是為出生兒，還是為受胎兒而設。綜合上述的內容，可能是占驗出生兒的星宿以預測其運勢，所以從《堪餘經》中只援引了小曆的制作方法。第二，所謂「求月宿法」中的「月宿」，有可能是指〈房中補益〉篇中所說的月宿日。這樣，月宿日的形成歷史就可能上溯到《產經》成書之前。繼而推之，《堪餘經》的傍通曆是形成於《產經》之前的一種小曆，在隋唐之前的民間社會已經流傳很廣。

在這種傍通曆上順序地記入〈房中補益〉篇的月宿日，其結果如表（四）所示。八星宿和月宿日相重合的天數很多，一年中合計為九十一天。這些重合的天數占一百十九天月宿日的比率大約為百分之七十六。在上述四種年曆表中，其高比率是繼「道教二十八宿傍通

曆」之後。把《堪餘經》的傍通曆和「道教二十八宿傍通曆」作比
較，可以發現這兩種傍通曆的結構非常相似。因為《堪餘經》的傍
通曆中有「七月朔一日翼」一文，也就是說七月初一日只能配以翼
宿。由於這種限定的緣故，七月中八星宿和月宿日的重合天數就少
得多，從而與「道教二十八宿傍通曆」產生了一定的差異。但是，
這種「七月朔一日翼」設定的歷史很古老，在《淮南子・天文訓》
以及《漢書・天文志》所載的太初曆中就已經出現了。

　　《醫心方》卷二十四除了上述內容以外，還從《產經》引用了
占驗出生兒的年壽法、六申日法、五行用事法、五行用事日法、推
子壽不壽法、推子禍福法、占驗男子及女子形色吉凶法等多種的占
卜術，但未見引用有關選擇受胎日的方法和占卜受胎兒的運勢。
《醫心方》的確從《備急千金要方》引用了最多的內容，而且〈房
內〉篇也從〈房中補益〉篇引用了多數房中術的條文，但就是沒有
援引有關求子受胎的月宿日。與其說是《醫心方》編纂者不相信這
些求子受胎的內容，不如說他的當務之急是要更正當時日本貴族階
層對房中術的錯誤認識。❼

　　《產經》這個書名見於《隋書》卷三十四〈經籍志・五行
類〉，其中有「《產經》一卷」的記載，但未明示編著者的姓名。
《日本國見在書目錄》收錄的《產經》是「十二（卷），德貞常
撰」，但無法判斷它和《隋書・經籍志》中的《產經》是否同出一
人之手。對於《醫心方》引用的《產經》，有學者推測它是西晉之

---

❼　拙文《「醫心方・房內篇」についての考察》，《日本醫史學雜誌》，第 47
　　卷第 2 號，2001 年。

後、隋朝之前的著作。❹我們確認了《佛家大集經》和《大方等大集經》是相同的佛經。根據《高僧傳·曇無讖傳》所載，他翻譯這部分佛經是在玄始三年（公元 414）譯完《涅槃經》初分十卷之後的事。考慮這些歷史的經緯，不難推測《產經》成書的上限至早也不能超出南北朝。此外，《隋書》卷三十四〈經籍志·五行類〉中也看不到《堪輿經》的書名，只見「《堪餘》四卷，《四序堪餘》二卷，殷紹撰」，以及「《堪餘曆》二卷，《注堪餘曆》一卷，《堪餘曆注》二卷，《大小堪餘曆術》一卷，《八會堪餘》一卷，《雜要堪餘》一卷。」由此可推「堪餘曆」在當時民間的應用情況。但是，《日本國見在書目錄》卻查不到類似《堪餘經》的書名。

　　《漢書·藝文志》五行類中有著者不明的「《堪輿金匱》十四卷」的記載，由此可以推測「堪輿」一詞，在《隋書·經籍志》成立之前可能使用得很廣，而且可以舉一個例子說明。《魏書》卷九十一〈殷紹傳〉云：

> 自爾至今，四十五載，歷觀時俗堪輿八會，逕世已久，傳寫謬誤，吉凶禁忌，不能備悉。或考良日而值惡會，舉吉用凶，多逢殃咎。又史遷，郝振，中古大儒，亦各撰注，流行於世。配會大小，序述陰陽。……其《四序堪輿》，遂大行於世。

---

❹　馬繼興《「醫心方」中的古醫學文獻初探》，《日本醫史學雜誌》第 31 卷第 3 號，1988 年。

從他呈上書表的這一段記述中，不僅可以看到「堪餘八會」的歷史悠久，由於社會上的傳寫、隱匿等，有的內容已經非常混亂，而且其書名不是《四序堪餘》，而是《四序堪輿》。

根據《史記》卷一百二十七〈日者列傳〉的記載，在孝武帝的時代，人們為了選擇結婚日期都得招集堪輿家、五行家、建除家等與有關占卜的專家進行議論。❹這說明「堪輿」在古代社會的日常生活中，不僅已經成為占卜的一支流派，而且他們在有關子孫繁榮的重要議事中，也是不可缺少的助言者。王充在《論衡・譏日》篇曾經批判說：「堪輿曆，曆上諸神非一，聖人不言，諸子不傳，殆無其實。」說明在東漢初期的社會「堪輿曆」已經很流行，而且當時應用也很廣泛。堪輿曆可能是由一組神靈所構成的小曆，以占驗人之凶吉禍福，但現在無法確認具體神靈之名及其作用。王充認為戰國時代的諸子都未言及「堪輿曆」，強調不要輕易地相信它的價值，說明這種小曆出現於秦漢的可能最大。

但是，《淮南子・天文訓》云：「北斗之神有雌雄，十一月始建於子，月從一辰，雄左行，雌行右。五月合午謀刑，十一月合子謀德，太陰所居辰為厭日，厭日不可以舉百事。堪輿徐行，雄以音知雌，故為奇辰。……周六十日凡八合。合於歲前則死亡，合於歲後則無殃。」這表明堪輿不僅與北斗神有關，而且示意其中與所謂選擇堪輿「八會」的緣日也有一定的關係。如果從殷紹之說，六朝

---

❹　《史記》卷一百二十七〈日者列傳〉：「孝武帝時，聚會占家問之，某日可取婦乎？五行家曰可，堪輿家曰不可，建除家曰不吉，叢辰家大凶，曆家曰小凶，天人家曰小吉，太一家曰大吉。」

時代堪輿就已經產生不少的「傳寫謬誤」。延至《欽定協紀辨方書》成書的時代，正如其中卷四所指出：「今按《淮南》之言，大小會既為凶日，則所領日當亦非吉。然《周禮》漢鄭康成注有八會之目，而唐賈公彥謂堪輿大會有八，小會亦有八。然則大小會之來舊矣。」❺❶該書卷四中出現「《堪輿經》曰」的援引例很多，但目前無法確認它所引用的《堪輿經》成書年代。他們也意識到堪輿與〈房中補益〉篇月宿日有關，但由於流傳遠久，附會甚多，終於連國家擁有的圖書資料與智能學究都無法給予解明。❺❶

六、結　論

　　中國星占術的歷史可以追溯到《左傳》與《國語》所載以十二次占卜各國吉凶之例。有學者推測在天體位置的表示之中，二十八宿可能比十二次出現更早。❺❷但是，以具體度數表示二十八宿在天體的位置，直至《淮南子・天文訓》和《史記・天官書》成書的漢武帝時代才開始出現。與此同時，具有星占術內容的「堪輿」專業活動也甚為活躍，推測這些從事占驗行當的人使用「堪輿曆」的可

---

❺❶　《景印文淵閣四庫全書》第 811 冊，臺灣商務印書館，頁 268，1986 年。

❺❶　《欽定協紀辨方書》卷四：「今考其旨日辰參差不齊，多寡不等，無義可尋，恐後人之附會歟。……又自陰位以下皆取月宿。孫思邈房中經載月宿日是否即此，亦不可考。」（《景印文淵閣四庫全書》，第 811 冊，頁 269－270）

❺❷　能田忠亮《東洋天文學史論叢》，恒星社，頁 475，平成元年。八星宿中的室、參、柳、心、斗五宿已經出現於《詩經》。

能性很大。這些古老的天文曆算知識和戰國中期所確立的房中至道「玉閉」技術相結合，就完全可以根據求子星占術進行選擇性的受胎❸，使受胎、或出生的子女可以給本人，以及家族成員帶來美好的運勢。而且，人的貧富貴賤之命運取決於受胎時所接受特定星氣的星命說，在漢代就已經廣為流傳。但遺憾的是至今尚未發現有關占驗受胎兒運勢的具體記錄。

利用八星宿與月宿日求子受胎的記錄，首見於《備急千金要方》等隋唐時代的有名醫書。我們選用了四種不同的年曆表，對被認為可以給受胎兒及其家族成員，帶來好運勢的八星宿與一百十九天的月宿日，兩者在各表中重合出現的頻率，以及相互之間的關係進行了驗證。在唐朝的「戊寅曆」和「大唐月建圖」中，八星宿與月宿日相重合的天數很少，兩者的重合率都非常低，大約只占月宿日的百分之三十左右。由此可以排除當時民間選用這兩種年曆表的可能性。在「道教二十八宿傍通曆」和《產經》收錄的《堪餘經》傍通曆中，八星宿和月宿日相重合的天數很多，兩者的重合率非常高，特別是前者已經達到百分之八十二。通過這樣比較全面的分析，可以認為在當時的民間社會中，廣泛選用「道教二十八宿傍通曆」以求子受胎的可能性非常大。而且，不可否定古代的《堪餘

---

❸ 從發生學上看，人的發生應該是從受精開始的。通常把精子、卵子結合作為受胎的第一天計算胎齡，又稱為「受胎日齡」。但是，事實上至今的醫學仍然無法明確地確定受胎的日期，而且有關妊娠的機制尚有許多不明之處。醫學上通常是把月經乾淨日作為懷孕的初日計算，又稱為「妊娠齡」或「月經齡」。實際上排卵多開始於最終月經日二週之後，受精多在這個期間出現。所以，胎齡與妊娠齡之間至少存在二週左右的時間差異。

經》、《堪餘曆》對「道教二十八宿傍通曆」制作的影響。

　　這種小曆和道經《金鎖流珠引》卷二十一記載的「二十八宿經傍通曆」（即二十七宿傍通曆），都與傳統道教有過密切的關係。根據對中國西南彝族地區使用傳統天文曆法的調查結果，表明曾經受過道教文化強烈影響的彝族地區，曾有應用這兩種小曆的事實。《養性延命錄·御女損益》篇和《千金翼方》所強調的「王相生氣日」，在這種「道教二十八宿傍通曆」中的冬季十一月、十二月和夏季七月皆無出現，但五月出現四天，餘下之月至多也只有一至兩天。這樣，選擇求子受胎的日數就受到很大的限制，基本上與「愛精益氣」的養生原則是相符合的。但是，我們必須指是道經《金鎖流珠引》的確盜用了佛教《宿曜經》的曆算法，制作出所謂「二十八宿經傍通曆」的事實。

　　古代印度的天文學曾經深受古希臘文化的影響。古希臘時代（公元前 324－30 年）巴比倫的星占術已經很發達，其中有關個人受胎星占的粘土版也得到確認，而且經過測定大約為公元前一百年左右的東西。❺❹但是，文中並未出示當時如何確認受胎的具體方法。隨後，古希臘文化與巴比倫星占術都傳入古代印度，對佛經的編纂也產生了一定的影響。我們探討了《新修大藏經》中所收錄的與二十八宿有關聯的佛經，確認了古代印度的星占術自東漢後期開始傳入中國的事實。但在北齊以前譯成中文的佛經中，沒有發現有關占驗受胎兒運勢的內容。北齊至隋朝所翻譯的《大方等大集經》中，

---

❺❹　李約瑟著，吉川忠夫等譯《中國の科學と文明》第三冊，思索社，頁 395，1983 年。

可以看到新編的驢偓傳說，而且記述著以二十八宿占驗受胎兒運勢的內容。從中抽出有關八星宿的內容進行分析比較，卻無法確認它們與《備急千金要方》等推崇選用的八星宿之間的關係。為此，我們可以排除印度佛經對八星宿以及月宿日形成的影響。

　　北涼曇無讖翻譯的《大方等大集經》部分經文，介紹用二十八宿占驗誕生兒的未來運勢、性格與壽命等。這部佛經當時又被稱為《佛家大集經》，這點已經從《產經》所引用的內容得到證實。同時說明《產經》成書的上限不能超出南北朝。《產經》為了應用二十八宿進行占驗新生兒的運勢，特地從《堪餘經》援引了「堪餘曆」的制作方法。王充批判星命說時言及「堪餘曆」的存在。《淮南子・天文訓》在議論二十八宿和「堪輿八合」關係的前文，明示著一年十二個月每月初一日所配置的星宿。但是，王引之對此種星宿的配置提出異議。❺如果從王氏之說，《產經》所收錄的「堪餘曆」制作方法，來自《淮南子・天文訓》的可能性很大。我們綜合了王充所批判的星命說、堪餘曆等歷史，可以推導出這樣的一個

---

❺　劉文典《淮南鴻烈集解》（上冊）：「（《淮南子》原文）正月建營室，二月建奎，婁，三月建胃，四月建畢，五月建東井，六月建張，七月建翼，八月建亢，九月建房，十月建尾，十一月建牽牛，十二月建虛。王引之云：二月建奎，婁，備舉是月日所在之星也。由此推之，則正月當云：建營室，東壁。三月當云：建胃，昴。四月當云：建畢，觜巂，參。五月當云：建東井，輿鬼。六月當云：建柳，七星，張。七月當云：建翼，軫。八月當云：建角，亢，氐。九月當云：建房，心。十月當云：建尾，箕。十一月當云：建斗，牽牛。十二月當云：建須女，虛，危。……後人妄加刪節，每月但存一星之名，獨二月建奎，婁，尚仍其舊，學者可以考見原文矣」（中華書局，頁 117，1989 年）。

結論：八星宿無疑是選擇於中國固有的星占術。至於它與《淮南子·天文訓》所述的「八合」緣日之間的關係，有待今後進一步研究。

第九篇　內丹雙修與房中術

一、引　言

　　內丹經過一千多年的研究與發展，似乎已經成為一種專門的學問，道教又稱之為丹道。它是構築於古代思想文化的基礎上，以道家、養生家的思想為核心理論，以修鍊身心的方術為主要手段。內丹綜合地探討人的健身與修養這兩個重大問題，在人體的有機結合與統一，即丹道家所強調性命雙修的重要課題。所謂「性」，一般指人的理性與思惟，以修養心之神為主。所謂「命」，指人的生殖與生命，以修鍊腎之精為要。堅持修命以實現不老長壽的目的，不懈修性以追求成僊化神的夢想，其根本在於錘鍊體內的心與腎。丹道雖然以傳統醫學理論「心主神」、「腎藏精」為基礎，但已經發展性地提出「元精」、「元神」等新理論。內丹把腎發展為內腎與外腎，內腎主「元精」，外腎主「淫精」❶。它又把神分為「元

---

❶　《難經·三十六難》提出「腎分兩者，非皆腎也，其左者為腎，右者為命門」之說。陳致虛在《悟真篇三注》中提出：「外腎交媾，此為五濁世間法」，而內腎則用於金丹逆修之道（《道藏》第 2 冊，文物出版社等，頁998，1988 年）。現代醫學證明睪丸與卵巢各有生精、產卵與分泌雄、雌等激素的兩重生理功能，但都與兩個腎臟的功能無關。

神」、「欲神」或「識神」❷，即先天之神與後天之神。同時，內
丹還不繼地探索體內精、氣、神三大傳統生命要素的轉化，致力開
發人的「六通之驗」等潛在能力❸。這無疑是對中國古代固有「精

---

❷ 張伯端：「煉精者煉元精，非淫佚所感之精。煉氣者煉元氣，非口鼻呼吸之
氣。煉神者煉元神，非心意念慮之神。」（《道藏》第 24 冊，頁 161）冠名
張伯端〈青華秘文〉（《玉清金笥青華秘文金寶內煉丹訣》）又說：「夫神
者，有元神焉，有欲神焉。元神者，乃先天以來一點靈光也。欲神者，氣稟
之性也。」（《道藏》第 4 冊，頁 364）《論衡‧超奇》篇云：「天稟元
氣，人受元精。」元氣、元精亦見於《太平經》等。「元神」一詞幾乎未見
於兩漢（《春秋繁露》卷六可見「立元神第十九」標題，但篇中並無再現此
詞，且無相關的內容與解釋。本書自古訛脫較多、故記此存疑）、三國魏晉
時期的文獻。南朝顏延之《迎送神歌》：「告成大報，受釐元神」。《樂府
詩集‧郊廟歌辭六》：「帝臨中壇，受釐元神」等詩句。其中的「元神」皆
指天帝、大神。《雲笈七籤》散見此詞，卷十三《太清中黃真經》：「六府
萬神恒有常，元和淨治穀實盡，大腸之府主肺堂，中有元神內隱藏。」
（《道藏》第 22 冊，頁 111）此經明顯地繼承了《黃庭經》的思想與形式。
卷十七《太上老君內觀經》：「太一帝君在頭曰泥丸，君總眾神也，照生識
神人之魂也，司命處心納心元也」（頁 127）。卷八十八《道生旨》：「夫
元神君也，屍魄之類亦臣耳」（頁 617）。卷五十六《元氣論》：「元氣實
則髓凝為骨，腸化為筋，其由純粹真精、元神、元氣不離身形，故能長生
矣」（頁 385）。呂岩《修身訣》：「人命急如線，上下來往速如箭，認得
是元神，子後午前須至煉」（《道藏》第 36 冊，頁 482）。這種由來於東漢
的還精補腦術、《黃庭經》泥丸九宮說、把天地神靈導入體內，逐漸形成體
內的元神概念，隨後在丹道中進一步得到提純與抽象。

❸ 明代名醫張景岳《類經》（人民衛生出版社，1982 年）說：「精、氣、神三
字，惟道家言之獨詳」（卷一，頁 4），「修真諸書，千言萬言，無非發明
精、氣、神三字」（卷二十八，頁 1006），認為這是丹道家的發展。明‧伍
守陽《天僊正理直論》：「六通者，漏盡通，天眼通，天耳通，宿命通，他
心通，神境通是也。……蓋天眼通，則能見天上之事；天耳通，則能聞天上

神」概念的一個重大發展。❹

　　「內丹」這個術語，在現存的有關文獻資料中似乎並非首現於道家、或道教的經籍，而是先見於佛教僧侶、天台宗第二代傳人惠思禪師（公元 515－573 年）的《南嶽思大禪師立誓願文》。這篇由九千多字組成的誓願文中出現如下一段文句：

> 今我入山修習苦行，懺悔破戒障道重罪，今身及先身是罪悉懺悔，為護法故求長壽命，不願生（昇）天及餘趣，願諸賢聖佐助我，得好芝草及神丹，療治眾病除飢渴，常得經行修諸禪，願得深山靜寂處，足神丹藥修此願，籍借外丹力修內丹，欲安眾生先自安，己身有縛能解他縛，無有是處。❺

這集中地表明惠思意識到救護佛法、救度眾生是一項長期而艱難的任務，需要先鍛鍊自己的身心。他雖然不像方士、道人那樣執著地追求個人的不老長生，但已深受神僊道教思想的影響，希望通過服食靈芝、神丹等，借助外丹修煉內丹以安身。如果只根據這段一百零九個文字及其文意，可以認為當時的社會不僅已經存在內丹、外

之言：宿命通，則能曉前世之因；他心通，則能知未來之事；惟神境一通，乃識神用事。」（方春陽編《中國氣功大成》，頁 818，1989 年）所謂「六通」，就是旨於開發人體的特異功能。類似的內容也見於《諸真內丹集》論六通訣，《生命圭旨》等。

❹　參照本書附編《論古代固有「精神」概念的形成與發展》。

❺　《大正新修大藏經》，大正一切經刊行會，卷一九三三，頁 791，昭和 36 年。

丹之稱，而且明示內丹優於外丹。❻但詳細地分析誓願文，不能排除這段奇妙的文句由後人增輯的可能性。❼有學者懷疑這篇誓願文恐係後人附會偽造，但沒有詳細考證。也有學者認為非後人偽作，并推測惠思求長生治丹藥的思想源於印度婆羅門教、龍樹之學。❽密宗的形成與中國的神僊道教有著密切的關係❾，特別是其中有關

---

❻ 內丹優於外丹，借外丹之理修鍊內丹之說，一般認為是出現於服食金丹造成中毒死亡事故之後。但根據現存的文獻資料，至少延至初唐都無法正式確認金丹中毒的報告（拙文《論古代內丹純陽思想的形成》待發表）。

❼ 這篇九千字以上的誓願文由詩、文兩個部分構成，以文、詩、文、詩、文的順序組成。開篇文敍自身的經歷，十五歲出家至四十四歲立此願文為止，受盡苦難專講《摩訶衍義》與制作金字《般若波羅蜜經》。隨後是四百零五句的四言詩，中挾三十一句七言詩。其中有云：「是故先作，長壽僊人，籍五通力，學菩薩道，自非神僊，不得久住，為法修僊，不貪壽命。」接著又是一段散文。文後接一百五十八句的五言詩與七十句七言詩，七言詩中云：「誓願入山學神僊，得長命力求佛道。」這段一百零九字的非文似詩的文字，就是挾於五言詩與七言詩之間，芝草、神丹、內丹、外丹等詞未再現於前後詩、文之中。其中四言詩並無駢偶，而且五言、七言等內容都非常通俗。結合七言詩的盛行時期、以及其中「時」、「處」、「偈言」等用例，有必要考慮佛經所謂「變文」、或「俗文」的可能性（參照關德棟〈談「變文」〉，《覺群週報》，1946 年，卷 1，1—12 期，後收入周紹良、白化文編《敦煌變文論文錄》，上海古籍出版社，1982 年；王重民〈敦煌變文研究〉，《敦煌變文論輯》石門圖書公司，1981 年）。

❽ 湯用彤《隋唐佛教史稿》，中華書局，頁 128，1982 年；陳寅恪《南嶽思大師立誓願文跋》，《歷史語言研究所集刊》，第 3 本第 3 分，1932 年。

❾ N.N. Bhattacharyya: History of the Tantric Religion, Manohar Publication, 1982, p.90; Joseph Needham: The Shorter Science and Civilization in China, Cambridge Univ. Press, 1978, p.271, 272.

長生不老的方術、丹藥等內容。**⑩**

　　也有學者認為內丹的理論開始於研究《周易參同契》的隋朝道
人蘇元朗**⑪**。他又名蘇元明，號青霞子。根據《羅浮山志》記述**⑫**，
蘇氏於隋文帝開皇年間（公元 581－600 年）到羅浮山，居青霞谷，修
煉大丹，

> 弟子從游者聞朱真人服芝得僊，竟論靈芝。……元朗笑曰：
> 靈芝在汝八景中，盍向黃房求諸。……乃著〈旨道篇〉示
> 之，自此道徒始知內丹矣。又以《古文龍虎經》、《周易參
> 同契》、《金碧潛通訣》三書，文繁義隱，乃纂為《龍虎金

---

⑩　《大正新修大藏經》卷一四二○《龍樹五明論》，首注本經乃「平安時代
　　（794－1192 年）寫石山寺藏本。」日本在這個朝代的前期密教盛行，後期
　　淨土教興起。卷上講述使用大僊藥（牛黃、乾薑、麻黃、大黃、黃芩、甘草
　　為丸，似以《傷寒論》方加上牛黃）、神符等救度眾生的方法，其中「第五
　　符主女兒不宜媒嫁至年高大。……呂后年二十五無夫主，得此符力。……即
　　為天下之母。」（頁 957）這可能是有意地歌頌武則天，因為武后實行崇佛
　　抑道的政策。《舊唐書》卷六〈則天皇后〉：「夏四月，令釋教在道法之
　　上，僧尼處道士女冠之前。」武則天曾經當過尼姑，為此又有僧侶偽造《大
　　雲經》。《龍樹五明論》龍樹菩薩秘決圖經云：「凡欲求神僊長生不老」
　　等，並使用八卦、十二支的符印。卷下云：「菩薩自來至，其色光明耀世
　　間，其人遂當之願，樂僊得僊，樂道得道，樂智得智」（頁 968）等。《隋
　　書·經籍志》子部醫方類載：「《龍樹菩薩藥方》四卷，《龍樹菩薩和合
　　法》二卷，《龍樹菩薩養性方》一卷。」
⑪　陳國符《說周易參同契與內丹外丹》（原刊《天津大學學報》第 6 期，1957
　　年。後收入《道藏源流考》，中華書局，頁 438，1963 年）。勞思光《中國
　　哲學史》第 3 卷，上冊，友聯出版社，頁 19、149、213，1980 年。
⑫　《古今圖書集成》，博物編，神異典，神仙部列傳十七。

> 液還丹通元論》，歸神丹於心煉。其言曰：天地久大，聖人
> 象之。精華存乎日月，進退運乎水火，是故性命雙修，內外
> 一道。

類似的記述也見於《羅浮山志會編》卷四。蘇元明似乎已經明確提
出性命雙修、內外丹同則等問題，只是其原著已經佚失。⑬雖然在
後世丹道家的論著中散見「青霞子曰」的引用文，但目前對此尚無
法得以確認。而且，上述的內容與唐初的內丹論考存在一定的落
差，所以不能排除這一段記述出自後人編輯的可能性。

　　隋末唐初的名醫孫思邈又是一位非常有名望的道士。根據《舊
唐書》卷一九一本傳記載，他曾經固辭隋文帝、唐太宗等帝王的招
請，多次拒絕任官。他從年輕開始就在名山鍊製金丹，並著有《丹
經要訣》、《龍虎論》、《燒煉秘訣》等丹經。中年以後他結合自
己的臨床醫療經驗，編著了兩部綜合性醫藥全書《備急千金要方》
與《千金翼方》。在養生方面他還著有《攝養枕中方》等書。在這
些著作中他介紹了許多有關修性、服氣、胎息、房中、金丹、服餌
等養生方法，但未見論及有關內丹的內容。這可以傍證內丹之說在
隋末唐初尚未正式形成的推斷。⑭

---

⑬　《崇文總錄》、《宋史·藝文志》、《直齋書錄解題》皆收錄《龍虎金液還丹通
　　玄論》一卷，但前兩家或為蘇元明、或題青霞子撰，後者稱羅浮山蘇真人撰。

⑭　曾慥《道樞·鍊精》篇：「孫真人曰：……凡寅之時而為導引焉，扣齒三十
　　有六以集其神，存想丹田五臟之色之象而一周焉，然後澄也。二息並絕其
　　念，使其心常存於下丹田。……一動則元氣損矣，此之謂內丹。陰施惠於
　　人，此之謂外丹。」（《道藏》第 20 冊，頁 658）

　　內丹與外丹相提並論，見於道經《太上九要心印妙經》。它把內丹又稱為「還丹」，並且提出：「丹有二種，於內外二丹者超神接氣，超神在世出世，接氣者火候無差。其內丹不得外丹則不成，其外丹不得內丹則無主。內丹者真一之氣，外丹者五穀之氣，以氣接氣，以精補髓，補接之功，不離陰陽二氣。」**⓯**文中的內丹為「真一之氣」，即構成人體基本物質的精氣，而外丹乃指飲食水穀之氣，同時強調以後天之氣補先天之氣，并通過還精以補腦髓。這部丹經署名「仙人張果老述」。關於張果的祖籍、出生、年齡等個人資料幾乎不明。根據《新唐書·方技傳》記載，女皇武則天招請他的時候，他假裝急死以拒絕聖旨。據說他生前有不少的著書，在《道藏》中還能確認六、七種。該經有關內、外丹的議論，亦表明當時這個概念尚未定形，但它已經意識到性命雙修的問題。**⓰**它認為修性以心之神氣為主，修命以腎之精氣為本，並且提示應用還精補腦以修命返本。這種性命雙修的提法，對後世內丹的發展有過一定的影響。

　　南宋初期的道人吳悞在《指歸集·總敍》中指出：「內丹之說不過心腎交會，精氣搬運，存神閉息，吐故納新，或專房中之術，或採日月精華，或服餌草木，或辟穀休妻，皆所以求安樂也」**⓱**，認為修煉內丹是綜合地應用行氣、胎息、存思、還精補腦等傳統的

⓯　《道藏》第 4 冊，頁 313。

⓰　《太上九要心印妙經》：「龜乃人之命也，神乃人之性也。性者南方赤蛇。命乃北方黑龜。……神者心之主，氣者腎之氣本，是以聖人返本還元，還元者補髓也。補髓之機，還元之道，命乃了矣。」（同上，頁 311）

⓱　《道藏》第 19 冊，頁 281。

養生技術。而且，從中可以發現一個共同的特點，就是皆以靜養身心的方法為主，也可以說都屬於《莊子·刻意》篇所推崇的「養神之道」範圍。這與莊子所輕視的「導引之士，養形之人」的運動健身方法相比較，不管在技法上還是在體力上，可能都是比較輕易可取。丹道以「煉精化氣，煉氣化神，煉神化虛」為修煉的三大層次，實際上是以胎息、存思等身體技法為主。雖然由於時代、地區、環境等不同，修煉的具體內容有所差異，但內丹已經發展成為一套綜合性的道術。

內丹修煉一般分為陰陽雙修與清修兩大類型。所謂「陰陽雙修」，就是由男女參加的修煉行為，通常也稱為「陰陽栽接術」，表明它源於傳統的房中術。陰陽雙修又分為「神交形不交」❸與「形交神不交」兩種不同形式。前者似乎沒有形體的接觸，對面而坐，男不脫衣，女不解帶，以存思為主，神交意合修煉內丹。陰陽雙修一般認為起於北宋張伯端（公元 987－1082 年），隨後相繼出現翁葆光、陸墅、陳致虛、張三豐等從陰陽雙修的視點注釋《悟真篇》，並受到東派的陸西星、西派的李涵虛等繼承與發展。但是，近代系統地研究陰陽雙修的論著卻非常少見。❹

本篇以《道藏》以及有關的丹道修煉論著為中心，著重探討陰陽雙修技法在形成的過程中，古代房中術對它產生的影響，以及陰陽雙修的特殊性及其形成的原因。丹道家應用各種身體技法修煉內

---

❸ 　《谷神篇》：「會得神交體不交，空花艷陽自能拋。」（《道藏》第 4 冊，頁 539）

❹ 　郝勤〈五，雙修丹法〉，《龍虎丹道──道教內丹術》，四川人民出版社，1994 年。

丹，這些修煉可能引起機體出現相應的變化。為此，我們又把討論的重點放於健身、強身方面，分析丹道家記錄修煉內丹之後身體出現的變化特徵，盡可能利用古代醫學的理論、現代醫學科學的知識等，檢驗各種身體技法的實際作用，試探內丹的原理與奧密。

二、陰丹與還精補腦術

「內丹」與「外丹」正式成為一對丹道術語之前，在神僊道教的世界中就已經存在以傳統的陰陽分類，混亂地使用過「陰丹」與「陽丹」的時期。陰丹這個術語，在現存的古代文獻資料中，可能最早出現於《太清金液神氣經》卷上。❷篇中稱金丹為神丹，又稱為陰丹，可能因為煉製金丹的基本原料都是來自地下鑛石的緣故。他們提出：「地品陰丹，長生不死」，「陰丹之道同六虛，日月之精文光流」，認為服食陰丹可以登僊，也可以起死回生。

延至葛洪的時代，《抱朴子·微旨》篇云：

> 人不可以陰陽不交，坐致疾患，若乃縱情恣欲，不能節宣則伐年命。善行其術者，則能卻走馬以補腦，還陰丹以朱腸，采玉液於金池，到三五於華梁，令人老有美色，終其所稟之天年。❷

---

❷　陳國符認為《太清金液神氣經》卷上，上清虛真人的韻文出於漢代（《道藏源流續考》，明文書局，頁300，1983年）。

❷　《抱朴子》，上海古籍出版社，頁48，1990年。

這段口授密訣簡直就像暗號秘碼一樣，有幾個詞語特別難解。如果聯結這段文字的前後內容，可以理解它是討論如何對待男女媾交，以及蓄積、利用自己體內精氣的問題。這也就是說修煉房中術需要結合應用還精補腦術，使腎中的精氣順著背部脊椎逆流而上，然後進入體內循環，同時不斷地吞咽流入口腔的唾液，並利用存思行氣法使之循環於三丹田與五臟之間，最後使精氣滲入腦腔以補益腦髓。總之，提倡以房中術結合還精補腦術修煉陰丹，這是一個非常明白的事實。而且它還提示一個煉津化精，即化津液以補充精氣，以及使用存思行氣法促進體內循環等問題。類似的陰丹說法也見於〈許遠游與王羲之書〉。[22] 許遠游（公元 300–348 年）名邁，後又改名為玄，其生卒年代與葛洪相近。許邁叔叔許朝之妻乃葛洪的姊姊，許葛兩家皆住在丹陽句容縣都鄉吉楊里。[23] 當時許邁已經是一位非常有名的道士，他也修鍊過房中術。[24]

《真誥》卷五有提到：「君曰陽丹九轉，世人皆有此術，不復說之。」所謂「陽丹」，通常是指金丹，或外丹。同卷還說：「君曰仙道有九轉神丹，服之化為白鵠。」[25] 葛洪認為煉製金丹的日數

---

[22] 《雲笈七籤》卷五十六：「夫交梨火棗者是騰飛之藥也。……此則陰丹矣。」（《道藏》第 22 冊，頁 387）。

[23] 《真誥》卷二十，〈真冑世譜〉（《道藏》第 20 冊，頁 607）。吉川忠夫《許邁傳》，《六朝道教の研究》春秋社，1998 年。

[24] 《真誥》：「李東曲阿人，乃領戶為祭酒，今猶有其章本，亦承用鮑南海法。東才乃凡劣而心行清直，故得為最下主者使，是許家常所使。永昌元年，先生年二十三，就其受六甲陰陽行廚符。」（同上，頁 565）

[25] 同上，頁 520、517。

不同，質量也就有差別，它直接關係到成僊化神所需的日數。❷陶
弘景特地對「陽丹」進行注釋：「此謂房中之事耳，陽丹或應作陰
丹」❷，認為「陽丹」乃「陰丹」之誤，因為陰丹是指房中術。這
說明當時社會在修煉房中術中，也有「陰丹九轉」的說法。雖然無
法明確其具體的技法，可以推測它可能是指精氣在體內循環的次
數，或者使用女子的人數。關於修煉陰丹對人體的效果，《抱朴
子·極言》篇說：「若年尚少壯而知還年，服陰丹以補腦，采玉液
於長谷者，不服藥物亦不失三百歲也」❷，認為陰丹具有補益腦髓
的作用，即使不配合其它服食藥餌法，也能確實地收到延長壽命的
效果。結合上述〈微旨〉篇的內容，古代方士、道人的確認為通過
修煉陰丹可以推遲老化、延長壽命，只是不能化僊成神而昇天。❷

　　在內丹的形成過程中，曾經有過混用陰丹、陽丹與外丹、內丹
的時期。這種現象顯然是出現於陰陽分類轉向內外分類的發展途
中。成書於唐朝中期的《上洞心丹經訣》❸，可以說是具備這種特
徵的一部丹經。卷中開篇提出：

---

❷　《抱朴子》金丹篇：「一轉之丹服之三年得仙，……九轉之丹服之三日得
　　仙。……其轉數少其用日多，其藥力不足，故服之用日多，得仙遲也。其轉
　　數多藥力盛，故服之用日少，而得仙速也。」（頁27-28）

❷　《道藏》第20冊，頁520。

❷　《抱朴子》，頁99。

❷　《抱朴子·內篇》有三次使用「陰丹」一詞，除上述兩見外，尚見於〈雜
　　應〉篇。在解釋左慈逃脫曹操的監禁時說：「有月三服蕙苡子，和用三五陰
　　丹」（頁114）可以變身。所謂「三五」同「引三五於華梁」，意指三丹田
　　與五臟。

❸　《道藏源流續考》，頁322。

> 蓋內修者陰丹也，外修者陽丹也。陰丹就而命延，陽丹就而
> 昇騰。故修道之士，有內丹者可以延年，得外丹者可以昇
> 天。❸

這非常簡潔地總結了陰丹與陽丹的傳承與功效，然後分別結合內丹
與外丹，認為陰丹、內丹有延長壽命的效果，陽丹、外丹可以獲得
成僊昇天的功效，從而強調修煉外丹的的重要性。主要論述還丹的
《通幽訣》，不僅出現「大唐國內時亦有之」之語，而且也有類似
的內外丹提法。❸《上洞心丹經訣》通篇頻繁地出現「仙翁曰」、
「訣曰」以及「太極真人訣曰」（太極真人可能是本經的口述者）等引
用文，同時結合自身煉製金丹的經驗，並以「按文」的形式詳細記
述煉製金丹與服用丹藥的注意事項。該經把煉製金丹作為重點，詳
細介紹九轉金丹的煉製方法，煉丹前的各種準備工作，還包括選擇
適用於煉製金丹的名山，以及符文等使用方法。

　　《上洞心丹經訣》卷上說：「今古登真達道而成仙者，未有不
由金液還丹而能成者也。其金液還丹者外丹也。……此乃上古聖聖
以心傳之，不留文字而至秘者也。」❸煉製金丹靈藥的歷史雖然非
常悠久，但由於煉丹家多秘而不傳，使其中許多成功與失敗的經驗
不能得到很好的利用與借鑑，以致煉製金丹只是反復地走著彎道，

---

❸　《道藏》第 19 冊，頁 401。

❸　《通幽訣》：「訣曰：氣能存生，內丹也；藥能固形，外丹也。服餌長生莫
　　過於內外丹。……金丹內丹得門餌者不死，與天地畢也。」（同上，頁
　　155、158）

❸　同上，頁 396。

周折徘徊、停滯不前，最終反而被內丹所替代。他們已經認識：
「玉石三百六十種，丹砂為上品第一。……草木金石萬物之性類，
凡稟陰氣者皆含毒而能令人死，凡稟陽氣者皆令人生。……砂中有
汞內含陰也，鍊之九轉而成金液還丹者純陽也。」而且，他們已經
明瞭「人見本草云丹砂無毒謂不傷人，不知水銀出於丹砂而有大
毒」，❸❹強調通過九轉煉製以減輕金丹的烈性與副作用。

　　例如，服食僅鍊製一轉的金丹，大約服後一個小時左右就會出
現全身發熱、口乾口渴，必須順序地泡入事前準備好的九口大缸的
冷水之中，冷卻服丹後出現的體熱症狀。隨後還出現全身皮膚、毛
髮、鬍鬚、眉毛等脫落現象，簡直就像金蟬脫殼一樣。但是著者認
為有修煉過內丹的人，服食後就不需要用冷水浸泡身體。這表明修
煉內丹可以抵消一轉金丹所產生內熱的副作用。他們分析其中的原
因後指出：「若常人不修內丹，腦髓虛耗不滿。服此則骨髓有損，
反致枯燥。」❸❺這也就是說經過修煉內丹完全可以補足自身的腦
髓，避免服食烈性金丹消耗體內骨髓的副作用。因為該經主要是講
述外丹的煉製與服用的方法，可能為獲得更好的金丹效果與同行的
信賴，防止服食金丹後出現中毒的危險，或避免產生嚴重的副作
用，故絲毫不保密修煉內丹的具體方法。

　　根據經文收錄的太極真人〈修內丹法秘訣〉所述，開始就是從
靜坐進入胎息，應用存思法並配合使用還精補腦術。在內丹修煉的
最後階段，

---

❸❹　同上，頁 400、401。

❸❺　同上，頁 403。

又運精氣自尾閭夾脊入腦，尾閭穴在第十九節，夾脊節在第
十二節下。補腦法：其初當偃頭向後，緊閉大椎穴第三節，
不令氣過，先緊閉夾脊不令氣過。大椎穴名上關，夾脊穴名
中關。後漸漸一起，直入腦滿。腦滿之後，丹自玄膺而下，
其味甘，其氣香，至此則內丹成矣。……使精合神，神合
氣，氣合真，混合神丹，百日丹成。❸⑥

《抱朴子·內篇》雖然多處提到還精補腦術，卻始終沒有公開這種
只限秘傳於師徒之間的口訣密文。本經不僅明文開示，而且還指出
還精補腦逆流上行的途徑，意念行氣必須注意的部位，以及內丹成
就的特徵。其中尾閭穴（下關）、夾脊穴（中關）與大椎穴（上關）就
是修煉內丹的要處，也就是在任、督兩脈上的「三田三關」之三
關。

〈修內丹法秘訣〉還對修煉內丹的準備方法作了詳細的介紹。
首先要求秘密地建造丹室，內設「一座有几並設一榻座，並榻致令
膝平」，室內要燥濕適宜，保持乾淨清潔。然後

每日隨意歡喜靜坐，須要一絲不掛，萬慮俱無，內境不出，
外境不入，此心如鏡之明淨，無一點塵埃，此心如水之清
澄，無一點滓濁。然後握固如嬰兒，唇齒相著，舌柱上顎，
呼吸綿綿，以眼視鼻，以鼻視臍，自覺身孔毛間躍然如快，

---

❸⑥　同上，頁 403、405。

又如淫欲交感之美，以此驗之。**㊲**

這段秘訣提出了幾個問題：第一，修煉內丹需要靜室，以便於修煉者的裸身活動。第二，「握固」一詞首見於《道德經》，五十五章云：「（赤子）骨弱筋柔而握固，未知牝牡之合而朘作，精之至也。」這是描述新生兒「精至」所致，出現緊握雙拳、強力收縮全身、陰莖勃起等表現。握固是新生兒在三個月內經常出現的一種原始反射。**㊳**道家可能從中悟出一種無淫欲之念的陽舉，認為與一般成人因性欲而舉的有著本質的區別。**㊴**《後漢書》卷八十二〈方術列傳〉云：「（冷）壽光年可百五六十歲，行容成公御婦人法」，劉昭注引曰：「《列仙傳》曰：容成公者，能善補導之事，取精於玄牝，其要谷神不死，守生養氣者也。髮白復黑，齒落復生。御婦

㊲　同上，頁 403。

㊳　新生兒出生未滿一年之內，可以出現一些無意識、或本能的運動，又稱為原始反射。例如 Moro reflex（受驚動時，兩腕、兩腳，或手指、頭、頸等強烈地伸直、彎曲等運動），grasping reflex（有力的握固動作），tonic neck reflex（頭部方向右轉時，右邊的上下肢伸直，左邊的上下肢彎曲。頭部方向左轉時，則出現相反的動作）等。

㊴　這是一種生理現象，而且發生得很早。因為它又出現於快速眼球運動睡眠（REM）之中，故又稱為 NPT（nocturnal penile tumescence）。有人觀察表明新生兒出生後兩個月就開始出現 NPT，而且快速眼球運動睡眠的大部分都與陰莖勃起有關（Korner A: REM organization in neonates. Arch Gen Psychiatry 19:330-340，1968）。一般認為睡眠中陽舉不受自身意識的控制與影響，所以醫學上以它鑑別診斷器質性陽萎症。NPT 是一種比較原始的感覺，從 1940 年開始得到報告（Halverson HM: Genital and sphincter behavior of the male infant. J Genet Psycol 56:95-136，1940），但至今其生理機制尚未明確。

人之術，謂握固不瀉，還精補腦也。」這種握固手法亦見於《幻真先生服內元氣訣》，用以閉關卻精。第三，在使用輔助握固手法之前，要求徹底排除一切心慾，以免因握固而誘發情慾之念。第四，配合服氣存思，旨在誘發「活子時」感覺的產生。

這段丹訣也就是後世丹道家所說的「築基」階段的修煉內容。要求修煉者裸體獨坐，徹底靜心消欲，並輔助使用握固的手法以擬性交行為，激發加速出現所謂「活子時」的感覺為其主要特徵。類似的手法早見於《太平經》，其中〈合陰陽順道法〉篇說：

> 還年不老，大道將還，人年皆將候驗。瞑目還自視，正白彬彬。若且向旦時，身為安著席。若居溫蒸中，於此時筋骨不欲見動，口不欲言語。每屈伸者益快意，心中忻忻，有混潤之意，鼻中通風，口中生甘，是其候也。

並認為：「得其治者神且明，失其治者道不可行。」❹這種被譽為使人返老還童的「合陰陽順道法」，要求安靜平臥，於陽生之時以存思服氣，吞咽口中津液，並助以彎腰挺身，屈伸下肢，可以感到肢體舒適，心中欣悅，出現混濛爽潤的快意。有學者也認為這是「活子時」的景象。❹

〈修內丹法秘訣〉接著還介紹修煉胎息法，它要求從子時至午

---

❹ 　王明編《太平經合校》，中華書局，頁 11，1992 年。
❹ 　胡孚琛《道學通論，道家、道教、僊學》，社會科學文獻出版社，頁 524，1991 年。

時之間進行，即遵循「六陽其氣生」的理論。初學者用口鼻吸氣一次閉於胸腹之內，心計一百二十次之後以口吐氣，同時要求逐漸減低呼吸的幅度，直至不能聽到自己呼吸聲響為止。然後再慢慢地延長閉氣的時間，以心計達到一千次為目標。這種訓練的目標在於不斷地減少呼吸的次數。他們試圖通過這樣的修煉，形成一種所謂「內呼吸」的狀態。這種胎息法在《抱朴子·釋滯》篇可以得到確認。葛洪說：「予從祖仙公（葛玄），每大醉及夏天盛熱，輒入深淵之底，一日許乃出者，正以能閉炁胎息故耳。」而且「鄭君（鄭隱）言但習閉氣至千息，久則能居水中一日許。」❷這種配合錬製與服食金丹的胎息法，其歷史可以上溯於東漢時期。❸

　　《太平經》早就注意到模仿胎兒的呼吸方式，認為學道修真的人必須學習胎兒吸天道自然之氣，內養形體以復其命。《道原論》卷四引《太平經》云：「請問胎中之子，不食而炁者何也？天道迺有自然之炁，迺有消息之炁。凡在胞中，且而得炁者，是天道自然之炁也，及其已生，噓吸陰陽而炁者，是消息之炁也。人而守道力學，反自然之炁者生也，守消息之炁者死矣。故夫得真道者，乃能內炁，外不炁也。以是內炁養其性，然後能反嬰兒，復其命也。故當習內炁以內養其形體。」❹胎息法在唐朝初期又被譽稱為「胎息

❷　《抱朴子》篇，頁 57。

❸　《太清金液神丹經》卷上已經引用〈仙經〉之文，敍述利用「三一」，即心腦臍三丹田與泥丸君，結合行氣，胎食津液之法，示先安其身與五臟的重要性。這可以說是開內丹與外丹並重之先河。陳國符推測卷上出於西漢末東漢初（《道藏源流續考》，頁 291）。

❹　《太平經合校》，頁 699−700。

道」，成為修煉內丹的一種不可缺少的方法。❹但是，要注意因過度地追求長息、少息，以致影響體內器官的正常功能，造成內臟組織器官的慢性缺氧，甚至引起死亡。❹

以胎息法為基礎的還精補腦的體內循環，不但與還精補腦房中術有著密切的關係，而且隨著修煉技法的發展又出現不同的循環途徑。《鍾呂傳道集·論抽添》云：「既以採藥為添汞，添汞須抽鉛，所以抽鉛非在外也。自下田入上田，名曰肘後飛金晶。又曰起河車而走龍虎，又曰還精補腦，而長生不死。鉛既後抽，汞自中降，以中田還下田，始以龍虎媾交而變黃芽，是五行顛倒，此以抽鉛添汞而養胎仙。」❹這裏已經包含著小周天與大周天，兩者既是體內的循環途徑，又是搬運烹煉內藥的基本功法。小周天又叫還精

---

❹　《雲笈七籤》卷六十《胎息精微論》內真妙用訣：「若胎息未成，則真神不御於精炁。謂精炁無主，自然隨欲而動，情欲既動而精炁自散，雖欲苦制亦終無益。若胎息道成，精炁有主，故使男子莖中無聚精，婦人臍中不結嬰。雖有情慾終不能與神爭也」（《道藏》第 18 冊，頁 446）。這篇《內真妙用訣》已著錄於《宋志》，並題為張果撰。《胎息經注》：「修道者常伏其氣於臍下，守其神於身內，神氣相合而生玄胎。玄胎既結，乃自生身，即為內丹，不死之道也。」（《道藏》第 22 冊，頁 425）。相同文句亦見於幻真先生《胎息經注》的「胎從伏氣中結」一句注文（《道藏》第 2 冊，頁 868）。

❹　晉·張華《博物志》卷七：「軍祭酒弘農董芬學甘始鴟視狼顧，呼吸吐納，為之過差，氣閉不通，良久乃蘇。」（王雲五編《叢書集成初編》，商務印書館，頁 43，1939 年）《胎息精微論》：「今之學者，或得古方，或授自非道，皆閉口縮鼻，責其炁長，而不知臟壅閉，畜損正炁。」（《道藏》第 18 冊，頁 445）唐吳筠《宗玄先生文集》卷中〈形神可固論·服氣章〉：「……每尋諸家氣法及服氣之人，不杣十年五年，身已死矣。」（陳國符《陳國符道藏研究論文集》，上海古籍出版社，頁 252，2004 年）

❹　《道藏》第 4 冊，頁 670。

補腦，以意念結合胎息把活子時初生的「真種子」，或「小藥」進行調煉。急運稱「武火」，緩行叫「文火」。如《真詮》所說：「火候本只寓一氣進退之節，非有他也。火候之妙在人為，用意緊則火燥，用意緩則火寒。」❹所謂「起火」、「沖關」、「沐浴」等技巧也全由意念控制。因為意念是一個非常微妙的個人感覺問題，所以與各人修煉的胎息又有密切關係。在某種意義上講，周天就是火候，但丹道家向來有「聖人傳藥不傳火，從來火候少人知」（《還丹復命篇》七言絕句）之說。

　　丹道家在周天身體技法的操作上，又增加了許多非常具體而細緻的動作。例如《靈寶畢法》引《真訣》云：「靜室中披衣握固，正坐盤膝，蹲下腹肚，須臾昇身前出胸，而微偃頭於後，後閉夾脊雙關，肘後微扇一二，伸腰，自尾閭穴如火相似，自腰而起，擁在夾脊，慎勿開關，即時甚熱氣壯，漸次開夾脊關而放氣過關，仍仰面，腦後緊偃，以閉上關，慎勿開之。即覺熱極氣壯，漸次入頂，以補泥丸髓海。……次用還丹之法，如前件出胸伸腰，閉夾脊，蹲而昇之，腰間火不起，當靜坐內觀，如法再作，以至火起為度。」❹在輔助使用握固手法的基礎上，並要求以腰部為中心連續性地運動各個部分的脊椎骨，同時配合不同部位的身體動作，以增強自身產生所需要的感覺。這也就是經過反復練習以誘導腰間部位產生發熱的現象。這種所謂身內「火起」的感覺，表明通過實踐，反復伸腰、蹲坐等動作就能得到生動的體驗。

---

❹　王沐《悟真篇淺解》，中華書局，頁 291，1990 年。

❹　《道藏》第 28 冊，頁 356。

　　《真仙秘傳火候法》也指出：「又有鍊丹九轉之火，須真陰真陽交合烹鍊也。結養還丹息火，每日於子時後午時前。……絕思慮抱元守一，閉息蓄兩外腎，縮谷道定息七十二數，然後彎背湊頸候氣，自尾閭上到夾脊至曹溪（乃三椎骨下是也）之下，用頭左轉搖動兩肩，次以右手中指捺定右鼻孔吸炁一口，又隨用兩手中指塞入兩耳內，乃緊閉鬧市假令氣衝過曹溪上至腦，轉額前自眉間下至口甘甜即用舌尖柱定上腭，候津液滿口，徐徐嚥下，想自肺而下入至丹田。訖少時氣定又依法而行之。」⑩這非常明白地表明以還精補腦為主，適當地結合胎息等，已經成為修鍊內丹，發動火候的主要手段。這裏僅僅例舉一部分的內丹文獻，類似的描述大量地散見於《道藏》有關內丹的文獻之中。⑪而且，明朝名醫張景岳在其《類經》卷二十八〈運氣類〉中，特別收錄「蘇氏養生訣」，認為修此法有袪病延年的效果，觀其手法亦不離還精行氣補腦之術。近代名醫張錫純（1860－1933 年）在其《醫學衷中參西錄》卷八中，還介紹應用類似的方法治療夢遺的患者。

　　還精補腦術不僅成為修鍊內丹的基本手法，而且又是標誌內煉元精的起點，其體內循環途徑也就是判斷內丹形成的一個重要特

---

⑩　《道藏》第 4 冊，頁 934。

⑪　無名子解《悟真篇》云：「凡運火之際，忽覺夾脊真炁上沖泥丸，瀝瀝然有聲，從頭似有物觸上腦，須臾如雞卵顆顆自腭下重樓，如乘酥香甜甘美之味無比，覺有此狀乃得金液還丹。徐徐咽歸丹田，常常不絕五臟清虛。」（同上，頁 736。）幾乎相同的內容亦見於《丹經極論》內藥運功項。它認為這是「運丹生成之際」的感覺（同上，頁 347）。其他如《紫陽真人悟真直指詳說三乘秘要》等。

徵。胎息應用於還精補腦，可以徹底排除修鍊內丹時自身呼吸的聲響對存思的干擾與影響，人為地造成一種非常寧靜的內環境。綜合上述有關內丹修煉的還精補腦的使用方法，以及有意識地結合體內的循環部位，非常清楚地看到這些記述的內容都不是機體的客觀反應，而是以丹道家的自身感覺為主，甚至在修煉的過程中，可以直接進行培養訓練各種需要的感覺。特別是活動腰、脊等局部產生發熱等感覺以說明「火候」，就是一個非常典型的事例。而且，也有道者想從人體解剖上尋找體內髓液的流行、循環的途徑，及其與內臟之間的關係。他們以為在頭部的腦中與腰部腎臟之間，以及與腹部臍下氣海部位之間，各自存在著脈管的通道❷，試圖從根本上解決還精補腦術的理論問題。

三、陰陽雙修與擇爐

《王屋真人口授陰丹秘訣靈篇》是一位老年儒者實錄於王屋山所遇王長真人的口授秘訣。經過他自身的實踐，各種病痛消失，體力得以恢復，感覺如少者。❸因此他才將秘訣上呈代宗皇帝（公元762－779 年在位）。據說老者伯父從張果修道五十餘年，得壽一百十六歲，並於天寶十四年春三月預告安祿山之亂。綜上所述，表明此

---

❷　《胎息精微論》：「（腦）有兩條脈下徹腎精，其精在腎，謂精流入泥丸則為腦。……腦有兩條脈夾脊降到臍下三寸，是名炁海，腦實則炁海王（旺），王則元炁盛，盛則清，清則神生。」（《道藏》第 18 冊，頁 447）

❸　《雲笈七籤》卷六十四「當時臣已朽邁，耳目不聰，真人見哀授以此訣，通來諸疾減退，雖未返童顏，漸覺似於少者。」（《道藏》第 22 冊，頁 451）

經出於唐朝中期。王屋真人自言為東晉人，其一妻劉氏為太宗朝人。不管所言是否屬實，我們可以從中讀出幾點信息：其一，此經適用於男女雙修。其二，老夫少妻、夫婦之間年齡相差很大。其三，結合老者年齡，此經可能成於唐朝初期。

該經開門見山地提出：「夫陽丹可以上昇，陰丹可以駐壽，陽丹者還丹也，陰丹者還精之術也」❺❹，但未見有關內外丹的議論。秘訣對陰丹修煉提出兩條重要的理論：一是夫婦男女，應該誰為主客的問題。二是所謂接樹續命之法。而且，兩者之間有著非常密切的關係。所謂主客，即要求男性陽舉為先，固精不瀉，待女方情動精溢，以便採陰助陽，逆上補髓。❺❺至於接樹之法，即所謂「假元炁陽和之力續命法」，認為趁少女月經初潮之時，與之交接，採之元陰以壯陽續命。❺❻為了有效地配合採藥，必須首先調節好自身的命門功能，以便及時進行修煉陰丹。所以，它又提出「側身」、「正展」、「偃脊」、「垂壺」等幾種具體的體位與動作，目的在於通過控制命門的開閉以配合陰陽雙修。所謂側身，是一種待命行動，即關閉命門。❺❼正展的體位及其相應的動作，是為再現「活子

---

❺❹　同上，頁 451。

❺❺　訣曰：「不敢為主而為客，此一句借道經以說其事也。夫先舉者為主，後舉者為客，主者先施惠於人也，客者受施於人也。若施於人者則情散精竭，受施於人者精固而情專，以其納和炁以助陽，夫何患焉。」（同上，頁 452）

❺❻　「夫陰門初開必有血候，初止膝理，始通，陰陽相感，此時也者將有孕也。夫將成後人之命，而續我前命，事既相類，理亦昭然。」（同上，頁 452）

❺❼　「側身內想閉諸隙，此非有事於陰門，而側身也所為將閉諸隙，先側其身也。隙所謂命門，在精室之下，接脊之末。」（同上，頁 452）

時」以開放命門，使精氣進入還精補腦的體內循環。⑱

　　這種以主客之說的丹道修鍊理論可能給張伯端很大的影響。《悟真篇》有詩云：「此法真中妙更真，都緣我獨異於人，自知顛倒由離坎，誰識浮沈定主賓」，「不識陽精及主賓，知他那個是疏親，房中空閉尾閭穴，誤殺閻浮多少人」⑲，認為丹道的陰陽雙修原理、功效與傳統房中術不同。陳致虛在《悟真篇三注》（以下簡稱《三注》）中說：「陽精雖是房中得之，而非御女之術。若行此術是邪道也。」⑳所謂「顛倒離坎」與「浮沈主賓」，是一種男女共修內丹的秘訣，只是男女配置的方法可能與房中性愛有根本的區別。一般的乾坤陰陽之合，乃世間夫婦的性行為，體位多為男上女下，以便懷孕受胎生子；而離坎之合，乃坎中之陰結離中之陽，實為金丹夫婦，故為女上男下。所以陳致虛又說：

　　　　饒他為主，我為賓者，彼居上而我在下，彼欲動而我欲靜也。㉑

陸西星點明了其中的真正原因。㉒總之，在陰陽雙修的前期階段，

---

⑱　「側身又偃其脊，兼展腳根，則命門自閉。腳根為垂壺者，蓋取其時人不悟矣。……夫如是乃可以有事於陰門。有事之法，亦常式爾，四合五合道乃融合，陰陽相合也。出入之間，或四或五，即當精炁漸動，諸脈通融之道也。」（同上，頁452）

⑲　《道藏》第 2 冊，頁 978、1005。

⑳　同上，頁 1005。

㉑　同上，頁 997。

㉒　《金丹就正篇》上篇：「取坎者補其既破之乾也，填其既虛之畫也，復其純

讓女子在上的主要目的有二：一是為補男人體虛，減輕其體力的消耗。二是便於從女方採取陽精外藥。

《四庫全書提要》非常贊賞張伯端的《悟真篇》，認為：「是書專明金丹之要，與魏伯陽《參同契》，道家並推為正宗」⑥，推崇《悟真篇》為內丹史上非常重要的著作。張伯端以鍾呂為教祖，曾傳授內丹修煉技術於石泰等人，世稱他為內丹南宗五祖之一。呂洞賓是唐代後期在民間流傳甚廣的有名僊人。《呂祖志》敲爻歌中云：

> 漢終唐國漂蓬客，所以敲爻不可測，縱橫逆順沒遮欄，靜則無為動是色。也飲酒，也食肉，守定煙花斷淫欲，行禪唱詠胭粉詩，持戒酒肉常充腹。色是藥，酒是祿，酒色之中無拘束，……道力人，真散漢，酒是良朋花是伴，花街柳巷覓真人，真人只在花街戲，摘花載飲長生酒。⑥

一見有反修煉神僊的常識，不是在名山僻地修身養性，而是主張進出於酒樓娼家、繁街鬧市以修煉丹道，這表明他充分利用環境增進丹道實踐的重要性。至於呂洞賓修煉內丹是否使用年輕的女子，在現存的唐宋丹道文獻中很難找到明確的證據，但他出入娼家妓樓，為妓女娼婦治病改心，成為遊女之師的話題則是屢見不鮮。《道

陽之體也，此神仙還丹之說也。」（《藏外道書》第 5 冊，巴蜀書社，頁368，1995 年）
⑥　《四庫全書提要》卷一四六，子部，道家類。
⑥　《道藏》第 36 冊，頁 483。

藏》收錄的《呂祖集》卷三、《三注》等多有呂洞賓與妓女、娼婦交往的傳述。

　　《悟真篇》也有「須知大隱居鄽市，何必深山守靜孤」的詩句，似乎很明朗地反對靜煉內丹。❻一般認為道士儷家多半深居名山老林修煉身心，為什麼反而要居身於繁華熱鬧的都市之中，這自然使人感到疑問與費解。這個問題對於分辨南宗丹道中雙修與清修的不同之處，學界的意見也未統一。世傳張伯端自身從劉海蟾得到內丹訣文之後，就離開道觀寄身陸詵、馬處厚之處修煉丹道。根據《歷世真仙體道通鑑》薛道光傳記述，他原為和尚，法號為紫賢，長期離開俗世座禪修行於深山老院。薛道光在郿縣青鎮遇見八十五歲的石泰，遵其言「紫賢遂來京師，棄僧迦黎幅巾，縫披和光混俗，顯了此事。」❻結合石泰傳授的口訣內容，他的確是返回俗世，去都市進行所謂的「混俗和光」。此事亦見於《石薛二真人紀略》。所以，後人推測石泰與薛道光修煉內丹皆以陰陽雙修為主，此亦非無理無據。而且，陳致虛的師傅亦持這種論調。❻

　　冠名張三豐的《無根樹》唱道：「無根樹，花正危，樹老重新接嫩枝。梅寄柳，桑接梨，傳與修真作樣兒。自古神儷栽接法，人老原來有藥醫。……無根樹，花正清，花酒神儷古到今。煙花寨，酒肉林，不斷葷腥不犯淫。……無根樹，花正新，產在坤方坤是人。摘花戴，采花心，花藥層層艷麗春。……無根樹，花正繁，美

---

❻　《道藏》第 4 冊，頁 716。

❻　《道藏》第 5 冊，頁 385。

❻　《三注》：「我師云靜坐一件是得丹之後事也，未能大隱市塵，何必深山守靜孤乎。僕每與言及此，未嘗不為之長嘆。」（《道藏》第 2 冊，頁 980）

貌嬌容賽粉團。防猿馬，劣更頑，掛起娘生鐵面顏，提出青龍真寶
劍，摘盡墻頭朵朵鮮。……無根樹，花正開，偎月爐中摘下來。延
年壽，減病災，好結良朋備法財。」⑱此詩明確地繼承了「神僊栽
接法」，具體的方法可以歸結為兩個方面：一是強調食補。二是重
視人補。在營養食品不是很豐富的古代社會，魚肉葷腥的食物是補
體的一個重要部分，而且魚肉等營養食品有增進陽舉的功效，特別
是生食魚肉更顯其效。⑲

　　《孟子‧梁惠王》篇說：「雞豚狗彘之畜，無失其時，七十者
可以食肉矣。……七十者衣帛食肉，黎民不飢不寒。」《禮記‧王
制》篇亦云：「五十始衰，六十非肉不飽，七十非帛不暖，八十非
人不暖。」古人很早就認識老人體虛必須以肉類食補，而且年過八
十的老人應當以人取陽。《宋史》卷四六二〈方技傳〉云：「賀蘭
棲真，不知何許人。為道士，自言百歲。……或時縱酒，遊鄽市
間，能啖肉至數斤。」《十問》第九問說：「酒者，五穀之精氣
也，……故以為百藥繇（由）。」⑳適當地飲酒可以起到溫陽、壯
陽的效果，而且美酒自古以來就是神僊方士辟穀期間的代用品。
《宋史》的〈方技傳〉還說：「柴通玄字又玄，陝西閺鄉人，為道
士於承天觀。年百餘歲，善辟穀長嘯，惟飲酒。」世人為神僊辟穀

---

⑱　《中國氣功大成》，頁 730、732。

⑲　《十問》第二問：「君必食陰以為當（常），助以栢實盛良，飲走獸泉英，
　　可以卻老復壯，曼澤有光。」（馬王堆漢墓帛書整理小組《馬王堆漢墓帛書
　　（肆）》，文物出版社，頁 145，1985 年）日本料理生魚片風行世界的一個
　　原因可能與此有關。

⑳　同上注，頁 150。

不食米飯只飲酒而感到驚奇，不知美酒為好米釀造，其中所含的熱量並不亞於米飯。這些營養食品在「築基」階段能起很大的作用，特別對於老年人。《無根樹》的詩句還頻繁地使用「花」的比喻，自然使人聯想到年輕美貌的女子。這也表明修煉內丹需要女子的幫忙。而且，它還提示應該戒備那些喜歡賣弄風騷的女人，以免激情動慾而走瀉精氣，影響構築基礎健康的工作。

　　《參同契》說：「類同者相從，事乖不成寶，是以燕雀不生凰，孤兔不乳馬。」❼這是一段比較難解的文字，特別是其中使用「同類」一詞。對於主張以體內不同的臟器為爐鼎，以自身的精氣為丹藥的清修派來說，顯然會產生一種對不上位的感覺。假如從陰陽雙修的角度去考察的話，這個同類就可以理解為男女。翁葆光注釋《悟真篇》的「竹破須將竹補宜，覆雞當用卵為之，萬般非類徒勞力，爭似真鉛合聖機」一詩時，也引用上述這段《參同契》的詩文，而且還說：「陶真人曰：竹斷須竹續，木破須木補，屋破用瓦蓋，人衰以類生，修真者若非同類功用徒勞」❼，認為應當以同類之物來補破損之器，如年老體衰之人就得以人補益。紫陽真人用「得類」演釋「同類」，陳致虛亦贊成，並認為必須到都市凡間去尋找修補用的同類人。❼這就使人聯想到孫真人所謂「以人補人」

---

❼　《道藏》第 20 冊，頁 103。

❼　《道藏》第 2 冊，頁 936。

❼　《三注》：「陰陽得類俱交感，二八相當自合親」（同上，頁 982）；「上陽子曰：古仙翁以得類指示後人，亦以深切。類者如天必以地為類，如日必以月為類，如女必以男為類」，「若煉還丹，必求同類，若求同類，大隱市塵。」（同上，頁 982、992）

的房中補益之說。

孫思邈不但提倡男女合作，共同修煉房中術，而且還提出選擇女子的條件。他認為修鍊房中術，只要有足夠的錢財就可以選擇適合的女子。❼按理修煉內丹與煉製金丹靈藥完全不同：一不需要鑄造爐鼎。二不需要購置礦石原料。三不需要準備優質燃料。這都意味著不需要什麼資金。但是陳致虛在《金丹大要》中說：「求財求侶煉金丹，財不難兮侶卻難得，得侶得財多外護，做仙何必泥深山」❼，提出修鍊內丹必需首先解決兩個問題：一是募集足夠的錢財，二是尋找合適的伴侶，而籌備錢財的目的正是為解決伴侶的問題。

冠名陳希夷（陳摶）的《房術玄機中萃纂要》也認為：「聚財者，非聚之以求五金八石之藥，食前方丈之榮，蓋欲求鼎器以全長生之道」，並且提出選擇修煉內丹伴侶的標準。他認為作為陰陽雙修的伴侶，必須注重女子的道德觀念，素質與品行等，特別強調要富有同情心，不貪圖錢財，而且男女之間的關係應該是志同道合，即兩個人一條心，只為修鍊內丹成道。❼可能由於倆人的感情非常親密，就不存在支付金錢的問題。要求被選擇的女子能理解修鍊丹

---

❼　「若足財力，選取細髮，目精黑白分明，體柔骨軟，肌膚細滑，言語聲音和
　　調，四肢骨節皆欲足肉而骨不大，其陰及腋皆不欲有毛，有毛當軟細。」
　　（《備急千金要方》卷二十七，頁489）

❼　《道藏》第24冊，頁32。

❼　「結女者，非結談笑遊戲無益之人，必擇道同心合，仁慈勤儉，不貪富貴，
　　素有德行者，得以護衛助力。彼此進道，行無阻礙，能成就以全至真。」
　　（宋書功編《中國古代房室養生集要》，中國醫藥科技出版社，頁461，
　　1993年。）

道的目的與意義，這一點完全不同於修煉房中術，盡量尋找不知道房中術的童女、處女等。

　　鄧希賢在《修真演義·爐中寶鼎》篇說：「鼎者，鍛煉神丹之具，溫真養氣之爐也。須未生產美婦，清俊潔白，無口體之氣者為真鼎，用之大能補益。」[77]首先要求未婚未育的年輕女人。所謂「無口體之氣者」，也就是沒有口氣臭穢、體臭的年輕女人。口臭一般發生於內熱，除了消化不良、口腔不潔之外，主要是因心欲不暢，心火內盛，煩躁難眠所致。體臭乃濕熱鬱積於皮膚，汗腺排泄不暢所致。內熱、濕熱等都有可能引起白帶變色、產生異臭，甚至影響月經的正常來潮。明朝道人洪基也認為必須選擇身體健康，長相標緻的女子，其中非常強調年齡，要求在十五歲以上，四十歲以下。[78]因為女子通常於十四、五歲月經初潮，而四十歲以上的女人月經多已減少，甚至生理已經停止。

　　但是在古代的封建社會，特別在北宋以後，要求男子禁欲、女子固守貞節的封建禮教理學橫行。結識不久的女子能否成為推心置腹的關係，顯然是一個很大的難題。這也許成為陰陽雙修只好尋找妓女的一個原因。這樣，就不難理解修煉丹道為什麼需要花費大筆錢財的疑問。在現存的古代文獻資料中，官營娼妓的歷史可以上溯

[77]　楊權譯《秘戲圖考》，廣東人民出版社，頁381，1992年。

[78]　《攝生總要·安置爐鼎》篇：「夫安置爐鼎者，乃廣成子授黃帝補虛之法也。爐鼎者，可擇陰人十五、六歲以上，眉清目秀，齒白唇紅，面貌光潤，皮膚細膩，聲音清亮，語言和暢者，乃良器也。若元氣虛弱黃瘦，經水不調，及四十歲上下者不用也。」（《中國古代房室養生集要》，頁435）

於春秋初期，有學者推測當時政府子弟商人經營軍妓公娼。❼私家經營的娼妓館可能在唐朝之前也就已經出現。唐代孫棨的《孫內翰北里志》中記述著不少官妓與私妓的故事。例如，〈天水僊哥〉條記述著永寧相國的愛子劉覃，為了見到當時有名的官妓天水僊哥，一次就得花費百餘兩的金子。多情的作者自身也曾被私家名妓福娘所傾心。福娘希望他能為自己贖身，並向他提出：「某幸未係教坊籍，君子倘有意，一二百金之費爾。」❽施肩吾在《襄陽曲》中唱道：「大堤女兒郎莫尋，三三五五結同心。清晨對鏡冶容色，意欲取郎千萬金。」張潮的《襄陽曲》也提到大堤家，有學者推測大堤的妓女可能是私家妓女。❽不管是官娼、還是私妓，要想用她們就得花費巨額的金銀財富。

　　解決鼎爐的問題是陰陽雙修的首要條件，因為它直接關係到築基的進展。《悟真篇》所唱「敲竹喚龜吞玉芝，鼓琴招鳳飲刀圭」的詩句❽，提示了一種築基的有效方法。詩文中的竹、龜是男子陰莖的隱語，琴、鳳是隱指女子的陰器。所謂「敲竹喚龜」，實際上是一種適用於老年人的築基補虛的基本手法。陳致虛說：

---

❼　《商君書》：「令壯女為一軍」，《商君書·墾令》：「令軍中無有女子。」顧頡剛推測是指軍妓，「故下云：令其商，明商人以女子為營業之具也。」（《顧頡剛讀書筆記》第七卷上集，頁 5194）

❽　《孫內翰北里志·王團兒》條（王雲五編《叢書集成初編》，商務印書館，頁 8，1939 年）。

❽　江曉原《性張力下的中國人》，上海人民出版社，頁 226，1995 年。

❽　《道藏》第 2 冊，頁 1006。

修行之人，卦氣已過，竹不應物，可不擊乎。擊則敲也，琴
若不和，可不調乎，調即鼓也。是以七十，八十至百二十
歲，皆可還丹，是此道也。❽

它類似於《上洞心丹經訣》修內丹法秘訣中所示的「裸體握固」
法，可能直接讓女子以手按摩、刺激陰莖，使局部產生充血，誘發
陰莖勃起等反應。這也許是張伯端本人的經驗之談。根據《悟真
篇》自序，宋神宗熙寧己酉歲（熙寧二年，即公元 1069 年），他才隨陸
詵入四川成都，因感真人傳授金丹藥物火候訣文之後開始學習修煉
內丹。他大約出生於宋太宗太平興國八年（公元 983），開始修煉丹
道時乃屬晚年，已經是一個八十六歲的高齡老人。

　　一般認為男子在十五歲以下，處於青春期之前的少年思想比較
純淨，尚未因情欲之念而漏泄體內精氣，不必經歷築基就可以直接
參加內丹修煉，這種人又稱為「上德」、「真人」等。在筆者統計
的神僊之中，從小就開始修鍊內丹而成僊的人是極為罕見。隨著年
齡的增長，性的發育與成長，進入青春期之後自然就會對異性產生
興趣，發生情欲之念，以致出現夢遺失精，或者結婚生子，房室過
度等。這些原因直接消耗體內的精氣，造成體內精氣不足，產生陽
舉不足的現象，這類人又稱為「下德」。他們參加丹道修煉的話，
必須首先經過築基的階段，也就是重新構築機體的健康基礎。醫經
《素問》早就指出：「（男子）七八肝氣衰，筋不能動，天癸竭，

---

❽　　同上，頁 1007。

精少，腎臟衰，形體皆極」❽，認為年近六十的男人已經肝腎氣衰、精氣將竭。所以對於上年齡的人來說，要補足體內精氣並不是一件簡單事。陰陽雙修的一個最大目的就是在於補虛，雖然名為男女雙修，實際上仍然是想汲取女子的真精以補自身的元陽。這也是陰陽雙修派強調「先命後性」的一個主要原因。與此相反，清修派一般多強調「先性後命」，進行長時間修性的目的就在於養氣蓄精，可以說也是一種築基。這樣，可以使體內的精氣慢慢地得以恢復，自然地再現活子時。

四、陰陽雙修與採藥

陰陽雙修派把男女的生殖器分別稱為「乾鼎」與「坤爐」，這種比喻出現於張伯端的詩文。《悟真篇》云：「先把乾坤為鼎器，次搏烏兔藥來烹」，陳致虛解釋說：「鼎器者何也，靈父聖母也，乾男坤女也。藥物者何也，靈父聖母之氣，乾男坤女之精。」❽這表明鼎器是修煉內丹的產藥、煉藥的場所。張伯端在《金丹四百字》中說：「藥物生玄竅，火後發陽爐，龍虎交會時，寶鼎產玄珠。此竅非凡物，乾坤共合成」，而且他把「玄竅」一詞解釋為「玄牝」。他雖然否定了古來有關解釋「玄牝」的各種說法，但終始沒有點破丹藥的出處。❽有道者認為它是指意念的起點❽，也有

---

❽　傅景華等點校《中醫四部經典》，中醫古籍出版社，頁 3，1996 年。

❽　《道藏》第 2 冊，頁 990。

❽　「夫身中一竅，名曰玄牝。此竅者非心非腎，非口鼻也，非脾胃也，非穀道也，非膀胱也，非丹田也，非泥丸也。」（《道藏》第 24 冊，頁 163、162）

道者試圖從動物解剖推測為腎間空膜處。❽後者顯然是源於《難經·六十六難》的「腎間動氣」之說。除了張伯端已經否定的身體部位之外，以孔竅為特徵的其他身體部位還有耳、目、臍、陰器。但《悟真篇》又說：

> 莫把孤陰為有陽，獨修一物轉羸尫。勞形按引皆非道，煉氣
> 餐霞總是狂。畢世漫求鉛汞伏，何時得見虎龍降。勸君窮取
> 生身處，返本還元是藥王。❽⁹

詩文中出現的「生身處」一詞，既言是取藥之處，又喻為還本之源，可以理解它乃身體排射精氣，或者生產胎兒的出處。

「玄牝」一詞首見於《道德經》，第六章提出：「谷神不死，是謂玄牝，玄牝之門，是謂天地根。」馬王堆漢墓出土的房中養生書《合陰陽》說：「入玄門，御交筋，上欲精神，乃能久視而與天地牟（侔）存。交筋者，玄門中交脈也，為得操搐之，使腜（體）皆樂養（癢），說（悅）澤（懌）以好。」❾⁰由此推知「玄門」是指女人的陰戶。《說文解字》釋：「玄，幽遠也，黑而有赤色者。」玄

---

❽⁷　《修仙辨惑論》：「以念頭起處為玄牝，以打成一塊交結。」（《道藏》第4冊，頁617）

❽⁸　《諸真內丹集要》：「今人宰牲，曾見兩腎之間，腰脊去處，有一空膜之中，有氣呼吸膨亨，至肉冷方息者，此也。……兩腎之間，虛生一竅，是為玄牝。二腎之氣貫通玄牝之間。」（《道藏》第32冊，頁468）

❽⁹　《道藏》第4冊，頁718。

❾⁰　《馬王堆漢墓帛書（肆）》，頁155。

為深不可測，不用說結胎、妊娠於子宮深不可測，而且胎產是直接
經過陰戶，特別是陰道的巨大伸縮功能對於古人來說，感到不可思
議也是理所當然。「玄牝之門」可以認為是對女陰的昇華之謂。
正如陳致虛所說：「蓋玄牝乃人身出入之門戶，金丹由此而修
合。大修行人先要洞明玄牝之旨，是陰陽媾精之處，方得一顆靈
光之珠也。」❿

　　以陰陽表示男女可能來自《道德經》的牝牡之說。因為《易
經》未現陰陽，多見剛柔。《彖傳·否卦》云：「內陰而外陽，內
柔而外剛」，這是首見以陰陽釋《易經》剛柔之例。繼之《繫辭》
解釋云：「天尊地卑，乾坤定矣。……乾道成男，坤道成女。……
乾，陽物也；坤，陰物也。陰陽合德而剛柔有體」，以致「乾上坤
下」就成為天經地義之理。但是，陰陽雙修派反其理的目的在於利
用女人的真精來補益自身之虛，然後結合自身的元精修煉內藥。所
謂「真精」，也就是指「女精」、「玉液」，或者又稱為「水中
鉛」、「紅鉛」、「紅娘子」等。《玉房秘訣》多處提到：「令女
自搖，女精出止，男勿得快」❿，確認女子在性興奮時陰器自然會
分泌液體。陰陽雙修派根據八卦理論，認為男人一身俱陽，唯從陰
莖流出乳白的精液是屬於陰液，所以又稱為坎男（☵）；女人為純
陰之體，唯從陰部分泌的液體，特別是赤色的月經為陽液，故又稱
為離女（☲）。正如翁葆光所說：「離（☲）為陽而居南，所以反為
女者，外陽而內陰，是謂之真汞；坎（☵）為陰而居北，所以返為

---

❿　　《道藏》第 2 冊，頁 1003。
❿　　《醫心方》卷二十八，人民衛生出版社，頁 642，1993 年。

· 342 ·

男者，外陰而內陽也，是謂之真鉛。」❾陳致虛亦持類似的看法。❾
表明這種坎男離女的顛倒說法就是陰陽雙修派的秘傳理論。

　　陰陽雙修派利用八卦理論把女人作為丹爐，並且定位於女陰，
其目的就是採集女子陰道的分泌物，稱為「外藥」又作「金丹」、
或稱「真鉛」。他們試圖使用勃起的陰莖汲取女子的外藥入腹，使
之與自身的元精結合後修煉「內藥」，也就是所謂的「金液還
丹」。❾《悟真篇》有詩云：「藥逢氣類方成象，道在希夷合自
然，一粒靈丹吞入腹，始知我命不由天。」❾翁葆光在《三注》中
還指出：「夫真一之精，造化在外曰金丹，又曰真土。吞入腹中即
名真鉛，又名陽丹。此言虎即金丹也，龍者我之真氣也。」❾但
是，最大的問題是如何在短時間內判斷外藥生成的特徵，以及決定
採集藥物的準確時間。

　　陳致虛指出：「鍊丹之法，要知他家活子時也」❾，認為修煉
內丹必須掌握修鍊中男女雙方出現「活子時」的特徵。因為這是一
個判斷採集外藥的時刻，以及排出與結合自身元精的重要時間帶。
《悟真篇》云：「女子著青衣，郎君披素練，見之不可用，用之不

---

❾　《道藏》第 2 冊，頁 978。
❾　《三注》：「我雖外雄，其中唯雌；我雖外白，其內唯黑。彼之陰中，反抱
　　陽精，以陽點陰，大藥方成。」（同上，頁 1014）
❾　《三注》：「外藥者金丹是也，造化在二八爐中，不出半個時（辰），立得
　　成熟。內藥者金液還丹是也，造化在自己身中，須待十個月足，方能脫胎成
　　聖。」（同上，頁 1010）
❾　同上，頁 1007。
❾　同上，頁 979。
❾　同上，頁 1007。

可見。恍惚裏相逢，杳冥中有變，一霎火焰飛，真人自出現」，「恍惚之中尋有象，杳冥之內覓真精，有無從此自相人，未見如何想得成。」㊾陳致虛認為：「經云：恍兮惚其中有物，惚兮恍其中有象，杳兮冥其中有精，其精甚真其中有信。金丹之道，斯言盡矣。仙師再題出，可謂甚親甚切，尚非言傳心授之真，何必枯座存想。」⑩所謂「經云」，就是指《道德經》第二十一章的內容。老子接著還說：「自今及古，其名不去，以閱眾甫。吾何以知眾甫之然哉？以此。」說明這種現象在老子之前就已經受到古代人的重視，他只是從中悟出萬物化生之「道」。

《老子河上公章句》解釋說：「道唯窈冥無形，其中有精實，神明相薄，陰陽交會也」⑩，認為這是一種由陰陽相交而產生的生理現象。《金仙證論》風火經指出：「外腎欲舉之時，即是身中活子時。」⑩活子時在男子表現為陰莖的勃起，全身感到鬆軟而輕快，但並沒有出現射精的徵兆；在女子可能出現「五徵」、「五欲」、「十動」等徵象與表現。⑩陰陽雙修派認為外藥一出馬上就要採集，稍微推遲就成「走丹」。如果不理解男女活子時的特徵，就會失去採藥的機會，以致前功盡棄。所以，陳致虛認為在築基階段必須補虛與鍊己，不僅需要恢復陽舉等反應，而且能控制陽舉而不射精，即如赤子的無欲陽舉。只有修煉出隨時都能再現活子時的

㊾　《道藏》第 4 冊，頁 738、734。

⑩　《道藏》第 2 冊，頁 1004。

⑩　《老子道德經河上公章句》，中華書局，頁 86，1997 年。

⑩　《天仙金丹心法》，中華書局，頁 236，1997 年。

⑩　《醫心方》卷二十八，頁 638－639。

身體狀態，才能進入準備採集外藥，以便採藥之後烹煉內藥。⓵⓸

　　築基之中補虛、煉己的具體方法一般以靜坐存思，腹式呼吸以調整身心，氣守三田，開通任督奇經八脈以順利地運氣，同時促進口內唾液的分泌，不斷咽吞津液以補益體內精氣。陰陽雙修派還認為可以應用食補、握固等方法。通過男女媾交的形式刺激、促發男性的陽舉，女性的興奮泌精。一旦己之陰精發動，立即中止並結合彼之氣，引精氣逆流而上，進入任督脈的循環以還精補腦。陸子野在解釋《悟真篇》的「雪山一味好醍醐，傾入東陽造化爐」一詩中說：「醍醐乃坎中金液，取歸離中，離即我也。然後運之由尾閭經泥丸，自腹中至丹田，與身中陰汞混合為一」⓵⓹、認為這種還精補腦的運行修煉可以補益精氣，反復運行能夠充實後天虧損的精、氣、神。這個時期為主利用異性的爐鼎以借外藥，補足自身虧虛不足，使機體盡早恢復到可以再現「初潟」的狀態，有一種返回「青春」的感覺。這樣在自然陽氣旺發之時，陰莖就可能出現勃起的生理反應，也就是所謂「一陽來復」，或叫「子時生機」。

　　《悟真篇》有詩云：「要知產藥川源處，只在西南是本鄉，鉛遇癸生須急採，金蓮望遠不堪賞，送歸土釜牢封閉，次入流珠廝配當，藥重一斤須二八，調停火候託陰陽。」⓵⓺翁葆光批判葉文叔認

⓵⓸　《三注》：「夫欲修此金丹，必先煉己，以待陽生之時。若無煉己之功，則二物雖會媒娉，雖合夫妻，雖真將見鉛至，而汞失應矣。」（《道藏》第 2 冊，頁 978）

⓵⓹　同上，頁 1005。

⓵⓺　同上，頁 981。

為鉛金是天癸的看法。❿但陳致虛也認為是指天癸,他說:

> 癸動後而生鉛,鉛之初生名曰先天真一之氣,此氣號曰金
> 華,言鉛,言癸,而不言水者取其氣也。鉛生於癸,後陽產
> 於鉛中,採取真鉛借云煉丹,其功只半筒時,此合大造化
> 也。故一月止有一日,一日止有一時。夫此一時最不易
> 得。❿

所謂「天癸」,早見於醫經《素問‧上古天真論》篇,它是一種促
進人體發育、成長的物質,而且直接關係到女子的月經「初潮」與
男子的精液「初溢」,以及身體老化的進展。❿

對於其中的「二八」一詞,陸墅說:「二八相當者在於得人,
得人則藥物無虧耗,鼎器無滲漏之患也。」陳致虛認為:「二八為
一斤之數,以十五者月之圓也。」❿《悟真篇》云:「八月十五翫
蟾輝,正是金精壯盛時,若到一陽纔起處,便宜進火莫延遲」,認
為八月十五日中秋之夜,是煉丹採藥的最佳時辰。陸墅亦持相同的

---

❿ 《三注》:「此真人口口相傳之密旨也,余何傍門紛紛以圭丹為鉛金,用天
　癸時採取有同兒戲。葉文叔又有坤納癸之語,又可笑也。」(同上,頁
　981)

❿ 同上,頁982。

❿ 《素問》:「(女子)二七而天癸至,任脈通,太沖脈盛,月事以時下,故
　有子。……(男子)二八腎氣盛,天癸至,精氣溢瀉,陰陽和,故能有
　子。……今五臟皆衰,筋骨解墮,天癸盡矣,故髮鬢白,身體重,行步不
　正,而無子耳。」(《中醫四部經典》,頁3)

❿ 《道藏》第2冊,頁983。

看法。⑪《紫團丹經·紅鉛黑汞作丹頭》篇對此明白地說明：「凡煉金液還丹先須取男汞女鉛，養而成丹，二氣再合為一，猶如混沌未判之先。……古聖人云造丹者從二從八從一。其法以鉛汞各八兩，二者合為一斤成丹字也。蓋二八者陰也，一者陽也。自二八以上二十以下，調之為爐鼎，養之為火候。其法也候信水纔清，玄關未閉，青龍於神室中與白虎交媾，陽精入於龍宮，即成丹結胎也。……謂一者在二八之中也，二八者二八之女子，身中隱真一之道，其一隱於玄關，蓋如女人與太陰同經時行，乃一月一週天。……女子十五，十六時天癸至，陰精盛也」，而且還進一步指出：「八月十五日夜風清月白，此乃是金精壯盛之時，當夜半子時陽生之初也。」⑫

　　陰陽雙修派把女子的月經稱為「信水」，因月經的顏色變化又有「赤水」、「黑鉛」等不同的說法。所謂「黑鉛」，是指月經來潮三天之間所排出的比較濃濁、深紅色的部分。他們認為：

> 三日之後，則浮而清，清者藥也。濁者黑鉛也。……第四日，第五日採浮而清者，紅鉛也。又名紅雪，又名水中金，又名白銀。白銀者乃自黑鉛而產出也。⑬

---

⑪　《三注》：「金精壯盛如八月十五夜月。月為金，金旺酉，八月建酉故以此喻此時進火，煉之無待，莫旺過而衰也。」（同上，頁999）

⑫　《道藏》第18冊，頁741－742。

⑬　《紫團丹經》：「女人信水一月之間來五次（日），水中汞生金則沈而濁，三日之後則浮而清，清者藥也。濁者黑鉛也。陰君曰黑鉛已遇採紅鉛。……平叔云：不識浮沈定主賓，此其證也。」（同上，頁740）

總而言之，在現實生活中能遇上一位年齡在十五、六歲至二十歲的健康美貌女子，而且可以確認其月經來潮是在八月十二、三日，這恐怕是一件非常不容易的事情。即使身邊有多數情投意合的女性，也是千裏挑一的難成之事。如果與女子之間沒有非常融洽的感情，也是很難敢口問及女人最為禁忌的月經問題。相信年輕女子自然不會輕易地回答男人這類問題。

對於陰陽雙修家來說，要挑選一位能與自己志同道合，一起修煉的合格伴侶，的確是件非常不易之事。有道者認為成為雙修的伴侶，不但身體健康、長相標緻，而且男女之間的關係親如魚水、情投意合，才有可能取其先天之大藥。⑪為了達到這種目的，他認為不能臨時選擇女子，而是事先要為此作好各種充分的準備。他提出：

> 存真擇三五、二八眉清目秀之鼎，調養一年之餘，候其癸水行潮信準，將八卦安神丹自服一月，次用靈龜膏藥封臍一月，始陰陽交合，取其地魄養神，下手功行九一之法。⑮

---

⑪　《房術玄機中萃纂要·擇鼎》篇說：「擇眉清目秀，唇紅齒白，五病不犯，四體無虧，聲清言減，必致情和意合，魚水相投，然後可以臨鼎用事以求先天大藥也。」（《中國古代房室養生集要》，頁 462）

⑮　同上，頁 459。這篇是收錄於《攝生總要》末兩卷中的上卷，下卷《房術奇書》序文介紹作者曾遇一道士，受傳古書一冊，「名曰《玄機中萃》，乃希夷成道內丹，築基立身，安命大要也。」（同上，頁 457）冠名陳摶《陰真君還丹歌注》：「爐室者，妙法在女，別在陰丹一訣。……房中至甚五級者，大肥不堪用，大瘦不堪用。道三合五級者是十五已上，二十已下，是中道人氣二十已上，並是不堪使用。」（《道藏》第 2 冊，頁 880）

雖然陰陽雙修在手法上與房中術有相似之點，但在具體的環節上卻有很多不同之處。為此，也就不難理解修煉陰陽丹道需要大量錢財的原因。

　　北宋太祖於開寶五年（公元 972）開始著手整頓道教，對道士實行考試錄取，禁止道士在宮觀畜妻養子，私度寄食等。⑯宋真宗還向道士提出禁欲的要求。⑰隨後興起「程朱理學」的時代與封建禮教的社會風紀，可能使丹道家只能隱晦地記敘陰陽雙修的內容。隨著時代的發展、社會環境的變遷，陰陽雙修的真相也就逐漸顯露，出現比較明朗的描述。但是對女子月經產生興趣，開始研究月經藥用效果的歷史卻非常悠久。馬王堆漢墓出土的《五十二病方》中就已經出現使用月經布治療「馬不癇病」、「蠱病」、「頹病」、「牝痔出血」等疾患，而且強調「即以女子初有布燔，飲以布」治療馬不癇病，「漬女子未嘗丈夫者布」治療蠱病等。⑱《傷寒雜病論》記載：「取婦人中褌近隱處，剪燒灰」⑲，這種燒褌散可以治療陰陽易。所謂「陰陽易」，是指患傷寒熱病恢復期間因性交而復

---

⑯　《宋史》卷三〈太宗本紀〉：「（開寶五年冬十月）甲辰，試道流，不才者勒歸俗。」王栐《燕翼詒謀錄》：「開寶五年閏二月戊午詔曰：末俗竊服冠裳，號為寄褐，雜居宮室者，一切禁斷。道士不得畜養妻孥，已有家者遣出外居。……大中祥符二年二月庚子，真宗皇帝詔道士不得以親屬住宮觀，犯者嚴懲之。」（《叢書集成初編》，頁 15、16）

⑰　李燾《續資治通鑑長編·真宗》：「大中祥符二年（一月）乙酉，詔天下宮觀各度道士一人。……（二月）癸卯，禁道士以親屬住宮觀者。」（中華書局，頁 1592、1996，1980 年）

⑱　《馬王堆漢墓帛書（肆）》，頁 43、74。

⑲　《中醫四部經典》，頁 263。

發的一種疾病，不僅可能傳染傷寒給對方，而且可能造成傷寒復發致死。《諸病原候論》引用《范汪方》的記錄，說督郵（漢朝的巡察官）顧子獻在傷寒病恢復期中，無視名醫華佗的忠告與妻子媾交，三日後復發死亡。〈傷寒交接勞復候〉云：「未滿百日，氣血骨髓未牢實。……若瘥後與童男（女）交接者，多不發復，復者亦不必死」⑫，認為童女有補益病後體虛的作用。《政和本草》卷十五記載使用月經衣主治金瘡大出血等。《備急千金要方》卷二十記載使用童女月經布燒灰治療重症霍亂病。但是，醫家反對以女子的月經修煉內丹，以及這種風潮對社會造成的不良影響。明朝著名醫藥學家李時珍（1518－1593 年）強烈地批判說：「今有方士邪術，鼓弄愚人，以法取童女初行經水服食，謂之先天紅鉛，巧立名色，多方配合，謂《參同契》之金華，《悟真篇》之首經，皆此物也。」⑫

五、討　論

隋唐宋元留下了大量的丹道文獻資料，編錄於明朝正統十年（公元 1445）的《道藏》就已經收錄了一百三十多部的內丹專著。《道藏》以後明清乃至民國初期，還陸續出現許多修煉丹道的文獻報告。為此，我們在探討如何研究內丹這樣一個問題時，首先有必要確立以什麼樣的線索去處理如此膨大的文獻資料。道教是以養生、修煉為基礎的宗教，他們應用各種健身、修煉的方術以達到不

---

⑫　《諸病原候論》卷八，國立中國醫藥研究所，頁 37－38，1975 年。
⑫　《本草綱目》，人民衛生出版社，頁 2953，1982 年。

老長壽的目的，追求實現成僊化神的夢想。目的與夢想是兩種關係到物質性與精神性的不同性質的問題。前者是人類向生命挑戰的一個共同研究課題；後者乃構成道教宗教部分的核心內容。研究內丹同樣可以根據其組成的特點，從這兩個不同的層次去分析與考察。反復研讀《道藏》以及有關內丹的經籍，可以看到絕大部分的文獻內容都是在古代的陰陽說、五行說、八卦說，以及結合古代醫學的臟腑說、氣血說、經絡說，同時利用外丹煉制相關的龍虎說、爐鼎說、藥物說、火候說等，進行擴大演繹、推理敘述。其形式或論述、或綜述、或注釋、或發揮、或詩文，其中參雜著哲理性、思辨性、文學性、遊戲性等等，可以說是五花八門。但也有如陳摶的《無極圖》等，從探索丹道對古代哲學思想的發展作出了貢獻。

　　在健身、修煉方面，《鍾呂傳道集》為了檢驗丹道修煉的身心效果，專立〈論證驗〉一篇，全面地總結了修煉內丹後出現的三十七項身心變化，這無疑是一個史無前例的創舉。《靈寶畢法》也有類似的記錄，多分散於各篇。我們把這些變化歸類為五個方面：即形體、感覺、本能、夢與想像力，而人類的想像能力乃藝術創作、科學發明的源泉，它與大腦的某些部位功能有著密切的關係。⑫《鍾呂傳道集》之後的丹道文獻幾乎看不到有關修煉後的身體變化記錄。⑬如果說是屬於方術使用的口訣、技巧等，傳授者可能保密不語，這種心情也是可以容易理解的。但是，修煉丹道之後出現的

---

⑫　拙文《論內丹純陽思想的形成》，待發表。

⑬　《服氣精義論》：「三年之後，瘢痕滅除，顏色有光。六年髓填腸化為筋，預知存亡。經歷九年，役鬼使神，玉女侍傍，腦實脇胼，不可復傷，號曰真人。」（《道藏》第18冊，頁450）類似的記述多見，但很難使人相信。

身體變化，乃屬於應當宣揚的丹道效果，就沒有隱匿的必要。也許
修煉內丹對機體的組織、肌肉、器官等所產生的作用，只是一種非
常微弱的影響，甚至連他們本身也無法查覺，或者就是無法超出
《鍾呂傳道集》的報告內容。至於，丹經《性命圭旨》中所提供內
丹家的代表性體態（玉液煉形圖），其隆起的圓腹裏堆積的大量脂
肪，可以說是無益於健康。有學者列舉幾位都活到八十歲以上有名
的丹道家，試圖說明修煉內丹對延長壽命的實用價值。❷這當然是
一種不可忽略的實例，但要注意這並不是經過統計學處理的數據。
如果詳細地查閱各地的《地方誌》，就可以從中發現全國各地，自
古以來超過八十歲的男女壽星是大有人在。至少他們都是經過當時
各地官府審查之後，才上報得到表彰的人物。這也表明形成長壽的
原因是非常複雜的，甚至還有遺傳性的長壽家族。

　　性命雙修是宋元以來道教丹道總結出的一個重要概念，修性在
某種意義上說也是以修命為基礎的。在修命的階段，築基是一個首
要的任務，並以恢復身體「活子時」的生理現象為其特徵。可以說
所有的內丹修煉都是在這個基礎上展開的。繼承房中導引術而發展
起來的早期「還精」概念，即通過運動全身的肢體、骨節，把貯藏
於內腎的先天精氣帶進體內的氣血循環，使先天精氣通達身體的不
同部位，對局部的組織、器官產生特別的補益效果。這種運動肢體
的還精術可能在東漢中、後期就已經為存思法所代替，形成了還精
補腦術。丹道家繼承了這種「還精」思想，並應用還精補腦術修煉

---

❷　胡孚琛《道教內丹養生學發凡》，《道家文化研究》第 1 輯，頁 316，1990
　　年。

內丹，也就是以小周天的火候把活子時的元精煉化為元氣。運滿三百多次的元氣在下丹田凝成內藥，藥成火止而神入丹田。這又稱為「凝神入氣穴」，接著開始進入為期十個月的煉氣化神階段。

《還丹復命篇》說：「昔日遇師親口訣，只要凝神入氣穴」⑫，指出「氣穴」是凝神的主要部位。氣穴到底是指身體的什麼部位呢？陸西星在《玄膚論·凝神論》篇中說：「夫氣穴者，乃吾人胎元受氣之初，所稟父母精氣而成者，即吾人各具之太極也。其名不一，曰氣海，曰關元，曰靈谷，曰下田，曰天根，曰命蒂，曰歸根，竅復命關，即一處也。」⑫文中舉出不少不同的名稱，實際上都是指下丹田。陳沖虛也提出意守「規中」說。⑫《抱朴子·地真》篇提出「三丹田」說，這是道人、方士極為重視的三個意念部位。除上丹田在兩眉之間偏上的腦內之外，意守中丹田與下丹田完全有可能是一種錯覺。這些所謂「以意運氣」⑫、或意守於軀體上

---

⑫　宋·薛式《還丹復命篇》（《道藏》第 24 冊，頁 194）。

⑫　《藏外道書》第 5 冊，頁 365。

⑫　《規中指南》：「我的妙訣，名曰規中，一意不散，結成胎仙。」（《道藏》第 4 冊，頁 387）

⑫　張錫純在《醫學衷中參西錄》上冊（河北科學技術出版社，頁 386，1985年）中指出意通督任脈則是：「慾行其法者，當收視返吸，一志凝神，使所吸之氣下行歸根。當其吸氣下行之時，即以意黙運真氣，轉過尾閭，循挾脊而上貫腦部。略停一停，又乘氣外出之機，以意送此氣下歸丹田。」他還認為：「道家有以氣通督任之法，有以意通督任之法。氣通督任者，純憑先天內煉工夫，一毫不著後天迹象。迨至日積月累，元氣充足，勃然而動，衝開督脈以通任脈。」有專家也認為：「（這）是指元氣未有充足之前，即加強意念誘導，以求在較短練功時間內出現周天感覺。」（馬濟人「道教內丹學」《道教通論》（牟鐘鑑等編），齊魯書社，頁 666，1993 年）可以認為這只是與修煉內丹的時間長短，或自我意識控制的程度有關。

的不同部位，可能只是集中於腦中的不同位置，三百多次的小周天也只是連結腦中不同位置的循環。就像古人把意識、思惟的功能定位於心一樣，這是很容易得到重新的認識。《黃庭經》早就提出：「泥丸百節皆有神，腦神精根字泥丸。……一面之神宗泥丸，泥丸九真皆有房。」[129] 這是把頭部分為九室、或九宮，也是最初區別意念腦內不同部位的先例。關於九宮的具體位置，《大有妙經》云：「兩眉間上，卻入三分為守寸雙田。卻入一寸為明堂宮。卻入二寸為洞房宮。卻入三寸為丹田宮。卻入四寸為流珠宮。卻入五寸為玉帝宮。明堂上一寸為天庭宮。洞房宮上一寸為極真宮。丹田上一寸為玄丹宮。流珠宮上一寸為太皇宮。凡一頭中有九宮也。」[130] 《登真隱訣》也有類似的說明。根據他們提供的存想意念的部位，基本上集中於大腦中的古皮層與舊皮層。[131] 這是聚集著呼吸、體溫調節、食欲、性欲等基本生命中樞的重要部位。

《青華秘文・凝神論》說：「故曰凝神者，神融於精，氣也。

---

[129]　《道藏》第 4 冊，頁 848。

[130]　《道藏》第 33 冊，頁 406。

[131]　1967 年美國神經生理學家 MacLean P.D.提出了「腦三位一體模式」的假說（The triune brain, emotion and scientific bias, in Neurosciences, Second Study Program, Schmitt, F.O.(ed.), Rockefeller University Press, pp. 336-349）。他根據現存的脊椎動物與人腦化石及其行動的比較研究，認為人的大腦含有生物漫長進化過程，即爬蟲類、早期哺乳類（或舊哺乳類）、新哺乳類三個不同層次的構造。例如，腦幹等屬爬蟲類，主呼吸、心跳、攝食等生命中樞的基本功能；邊緣葉等屬舊哺乳類，司本能、情動等；大腦新皮層屬新哺乳類，管感覺、意識、認識、行動等（參照同氏 The triune brain in Evolution: Role in Paleocerebral Functions, Plenum Press, 1990）。

精，氣，神合而為一，而陽神產矣」❶，指出凝神的作用在於生產陽神。所謂「陽神」，在丹道家就是指元神。❶冠名張三豐的《道言淺近說》說：「凝神者，收已清之心，而入其內也。」❶也就是應用內觀存思法，自然地收斂目光，結合胎息把意念集中於心之奧處。古人沒有把意識、思惟功能定位於腦而歸屬於心，這種形式的認識文化可以追溯到西周，但戰國後期的道家已經意識到「心外有心」。❶延至北宋，《金丹四百字》明確地指出：「煉神者，煉元神，非心意念慮之神。」❶道教認為頭部九宮中的泥丸宮乃元神居宿之處，這種元神基本上是一個與腦的思惟、記憶等無關的概念。李時珍在《本草綱目》中雖然也提出：「腦為元神之府」，但並未涉及思惟、記憶等腦的功能，這與他受丹道影響有著密切的關係。❶《青華秘文》認為：「夫神者，有元神焉，有欲神焉。元神者，乃先天以來一點靈光也。欲神者，氣稟之性也。元神乃先天之性也。形而後有氣質之性，善反之，則天地之性存焉。」❶丹道煉

---

❶　《道藏》第 4 冊，頁 365－366。

❶　《雲笈七籤》卷八十八〈道生旨〉：「陽神者，是純陽之精英，是元神也。非五臟諸體之神也。」（《道藏》第 22 冊，頁 617）

❶　《中國氣功大成》，頁 723。

❶　《管子·內業》篇：「心以藏心，心之中又有心焉。」

❶　《道藏》第 24 冊，頁 161。

❶　《本草綱目》，頁 1936。〈辛夷〉條：「治頭面目鼻九竅之病」，並未言及腦的意識、記憶等功能。卷五十二〈天靈蓋〉條：「時珍曰：人之頭圓如蓋，穹窿象天，泥丸九宮，祖靈所集。修煉家取坎補離，復其純乾，聖胎圓成，乃開顱顖而出入之，故有天靈蓋諸名也。」（頁 2961）說明這種「腦為元神之府」的說法是直接受道教丹道的影響。

❶　《道藏》第 4 冊，頁 364。

神的目的是追求聖胎的誕生，回復人的本元之性，而且這個主流的概念一直延續於明清乃至近代。❸有學者認為元神是指腦的意識、感知覺等腦功能系統❹，但這種觀點可能很難成立。

丹道的意念是如何在人體起作用呢？它又能起什麼樣的作用呢？我們可能有直接的機會，或從電視屏幕上看到氣功、武功等表演，注意到氣功的意念似乎可以引起人體局部的皮膚、肌肉等組織

---

❸ 清末黃裳（元吉）《三教真傳樂育堂語錄》卷四云：「神者，心中之知覺也。以其靈明，故謂之神。而神有先後天之分，先天神，元神也，神即性也。蓋神為心中之知覺，而性即心中至善之理。其始渾於一元，有生之初，知覺從性分而出，如孩提知愛，稍長知敬。知即神，愛即性也。」（蕭天石主編，自由出版社，頁 198，1979 年）他也認為元神是性，而且性為即至善之理，也就是愛。修煉內丹也就成為開發孟子所謂「人之性善也」（《孟子・告子上》），即開發人之善良本性的一種技術。宋元以後內丹的元神與性的關係，可以參照橫手裕〈道教における《本然の性》と《氣質の性》〉（麥谷邦夫編《三教交涉論叢》，京都大學人文科學研究所，2005年）。

❹ 祝亞平（《道家文化與科學》，中國科學技術大學出版社，頁 413，1995年）引用《修真十書》卷四〈谷神不死論〉：「谷者天谷也，神者一身之元神也。……其谷藏真一，宅元神，是以頭有九宮，上應九天，中間一宮，謂之泥丸。……乃神所住之宮，其空如谷，而神居之，故謂之谷神。神存則生，神去則死。日則接於物，夜則接於夢，神不能安其居也。」（《道藏》第 4 冊，頁 618）隨後還引說：「天谷元宮也，乃元神之室，靈性之所存，是神之要也。」此文顯然把由來於《黃庭經》泥丸神（元神）與傳統神混為一談，很難理解為是對大腦功能的認識。《性命圭旨》也有類似的引用，並解釋：「元神自現，頂竅開而竅竅齊開，元神居而神神聽命，神既居其竅而不散，則人安得而死乎？即《黃庭經》所謂子欲不死修崑崙是也。」（上海古籍出版社，頁 260）。並參照注❷，元神項。

的「變化」。❹這類局部的變化當然與表演者的長期鍛鍊也有一定的關係。如果氣功的意念的確可以引起局部組織瞬間「變性」的話，卻是一個非常引人興趣的問題。我們理解意念是一種大腦的活動，根據現在大量腦電圖的檢測結果，表明意念可以影響大腦的活動功能，表現出一種既不同於一般覺醒，又不同於普通睡眠的大腦功能狀態。這表明以 α 波為特徵的大腦變化是可以人為造成的。至於直性接受意念刺激的腦組織都分泌什麼樣的腦內神經傳導物質，然後作用於身體、組織而引起變化，這些問題目前尚未得到確認。應用意念的作用刺激腦內不同的部位，及其與體內不同部位的內分泌腺組織之間的關係，以及腦內物質分泌的最佳狀態與胎息關係等諸問題，都有待今後腦醫學科學的研究證實。

而且，在鍊氣功的人群中存在一種「走火」的現象，又稱為「偏差」。氣功的意念類似於丹道的「凝神」作用❷，因為在修煉丹道的過程中也發現類似的現象，丹道家稱之為「入魔」。《鍾呂傳道集》提出：「所謂十魔者，凡有三等。一曰身外見在。二曰夢寐。三曰內觀」❸，也就是出現各種各樣的妄視、妄聽等，以致產

---

❹　特別在武功的表演中，表演者可以用尖利的器械頂壓自己的咽喉部，連支撐利器的棍杆彎曲起來也未能傷及局部的皮膚肌肉組織。這是一種所謂「運氣」的結果，也是一個很難否定的事實。所以也不能排除他們在表演之前所做過修煉「內功」的效用。有研究者用腦血流圖等測定意念對血流的影響，認為有增加或調整局部血流的作用（謝煥章《氣功的科學基礎》北京理工大學出版社，頁 118－129 及頁 157 注❻，1988 年）。

❷　有學者強調氣功的大、小周天與內丹的有根本的不同（參照注❹，頁582）。

❸　《道藏》第 4 冊，頁 680。

生神志錯亂，不能自控，躁狂瘋癲等精神障害。這種情況不僅發生於道教的丹道，也見於佛教的禪宗，如佛經《童蒙止觀》就有「四魔」之分。詳細考察、分析有關的記述內容，可以從三個方面解釋這種現象：一是求丹心切，執著於成僊化神，以致出現各種精神意識的障害。二是不能排除意念所致的副作用，即意念過度地刺激大腦某個中樞，以致發生功能性或器質性障害的可能性。三是可能由於胎息、入靜等，人為地造成腦部缺氧而引起腦內組織的損傷。總之，病位在腦是不容置疑的。在傳統修煉丹道的歷史中，要求修煉者務必拜良師，接受經驗者指導意念的方法，掌握意念集中的部位，意念移動的途徑，意念時間的長短等技術問題，避免發生入魔、偏差等。

　　而且，丹道進入煉氣化神煉大藥（丹母）的階段，通常應用大周天。大藥將成的特徵稱為「正子時」，《僊佛合宗語錄》說其表現：「只知丹田火熾，兩腎湯煎，眼吐金光，耳後風生，腦後鷲鳴，身湧鼻搐之類，皆得藥之景也」❶❹，這又稱為「六根震動」。而且在向大周天過渡的階段，又有「大死七天」之說，即出現一種瀕死的現象，故丹道又有「若要人不死，須是死過人」之說。為了保障採藥之前「六根不漏」，《僊佛合宗語錄》又強調說：「故下用木座抵住谷道，所以使身根不漏也。上用木夾牢封鼻竅，所以使鼻根不漏也。含兩眼之光勿令外視，所以使眼根不漏也。凝兩耳之韵勿令外聽，所以使耳根不漏也。唇齒相合，舌抵上顎，所以使舌根不漏也。一念不生，六塵不染，所以使意根不漏也。既能六根不

---

❶❹　《中國氣功大成》，頁816。

漏，可謂防備之至密矣」⑭，認為這樣才能讓大藥順利地逆上三關、進入周天循環。從這些症狀分析，不能不考慮這是一組腦部缺氧的症狀表現。腦內組織缺氧可以出現各種幻影，這種現象在「起死回生」，或「臨死體驗」病人的殘留記憶中可以得到印證。但也有人在記錄「臨死體驗」中的病例，並沒有發現病人血中含氧量的低下。⑭丹道家在所謂「煉神還虛」的階段，可能存在有意識地追求這種景象。但是在煉氣化神的「養胎」期間，就是比較容易出現各種反應的時期，如發生辟穀、昏睡、脈住、陽萎等現象。⑭這些症狀都可能與機體慢性缺氧有關，但也不排除意念對各種生命中樞產生抑制性的作用。

　　修煉內丹的起點就是再現「活子時」的生理現象，但這不是單純地提示一種無欲狀態的陽舉。它表示人體在發育成長的過程中，青春活力處於即將開放的一種先兆狀態。活子時的出現標志著一個人從少年期邁進青春期，使人在朦朧之中感到驚奇，使人在興奮之中感到快慰與幸福，使人在迷惑之中產生各種的聯想，所以這種體驗也就成為每一個人對自己青春的美好向往與回憶。老子《道德經》可能最早記錄了這種感受，並從中領悟而導出宇宙、天地、萬物化生的哲理。《太平經》以「合陰陽順道法」追求再現活子時的

---

⑭　同上，頁 817。

⑭　Barbara Harris, Lionel C. Bascom 著；立花隆譯《臨死體驗》，講談社，頁 322，1993 年。

⑭　參照本注④，頁 589。《僊佛合宗語錄》：「猶有龜縮不舉之象，並陽光二現之景。皆為火足之候，止火之候，此形於外者也。」（《中國氣功大成》，頁 814）

景象，認為可以卻老還童。延至《參同契》的時代，古人試圖通過內丹修煉再現這種生理現象，而且希望可以自由地控制自己的身心，隨時可能再現這種的身體狀態，感受一種所謂「無我」的先天混濛的體態。這種探索為丹道家繼承與發展，類似的記載大量地散見於各種丹道論著之中。而且根據實際觀察的結果，體內雄激素高度缺乏的男性老人也能出現陽舉現象，推測這與腦內神經傳導物質有很大的關係。[148]但「活子時」的研究至今仍然存在許多難解之處，特別對人體健康的影響更為不明。

148　白井將文〈勃起のメカニズム〉，《性を探る》，早稻田大學人間統合研究センター報告書，2004 年。近年尚發現勃起與神經介質一氧化氮（NO）有密切關係（參照 Barton M.: Sex and NO — beyond regulation of vasomotor tone, Cardiovascular Research 2000; 40; 20-23）。

第十篇　佛教東傳與房中術

一、引　言

　　起源於古代印度的佛教東傳到中國內陸的準確年代，歷史上說法不一，至今還是一個很難確定的問題。❶所謂「佛教初傳」，是指佛教經典的傳來，還是指印度僧侶的入境呢？是指佛教經典的譯傳，還是指僧侶的口授呢？是指局限於對帝王、貴族階層的影響，還是指民間社會對佛教的反應呢？這個概念本身也許就是一個需要議論的問題。有學者認為王充的《論衡》尚未出現批判佛教的文句，故推測佛教可能初傳於東漢末期。❷這種說法顯然是立足於佛教對漢代社會的影響。至於佛教初傳的主要途徑，可以說是途經漢武帝開始經營西域的絲綢之路。這條以商隊貿易為主的東西要道，自古以來不僅把中國特產的絲織品等貨物源源不斷地運往古希臘、古羅馬等西歐各國，同時也把古代西方各國的文化帶進中國。

---

❶　參照魏收《魏書・釋老志》，梁啟超《佛教之初輸入》（《中國佛教研究史》，三聯書店上海分店，1988 年），湯用彤《漢魏兩晉南北朝佛教史》（中華書局，1962 年），鎌田茂雄《中國佛教史》卷一（東京大學出版社，1982 年）等。

❷　《佛教之初輸入》，頁 1。

　　這條陸道經過帕米爾高原（葱嶺），進入新疆塔里木盆地時又分為南北兩道。所謂北道，就是從疏勒（Kashgar，現喀什市一帶），沿著天山山脈南麓與塔里木盆地的北緣，經過龜茲（Kucha，現庫車）、焉耆（Karashahr）、吐魯番（Turfan，現吐魯番市）、鄯善（Lobnor，現若羌）、伊吾（Hami，現哈密市）到達敦煌的西域北道。所謂南道，就是從疏勒經過莎車（Yarkand），通過塔里木盆地南緣與經崑崙山北麓到達于闐（Khotan，現和田市），再穿過塔克拉瑪干砂漠的南端，途經鄯善到達敦煌的西域南道。此外，還有法顯從北道的焉耆附近穿越塔克拉瑪干砂漠，南下于闐經子合過葱嶺之路；玄奘從南道越過天山山脈，經過天山北路去印度的取經之道。

　　總之，點散於這些沿道上的幾十個砂漠綠州的都市國家之中，南道的于闐、北道的龜茲，都是商隊貿易、商業活動最繁榮的據點。在這些貿易中轉都市之中，不但擁滿來自世界各地的商人，還聚集著幾萬人的僧侶，而且多數市民信仰佛教，家家都築有佛塔，熱心於施捨。❸這也就成為傳播與交流包含佛教在內東西文化的中轉地。由於地區貿易的發展與繁榮，同時也就出現了性的賣買。正如門敢馬因在《十三州志》中所說：「葱嶺以東人好淫僻，故龜

---

❸　《魏書》卷一百二〈西域傳〉：「于闐國，……自外風俗，物產與龜茲略同，俗重佛法，寺塔僧尼甚眾。」《法顯傳》：「其國（于闐）豐樂，人民殷盛，盡皆奉法，以法樂相娛。眾僧乃數萬人，多大乘學，皆有眾食。彼國人民星居，家家門前皆起小塔，最小者可高二丈許，作四方僧房，供給客僧及餘所須。」（章巽《法顯傳校注》，上海古籍出版社，頁 13，1985 年）

茲，于闐置女市以收錢。」❹這些繁華的都市自然也就成為提供東
西房中、性愛話題的熱鬧場所。

　　眾所周知，印度佛教是為對抗長期處於統治地位的印度·雅利
安人的婆羅門教，才於公元前四世紀之後開始興起的一個宗教。因
為原居於中亞地區的雅利安人，大約於公元前一千五百年左右就東
進印度的恆河流域，對土著居民實行種姓等級制度的統治歷史已達
一千多年以上。古代印度人的人生觀有著非常獨特的思想結構，認
為每個人必須達成三大目的：就是 Dharma（法），Artha（利），
Kama（愛）。在司祭階級的婆羅門編纂的宗教經典中，就已經把它
們規定為「人生的三個目的」。具体地講，所謂「法」，就是指宗
教、道德，也就是婆羅門教的慣例，或宗教禮儀。所謂「利」，就
是指生活於世俗的個人，乃至家族等的實際利益。所謂「愛」，則
是指滿足於男女之間的性愛，以及與性愛相關聯的問題。大約在公
元前二、三世紀，當時的文化人就已經把人生分為少年期、壯年期
與老年期。人們在少年期必需修得包含獲取實利的各種知識；壯年
期應該熱心於性愛，生兒育女；在老年期主要專心於執行宗教慣例
與追求個人的解脫。而且，在古代印度婆羅門的文獻中都有流傳各
自的專門典籍。

　　公元前 327 年古代希臘亞歷山大軍隊入侵印度，引發難陀王朝
的部將旃陀羅笈多起兵抵抗，趕走入侵者並建立了孔雀王朝。他的

---

❹　《太平廣記（4）》恚四八一〈龜茲〉條，上海古籍出版社，頁 520，1990
　　年。《魏書》卷一百二〈西域傳〉：「龜茲國，……俗性多淫，置女市，收
　　男子錢入官。」

孫子阿育王進一步把領土擴大到印度的東部與南部，建立了印度統一大帝國。據說阿育王本人皈依佛教並以佛教為國教，所以曾經使佛教得到繁榮與發展。孔雀王朝於公元前 180 年左右被巽伽王朝滅亡。由於巽伽王朝是擁護婆羅門教，所以佛教就遭到沈重的打擊。而且隨著多數外族的侵入，印度陷入四分五裂的狀態。大約於公元一世紀，興起信仰菩薩以救度萬眾為目的的大乘佛教運動，它與以往救度個人為主的原始小乘佛教又有很大的區別。當時印度處於「南北朝時代」，南印度的案達羅王朝與北印度的貴霜王朝不同，也是反對佛教。公元三、四世紀是旃陀羅笈多中興的時代，笈多王朝雖崇奉婆羅門教，但不排斥佛教。隨後婆羅門教日益接近印度教，並逐漸演變為印度教。佛教也受到印度教強大勢力的影響與教化，結果於七世紀左右產生了密教。密宗雖然在佛教中取得主導的地位，但延至十三世紀初期，佛教本身已經無法與印度教區別而完全消失。❺佛教雖然在印度有過千年左右的歷史，但在古代印度社會可以說婆羅門教始終占有主導的地位。

　　現存的《摩拿法典》大約成書於公元前後兩個世紀之間。這部有名的法典就是關於宗教、道德的重要專著。《摩拿法典》非常強調嫡男在家庭與社會中的重要作用。對於一家之長來說，不管如何都必須得到自己的兒子。因為只有長子的誕生，他才能成為真正的家長。家族有了接班的兒子，他才能從祖宗神靈的桎梏中獲得精神

---

❺　中村元，三枝充惠《バウッダ佛教》，小學館，頁 49，昭和 62 年。

的解放。❻所以不難理解性愛之學對人生的重要性，可以說它也是為誕生嫡男的必修之學，而且得到長子之後，為了充實自己的欲望，性愛還是得到社會肯定的行為。古代印度傳統的性愛之學有其獨特的發展形式、內容與地區。有學者考證古典性愛之學是形成於古代印度的番茶那（Pañcāla）地區❼，也就是在朱木拿河（Jumna R.，古名 Yamunā）流域與恆河（Ganges R.，古名 Gaṅgā）流域之間的北部地區。可以說這個地區就是古代印度性愛之學的發源地。❽

　　但在中國古代的正史文獻中，延至《魏書》才開始破例記載佛教傳來的事實。魏收（506－572 年）正式編輯〈釋老志〉，專篇記述有關佛教、道教的形成及其發展的歷史。《魏書》卷九十九〈釋老志〉開篇敍述佛教初傳時云：「案漢武元狩中，遣霍去病討匈奴。至皋蘭，過居延，斬首大獲。昆邪王殺休屠王，將其眾五萬來降，獲其金人。帝以為大神，列於甘泉宮。」有學者推測魏收在《魏書‧釋老志》中記述的西漢元狩年間討伐匈奴的漢武帝、霍去病、大神等內容是出自《漢武故事》，或本於《漢武故事》的。❾《漢

---

❻　《マヌ法典》第十七法〈遺產相續〉105、106 條（中野義照釋注，日本印度學會，和歌山高野山大學內，頁 253，1951 年）。

❼　古代印度吠陀時代的後期，番茶那是印度‧雅利安人部族在朱木拿河與恆河之間，河套平原中部地區所建立的領土稱呼。這個地區自古以來就是印度有數的農業生產地區。由於農業生產的發達，使都市文化得到發展與繁榮。延至佛陀時代，番茶那成為當時十六大國之一，但已經失去政治上的重要性（參照辛島昇，山崎元一等監修《南アジアを知る事典》，平凡社，頁 487、580，1992 年）。

❽　岩本裕譯《カーマ‧スートラ》，平凡社，頁 326、27，1998 年。

❾　塚本善隆譯注《魏書釋老志》，平凡社，頁 95，1990 年。

武故事》是以君臨於崑崙山的西王母神話為中心而展開的，其中出現不少有關古代房中術的內容。以致有學者推測《漢武故事》的傳承者與宣傳古代房中術的方士有一定的關係。❿

　　而且，在構築中國佛教文化基礎的高僧之中，傳說晉朝的道安法師曾經注釋過古代房中專著《素女經》⓫，曇無讖法師在北涼的婦女中公開地傳授「房中術」，甚至受到北涼貴族的青睞。⓬此外，唐朝之前還出現道士沖和子編纂《玉房秘訣》等房中術專著，其中把西域的王母作為傳授女人專用房中術的祖師。總而言之，從佛教初傳中土的東漢後期至隋朝的四、五百年之間，的確存在著僧侶、道士傳授與交流古代房中、性愛文化的蹤跡，但其中也存在著不少疑惑之處，特別是僧侶曇無讖傳授「男女交接之術」的性質問題。為此，本篇通過考察古代印度固有性愛文化的特徵，詳細分析印度僧侶曇無讖的經歷，以及西王母傳說與古代房中術的關係，探討它們之間的關連性，以解明有關僧侶、道人與房中術、性愛文化的疑惑真相。

---

❿　　小南一郎《西王母と七夕傳承》，平凡社，頁 91，1991 年。

⓫　　《續高僧傳》卷二十五〈釋道辯傳〉：「吾昔於裕法師所，學觀七曜。告余云：晉朝道安，妙於此術，人雖化往，遺文在焉。其所注素女之經，最為要舉。恨失其本，如何得之。時有一僧偶穫本，請為披決，辯得欣然，即為銷摘。」（《大正新修大藏經》卷二○六○，頁 663）

⓬　　《魏書》卷九十九〈沮渠蒙遜傳〉：「曇無讖以男女交接之術教授婦人，蒙遜諸女、子婦皆往受法。」

二、佛教東傳與房中術

　　一般認為拓跋鮮卑族有早婚、早育的風俗習慣。《魏書》卷三記載：「太祖晚有子，聞而大悅，乃大赦天下。」當時北魏太祖拓跋珪實際上才二十三歲，就已經被認為是「晚有子」。這個長子就是北魏明元帝拓跋嗣，他十八歲那年嫡男拓跋燾就誕生了。而拓跋燾的兒子僅十三歲就出生了長孫。所以，拓跋燾與其父、兒子相比較，二十一歲嫡男才出生。❸這可能是「世祖聞諸行人，言曇無讖（男女交接）之術，乃召曇無讖」（《魏書·沮渠蒙遜傳》），對印度出身的僧侶曇無讖產生強烈興趣的一個原因。與此相關連的事件就是沮渠蒙遜於十六年前招請了曇無讖，封號他為「聖人」，並且非常熱心地讓自己的女兒、兒媳們跟他學習「男女交接之術」。而且，沮渠蒙遜於延和二年（公元 433）四月死去之前就已經答應魏世祖，同意把自己的女兒送給他作夫人。在沮渠蒙遜死後不久，他兒子牧犍就遵照父親的遺囑，專程送妹妹去京都成婚，同時受冊封為右昭儀。

　　沮渠蒙遜是一個出身胡人，生性殘忍，性格狡猾的人。❹他頗懂天文，善於玩弄權術，得到胡人各部的推崇，後舉兵殺死涼王段業。在永興年間，他帶兵攻陷姑藏後，遂改號玄始元年，並自稱為河西王。當時他已經是一個具有一定權力與財富的權勢者，自然不

---

❸　周一良《晚有子》，《魏晉南北朝史札記》，遼寧教育出版社，頁 492，1998 年。

❹　《魏書》卷九十九〈沮渠蒙遜傳〉：「蒙遜滑稽有權變，頗曉天文，為諸胡所歸。……蒙遜性淫忌，忍於刑戮，閨庭之中，略無風禮。」

會不作任何調查就輕易地把自己的女兒、兒媳們交託一位才二十七、八歲的年輕外國人，放心地讓他教授她們學習「房中術」。蒙遜、曇無讖兩人雖然都不是漢人，想不致於不了解當時中國流傳的房中術。而且根據《魏書·沮渠蒙遜傳》所述，曇無讖因為「與鄯善王妹曼頭陀林私通，發覺，亡奔涼州」。❶蒙遜至少送女兒、兒媳們向曇無讖學習之前，非常充分地把握他的品性，使用的咒術、道術等內容❶，而且對他專門傳授給女人的「男女交接之術」到底是一種什麼樣的東西，具有什麼樣的效果等都應該有詳細的了解。一個非常清楚的事實，就是曇無讖自我讚美自己所掌握的法術，「能使鬼治病，令婦人多子。」（《魏書·沮渠蒙遜傳》）

　　曇無讖是早期來中國傳授佛教僧侶中的一個有名人物。他翻譯的《大涅槃經》，鳩羅什翻譯的《般若經》，以及僧伽提婆翻譯的《毘曇經》，都在中國佛教發展史上起過重大的影響作用。曇無讖翻譯《大方等大集經》的部分，就有介紹出生男子的方法，以及利用二十八宿占卜新生兒的未來運勢、性格等內容。而且，這部分的內容皆為《產經》所引用。❶他在北涼傳授的「男女交接之術」只限於女人。所以推測他所掌握的「房中術」，與中國古來以男人為

---

❶　湯用彤認為：「《魏書》言讖自鄯善亡奔涼州，當非事實。」（《漢魏兩晉南北朝佛教史》，頁 280）

❶　《高僧傳·曇無讖傳》：「曇無讖法師，博通多識，羅什之流，秘咒神驗，澄公（佛圖澄）之匹。」（《大正新脩大藏經》卷二〇五九，418 頁）。

❶　拙文《求子之道と占星術》（麥谷邦夫編《三教交涉論叢》，京都大學人文科學研究所），頁 725，2005 年。《大方等大集經》卷二十一：「我今所以現此女身，為欲調伏一切女人。若有女人欲生男者，當讀是持，讀是持已即得生男」等（《大正新修大藏經》卷三九七，頁 147）。

中心的房中術完全不同。考慮到這些問題，我們不能不對他的生世進行詳細地考察。〈沮渠蒙遜傳〉中有關曇無讖男女問題的記述，也見於《魏書·釋老志》以及《北史》卷九十三，就是不見於梁·僧侶釋慧皎編纂的《高僧傳》，與僧祐編纂的《出三藏記集》（《祐錄》）等佛教傳著。但我們也不能因此就懷疑《魏書》記載的真實性。

　　首先，關於編纂《魏書》的魏收在《北史》與《北齊書》中都有他的傳記。《北齊書》卷三十七〈魏收傳〉說：「字伯起，小字佛助。……收年十五，頗已屬文，及隨父赴邊，好習騎射，欲以武藝自達。」《北史》卷三十五亦見類似的記載。有學者從他的小名「佛助」，推測魏收可能是一個成長於浸透佛教教化的家庭之中。❸《魏書》卷一百四還記載其父魏子建與僧侶之間親密交往的事情。子建為東益州刺使赴任陝西期間，氐人部族把捕抓的僧侶曇璨，特地送往陝西交給他，因為他們知道曇璨與子建之間的關係。北齊文宣帝天保二年（公元 551），他受敕命花費三年多的時間完成了編纂《魏書》的任務。這個期間正是佛教發展的全盛時期，他目睹洛陽佛教界即使在戰亂之中，寺院與僧尼依然不斷增加的奇怪現象。正如〈釋老志〉所說的「於是所在編民，相與入道，假慕沙門，實避調役。猥濫之極，自中國之有佛教，未之有也。略而計之，僧尼大眾二百萬矣，其寺三萬有餘」，這些事實必然使他深感

---

❸　　塚本善隆《解說·魏收の家庭と佛教》，本注❾，頁 34。

編輯〈釋老志〉的重要性。⑲儘管魏收編著的《魏書》也遭受後人的批判，至少〈釋老志〉的內容應該說是可以信賴。⑳

　　其次，《高僧傳》與《祐錄》等著作主要目的是為了宣傳佛教，完全可能出現不記載不利於佛教之事。而且時值佛道論爭非常激烈的時代，也是佛教徒利用道士修煉房中術的事實攻擊、誹謗道教的時期。所以，曇無讖有關「房中術」的問題完全有可能受到隱晦。《高僧傳·序錄》中還說：「或敘事之中，空列辭費，求之實理無的可稱，或復嫌以繁廣，刪減其事，而抗跡之奇，多所遺削，謂出家之士，處國賓王，不應勵然自遠高蹈獨絕，尋辭榮愛本以異俗為賢。」㉑說明當時社會上已經存在多數有關僧侶的傳記，釋慧皎也承認他是在參考這些書籍的基礎上，進行選擇性地編輯。

　　但是現在留下最大疑問之點，就是曇無讖什麼時候，在什麼地方，學習過什麼樣內容的「房中術」呢？為了解明這個問題，我們認為首先有必要編制出曇無讖一生的活動年表。為此，以《高僧傳》卷二〈晉河西曇無讖傳〉為中心資料，參考《祐錄》卷十四〈曇無讖傳〉，《魏書·沮渠蒙遜傳》等編制出以下的年表。

零　　歲　·公元 385 年，誕生於中天竺。
六　　歲　·父親死亡，隨母以織氍㲪為業。隨後，因母親羨慕僧

---

⑲　《魏書·前上十志啟》：「時移世易，理不刻船，登閣含毫，論敘殊致。〈河溝〉往時之切，〈釋老〉當今之重。」

⑳　周一良《魏收之史學》云：「正史中最為人所詬病者厥為魏收《魏書》，然夷考其實，前人所論未必盡當。」（《魏晉南北朝史論集》，頁 300）

㉑　《大正新脩大藏經》卷二〇五九，頁 418。

人「豐於利養」，故送他入沙門達摩耶舍為其弟子。

十　　歲 ‧與同學數人一起讀咒，學習咒術，誦讀經文日得萬
言。

‧開始學習小乘佛教，講說精辯。後遇上白頭禪師，幾
經爭議，又得以傳授樹皮的《涅槃經》，深感驚動，
方自覺慚愧。於是集眾悔過，歸屬於大乘佛教。

二 十 歲 ‧誦讀二百萬餘言的大小乘經。「明解咒術，所向皆
驗，西域號為大咒師。」

‧從兄是大象的調教師，因騎殺王的白耳大象被王處
死。無視王的命令，埋葬從兄的屍體而遭逮捕，但
「王奇其志氣，遂留供養之。」

‧因能用咒術使水從石出以解王之口渴，受到國王的厚
待。而且「王悅其道術，深加優寵。」

‧辭王前往罽賓國（西域國名，今克什米爾境內），收集齊
全《大涅槃經》前分十卷（或十二卷），以及《菩薩戒
經》，《菩薩戒本》等佛典。

‧因為罽賓多學小乘，不相信《涅槃經》，故東去龜
茲。隨後又往姑藏（北涼之都，今甘肅省武威縣）。

二十八歲 ‧蒙遜於東晉義熙八年（412）攻陷姑藏，遷此地並自稱
河西王，改元玄始，同時聽到有關他的傳聞。

‧接受蒙遜的邀請，並受到厚待。開始學習漢語，並準
備翻譯《大涅槃經》前分十卷。

‧傳授「男女交接之術」給蒙遜的女兒、兒媳們。

‧為搜集《大涅槃經》的不足部分，離開涼州。

·因為母親的去世，返回故鄉並滯留一年多。

三 十 歲　·玄始三年（414），開始翻譯《大涅槃經》的上半十
　　　　　　卷。

　　　　　·於于闐得到《大涅槃經》中分。返回姑藏翻譯《大涅
　　　　　　槃經》中分。

　　　　　·又派人去于闐尋找《大涅槃經》後分。

三十七歲　·玄始十年（421），翻譯完成《大涅槃經》三十三卷
　　　　　　（或三十六卷）。同時翻譯完成《大方等大集經》三十
　　　　　　卷，《大方等大雲經》六卷，《悲華經》十卷，《菩
　　　　　　薩地持經》十卷，《金光明經》四卷，《菩薩戒本》
　　　　　　一卷，《優婆塞戒經》七卷等，共計約為六十多萬
　　　　　　字。

四十五歲　·承玄二年（429），太武帝拓跋燾「聞諸行人，言曇無
　　　　　　讖（男女交接）之術，乃召之」。而且為了招請曇無
　　　　　　讖，還警告蒙遜說：「若不遣讖，便即加兵。」

四十九歲　·宋元嘉十年（433），蒙遜拒絕送他朝見拓跋燾。

　　　　　·三月，願出西域尋找《大涅槃經》後分部分，固辭蒙
　　　　　　遜的慰留，結果於途中被蒙遜的刺客殺害。

　　　　　·同年四月，蒙遜也因病死去。

　　　　　·受過曇無讖教育的蒙遜女兒，根據蒙遜的遺言由其兄
　　　　　　伴同前往京都，成為太武帝的夫人。

　　從這個年表可以看到曇無讖本來出身貧困，可能屬於一種姓階
的貧民。古代印度正處在旃陀羅笈多二世超日王（380－415 年）的時

代，歷史上又稱之為印度中世紀的黃金時代。當時奴隸制度已經完全解體，從貴霜王朝開始形成的封建制到此已經基本完善。原有的種性制度也發展為姓階制度，即在原有的種姓之中，根據職業的不同分出數以千計世襲的姓階。但是，根據規定不同的姓階之間不能通婚聯姻。曇無讖從小出家為沙門，並因一個偶然的機會感觸了當地的國王，被收居於王宮並得到陪同國王的機會。而且在他二十七、八歲去西域之前的幾年間，深受國王的優寵，使他有機會接觸到印度的上層社會。可以推測就是在這一段時間中，使他有可能學習到有關古代印度性愛的專著，修得古代印度性愛之術。

　　根據《高僧傳》與《祐錄》的記載，曇無讖的出身地為中天竺，就是說出生於中印度。根據相近時代的《法顯傳》記載，當時的印度分為北天竺、中天竺與東天竺。所謂「中天竺」，又稱為印度的中國，就是指印度的中部地區，大約包括從摩頭羅國（Mathurā，其都城故址在現馬士臘西南附近的馬霍里，Maholi）、僧伽施國（Sankāśya，國都故址在現法魯哈巴德附近的桑吉沙村，Sankisa）、罽饒夷城（Kanyākubja，現卡瑙季城，Kanauj）、拘睒彌國（Kauśāmbī，都城古址在阿拉哈巴德的柯散，Kasam）、迦尸國（Kāśi，首都在現貝拿勒斯，Banāras）、摩竭提國（Magadha，現比哈爾邦附近巴特那，Patnā）至瞻波大國（Campa，國都故址在比哈爾邦東部，現巴格耳普爾，Bhāgalpur）之間的地域。❷這也就是指朱木拿河中游與恆河中、下游之間的地區。從現存的文獻記載無法更詳細地確定曇無讖的出身地，但確認出身於這

----

❷　〈中天竺、摩頭羅國〉條：「從是以南、名為中國。中國寒暑調和、無霜雪。」（《法顯傳校注》，頁 54-147）

個地區是不會有出入的。而且，這一帶正是古代印度性愛之學的發
源地與最流傳的區域。

　　古代的印度社會對於一個家庭來說，出生男子是一家最期待的
一件事。他們伴隨著嫡男的成長，家庭生活非常重視根據淨法
（Samskāra）中所定的各種宗教與社會的儀式，例如授胎式
（Garbhādhām）、生男式（Pumsavana）、分髮式（Simanton nayana）、生誕
式（Jātakarman）、命名式（Nāmakarana）、出遊式（Niskramana）等十幾
種傳統的儀式。授胎式通常是在結婚典禮儀式後的第四天舉行❷，
這是在正式結婚之後與新郎新娘準備初次進行男女媾交之前，祈願
早日懷孕的儀式。前後四天表示整個結婚儀式的完成，這在早期
《吠陀》文獻中已有明確的記載。同時，他們還認為女子月經之後
最適合於受胎，即月經來潮後第四天開始至第十六日之間，除第十
三日以外，雙數日可以生男子，單數日可以生女子，規定夫婦之間
必須進行媾交。❷生男儀式通常在妊娠三個月後選擇吉日舉行，也
就是祈願出生男兒。祭祀先祖之靈，舉行家中祭事都是由長男執行，
所以出生男兒對古代印度人來說，比其它任何事情都更為重要。

　　一般認為古代印度的儀式都由宗教、醫術、咒法三個要素組
成。❷古代印度咒法集《阿闥婆·吠陀讚歌》中就記述著各種各樣

---

❷　因為古代印度人有早婚的習慣，新娘多選擇月經尚未來潮的處女。所以《愛
　　經》規定新郎在結婚的頭三天之內，要全力取得新娘的信賴與歡心，意在消
　　除新娘對男女媾交的不必要的擔心與憂慮，使其在精神上有充分的準備。
❷　辻直四郎《ウ"ェータ學論集》，岩波書店，頁 320－323，1977 年。
❷　田中於菟彌《印度人の生活》，《印度》（辻直四郎編），名著普及會，頁
　　114－115，昭和 61 年。

· 374 ·

的咒法，如治病法、息災法、長壽法、婦人法、和合法乃至國王法等。例如，婦人法中就有介紹如何能得到丈夫，以及其它男人寵愛的咒語，也有為懷孕男兒，以及防止流產等咒法。在懷孕男兒的咒法之中，又有「快生男子，繼他之後，再生男子」的咒文。❷❻從這些咒法、咒文不難理解古代印度人為出生男子的迫切心情。年輕時在西域就已經獲得「大咒師」之號的曇無讖，對於諸如此類的咒法應該說是不在話下。

三、古代印度的性愛學

　　學習與實踐性愛之學，是構成古代印度人人生的一個重要的組成部分。古代印度的性愛之學具有漫長的發展歷史，與其獨特的發展理論。在早期的印度社會就編纂了不少有關性愛學的梵文教典書籍，其中數《愛經》（Kāma-sūtra）最為有名，而且被公認為集古代印度性愛學之大成。❷❼現存的《愛經》可以說是精細地描述男女之間有關性愛所有問題的最古老專門典籍。傳說《愛經》的作者是Mallanaga Vatsyayana。有學者推測他是出生於公元一、二世紀之間的人，並指出這部著作可能是由他的弟子蒐集其語錄編纂而成。❷❽有學者推定《愛經》這部書出世於公元三百年前後❷❾，也有

---

❷❻　辻直四郎譯《アリタウ"ァ・ウ"ェータ讚歌（古代インドの咒法）》，岩波書店，頁 111，1979 年。

❷❼　Schmidt Richard: Beitrage zur Indischen Erotik, 3. Auflage, Berlin, 1922.

❷❽　原三正編《インド古代性典集》，印度學會譯編，東銀座印刷出版，頁 11－12，1979 年。

學者認為該書可能出世於四世紀。❸

　　《愛經》是產生於古代華麗的都市生活環境之中，也可以說它是古代印度豐富文化生活的一個結晶。同時，它又是當時宮廷的王公子弟，都市的風流人士必修之書。該書由總論篇、性交篇、與處女交涉篇、妻妾篇、人妻篇、遊女篇以及秘法篇七篇組成。〈總論〉篇論述古代印度把人生分為三期，解說在各個不同的人生時期，應該盡力獲得知識、愛欲與宗教法律，完成人生的三種不同目的。少年期主要是通過經典、官吏、商人等學習各種知識，以擴大自己的利益。青壯年期應該重視自身的目、耳、鼻、舌、皮膚等感覺，以及基於機體的五感活動，特別要致力於學習交際與性愛。老年期則根據聖典的規定執行宗教，追求解脫。《愛經》認為人的保全個人的幸福、財富與正義之欲望，多由來於性愛，而性的欲望有如人的飲食之欲，在機體生存之中是必要而不可缺少的。但《愛經》同時強調人們在學習掌握必要的知識為止，要習慣於單身的生活，不能過早地傾心於性愛。

　　在男尊女卑的古代印度社會，根據古代法典的規定：禁止女人學習與教授各種經典。但是，《愛經》認為不僅男性需要學習性愛，以及有關性愛的補助知識，在青春期之前的少女也有必要學習其中的部分知識，既婚的女性也可以在丈夫的許可下學習性愛之學。而且，作為女子學習性愛的有效方法，不是單從《愛經》那樣的經典學習，為了能學到更多實用的、有價值的知識與經驗，還提

---

❷　《カーマ・ストーラ》，頁 46。

❸　A. B. Keith: A History of Sanskrit Literature, Oxford 1928, 439.

出必須跟可以促膝交談、互相信賴的，曾與男人有過媾交經驗的女性，即向自己已婚的親友、姐妹、姑嫂、姨姆，或年長的婢女、尼姑等學習。這一點與古代中國社會有很大的不同。他們雖然也有把素女、玄女等女性作為傳授房中術之師，但歷來戒備女人學習房中術。但是，古代印度的《愛經》並不是為增進男人的健康，以追求長生不老為目的，而是為增強男女在媾交之中，感受性歡樂的效果與伴隨產生的性快感。它特別強調獻給未婚女子的性愛，應該是給她「帶來子孫，給予名聲，而且不背離世間的習慣」。❸

《愛經》還特別提出女性必須學習「六十四法」，認為學習與掌握這些技術可以增加女子的美貌與魅力，可以增強女子的美德、仁慈、寬容之心。所謂「六十四法」，就是除性愛之技以外，還包括歌唱、舞蹈、樂器的演奏、繪畫、劇曲欣賞等個人的興趣，手語、各地方言、飼養家禽、栽培果樹等知識，化粧、服飾、首飾、房間的裝飾，花圈、供品、酒、果汁等製作方法，香料的使用、烹調等六十四種的生活技術。他們認為女子熟練地掌握這些技術，不僅可以提高女性的品性與修養等，而且可以迷惑更多的男人，得到更多男人的追求，接受更多交際的請求，受到更多男人的尊敬、厚待與讚賞。可以說這六十四種技術都是為獲得更加幸福生活的有利條件。通常認為這些技術是女子為結婚所必須履行的新娘修行，但是在某種意義上說，這六十四法也是援助女性自立生活的重要手段。

〈性交〉篇以及〈與處女交涉〉篇可以說是《愛經》的主要部

---

❸　《カーマ・ストーラ》，頁 93。

分，約占全書的一半左右。〈性交〉篇認為儘管男女在各自身體的構造上有所不同，或使用的方法與性行為的內容有所差別，但是要求男女雙方應該各施其長、各盡其力、互相配合，盡可能同樣地感受媾交的喜悅。這可以說是一個非常重要的特徵。《愛經》認為男人可以在媾交之終得到性的滿足，而女人則從始至終都需要性的滿足感，而且強調要使女子在初次媾交之中得到性恍惚之感。關於性交技法方面，《愛經》詳細地介紹了男女抱擁的形式、接吻的種類、指甲搔爬、唇吸齒咬等各種不同動作的類型與作用，以及由此產生各種不同性質的快感。這些都是追求男女同樣感受性喜悅的不可缺少的方法。可以說這是古代印度性愛之學的一個最大特徵，其中很多內容在古代中國房中術中是看不到的。因為古代印度人認為「性的快感達到滿足的時候，正是受胎進行之中。」❸❷這種強調男女同時感受媾交歡樂以求生子，與東漢《太平經》提倡男女同樂的「無極之術」有相似之處。❸❸但《愛經》始終沒有出現像古代中國房中術那樣，強調重視保存自身精氣的觀念，以及有關保留性交等議論。因為，他們認為追求性交快感而自然射精，是生子的最有效方法。

　　致於性交的樣式與男女的行動，《愛經》也承認因人而異，其

---

❸❷　同上，頁103。

❸❸　王明編《太平經合校》（中華書局，1992年）：「凡陰陽樂，則生之始也，萬物所受命而起也，皆與人相似。男女樂則同心共生，無不成也。……牝牡之屬，相嬉相樂，然後合心，共生成，共為理，傳天地之統，御無極之術」（頁648、649）。但是《太平經》沒有明確指出男女陰陽相樂可以孕生男子。

不同是基於人的天賦，比如陰器的大小、長短、形狀等都有可能影響性交的持續時間、強度與速度等。它又根據男女不同的陰器形狀進行分類，把男人的分為兔、牛、馬三型；把女人的分為牝鹿、牝馬、牝象三類。然後根據各種不同的組合，提出九種的結合類型，而且對這些類型又作優劣、上下之分。但是，這種等級分類雖然也有根據生理上的不同，更主要還是依據不同的種姓、姓階而評定。此外在本篇〈特殊的性交〉一節，還特別介紹「如牝牛交接」、「如狗交接」、「如鹿交接」、「如山羊交接」、「如驢馬交接」、「如貓戲交」、「虎的飛躍」、「象的破碎」、「豬的突進」、「馬的攀登」等模倣各種動物的性交體位。大象、老虎自古就是印度特有的動物，也是古代印度人所熟知的。由人飼養的狗、貓、豬、羊、馬等動物的性交體位，在古代中國房中術中是不見登場的。而且，這些體位應用的內容與目的，都與古代中國房中追求導引效果大有不同。❸❹但是，《愛經》並不強調這些天性的部分，而是要求通過學習性愛的知識，盡可能選擇各自適合的女子。

　　在追求處女方面，古代印度男人的熱情並不遜色於古代的中國人。古代印度社會很早就存在與幼年女子結婚的習慣，男人結婚的對象一般要求是月經尚未來潮的處女，與八歲乃至十二歲的少女結婚在古代印度並不罕見。追溯這種社會風俗習慣的起源，在早期吠陀文獻中可能找不到確實的文字記載，但在《摩拿法典》中已經可

---

❸❹　拙文《馬王堆漢墓の養生房中の竹簡についての研究，房中導引を中心に》，《中國出土資料研究》第九號，2004 年。

以看到有關的詳細規定。❸關於這種幼年女子結婚的原因，有學者認為可能與古代印度社會非常嚴格的種姓制度有關。因為法典規定男女結婚原則上必須在相同階層中選擇結婚對象，在承認一夫多妻的古代印度社會中，這種規定自然就會產生處女不足的現象。也有學者認為印度地處熱帶地區，有可能使女子在生理上產生早熟。但根據各地的報告，女子的平均初潮年齡為十二歲至十五歲，在醫學統計上沒有資料能證明這種早熟的理論。還有學者認為可能與回教徒侵入古代印度有關，因為他們禁止掠奪既婚的婦女為妾、或作為奴隸，所以古代印度人為了保護自己的女兒，只好讓她們提早結婚。❸

　　第三篇〈與處女的交涉〉中，詳細介紹各種有關向處女求婚的規定，應該採取的態度、舉動與方法等。在求婚規定中可以看到許多類似於《玉房秘訣》等房中術書籍中，所記述的挑選「好女」的條款，當然追求美麗而健康的女子都是首要的條件。此外，大家族、兄弟多、親戚多，也是一個很重要的條件。也許據此可以預測將來新娘也是一個容易生子的女性。中國古代的帝王不但追求處女，有時也迎娶多產既婚的女人。❸但是，古代印度除了身體存在

---

❸　《マヌ法典》第一六法〈夫妻義務〉第93、94條（頁251）。

❸　《印度》，頁125。

❸　《戰國策》卷十七：「楚考烈王無子，春申君患之，求婦人宜子者進之」（楚四）。《褚氏遺書·問子篇》：「建平王妃姬等皆麗而無子，擇良家女未笄者入御，又無子。問曰：求男有道乎？澄對之曰，……然婦人有所產皆女者，有所產皆男者，大王誠能訪求多男婦人，謀置宮府，有男之道也。」（宋書功《中國古代房室養生集要》，中國醫藥科技出版社，頁203，1991年）。

缺陷的女子，沒有財產的女子，月經已經來潮的女子以外，還認為
應該避免容易出汗的女子，紅頭髮的女子，身上有斑點的女子，以
及宗教上認為不潔的女子等。

　　《愛經》忠告那些已經找到自己滿意處女的男人，不僅定婚之
後要不斷地加深對未婚妻的感情，而且從舉行婚禮之夜開始的三天
之內，為了獲得新娘的完全信賴，應該盡力表現對她的真心愛護，
不得有超度的言動，更不能勉強與新娘發生性的關係，只有獲得新
娘信賴之後，才可以進行男女媾交。這可能與新娘的年齡有著密切
的關係，也就是說要充分地利用三天的時間，使新娘逐漸脫離處女
的精神狀態，慢慢地對性愛產生興趣，為男女媾交作好身心準備。
這些慣例與古代中國的多御少女房中術有著根本的區別。❸❽《愛
經》認為只有少女從內心對男子產生愛情，感到性愛的樂趣才能進
行男女媾交，這樣不僅對新娘的身體與精神帶來好的影響，更重要
的是容易產生妊娠。

　　〈妻妾〉篇講述對自己的妻妾所採取的必要態度、言行等。雖
然類似的內容沒有出現於古代中國的房中術之中，但這些與《禮
記・內則》篇，以及東漢班昭所著《女誡》的內容極為相似。〈人
妻〉篇主要介紹調情、誘惑他人妻子的手段與方法，類別各種既婚
女人的言動、性格與愛好等，以分辨她們的性質，尋找不同的求愛
方法與途徑等。這可能也是古代印度情愛之術的獨有內容。因為
《耶若婆佉法典》（1.72）有規定：「不貞之罪，隨著月經的來

---

❸❽　拙文《多御少女房中術に關する醫學的檢證》，《日本醫史學雜誌》第 48 卷
　　第 2 號，2002 年。

潮，就能得以清贖。」❸有學者考察古代印度社會，認為的確存在
婦人不守貞操的事實。❹但是，《愛經》認為熟悉誘惑他人妻妾方
法的人，決不能欺騙自己的妻子，也決不能使他人的妻妾為此而感
到煩惱。《愛經》最後強調地指出：「這一章的內容是教人保護自
己妻子的手段。懷疑他人的言行，為準備預防對策而起作用，決不
能把這些法則應用於他人。」❹

　　〈遊女〉篇主要是介紹古代印度社會的娼妓內容，包括考察遊
女的朋友、客人以及獲得情客的方法。分析來玩遊女的理由，教授
遊女獲取金錢的手段，以及遊女冷卻愛情、拒絕不喜歡男人的方法
等，實際上這些也都是男人必須掌握的常識。〈秘法〉篇主要介紹
如何增加自身性愛的魅力，操縱情人和恢復精力的方法，強壯劑的
使用，甚至增大陰莖方法等特殊技法。強壯藥物製劑的使用，精力
恢復與增大陰莖的方法等，也見於《醫心方·房內》篇所收錄的古
代房中術的有關內容之中。

四、西王母傳說與房中術

　　傳說與古代房中術有著密切關係的另一個西域的女人，就是君
臨崑崙山的西王母。正史《史記·大宛列傳》與《漢書·西域傳》
中都已經出現有關她的記載。西王母又是一位自古就登場於中國古

---

❸　　岩本裕《印度文化史の課題》，雄山閣，頁 83，昭和 22 年。

❹　　《カーマ・ストーラ》，頁 103－104。

❹　　同上，248 頁。

代神話的傳說人物。《莊子・大宗師》篇云：「黃帝得之，以登雲天；……西山母得之，坐乎少廣，莫知其始，莫知其終；彭祖得之，上及有虞，下及五伯。」司馬彪注釋：「少廣，穴名。」文中所示的西王母已經結合於戰國中期流行的神僊思想，與黃帝、彭祖等人並列，得道並獲得永恆的生命。如果根據司馬彪的洞穴之說，西王母雖然是住在少廣山的一個山洞，大概已經變成女人的模樣。但是，登場於《山海經》中的西王母，依然保留著人面虎身的原始相貌，還是傳說她住在山洞，如同一位食人野獸一樣的人獸合身之神。❷

　　西晉咸寧年間，曾經從汲郡戰國魏墓中出土了戰國後期的作品《穆天子傳》。卷三描寫穆天子不遠萬里來見西王母，並獻上白圭玄璧，以及大量的絲綢錦緞。王母也非常熱情地款待遠道而來的天子，在瑤池之上排設宴會，並親自斟酒祝福、詠唱戀歌。可以想像她應該已經從非人相貌、人獸合身的山神變身為永遠的女神。早有學者指出西王母變為女僊是與崑崙的仙境化相呼應。❸

　　　《穆天子傳》卷三云：「比徂西土，爰居其野，虎豹為群，

---

❷　《山海經》：「又西三百五十里，曰玉山，是西王母所居也。西王母其狀如人，豹尾虎齒而善嘯，蓬髮戴勝，是司天之厲及五殘」（〈西次三經〉），「西王母梯几而戴勝。其南有三青鳥，為西王母取食，在崑崙虛北」（〈海內西經〉），「西海之南，流沙之濱，赤水之後，黑水之前，有大山，名曰崑崙之丘。有神，人面虎身，有文（紋）有尾，皆白，處之。其下有弱水之淵環之，其外有炎火之山，投物輒然（燃）。有人戴勝，虎齒豹尾，穴處，名曰西王母。此山萬物盡有」（〈大荒西經〉）。

❸　小川琢治《崑崙と西王母》《支那歷史地理研究》初集，弘文堂書店，及頁15，昭和10年。

於（鳥）鵲與處，嘉命不遷，我惟帝女，天子大命，而不可顧世民之恩。

穆天子不遠萬里來到西域會見西王母，西王母當時也向他表白自己是天帝之女。❹與《穆天子傳》同時出土的竹簡《竹書紀年》中，也有關於穆天子遠征至崑崙之丘，會見西王母的簡單記述。中國古代帝王對西域的王母表示關心的一個原因，可能就是祈願王母能賜給自己好的兒子，以傳宗接代。西漢焦延壽在演釋六十四卦之中，就出現：「稷為堯使，西見王母，拜請百福，賜我善子」等。❺西王母作為生育之神，而且自古就受到人們的崇拜，這種說法從考古學上也得到證實。❻

另一方面，中國各地出土很多有關西王母神話的銅盤像、畫像磚等。根據考古學的推定，這些出土文物幾乎都是製作於西漢至東漢之間。❼西漢哀帝建平四年，關東地方爆發一場祭祀西王母的風

---

❹ 小川琢治校注本傳時云：「經注并御覽（卷）九二一有女字」（《支那歷史地理研究》續集，弘文堂書店，頁 236，昭和 8 年）。

❺ 《易林》卷一：「患解憂除，王母相予，興喜俱來，使我安居。……弱水之西，有西王母，生不知死，與天相保，行者危始，利居善喜。」（《增訂漢魏叢書（一）》，大化書局，頁 82、90，1988 年）

❻ 陸思賢著，岡田陽一譯《中國の神話考古》，言叢社，頁 143，2001 年。

❼ 于豪亮〈幾塊畫像石的說明〉，《考古通訊》第 4 期，1957 年。後收入〈四川出土漢畫像磚札記〉，《學術文存》，中華書局，1985 年。

潮，京師的大街里巷設祭歌舞，而且延續了半年多的時間。❹表明
西王母不僅在現世具有絕大的神通之力，而且在死後的世界也同樣
得到人們的信仰。可能由於這些的影響，以致出現不少以王母為主
人公的故事書籍。現存的《漢武故事》、《漢武帝內傳》、《博物
誌》等都是受到神僊思想、道教等強烈影響的作品。

　　《漢武故事》的一個最大的特徵，可以說就是其中出現不少與
古代房中術有關的內容。傳說「上（武帝）能三日不食，不能一時
無婦人，善行導養術，故體常壯悅」，而且「上好容成道，信陰陽
書，時宮女數千人，皆以次幸」，所以「時上年六十餘，髮不白，
更有少容，服食辟穀，希復幸女子矣」。❹鉤弋拳夫人也是一位能
解黃帝、素女房中術的女人，所以很受漢武帝的寵愛，並且生下了
昭帝。此外，還記述東方朔的妻子宛若成為神君之姊。神君曾應祈
願而現靈，欲與身患重病的霍去病交接，試以容成之術補其太一之
精，以圖延長霍去病的年壽。但是，有關鉤弋拳夫人、東方朔、宛
若以及霍去病等事蹟都已經出現於《史記》。從這種拔粹於正史記
述的事蹟改編為故事的手法，可以推測在當時的社會可能已經出現
有關西王母與房中術的書籍。

　　《漢武故事》中登場的西王母、漢武帝、東方朔等人，也都出
現於《醫心方・房內》篇所收錄的《玉房秘訣》有關條文之中。
《玉房秘訣》收錄部分「沖和子曰」的條文，就提出以西王母為模

❹　《漢書》卷二十七〈五行志〉：「其夏，京師郡國民聚會里巷仟佰，設張博
　　具，歌舞祠西王母。又傳書曰：母告百姓，佩此書者不死，不信我言，視門
　　樞下，當有白髮。至秋止。」
❹　魯迅《古小說鉤沈》（《魯迅三十年集》第二冊）新藝出版社，1968 年。

特兒的「養陰得道」，即專為女人使用的房中道術。該節首云：

> 《玉房秘訣》云，沖和子曰，非徒陽可養也，陰亦宜然，西
> 王母是養陰得道之者也。一與男交而男立損病，女顏色光
> 澤，不著脂粉。常食乳酪而彈五絃，所以和心繫意，使無他
> 慾。❺⓿

認為房中術並非皆為男人增強陽氣之用，也可以作為女人的養陰之
術。西王母行房中養陰之術，同時經常飲食乳酪，撥彈五絃之琴，
調解精神以平心靜慾。

　　所謂「乳酪」之食，自然不是漢人固有的食品，多來自牧養乳
畜的西北草原地區、或西域各地。《西河舊事》記述說：「祁連山
宜牧牛羊，羊肥乳酪好，不用器物，刈草著其上，不解散，一斛酪
升餘酥。」❺❶《涼州志》也有類似的記載。❺❷馬王堆漢墓出土的
《十問》第十問中就提出：「食松柏，飲走獸泉英，可以卻老復莊
（壯），曼澤有光」❺❸，認為乳飲食品有抗衰老，保養皮膚的作
用。《釋名·釋飲食》亦云：「酪，澤也，乳汁所作，使人肥澤

---

❺⓿　《醫心方》卷二十八，人民衛生出版社，頁 636，1993 年。

❺❶　《太平御覽》卷八五八，中華書局，頁 3812，1992 年。

❺❷　《涼州志》：「祁連山張掖，酒泉二界之上，東西二百里，南北百餘里，山
　　中冬溫夏涼，宜牧牛（羊），乳酪濃好。夏天酪不用器物，刈草著其上，不
　　散。酥特好，酪一斛得升餘酥。」（《古今圖書集成》卷二九七）

❺❸　馬王堆漢墓帛書整理小組《馬王堆漢墓帛書（肆）》，文物出版社，頁
　　151，1985 年。

也。」但至魏晉時期對北方的漢人來說，乳酪還是屬於比較稀罕少見的食品。❺❹

　　所謂「五絃」，是指五絃琵琶琴，乃古代一種撥絃的樂器，在唐朝甚為流行。根據《隋書》卷十五〈音樂志〉記載，當時西涼、龜茲、天竺、疎敕、安國、甚至高麗，都已經有使用豎箜篌、琵琶、五絃等樂器。唐人杜佑於 801 年寫成的《通典・樂六》中云：「龜茲樂者，……後魏平中原，復獲之，有唐婆羅門，受龜茲琵琶於商人，代傳其業，至於孫妙達，尤為北齊文宣所重，常自擊胡鼓和之。」❺❺這些都無疑地表明五絃琵琶的確是來自古代的西域，而且這種樂器形狀至今仍然可以從敦煌壁畫上得到確認。❺❻有學者認為五絃琵琶是源於古代印度❺❼，但也有學者認為它是古代龜茲人創造的。❺❽

　　《玉房秘訣》：「又云，若知養陰之道，使二氣和合，則化為男子。若不為子，轉為津液，流入百脈以陽養陰，百病消除，顏色

---

❺❹　《世說新語・捷悟》篇：「人餉魏武一桮酪，魏武噉少許，蓋頭乃上題合字以示衆，衆莫能解。次至楊修，修便噉曰：公教人噉一口也，復何疑。」（上海古籍出版社，頁 313，1982 年）《晉太康起居注》記述，晉武帝見尚書令荀勖體弱，就「賜乳酪，太官隨日給之。」（《太平御覽》卷八五八，頁 3812）

❺❺　《通典》卷一四六，新興書局，頁 763，1963 年。

❺❻　牛龍菲《敦煌壁畫樂史資料總錄與研究》，敦煌文藝出版社，頁 312，1991年。

❺❼　林謙三《東亞樂器考》，音樂出版社，頁 293，1962 年；韓淑德、張之年《中國琵琶史稿》，四川人民出版社，頁 114，1985 年。

❺❽　谷苞《古代龜茲樂的巨大貢獻及其深遠影響》，《新疆史學》，1980 年第 2期。

悅澤肌好，延年不老，常如少童。」❺❾這顯然是繼承了《老子想爾注》的「陰陽之道，以若結精為生」，「結精成神，陽氣有餘，務當自愛，閉心絕念，不可驕欺陰也」❻⓿之說，提倡女人也可以應用房中術，達到生子與長生等效果。所謂「使二氣和合，則化為男子」的說法，未見於現存的古代房中術專著，而且比《太平經》提倡的「無極之術」更為明確，這有可能是受古代印度《愛經》的影響。若不為生子，則使用類似男人的還精補腦之術❻❶，即要求與多數男子媾交之時，女性自身應當安心定志，不可妄動情愛之念❻❷，才有可能吸取男子的陽氣，通過全身血液循環以補充自身的陰精。這樣，不僅可以達到美容的效果❻❸，而且還可能消除百病，增進健康、推遲老化、延長壽命。

　　沖和子認為房中術不是單為男人專用，對於女性的健康也同樣有益。像這樣嶄新的想法，對於為男尊女卑封建思想所麻痺的古代

---

❺❾　《醫心方》卷二十八，頁 636。

❻⓿　饒宗頤《敦煌六朝寫本張天師道陵著老子想爾注校牋》，饒氏刊，頁 10、13，1956 年。

❻❶　拙文《還精補腦術の形成と展開》，《東方宗教》第 103 號，2004 年。

❻❷　《醫心方》卷二十八：「（《玉房秘訣》）又云，與男交當安心定志，有如男子之未成，須氣至乃小收情志之相應，皆勿振搖踴躍，使陰精先竭也。」（頁 636）。

❻❸　男性精液中含有豐富的前列腺素，在體內起著各種不同的生理作用，其中也含有抑制脂質分解，鎮靜中樞神經的作用。有人通過觀察新婚女性，發現她們的眼睛、皮膚等出現杏眼，鮮艷光澤，並多充滿幸福之感。故認為這些變化可能與她們通過性交從陰道吸收男性前列腺素有關。但這種陰道的吸收功能有一定的限度，隨著性交次數的增加，陰道粘膜的吸收功能也就開始低下（押鐘篤《醫師の性科學》，學建書院，頁 793、893，1977 年）。

中國人來說，的確是一個很難想像的發展。《玉房秘訣》認為女性應用房中術，通過養陰的效果可以促進美容、增進健康、延長壽命、出產男兒等，同時還舉出西王母的成功之例。沖和子暴露說：「（西）王母無夫，好與童男交」❻❹，好與多數童男交接而獲得長生不死，以傍證神僊道教所謂西王母得道，與陽神東王公並列成為陰神之主的傳說。❻❺女人學習房中術在男尊女卑的古代中國是一種避諱。《列仙傳》有記述一個叫女幾的酒店女主人，從僊人委託之書秘密地自學了房中術，經過與多數年輕男子實踐，最終也成為僊人。不用說這在古代也是極為個別的事例。

　　《玉房秘訣》這部書名不見於《漢書‧藝文志》與《抱朴子‧遐覽》篇的道書目錄。成書於七世紀中期的《隋書‧經籍志》醫方類中，收錄著：「《玉房秘訣》八卷，《玉房秘訣》九卷，《新選玉房秘訣》十卷」，計三種有關房中術的書籍。《舊唐書‧經籍志》也收錄：「《玉房秘錄》八卷（注：沖和子撰）」，《新唐書‧藝文志》收錄著：「《沖和子玉房秘訣》十卷（注：張鼎）」。有學者推測這五部書是同一種的書籍❻❻，有學者認為沖和子就是初唐醫家張鼎之號❻❼，也有學者推測他是與陶弘景同時代的道士。❻❽但是

---

❻❹　《醫心方》卷二十八，頁 636。

❻❺　下斗米晟《道教における西王母の地位と職司》，《大東文化大學紀要》文學部，第 8 號，1970 年。

❻❻　李零《中國方術概觀（房中卷）》，人民中國出版社，頁 245，1993 年。

❻❼　參照姚振宗《隋書經籍志考證》。他根據《新唐書‧藝文志》的《沖和子玉房秘訣》十卷之注為張鼎，故說：「案張鼎自號沖和子，所著別有《太清歡璣文》七卷」，並在自注中說：「張鼎有《補孟詵食療本草》，初唐時人，似神仙家流。」葉德輝《新刊玉房秘訣》序文也從姚振宗之說。

根據《隋書·經籍志》所錄，我們不能排除十卷本的《新選玉房秘訣》，是以已經存在的八卷本《玉房秘訣》為底本重新增編的可能性。而且，新、舊唐書收錄的《玉房秘訣》都冠名「沖和子」，為此可以推定張鼎只是一個重新編纂《玉房秘訣》的人。

　　張鼎不但增補了《玉房秘訣》，還增補了初唐孟詵（621－713年）編著的《食療本草》。⑱而且，《隋書·經籍志》醫方類還收錄注為「沖和子撰」的《太清璇璣文》七卷。這部書在新、舊唐書的〈醫術類〉中也都有記錄。唐人僧侶釋法琳（572－640年）早就指出：「沖和子曰，璇璣文者皆是求神仙不死之道，其次則養我今日身命，駐彩延華儻至三五百年，以此為真耳，長生久視義在於斯。」⑳這都很清楚的表明沖和子其人、其書在隋朝就已經存在。不過，《真誥》尚未見「沖和子」之名，說明他有可能是活躍於陶弘景死後的年代。釋法琳死於公元 640 年，這樣至少可以推定沖和子是活動於陶弘景死後，與釋法琳在世、或死前的不到百年之間的

---

⑱　坂出祥伸《長生術》（福井康順等監修《道教とは何か》），平河出版社，注 33，頁 283，1983 年。

⑲　孟詵傳見《舊唐書》卷一九一與《唐書》卷一九六。《嘉祐本草》補注本草所引書傳：「食療本草，唐同州刺史孟詵撰，張鼎又補其不足八十九種，並舊為二百二十七條。皆說食藥治病之效。凡三卷。」而且，中尾萬三考證認為張鼎於開元九年（721）至二十七年（735）之間補孟詵的《食療本草》（參照《食療本草の考察》，《上海自然科學研究所彙報》第 1 卷 3 號，1930 年）。

⑳　《廣弘明集》卷十三（《四部叢刊初編本》，臺灣商務印書館，頁 176，1975 年）。

一位醫家道人。❼❶

　　釋法琳在《辯正論》卷六〈內異方同制指八〉中，通過比較僧侶與道士的外觀、行動與思考方法等，得出僧侶比道士優秀的結論。他認為有名的道士都有學習佛教，而且還舉出道教中對佛教比較尊重的道士代表，其中就有在茅山修道的沖和子與陶弘景之名。《辯正論》卷六云：

> 子是南人，躬學茅山道士沖和子之法。沖和子與陶隱居常以
> 敬重佛法為業，但逢眾僧莫不禮拜，巖穴之內悉安佛像，自
> 率門徒受學之士朝夕懺悔，恒讀佛教。❼❷

這就是說沖和子與陶弘景都是非常敬重佛教，不僅對僧侶表示敬意，而且還把佛像安置於修道場所，帶領弟子們進行懺悔，反復誦讀佛典等。

　　從現存的文獻資料中，無法發現有關茅山道士沖和子的事蹟。筆者曾兩次前往茅山進行實地調查，也未得到有關的蹤跡。但是，釋法琳就是因為強烈批判道教，才受道士秦世英的告發而成冤罪。唐太宗親自審問他時候，釋法琳抗辯說：「但琳所著（辯）正論，爰與書史倫同，一句參差任從斧鉞。陛下若順忠順正，琳則不損一

❼❶　《醫心方》不僅在〈房內篇〉收錄部分《玉房秘訣》的條文，而且卷七〈陰瘡並穀道篇〉，卷十三〈五勞七傷篇〉，卷二十一〈婦人篇〉，卷二十四〈治無子篇〉等都有引用《玉房秘訣》的處方。表明《玉房秘訣》可能是一部包括內科，外科，婦產科的醫學書。

❼❷　《廣弘明集》卷十三，頁176。

毛。陛下若刑濫無辜，琳則有伏屍之痛」，結果皇帝對他也沒有加刑重罰。❼❸考慮釋法琳在生死的關頭，不可能使用不確切的資料。這也表明在釋法琳之前，茅山的確住過號為沖和子的道士。沖和子不但深入研究古代醫藥、房中術，而且也非常重視研究佛教與西域文化。因此，他才有可能確立女性專用的「養陰得道」房中術。

五、結　論

從東漢後期至隋朝的四、五百年之間，中印之間的確出現了廣泛的文化交流，特別是以佛教為中心的印度宗教文化大量地輸入中國。不但有不少印度僧侶來華傳授佛教，在唐玄奘之前就有五十多名的中國留學生渡印取經、學習佛教。❼❹他們把多數的佛教經典譯成中文，擴大佛教在中國影響的同時，一部分神僊道教的傳統文化也傳入古代印度，並對佛教密宗的形成也起了一定的影響作用。❼❺在傳授印度佛教於中國的先驅者中，雖然有高僧道安曾經注釋《素女經》的傳說，但從現存的佛教經典以及有關聯的文獻資料，還很難得出確實的結論。❼❻曇無讖在北涼翻譯了許多重要的佛教經典，

---

❼❸　《續高僧傳》卷二十四〈釋法琳傳〉，《大正新修大藏經》卷二〇六〇，頁638。

❼❹　梁啟超《千五百年前之中國留學生》（《中國佛教研究史》）。

❼❺　N.N. Bhattacharyya: History of the Tantric Religion, Manohar Publication, 1982, 90; Joseph Needham: The Shorter Science and Civilization in China, Cambridge Univ. Press, 1978, 271, 272.

❼❻　吉川忠夫《道安法師と「素女經」》，《中外日報》，平成 10 年 10 月 24 日。

努力推擴佛教、佛法，進行各種救度活動，並且還把古代印度固有的性愛文化傳授給北涼貴族的子女。推定他所傳授的性愛之術，主要是為增加生子機會的方法，其中也包括可以豐富個人的興趣，增加個人的教養等知識。這對於有早婚、早育習慣的北方民族，為改變他們騎馬狩獵的粗獷習性，以適應新生貴族的生活環境❼，可能起到一定的啟發作用。

　　古代印度的性愛之學，完全不同於中國的古代房中術。它並不認為利用性交行為可以達到治療疾病、增進健康、推遲老化、延長壽命等效果。所以古代印度的男人在媾交之中，並不重視積存體內的精氣，也就沒有必要學習特別的保留性交技法。古代印度的性愛之學非常注重個人的五觀感覺，要求新婚男女在媾交之前盡可能互相了解，特別對童女更需表示熱情的關心與愛護，培養相互之間的感情與愛情，以取得童女的全面信賴。這樣，可能有助於童女的精神年齡的成長，增長其性愛的知識，以增加媾交時的喜悅心情與增強性交的快感。這樣所為的目的在於增加懷孕的機會，因為求子乃是古代印度性愛之學的根本。這種古典的性愛之學有著非常豐富的內容，特別是六十四種的技術對於增加女性的魅力，保持女性的美貌、美德等都起著很大的作用。而且，在男尊女卑的古代印度社

---

❼　《魏書》：「太子風彩被服，同於南夏，兼奇術絕世，若繼國統，變易舊俗」（卷一〈序紀第一〉），「詔有司定行次，正服色。……於是始從土德，數用五，服尚黃，犧牲用白，祀天之禮用周典，以夏四月親祭祀於西郊」（卷一百八〈禮志一〉），「男女不位禮交皆死」（卷一百一十一〈刑罰志〉）。《太平御覽》卷六九八：「鄴中記曰，石虎皇后出，女騎千人，皆着五彩織成靴。」（頁3116）

會，學習與掌握六十種類的實技，對女性自身的自立也能起著重要的作用。

分析疊無識的生世與經歷，他不但學習了小乘佛教，後又轉學大乘佛教，而且從小就學習了印度傳統的咒文、咒術，還有機會學習了古代印度的性愛之學。並且在必要的時候，他都能以自己所掌握的咒法、性愛之術等獲得他人的尊敬，受到特別的優待，因而使他有機會去宣傳、擴大大乘佛教的影響。從他一生的所作所為，非常形像地表明古代印度佛教的結構，可以說他的確是一個非常典型的佛教「雜密」之宗。所謂「密教」一詞，是後來西方學者的造語，在印度梵文中找不到相應的詞語。它是相對於「顯教」而言，意指一種秘密的教法。因為佛教的創始人釋尊，一開始就強調公開所有的教法，反對當時世俗流行的咒術、咒文等迷信之類的東西，堅持禁止使用這些密法。大乘佛教雖然吸收了不少新的女神，但早期並沒有出現與男神合歡之說。所以，有學者推定七世紀以後佛教金剛乘的教徒中出現使用「止精法」，這可能是受中國古代還精補腦房中術的影響。**⓭**

來自西域的西王母傳說，長期以來滲透於各種的神話、故事、經典，乃至房中術的專著。西王母從一個人獸合身的山神演變為容姿絕妙的女神，同時又成為世人崇拜的和平之神、授子之神、救世主、陰神之主，以及房中術之師。沖和子是一位精通醫術的道士，而且對印度的佛教與文化也表示強烈的興趣。他在以養陽為主的傳

⓭ 高羅佩著，李零等譯《中國古代房內考》，上海人民出版社，頁 473，1990年。

統房中術中，確立了「養陰之道」，認為它可以增進女性的美容與健康，增加懷孕生子的機會。這可能是由於他深入研究醫學，深知女性的性質與特異性，所以才感到有創立這種理論的必要性。他還非常熱心地參加佛教的實踐，理解古代印度的文化，也許正是在這種知識結構的基礎上，才把西王母推向房中術的舞台。沖和子本是一位知名的茅山道士，也許由於他打破古代中國的避諱，冒犯了傳統的男子天下，以致遭到封建社會的徹底抹殺。

第十一篇　房中術東傳日本

一、引　言

　　在世界醫學史上，像《醫心方》那樣把古代房中術的內容作為單獨的篇章（〈房內篇〉）編入醫學全書，這不能不說是一種極為罕見而大膽的嘗試。這種編纂的形式和內容也就成為《醫心方》的一個最大特點，使這部醫書不僅受到日本古代貴族階層的重視，而且也吸引著醫藥界以外的各行人士的好奇心。事實上在日本，不管有無醫學專門知識的人，知道〈房內篇〉的要比了解《醫心方》的更多，可以說〈房內篇〉幾乎成為《醫心方》的代名詞。《醫心方》是平安時代（公元 794－1192 年）中期的宮廷醫官、鍼博士丹波康賴（912－995 年）編輯的。他從天元五年（982）開始，經過二年時間的努力就編纂完成，並於永觀二年（984）十一月二十八日把《醫心方》上獻當時的円融天皇。據考證丹波康賴的祖先可以追溯到東漢的靈帝，他的子孫曾移居於朝鮮半島。日本應神天皇的時代，靈帝的第五世孫阿智王（阿智使主）一族東渡日本，名為東漢系，居住於大和國高市郡。阿智王兒子高貴王（高貴使主）的時代，東漢系又分為三支，其子志拏直出生於日本，從大和國移居到丹波國，賜姓為坂上住。延至孝日王，他雖為丹波姓的始祖，而丹波康賴由於醫術

高明，受招入宮并提昇為鍼博士、佐衛門兼丹波守，才正式賜姓丹波宿彌。這就是丹波姓氏在日本的由來。❶

　　丹波康賴編輯的《醫心方》，一共使用了二百零四部中國古代醫藥養生書籍，從中摘錄、引用的條文達一萬八百以上。❷其中，〈房內篇〉引用的古籍為二十二部，而且《彭祖經》、《子都經》、《玉房秘訣》、《洞玄子》、《玉房指要》等多數房中術專門古籍都不見於《日本國見在書目錄》。這部圖書目錄是藤原佐世於寬平三年（891）受朝廷的命令，首次編著的日本國家藏書目錄，共著錄當時朝廷收藏的隋唐以前古典書籍一千五百七十九部，計一萬六千七百九十卷，其中醫藥書籍為一百六十六種，計一千三百零九卷。❸在《日本國見在書目錄》的〈五行類〉與〈醫方類〉中，分別可以看到《玄女經》與《素女經》的書名。這表明在丹波康賴編輯《醫心方》近百年之前，日本王朝就已經進口一部分房中術的古籍，而且當時的民間社會也收藏不少這類的書籍。總而言之，在平安時代中期之前，這些從中國傳來的房中術古籍對當時社會產生過什麼樣的影響呢？特別是官僚、貴族階層有過什麼樣的反應呢？他們是以什麼樣的態度接受異國的生命方術呢？《醫心方》的編輯

---

❶　《丹波氏系圖》（塙保己一編《群書類從》卷六十三，續群書類從完成會，1984 年），（塙保己一編，太田藤太郎補《續群書類從》卷百八十四，同上，1984 年）。

❷　馬繼興《「醫心方」中的古醫學文獻初探》，《日本醫學史雜誌》第 31 卷第 3 號，頁 370，1985 年。

❸　書籍數及卷數是以《日本國見在書目錄》（《續群書類從》卷八百八十四，頁 50）中所收錄的書名與卷數進行統計；而醫書的卷數則引用〈醫方家〉題下所示的小文字數字。

者又是以什麼目的把它編入醫學全書呢？諸如此類的問題正是本篇
研究的中心課題。

　　二十世紀八十年代，日本學者中村真一郎著《色好みの構造》
一書，專門剖析平安時代所出現以男人為中心的好色、性自由、性
放縱的社會現象，其中提出：

　　　　從今日看來，不能忘記這種被認為奇怪而放縱的性現象，在
　　　　當時的社會它曾經受到思想與科學兩方面支持的事實。

隨後，他例舉平安時代兩部具有代表性的著作，並論述它們各自對
貴族社會的影響。他所舉出思想方面的代表作，就是由平安時代初
期的弘法大師空海高僧（774－855 年）傳授的密教重要經典《理趣
經》。醫學科學方面的代表醫籍則是《醫心方·房內篇》，並認為
它從醫學技術方面支持了當時社會的所謂「好色」構造。❹這個結
論可能過於主觀武斷，完全誤解了《醫心方》作者的本意，所以有
必要在此提出商榷。

　　日本從推古天皇在位期間（593－628 年）開始，於 607 年至 614
年前後三次派出遣隋使節前往中國。舒明天皇當政以後，從 630 年
至寬平六年（894）約二百多年之間，共派遣二十一次遣唐使節團前
往中國，其中五次由於渡航失敗等原因被迫中止。最後一次以菅原
道真為大使的使節船隊，於寬平六年由於遭受海盜的襲擊，以及唐
朝政權趨向衰亡等理由，從此全面停止向中國派遣使節和進行外交

❹　　中村真一郎《色好みの構造》第四章，岩波新書，1985 年。

活動，並同時禁止本國人渡航海外。這種閉關鎖國的政策，可能是促使丹波康賴決心整理中國古代醫藥書籍的一個重要原因。他作為一名朝廷侍醫，專職教授鍼灸，儘管可以自由地閱覽國家收藏的醫藥典籍，但至晚年才著手編纂《醫心方》，也許是為了收集散在民間的醫藥藏書而花費了長年的時光。可能特別是為借閱平安時代中期之前，貴族、官僚、民間個人，以及東渡日本的中國人所收藏的各種古代房中術專著，使他費盡心機。

　　《醫心方》編成獻上之後，一直珍藏於天皇的宮內。足利時代的正親町天皇（1557－1586 年在位）把《醫心方》下賜當時的御代、典藥頭（相當於衛生部長）半井瑞策，這就是半井家版《醫心方》的來歷。江戶時代，多紀氏（丹波的改姓）利用當時幕府將軍的勢力，於安政六年（1859）強迫半井家借出《醫心方》，並進行翻刻印刷，這是安政版《醫心方》的由來。但社會上還存在通過各種渠道製作的多數傳抄本。昭和六十年（1985）在大阪府河內長野市天野町的金剛寺，還發現鎌倉時代的抄寫本。❺經過一千多年歲月的流逝，《醫心方》像奇跡一般沒有發生散佚，幾乎完整無缺得以保存的一個重要原因，可以說與〈房內篇〉的影響有著密切的關係。但是，日本社會對《醫心方》的評價也是隨著時代的變遷、社會環境的變化而變動。在以荷蘭為代表的西洋醫學傳入日本之前，長達千年以上的臨床醫療活動皆以漢方醫學為中心，《醫心方》作為珍貴

---

❺　《最古の醫學書發見》，《每日新聞》昭和六十年十一月二十六日；東野治之《河內金剛寅新出の鎌倉時代書寫「醫心方」卷十三について》，《日本醫史學雜誌》第 32 卷第 2 號，1986 年。

的醫學全書對日本民族的健康與繁榮，可以說作出了巨大的貢獻。明治維新以後，日本政府完全傾身於西洋世界，認為〈房內篇〉的內容對社會倫理道德、風俗習慣會帶來不良的影響。明治三十八年，政府甚至以權力介入，做出禁止《醫心方》發行的處分決定，原因就是因為〈房內篇〉。❻戰後的日本政府又把《醫心方》（仁和寺版）指定為國寶。隨後出版了不少〈房內篇〉的譯注本，但是有關〈房內篇〉的專題研究卻很少。❼

　　為此，本篇就把《醫心方・房內篇》作為基礎資料，以上述提出的幾個問題為主要線索，考察〈房內篇〉收錄的房中術條文的內容，章節分類的特殊性。同時圍繞著編輯《醫心方》時期的時代背景、社會環境等，探索丹波氏編輯〈房內篇〉的動機和目的，以及〈房內篇〉對後世養生學發展產生的影響。而且詳細研究《醫心方》成書之前，傳入日本的房中術古籍對日本古代的宮廷制度、社會風俗、文學作品等所產生的影響。

二、《醫心方》與〈房內篇〉

　　《醫心方》全面引用包括隋唐時代的中國醫藥學古籍，其中收錄最多的是唐代名醫孫思邈編著的《備急千金要方》，共達一千二百七十三條，而引用唐代中期有名醫籍《外臺秘要方》的條文還不

❻　杉立義一《醫心方の傳来》，思文閣，頁 279，1991 年。

❼　拙文《「醫心方・房內篇」についての考察》，《日本醫學史雜誌》第 41 卷第 2 號，2001 年。

上十條。❽但是，《醫心方》的引用方法卻是按照《外臺秘要方》，所有收錄的條文皆注明出典，這一點在文獻學上具有著非常重大的意義。《醫心方》的編輯方式與《備急千金要方》相似，皆分為三十卷。其中卷一為總論，〈治病大體第一〉記述的醫學倫理，就是引用《備急千金要方》卷一〈大醫精誠〉篇的內容。兩書還同樣撰編三卷的婦人病、兩卷的小兒病，以及各一卷的耳鼻咽喉病、風病、鍼灸、養生、食療等，可以說明《備急千金要方》的結構對《醫心方》的編輯工作予以很大的影響。《備急千金要方》卷二十七〈養性〉篇有〈房中補益第八〉一節，而且有關房中術的內容僅占〈養性〉篇的一小部分。雖然在現存的古代醫藥書籍中，《備急千金要方》是最早收錄房中術的內容，而《醫心方》除了編錄〈養性〉篇以外，還專設〈房內篇〉一章，廣泛地收集有關中國古代房中術的資料。

　　《備急千金要方·養性》篇〈房中補益第八〉記述的房中術內容，主要認為房室過度有損身體健康，提出不同年齡男性適當的性交和射精的次數，以及性交禁忌、星占求子等。其中特別強調四十歲以上的男人學習和修煉房中術的必要性。但其篇幅不過是《醫心方·房內篇》的十分之一，而且也沒有具體的分類。《備急千金要方》的內容是引用他人的資料，還是自身的實踐經驗，因為沒有明確的出典記載，所以也就無法確認。孫思邈又是一位有名的道士，〈房中補益〉篇的內容同樣受到神僊道教房中術的強烈影響，其中還提倡應用多御少女房中術「以人補人」，以及〈仙經〉推薦的僊

---

❽　《「醫心方」中的古醫學文獻初探》，頁346。

道修行「採氣之道」，「男女俱仙之道」等經驗之談。然而〈房內篇〉並沒有引用這些與神僊道教有密接關聯的房中存思、星占求子等內容。

　　在《醫心方》出世的百餘年之前，菅原岑嗣等接受當時朝廷的命令，於貞觀十年（868）編纂了五十卷本的《金蘭方》。這部《金蘭方》也是模倣《備急千金要方》的形式編著而成的綜合性醫藥書籍。❾丹波康賴在編輯《醫心方》之前，自然熟知《金蘭方》的內容，理解該書的編撰方法。事實上《金蘭方》很早就已失傳，表明該書在競爭中被醫學界所淘汰。《醫心方》之所以能保留下來，不能不考慮其中〈房內篇〉的存在所起的重要作用。日本社會至今收藏有五十多種《醫心方》的抄寫本，據考證可以分為八大群，而且已經確認各自抄寫於平安時代末期、鎌倉時代前期、室町時期、江戶時代中期和後期。❿像這樣在民間受到個人不斷輾轉抄寫的事實，表現日本社會對《醫心方》具有一種特殊的執著，同時也表明《醫心方》秘藏著某種其他醫藥書籍所沒有的魅力，這也許就是〈房內篇〉的一種價值所在。

　　〈房內篇〉共由三十個章節組成，具體內容為：至理、養陽、養陰、和志、臨御、五常、五徵、五欲、十動、四至、九氣、九法、三十法、九狀、六勢、八益、七損、還精、施瀉、治傷、求子、好女、惡女、禁忌、斷鬼交、用藥石、玉莖小、玉門大、少女痛、長婦傷。第一節題名為「至理」，這個詞並未再現於〈房內

---

❾　酒井シヅ《日本の醫療史》，東京書籍，頁 68，1982 年。

❿　《醫心方の傳來》，頁 26—31。

篇〉。《抱朴子·內篇》有以「至理」為篇名的，專門收集金丹靈
藥、房中、行氣、食餌等各種修煉僊道的方法，並大力提倡應用這
些方法修行可以成僊化神。而且〈至理〉開篇就說：「微妙難識，
疑惑者眾」 **⓫** ，這給我們理解〈房內篇〉使用「至理」一詞的真意
可以得到重要的啟示。自古以來一直魅惑中國人的古代房中術的書
籍很早就傳入日本，使貴族階層以及一小部分的人有機會接觸、了
解這種奇妙而深奧，同時又容易招致誤解的專題理論。但是，丹波
康賴決定把這種房中術作為一種醫學的專門知識進行推廣，以喚起
天皇、官僚、貴族的高度注意，使他們能意識到有重新認識房中術
的必要性。丹波康賴結合自己長期的臨床經驗與當時的社會現狀，
對繁雜多樣的房中術內容進行歸類整理，簡明易懂地分出三十個項
目。以下對它們進行簡單的批判性介紹。

　　〈至理〉、〈養陽〉、〈養陰〉三節主要敘說基於陰陽造化原
理的男女性愛，因為它關係到體內精氣的化生、蓄積，以及孕育新
生命等重要問題，所以是一種非常神妙而高深的學問。其中，非常
強調不管男女都要注意保護自身體內的精氣，決不能因溺愛色情、
房室過度而損害健康，招致各種疾病的發生。提出房中技法並非為
追求一時的快樂，而是作為一種有效的養生方法，不但可以調和自
身的肉體與精神，充實生活的質量，而且有健康增進、防止老化、
延長壽命等效果。特別是其中例舉彭祖傳授多御少女房中術予上古
帝王之說，旨意規勸天皇、貴族、官僚修煉房中術以增強控制自身

⓫　　《抱朴子》，上海古籍出版社，頁 36，1990 年。《日本國見在書目錄》道家
　　　類已有收錄這部道書。

的能力，進行有節度的性生活。〈養陽〉節主要記述多御少女房中
術的效用，強調利用房中術可以從女子身上汲取陰氣以增強自身的
陽氣，帶有濃厚的追求不老長壽的神僊思想。〈養陰〉節提出房中
術不是男人專用的養生技法，女人通過修煉養陰之法不僅對於自身
的健康、美容等有益，而且還可以多出生男兒。文中還例舉西王母
因與多數童男性交而獲得不老長壽的傳說。

　〈和志〉、〈臨御〉兩節都是針對男人，告誡人們男女性愛要
遵守自由的原則，強調雙方要以自願為前提，互相配合、有始有
終。批判那種單純追求自身享樂的性行為，認為那樣對女方的肉體
與精神都會帶來不良影響。這可能與平安時代中、後期逐漸出現男
女不平等的社會現象有關。但是，這種觀點即使在現代社會，特別
是存有「男尊女卑」封建意識的社會，對於青年男女的性生活還是
有現實的教育意義。〈和志〉節不但強調性愛前戲的重要性，而且
還詳細地說明各種前戲的動作與部位等。〈臨御〉節也注意男性主
導的前戲，主要詳細說明使用「九淺一深」技法以激發女方的情
動，即增進性興奮的性愛基本方法。所謂性愛前戲、並不是玩弄女
子之談，而是基於男女不同的性生理變化的實際經驗，具有普遍性
的價值。這種必要性也已經得到現代性醫學調查的確認。**⓬**

　〈五常〉、〈五徵〉、〈五欲〉、〈十動〉、〈四至〉、〈九
氣〉諸節主要介紹男女在性興奮時，身體出現的各種反應以及特別

⓬　N.W. Denney, J.K. Field, and D. Quadagno: Archiv. Sex. Behav., 13:235-245,
　　1984.; J. Halpern, and M.A. Sherman: Afterplay: A Key to Intimacy. Pocket Books,
　　New York, 1979.; S. Hite: The Hite Report, A Nationwide Study of Female
　　Sexuality. Macmillan, New York, 1976.

的徵像。其中〈五常〉與〈四至〉兩節為主介紹男人性器的結構，以及在性行為之前的陰莖變化，認為掌握這些知識有益於性生活，減少無益的射精。〈五徵〉、〈五欲〉、〈十動〉、〈九氣〉都是詳細地記述女人在性行為中的身體變化。特別進入性興奮期後，女性身體的不同部位連續性地出現各種細微的動作，不間斷地發生多樣微妙的變化。這種觀察非常仔細，基本符合比男性為長的女性性生理興奮規律。有效而準確地判斷男女性興奮的不同特徵，進行適當的對應方法，也是古代房中術的一個重要內容。

〈九法〉、〈三十法〉、〈九狀〉、〈六勢〉諸節都是介紹有關性交體位與姿勢的內容。〈九法〉與〈三十法〉兩節各自引用於《玄女經》和《洞玄子》，基本上以介紹不同性交體位為中心。自古以來這些內容經常被當作猥褻的性知識受到社會的批判，但是世界衛生組織（WHO）為健全世界男女的性生活，特別提倡學習性交體位的必要性。❸〈九狀〉、〈六勢〉兩節主要介紹性行為中男根的動作，這些姿勢多是模倣各種動物的動作。

〈八益〉與〈七損〉這兩個術語早見於醫經《素問》，直至竹簡《天下至道談》的出土才知道它們是源於房中養生學的詞語，而且古代的具體內容與《內經》所說的已有很大的差別。〈八益〉節是敍述應用不同的性交方法，可以使男人得到固精、安氣、利臟、強骨、調脈、畜血、益液以及導引身體等效果，同時又可以治療女人的漏血、陰門寒、辟血、月經不調、陰臭等婦科疾病。〈七損〉

---

❸ 石浜淳美監修《WHO 世界健康百科》（日本語版）第五卷，同朋舍出版，頁 114─115，1986 年。

節則因為不得法的性行為、或房室過度等造成健康受損，引起絕氣、溢精、雜脈、氣泄、機關厥傷、百閉、血竭等疾病，同時說明應用房中術進行治療的具體方法。使用房中術治療有關疾病的方法，以八益、七損調整身體的陰陽以增強陰器功能，這可能會使人感到不可思議，但現代性醫學已經有使用類似的方法治療性機能衰退病症的臨床報告。❹

　　〈還精〉、〈施瀉〉、〈治傷〉、〈求子〉諸節都是針對男人的事項。〈還精〉節主要提出性交中射精與保留性交兩種不同的身體反應，以及保留性交對身體的益處。其中還收錄〈仙經〉介紹的防止射精於體外的穴位，但是這種說法只不過是一種誤解，它只是讓精液暫時流入膀胱而已。〈施瀉〉節主要介紹不同年齡與體質的人，可以根據自身的身體狀況決定射精的次數。〈治傷〉節先把男人的性機能衰退分為五種類型，並提出各自的病理、症狀，以及應用房中術的治療方法。同時，還講述因無視性交的禁忌所致各種全身性的病症，要求在不同的時間帶應用房中術進行治療的方法。〈求子〉節主要敘述各種各樣與天地氣候、自然環境等有關的禁忌。為了出生健康的孩子，以及兒女將來「福，壽，祿」的運氣，要求夫婦媾交必須注意各種禁忌，但其中也存在不少臆測、迷信的內容。

　　〈好女〉與〈惡女〉兩節是根據女子的容貌、身體特徵、語

---

❹　カロリン・Ａ・リウイングストン等《性機能不全──病因と治療》（Nancy Fugate Woods R.N.編，稻岡文昭等譯《ヒューマン・セクシュアリティ》）日本看護協會出版會，1993 年。

聲、性格等分出二種完全不同的類型，認為「好女」有益於男人，可以選擇作為修煉房中術的對象；而「惡女」又有「陰雄」之稱，則為房中術的禁忌。從現代醫學的觀點分析可能與體內分泌的女性激素量的多少有關，至於是否能影響男人的健康尚未得到現代醫學的驗證。〈禁忌〉節把天氣的變化，異常的氣候、地震，以及有關文化習慣等列為性行為的禁忌。這些內容基本上是順從自然變化的規律，有其合理的部分，也有迷信的內容。〈斷鬼交〉節介紹睡眠中出現性愛之夢，特別是女子因為害羞難言，造成嚴重的精神負擔，重則併發各種疾病。雖然在原因的解釋上有存在迷信的內容，但也有指出與陰部感染有關，並使用硫黃等外用的治療方法。

〈用藥石〉、〈玉莖小〉、〈玉門大〉、〈少女痛〉、〈長婦傷〉諸節，其中〈用藥石〉與〈玉莖小〉兩節內容主要針對男人的性機能衰退，例如早漏、陽萎、陰莖膨漲不足等病症，提出各種藥物治療的處方。其餘諸節則是針對女人產後陰道收縮不良，以及童女、少女過早性交而發生陰道損傷，產生激烈疼痛、出血不止等病症，並提出各種應急的治療方藥。

《醫心方‧房內篇》從陰陽造化、男女結合的基本原理開始，說明古代房中術的效用，同時詳細說明男女性愛的身心準備，重視精神與肉體的調和，維持自身精力的方法，適當射精的次數，過度性交影響身體健康，夫婦求子媾交的禁忌，性機能衰退的治療，以及性交中發生各種病症的應急處理等。編纂者自身雖然對古代房中術沒有發表任何的見解，但通過〈房內篇〉所收集的內容，分門別類等具體的處理方法，完全可以使人感到：作者把房中術作為房中養生保健的有效方法導入醫學的領域，恢復房中術應有作用的誠心

與熱情。強調房中術是中國醫學的一部分重要知識，使天皇、官僚、貴族有機會對房中術進行重新的認識，這也許就是丹波康賴編輯《醫心方‧房內篇》的主要動機。

玉門大、少女痛以及長婦傷等諸種病症，是高年女性、少女、童女在性愛之中，容易產生精神苦惱與發生的陰器疾患。中國古代醫藥書籍一般都將這些病症歸類於婦科疾病之內，而《醫心方》的編輯者卻把它們直接收錄於與房中術有關的〈房內篇〉。這也許是有意識地希望貴族階層對此有更多的認識。這不單是臨床歸類的不同，如果沒有誠心理解女性精神與肉體的痛苦，也許就不能做出這樣的分類。〈至理〉節直接引用《備急千金要方‧房中補益》篇中，強調四十歲以上的男人有必要學習房中術的條文時，特別省略了原文中央的「所以彭祖曰：以人療人，真得其真」，這樣一句非常露骨地表現男女不平等的文字。這與其說懷疑使用女人治療疾病的真實性，不如說鮮明地表明編輯者尊重女性的思想意識。

丹波康賴從中國古代房中術的文獻資料中找出各種相關的內容，並立了「養陽」與「養陰」兩節專項。這並不是作者對外來文化認識上的差異，可能與當時貴族階層女人的社會地位有著密切的關係。〈養陰〉一節中出現的西王母傳說，這對於當時的貴族來說並不稀奇，因為有關西王母的神僊傳說早就見於《續日本後記》卷二仁明天皇的部分。而且從八世紀至十世紀初期，幾乎貴族階層的所有女性不管有無丈夫都可以成為女官，獲得一官半職奉公於朝廷。她們通常與男性的貴族一樣可以根據自己的地位設置公署，作為家政機關構成人員的中、下級官僚等，由政府支付她們奉祿與活

動經費。❻《醫心方》的編輯者作為朝廷的醫官,當然不能無視當時朝廷內外的現狀,以及貴族社會近於平等的男女關係。十世紀以後女人參加社會工作才開始受到限制。延至十一世紀,父系社會正式成立,女性的社會地位開始低下,貴族階層的女性進入強制性的禁欲生活。❻總之,從古代一直持續到平安時代後期的這種平等的男女關係、性愛觀等,都可能直接影響〈房內篇〉的編輯內容。

三、〈房內篇〉成立的時代背景

在中日兩國的文化交流史中,從七世紀初期至九世紀的中期,日本大量地進口中國的各種古典書籍,其中主要是由遣隋使、遣唐使等使節團為朝廷購置的。因為繼大化改新(646 年)以後,就是以唐朝文化為基準,國家的官僚教育也是以漢文學為主,漢文學也就成為官僚、貴族必須的教養,立身出世的必要學問。所以來中國使節團的個人、留學的僧侶、學生,以及東渡日本的中國人也都帶去大量的古書,其數目可以說是難以計數。丹波康賴晚年編成了《醫心方》,並立即呈獻當時的天皇。醫學門外漢的天皇、官僚、貴族對《醫心方》一書首先產生興趣的內容,可以想像不外就是〈房內篇〉、〈養生篇〉之類的部分。〈房內篇〉至理節引用《彭祖經》的條文,勸告帝王、貴族學習與掌握房中術,極力推薦房中術具有增進健康、抵抗衰老、延長壽命等作用。其主要的立論就是以上古

---

❻ 服藤早苗《平安朝の家と女性》,平凡社,頁 29－30,1997 年。
❻ 服藤早苗《平安朝の母と子》,中央公論新社,頁 127,2000 年。

的帝王為模特，他們每日執行國家政治，繁忙的公務有損身體健康，以致產生各種疾病。但他們能夠充分地利用後宮年輕的女子，進行房中術的實踐，所以「使人身輕，百病消除」。這顯然是借用引錄漢學文句的辦法，間接地勸說那些相信與愛用神丹靈藥的天皇、官僚、貴族，提出不學習房中術就不能獲得長生，並且強調房中交接可以恢復自身的活力，只要不射精於體外就能收效。由此不難體會《醫心方》編輯者想方設法敦促天皇、官僚、貴族等學習和應用房中術的良苦用心。

從「彭祖曰」開始的引錄條文，源於《彭祖經》的可能性最大。這些介紹彭祖把房中術的原理傳授給殷王的條文中，記述著采女與彭祖的問答內容。皇帝後宮的采女制度開始於東漢初期，就是從民間挑選十三歲以上、二十歲以下的美女充實後宮。**⓱**在古代日本天皇的後宮，也照樣從全國各地選集一定人數的采女。根據大寶令《職員令》的規定內容，采女司屬宮內省（廳），為主保管采女的名簿，管理與記錄采女的出入、昇級、退休等，規定的人數就達到六十六名。**⓲**采女多數是選自各地郡司首領、豪族等的姊妹、女兒，年齡多在十三歲以上、二十歲以下，並且要求身材漂亮、容姿端莊，具有一定的文化素質與良好的教養。她們進宮後主要作為陪膳等女官侍奉於天皇的身邊，而且不容許天皇以外的男性觸犯，有犯采女的男人都一律處以死刑。這很清楚地表明宮廷采女的身心也

⓱ 《後漢書》卷十〈皇后紀序〉：「又置美人，宮人，采女三等。」

⓲ 淺井虎夫著，所京子校訂《新訂女官通解》第三節采女，講談社，頁 210，1995 年。

都是屬於天皇的。公元六四六年正月所公布的「大化改新」詔令中，就明確規定各郡少領以上，即各郡司的大領、少領要把自己的姐妹、兒女作為采女送進王宮，而且每個采女以及隨從的一男二女的一切生活費用皆由當地農民負擔。日本的天皇稱號一般認為開始於七世紀初期，六世紀以前大和朝廷的首長通稱為王、或大王。所以，強制各地豪族貢送采女不僅表示他們服從王治，朝廷也有意識把采女作為人質以防止各地郡司、豪族的叛亂。❶八世紀在新嘗祭方面，有關采女與天皇之間關係的史料比較少。但有學者考察了與采女發生兩性關係的男人都受到嚴厲懲罰的事實，說明采女仍然是只限與王權之間發生性關係的女人。❷

　　古代日本天皇的統治手段，不僅表現於武力戰爭、行政統制等軍事、政治的專制集權，而且也通過集權性的祭祀，如新嘗祭、大嘗祭等活動，從精神、思想方面統一各地小國的神靈。從全國各郡司挑選入宮的采女身上，都附著地方諸國的國靈，她們作為小國神靈的象徵，隨從天皇參加國家性的祭祀典禮，供進御酒、御饌等，與天皇共食、共寢，直至產生兩性的肉體關係。有學者認為采女代表各地首長之女作為天皇的神妻與天皇共寢，在宗教上有著極為重要的意義，也就是一種象徵諸小國接受天皇統治的具體表現。❸

---

❶　門脇禎二《采女》中央公論社，第一、二章，昭和 61 年。

❷　關口裕子《八世紀における采女の姦の復元》，《日本歷史》第 535 號。

❸　折口信夫《宮廷禮儀の民俗學的考察》，《折口信夫全集》第 16 卷，講談社，1992 年；岡田精司《古代王權の祭祀と神話》第一部第一章第五、六節，塙書店，昭和 59 年；赤木志津子《日本史小百科（2），女性》采女條，近藤出版社，1977 年。

《日本書紀》雄略天皇元年條中記載一則非常有趣的記事。雄略天皇在新嘗祭祀之餘，就與一位叫童女君的采女共度一夜，這位采女懷孕並平安地生下一個女兒。對僅一夜的共歡而出生的女兒是否要予承認，天皇感到非常為難。結果天皇還是聽信臣子物部目大連的助言，承認這個女兒為皇女，同時也追認采女童女君為妃。雖然僅一夜的「共寢」，天皇自己承認就與童女君媾交了七次。❷這不但非常突出地表現采女具有非凡的性魅力，同時也生動地刻劃出古代天皇獵色的形象。

采女終日侍奉天皇，雖然名義上做些陪膳等日常工作，實際上主要還是為滿足天皇個人的性欲需要。文武雙全的大友皇子之母，也就是成為明治三年追諡為弘文天皇的母后，原來也是從伊賀地方選送進宮的采女宅子媛。❸《後宮職員令》雖然明文規定：「妃二員（四品以上），夫人三員（三位以上），嬪四員（五位以上）」❹，但根據在位中天皇妃子人數的統計報告，這種規定並沒有得到正常的執行。例如，嵯峨天皇以好文學、好色而出名，與他陪寢的多數女子中，有留下姓名的妃子就達二十八人。❺所以他一生共生下二十九個兒子。❻清和天皇在位十二年期間，已經明確姓名的陪寢妃子

---

❷　《日本書紀（上）》卷十四（雄略天皇二年），岩波書店，頁 461－463，1983 年。

❸　《日本書紀（下）》卷二十七（天智天皇七年），頁 369 及注❻。

❹　《新訂女官通解》，頁 92。

❺　角田文衛《日本の後宮》，學燈社，頁 115，昭和 48 年。

❻　肥後和田編《歷代天皇紀》，秋田書店，頁 229，昭和 47 年。

就有二十餘名。❷類似這樣無約束、無限制的天皇性生活現狀，自然也就成為朝廷醫官的憂心之病。《扶桑略記》引用〈宇多天皇日記〉轉述寬平元年（889）八月十日，年僅二十三歲的宇多天皇向左大臣源融訴說，自己的「玉莖不發，惟如老人。」❷他於仁和三年（887）二十一歲就位，才過兩年就為陽萎之病而感到煩惱與痛苦。有學者詳細考察從丹波康賴出生時期的第六十一代天皇、至他死去時的第六十六代為止的六位天皇中，除了活到六十二歲的第六十三代冷泉天皇以外，其他幾位天皇都是多病體弱、短命夭折。所以推測像這樣短命早死的天皇多與他們的近親結婚、房室過度的生活有關。❷身為朝廷典藥寮醫官的丹波康賴，自然非常了解天皇、貴族階層的生活現狀。可能因此使他痛感自己有責任保護他們的健康，下決心編輯《醫心方·房內篇》。

　　宇多天皇因房室過度患陽萎之病，自稱「玉莖不發」。《玉房秘訣》中早有「玉莖不起」的說法。所謂「玉莖」，是指男人的性器，也是房中術古籍中經常使用的一個術語。《洞玄子》中還把玉莖比喻為「鐵杵」、「五鎚」、「凍蛇」等，又把女性的陰器通稱為「玉門」、「門戶」等，而且根據陰道的不同深度又有不同的名稱，如「赤朱」、「臭鼠」、「琴弦」、「麥齒」、「昆石」等。但是，古代的日本社會對性器的固有稱呼也不盡完全相同。有學者對古代性器的稱呼進行詳細的考察，確認八世紀以前的男女性器通

---

❷　《日本の後宮》，頁 123。

❷　《扶桑略記》，吉川弘文館，頁 158，1999 年。

❷　《醫心方の傳來》，頁 8。

稱為「ホト（hoto）」，男性的用漢字訓讀為「陰上」，女性的用
「富登」等，而且都見於《古事記》等日本古籍。八世紀以後，男
性的性器稱「マラ（mara）」，女性的稱「クボ（kubo）」，漢字訓
讀分別為「麻良」與「久保」，或「閇」與「膃」等。❸從這些日
本古代性器稱呼的變化，可以看出玉莖、玉門等顯然是受傳入房中
術古籍影響的一個結果。成書於奈良時代的漢和辭典《楊氏漢語
抄》中，男性的性器稱為「屎」，音訓為「破前、麻前良」，而女
性的陰器稱「屎」，讀音通「鼻（ッビ）」。這部書早已失傳，部
分內容散見於《倭名類聚鈔》。成書於十世紀初期的《倭名類聚
鈔》形體部中也收錄「玉莖」、「玉門」兩項，明注引自《房內
經》。❸《色葉字類抄》津類人體項中的「陰（ッビ）」字後說：
「（玉莖，玉門），閇，屎，玉門，玉泉，膃（已上同）」，而且在久
類人體項中「陰（クホ，クラ）」字後說：「（催馬樂名是也）。髀
子，玉門，朱門（已上同）」。❸

　　另一方面，日本從七世紀中葉開始全力模倣隋唐中央集權的國
家政治，制定公地公民制度，導入律令法治等。雖然也建立父系家

---

❸　服藤早苗《平安朝の女と男》，中央公論社，第三章第四節，1995 年；現存
　　日本最早漢和辭典，大約出世於九世紀末期的《新撰字鏡》尸部三十云：
　　「屎，朱音，膃也，久保。」（古辭書叢刊刊行會，雄本堂書店，昭和 51
　　年）

❸　《倭名類聚鈔》卷三：「《房內經》云：玉莖，男陰名也。《楊氏漢語抄》
　　云：屎」，「《房內經》云：玉門，女陰名也。《楊氏漢語抄》云：屎」
　　（勉誠社，頁 29，昭和 53 年）。

❸　《色葉字類抄》尊經閣善本影印集成（19），八木書店，頁 198、287，平成
　　12 年。

長制，開始女性從屬於男性的社會制度，但其效果並不是很顯著，在實際社會生活中仍然實行著傳統的慣例。特別在家庭中主婦擁有很大的權力，一個象徵性的表現就是農家主婦的座位，習慣上定於家中暖爐所在的正中位置，以至現在有的地區還殘留著把妻子的座位叫作「家主座」的習慣。❸古代的日本社會確立婚姻制度比較晚，以結婚儀式向社會正式發表夫婦關係的成立，大概是九世紀以後的事情。有學者考察從對偶婚向單婚的過渡時期，在貴族等上層社會大約於十世紀前後，而一般民眾則延續於十二世紀前後。❸所謂「對偶婚」，就是由一男一女組合的同居生活形式，而且這種配偶關係並不是固定不變的。他們之間可以根據自己的心情隨時分離，在兩人同居期間，各自與其他異性發生性關係亦不受對方的制約與非難。所謂「單婚」，就是組成類似現今的男女婚姻關係，這種夫婦結合進入了固定化，並受到一定的法律保護。在家長制的家庭中，貴族等上層社會實行一夫多妻妾制，妻妾的性完全受到丈夫的管制，如果妻妾與丈夫以外的男人發生相通的事件，就構成「姦通」罪名，要受到嚴厲的懲罰。但是，丈夫的性依然是放縱的，與妻妾以外的女人發生兩性關係仍然受到社會的認可。

有學者認為從大和朝廷至南北朝時代將近千年之間，是一個逐漸根除殘留母系原理的過渡時期。❸也有學者認為延至平安中期，

---

❸ 總合女性史研究會《日本女性の歷史（性，愛，家族）》，角川書店，頁65，平成 5 年。

❸ 同上，頁 54－55；關口裕子《日本古代婚姻史の研究（上）》，塙書房，第一編各章，1995 年。

❸ 高群逸枝《女性の歷史（1）》，理論社，頁 60－174，1988 年。

婚姻還是以取婿婚為主，女人的社會地位並沒有下降，當時女人具有很大的自主性，還有戀愛、離婚的自由。❸所謂「取婿婚」，就是先在女方家居住一段時間之後，並由女方主持結婚儀式，隨後根據實際情況與女方父母別居，年輕夫婦才獨立成家，但出生的兒女並不從女方之姓，而且這種居住形態一直延續到十一世紀後期。平安時代非常有名的政治家藤原道長，也就是以這種形式與妻子倫子結婚，同居於女方左大臣源雅信之家。在繼承遺產這種問題上，直至十世紀為止不問貴族、還是一般平民的階層，基本上以男女平分為主，其中不少人家都是多讓給女子。根據《平安遺文》的資料所示，從十一世紀開始在貴族、豪族的階層，已經出現男子比女子多分遺產的傾向。❸

　　平安時代前、中期的男女性愛關係，基本上以雙方同意為前提，女人可以主動地向男人進行性的誘惑，拒絕男人愛的表白也是很平常的。社會上尚未出現違反女人意志的性行為，如發生強姦之類的事件。妻子與丈夫以外的男人發生性的關係，雖然在社會上逐漸出現受人評判的傾向，但還是可以得到社會的允許。直至十世紀的初期，男女之間的性愛關係才開始萌發不平等之芽，但還沒有出現很大的差異。❸這種近似於平等關係的男女之間的性愛，也出現於現存古老的詩歌、物語之中。編著於平安前期的文學作品《伊勢物語》，描述當時社會流行的男人「好色」風潮，它近似一種非常

---

❸　《日本古代婚姻史の研究（上）》，第二編各章。

❸　《日本女性の歷史（性，愛，家族）》，頁73。

❸　《平安朝の女と男》，第二章及頁9。

瀟灑的社交感覺，似乎推賞要與更多的女人發生戀愛與性愛。這種
社會現象並不限於年輕的男女，甚至連老年婦人的性愛也不致遭受
社會的批判。根據《伊勢物語》的記述，有一個已經有三人兒子的
老年婦人，非常想幽會一個有情而又誠實的中年男子。善良的三男
深知母親的心願，就向這位世評情深、名叫在原業平的人懇願，希
望他能成為自己母親的情男。結果在原業平也就接受了他的請求，
甘心情願地與其老母親共寢。❸這與青年的光源氏舉止非常相似，
因為他曾把一位叫源典侍、年近還曆（六十一歲）的老官女作為自己
的情人。❹性愛在男女之間不計較年齡的相差，為了滿足老年婦人
的愛欲，甚至兒子都親自出面依賴他人與自己母親媾交，並且成為
社會的美談。平安時代這種「好色」的性風俗，必然對《醫心方・
房內篇》的編輯工作也帶來很大的影響。

四、房中術對古代文學的影響

浦嶋子傳說在日本幾乎老少諳熟，是一個大約具有一千五百年
歷史的民間傳承故事。它是講述一個普通漁夫浦嶋子的超越世俗凡
間的戀情，與蓬萊神女結婚一場的動人傳說。浦嶋子、或浦嶋太郎
傳說的祖形一般認為是《風土記・丹後國逸文》（以下簡稱《風土記
逸文》），或《萬葉集》卷九中〈詠水江浦嶋子一首〉。《風土
記》是一部官方編著的地方誌，政府於和銅六年（713）命令諸國收

---

❸　《伊勢物語》第六十三段，岩波書店，頁 145，1984 年。
❹　《源氏物語（一）》，岩波書店，頁 290－298，1984 年。

集、報告各地的郡鄉地名、郡內物產品目、農耕土地肥沃情況、舊
聞異事、古老傳承等，然後從中選擇編輯而成。現存常陸、播磨、
出雲、豐後、肥前五個地區的風土記，其中《出雲風土記》保存比
較完整，明確記載完成於天平五年（733），其餘諸記年代不明。❹
一般認為《萬葉集》是收錄持統天皇至寶龜年間、乃至延曆初期的
詩作，大約編成於八世紀的後期。時值山部赤人、山上憶良、大伴
家持等人創作非常活躍的時期。根據德田淨氏的研究，可以推定
〈詠水江浦嶋子一首〉詩是高橋連虫麿於天平十八年（746）至天平
勝寶五年（753）之間所作。❹但是，《日本書紀》卷第十四雄略天
皇二十二年秋七月條中已經出現如下的記述：

> 秋七月，丹後國餘社郡菅川人瑞江浦嶋子，乘舟而釣，遂得
> 大龜，便化為女。於是浦嶋子感以為婦，相逐入海，到蓬萊
> 山，歷覩仙眾。語在別卷。❹

　　雖然僅有五十一字的簡單記事，但文末留有「語在別卷」一
句，明確提示在別卷中有浦島子傳說的詳細物語。《日本書紀》屬
奈良時代的國家編史大業，是模倣中國史書編年體的形式。它是舍
人親王受天皇之令主持編纂以天皇為中心的國家形成歷史，並於養
老四年（公元 720 年）完成。遺憾的是至今沒有發現這篇「別卷」的

---

❹　《風土記》解說，岩波書店，1984 年。
❹　《萬葉集（一）》，岩波書店，解說，頁 25，1984 年。
❹　《日本書紀（上）》，岩波書店，頁 497，1983 年。

傳記故事。《風土記逸文》的字數已經超過千字，基本上已經構成
傳承物語的原形。所以，有學者認為它是浦嶋子傳說的最原始資
料。❹一般認為《日本書紀》別錄中的浦嶋子傳說物語可能出於伊
預部馬養之手。活躍於持統、文武兩代天皇在位時期的伊預部馬
養，是當時精通中國文化的第一流文人，曾經參加過《大寶律令》
的編定工作。所以，有學者認為《浦嶋子傳》是由《風土記逸文》
與《日本書紀》別錄兩種傳說合編而成。❺也有學者認為《浦嶋子
傳》就是《日本書紀》別錄的傳本。❻〈詠水江浦嶋子一首〉是只
有三百五十多字的長詩，其中獨自出現浦嶋子與神女同入海底龍宮
之說。有學者認為這種說法顯得更為自然，可能是這種傳說的最本
源形式。❼下面就《浦嶋子傳》與《續浦嶋子傳記》的內容進行簡
單地比較。

　　《續浦嶋子傳記》開篇介紹說：「浦嶋子者，不知何許人，蓋
上古仙人也。齡過三百歲，形容如童子，為人好仙，學奧秘術也。
服氣乘雲，出於天藏之闥。陸沉水行，閒於地戶之扉，以天為幕，
遊身於六合之表。以地為席，遣懷於八埏之垂。」❽這段開場白已
經表明浦嶋子是一位十足的神僊。但是，他原來卻是一個非常平凡
的漁夫。有一天他出海打魚，沒有吊著魚卻釣上一只靈龜。「嶋子
心神恍惚不寤寐，浮於波上眠於舟中。敞然之間，靈龜變化，忽作

---

❹　水野祐《古代社會と浦島傳說》（上），雄山閣出版，頁 51，昭和 50 年。
❺　同上，頁 79。
❻　山岸德平《群書解題》第五，續群書類從完成會，頁 27，1968 年。
❼　佐佐木信綱《萬葉集選釋》，明治書院，頁 255－256，1941 年。
❽　《群書類從》卷百三十五，頁 327。

美女，絕世之美麗，希代尤物也。玉顏之艷，南威障袂而失魂。素質之閑，西施掩面而無色。眉如初月出於娥眉山，臉似落星流於天漢水，雲髮峨峨不加芳澤，花容片片無御鈆粉，猶驚鴻沐於綠波，同遊龍浴於碧海，纖軀雲聳當散暫留，輕軆鶴立將飛未翔，既而嫿娟形體狎之，千媚而卒難敘，繆綾婉孌，腰支昵之，百嬌而忽不申。繾綣未知蓬嶺之仙娘，變靈龜與麗人，還疑巫山之神女，化朝雲與暮雨。然而遂嶋子問曰：神女有何因緣而變化來哉，何處為居，誰人為祖。神女曰：妾是蓬山女也。不死之金庭，長生之玉殿，妾之居處。父母兄弟在彼金闕也。妾在昔之世，結夫婦之義，而我成天仙，生蓬萊之宮中。子作地仙，遊澄江之波上。今感宿昔之因，來隨俗境之緣也。宜向蓬萊宮，將遂曩時之志。」❹浦嶋子聽信神女之言，就與她一起飛去蓬萊僊山的神宮，並在神女的父母主持之下，當天就與她成婚，在神宮過著幸福的夫婦生活。後來由於浦嶋子無法克制自己思鄉之念，因為神女也同情他，所以就暫別僊妻回家。結果由於浦嶋子沒有守約，打開了神女分別時送給他的玉匣蓋子，永遠地失去了再見神女的機會。

傳記中有一段詳細描寫浦嶋子與神女新婚初夜的情景。

　　嶋子與神女共入於玉房，坐綺席迴腸（觸）傷肝，撫心定氣。薰風吹寶帳而羅帷添香，蘭燈照銀床而錦筵加彩，翡翠簾褰而翠嵐卷筵，芙蓉帳開而素月射幌。不欲對玉顏以同臨鸞鏡，只願此素質以共入鴛衾。撫玉體，勤纖腰，述嗚婉，

❹　同上。

　　盡綢繆、魚比目之興，駕同心之遊，舒卷之形，偃伏之勢，
普會於二儀之理，俱合五行之教。無勞萱草，是可忘憂，不
服仙藥，忽應驗齡也。**⑩**

　　此文大體上可以分為三個層次：一是描寫新婚洞房華麗的裝飾
與房內的奇香異味。二是描述新婚夫婦性愛媾交的情景，所謂官能
的性愛行動。房中術專著《洞玄子》云：「凡初交會之時，男坐女
左，女坐男右，乃男箕坐，抱女於懷中，於是勒纖腰，撫玉體，申
嚵婉，紾綢繆，同心同意，乍抱乍勒，二形相搏」，而且還具體地
提出三十種房中性愛的技法、或性交體位。其中云：「一紾綢
繆，……七魚比目，八駕同心，九翡翠交，十鴛鴦合，十一空翻
蝶，十二背飛鳧，十三偃蓋松」等等。**⑪**三是認為房中術可以收到
忘憂，甚至勝過偓藥的效果。《洞玄子》也說：

　　其坐臥舒卷之形，偃伏開張之勢，側背前卻之法，出入深淺
之規，並會二儀之理，俱合五行之數，其導者則得保壽命。**⑫**

　　通過兩者的詳細比較，不難看出《續浦嶋子傳記》的作者不僅
很熟悉《洞玄子》之類房中術專門書籍，而且在描寫新婚初夜的部
分中，非常自然地把《洞玄子》傳授的房中前戲、性交技法、性交

---

⑩　同上，頁 328。
⑪　《醫心方》卷二十八，人民衛生出版社，頁 636、640－641，1993 年。
⑫　同上，頁 635。

體位等古代房中性愛技法都融合於文藝作品之中。

　　從《續浦嶋子傳記》的書名也可以推測它是在「浦嶋子傳記」的基礎上，進行一定程度的加筆充實而成。事實上在日本古代文藝作品中，也存在題名為《浦嶋子傳》的文學作品。而且，續傳的篇末明言：「所謂《浦嶋子傳》，古賢所撰也。其言不朽，宜傳於千古，其詞花（華）麗，將及於萬代。而只紀五言絕句二首和歌，更無他艷，因之不堪至感。」❸根據篇末的說明，續傳的作者除加入部分詩歌以外，似乎並沒有增加其他的內容。但是，現存《浦嶋子傳》的篇幅大約只有《續浦嶋子傳記》的三分之一，字數約為七百字左右。《浦嶋子傳》開篇云：「當雄略天皇二十二年，丹後國水江浦嶋子，獨乘船釣靈龜，嶋子屢浮浪上，頻眠船中，其之間靈龜變為仙女，玉鈿映海上，花貌耀船中，迴雪之袖上，迅雲之鬢間，容貌美麗而失魂，芳顏薰躰克調，不異楊妃西施。眉如初月出娥眉山，臣似落星流天漢。水嶋子問神女曰，以何因緣故來吾扁舟中哉，又汝棲何所。神女答曰：妾是蓬山女金闕主也。不死之金庭，長生之玉殿，妾居所也。父母兄弟在彼仙房。妾在世結夫婦之儀，而我成天仙，樂蓬萊宮中，子作地仙，遊澄江浪上。今感宿昔之因，隨俗境之緣。子宜向蓬萊宮，將遂曩時之志願。」❹這一段記述與《續浦嶋子傳記》的內容大體一致，但是有關新婚初夜夫婦之間性愛描寫的部分卻非常簡單。「嶋子與神女共入玉房，薰風吹寶衣，而羅帷添香，紅嵐卷翡翠，容帳鳴玉，金窗斜素月射幌，珠簾

---

❸　《群書類從》卷百三十五，頁 330。

❹　同上，頁 325。

動松風調琴。」❺❺可以說基本上沒有出現有關夫婦性愛場面的官能
描寫。

《續浦嶋子傳記》的篇末署有「于時延喜二十年庚辰臘（一作
八）月朔日也。」❺❻也就是說這篇傳記文學寫成於醍醐天皇延喜二
十年八月，即公元九百二十年八月完成的作品。有學者經過考察之
後，推測《浦嶋子傳》可能成書於白鳳時代（672－706 年），即奈良
時代的前期。❺❼這也就是說《續浦嶋子傳記》的確是在《浦嶋子
傳》的基礎上，加入注釋與漢詩，進行文學的潤色，而且大膽地增
加了房中術的內容。如果根據這個成書的日期，那麼《續浦嶋子傳
記》就要比《醫心方》早出世半個多世紀。這篇文學作品的誕生，
並不是偶然出現的，可以認為它是自然地採用時代流行素材的結
果。像這樣在有名的歷史傳承古典中，大膽地加入性愛官能描寫的
文學作品，如果不是在非常開放、自由的時代，必然要受到社會的
嚴厲批判，也就不可能流傳到今日。再考慮《素女經》、《玄女
經》等古代房中術書籍傳入日本的歷史，不難推測所謂平安時代
「好色」文化形成的根底裏，房中術古籍也曾產生過一定的影響作
用。

總而言之，《浦嶋子傳》中已經裝滿了神僊道教的知識與思
想，浦嶋子再不是一位平凡的漁夫，而是與神女有相近地位的「地
仙」。江戶時代後期的有名劇作家瀧澤馬琴（1768－1848 年）早就指

---

❺❺　同上，頁 326。

❺❻　同上，頁 330。

❺❼　重松明久《浦島子傳》，現代思潮社，頁 148，1981 年。

出《遊仙窟》對浦嶋子傳說的影響❸，特別是對《風土記逸文》的影響。❸也有學者認為《浦嶋子傳》以及《續浦嶋子傳記》，不管在文學的文句表現方面，還是在神僊道教的思想上都受到《遊仙窟》的影響。❻《遊仙窟》雖然是唐人的文學作品，但在中國早已失傳，唯日本存有舊抄本及其它各種刻本。中國人得知《遊仙窟》與古代房中術書籍存在的事實，都是源於清末學者楊守敬（1839－1915 年）編著的《日本訪書志》。《遊仙窟》舊抄本題為「寧州襄樂縣尉張文成作」。❻文成是張鷟的字，為唐朝名人張薦的祖父，故從新舊《唐書》張薦傳記可以了解到他的一些事迹。根據兩書的記載他是深州陸澤人，調露元年（公元 679）榮中進士，起初曾任過岐王府的參軍、襄樂縣尉等職。年輕的張文成有著非凡的文才，會寫一手好文章，連外國人都非常喜歡讀他的作品，據說「新羅、日本使至，必出金寶購其文」（《唐書》卷一百六十一〈張薦傳〉）。

　　《遊仙窟》是敍述一對青年男女的一段傳奇式的戀愛故事。張郎與十娘在充滿神僊幻境的世界中，不受當時封建禮教的制約盡情地相親相愛，其中還挾有不少非常大膽的性愛描寫。本書未見於中國古代的各種書志，也許是張文成的早年作品。魯迅在《中國小說

❸　瀧澤馬琴《燕石雜志》（《日本隨筆大成（19）》），吉川弘文館，頁473，昭和 50 年。

❸　阪口保《浦島說話の研究》，新元社，頁 47，1955 年；重松明久《浦島子傳》，頁 210。

❻　加川千章《「浦島子傳」考》（吉岡義豐博士還曆記念論集《道教研究論文集》），國書刊行會，昭和 52 年。

❻　醍醐寺藏古鈔本《遊仙窟》影印（張文成作《遊仙窟》，岩波書店，頁201，1990 年）。

史略》中對它有作過簡單的介紹，在此之前他還寫過簡短的〈《遊仙窟》序言〉。《遊仙窟》很早就傳入日本，因為詩集《萬葉集》卷五中有留下山下憶良（620-733 年）晚年的作品《沈痾自哀文》，其中引用說：「《遊仙窟》曰，九泉下人，一錢不直（值）」。**⑥**平安時代初期首把密教帶回日本，傳授真言宗沙門空海也曾讀過《遊仙窟》。他在《聾瞽指歸》並序文中說：「復有唐國張文成，著散勞書，詞貴瓊玉，筆翔鸞鳳，但恨濫縱淫事，曾無雅詞，面卷舒紙，柳下興歡，臨文味句，桑門營動。」**⑥**空海曾留學於唐朝，自然知道張文成的文學才華，而他對《遊仙窟》的內容評判得很嚴厲。但是，日本文學界對《遊仙窟》的評價還是很中肯，認為它對日本早期文藝作品有過很大的影響。**⑥**

　　成書於十一世紀的《新猿樂記》被譽為天下奇書，其中記述著當時社會的遊女活動。所謂「遊女」，就是賣淫的娼妓，據說是由「遊行婦女」演變而來的。從《萬葉集》的詩歌可以看到在古代日本社會，就已經出現專門於宴會、酒席為人唱歌、陪酒的「遊行婦女」，也就是具有一定藝技的女人。**⑥**《萬葉集》的編輯者大伴家持去越中（現富山縣）赴任期間，他的部下尾張少咋把兩個妻妾留在京都，一個人隨他獨身赴任。在這期間尾張少咋又戀上一位叫左夫流兒的藝妓，因與她同棲而受到上司大伴家持的指責。**⑥**這類四處

⑥　　《萬葉集（二）》，岩波書店，頁 110，1984 年。

⑥　　《弘法大師空海全集》第六卷，筑摩書房，頁 126，昭和 59 年。

⑥　　《遊仙窟》（《露伴全集》第十九卷，岩波書店，1993 年）。

⑥　　《萬葉集（四）》第 4067 首，岩波書店，頁 266，1983 年。

⑥　　同上，第 4105-4110 首，頁 284-288。

漂泊的女藝人周遊諸國，以賣藝為生，宴會酒興之餘與意中的男官發生性愛關係乃屬個人的自由，並非稀罕之事。而且這種不屬於賣淫的社會現象，一直延續到九世紀的後期。從十世紀的前期開始，這些遊行婦女逐漸發生質變，成為出賣肉體的遊女。❻十世紀初期出世的《倭名類聚鈔》人倫部中就已經出現「遊女」一項，並附「夜發」一詞，「一云晝遊行，謂之遊女，待夜而發其淫奔者，謂之夜發。」❻也就是說遊女白天遊行賣藝，晚上賣淫。《新猿樂記》中就出現有關遊女的性愛技法記述，「十六女者，遊女夜發之長者，江口河尻之好色，所慣者河上遊蕩之業。……抑淫奔嫛婗之行，偃仰稂風之態，琴絃麥齒之德，龍飛虎步之用，無不具。」❻所謂「龍飛」、「虎步」，就是《玄女經》所介紹九法中兩種性交體位；而「琴絃」、「麥齒」乃與體位相關的女性陰道不同部位的名稱。這部奇書一般認為也是藤原明衡撰著，從中可以看到受《玄女經》等房中術古籍的影響痕迹。

《本朝文粹》收錄的《鐵槌傳》，是一篇把男人性器擬人化的文藝作品。它非常大膽而滑稽地描述陰莖的出生、經歷、修行活動、盛衰變化及其使命等內容。開篇介紹男陰說：「鐵槌字蘭笠，袴下毛中人也，一名磨裸。……夙夜吟翫，切磨無倦，琴絃麥齒之奧，無不究通。為人勇捍，能破權勢之朱門，天下號曰破勢。……屬太階之昇平，吐元氣之精液，當此之時，偃側房內之術，無不窮

---

❻　《日本女性の歷史（性，愛，家族）》，頁 59。

❻　《倭名類聚鈔》卷二，頁 16。

❻　《群書類從》卷百三十六，頁 347－348。

施，人倫大道之方，於斯備矣。……襲長公主，破少年娘，紫殿長閉，朱門自康，腐鼠搖動，鴻雁翱翔，非骨非肉，親彼閨房。鐵槌妻者，同郡朱氏女也。好為啼粧，閨門之內，軌儀不脩。遊行天下，常事產業。初就彭祖，學龍飛虎步之術，切磨未畢，殆過所教。……於戲昆石高崎，望夫之情難禁，琴絃急張，防淫之操不脩。況亦一（九）淺一深，取法於龍飛，或偃或臥，施術於蟬附。」⑩這些描述非常清楚地表明，它是受房中術古籍深刻影響的文藝作品。而且，可以說包括現存的中國古代性愛文藝作品在內，這是一篇把古代房中術徹底文藝化的最典型文學作品。

《本朝文粹》的作者並不十分明確，有學者推測可能也是藤原明衡（989－1066 年）。而且，本書出世的時期也沒有明確的文獻記載，但其中收錄的漢學詩文作品，一般認為是創作於嵯峨天皇（810－823 年）至後一條天皇（1016－1035 年）約二百餘年之間，即平安時代的前、中期。⑪《鐵槌傳》的具體創作時期無法斷定，但基本上可以排除《醫心方·房內篇》對這些作品的影響。因為《醫心方》呈獻天皇以後一直保存於宮中，而且現存最早的《醫心方》外傳抄本屬於鎌倉時代（1192－1336 年）初期的可能性最大。⑫丹波康賴的子孫把《醫心方·房內篇》等部分內容介紹於社會，也是十二世紀以後的事情。也許正是像《鐵槌傳》這樣的文學作品出現，使丹波康賴感到震驚。其次，與佛教傳來日本完全不同，雖然道教也

---

⑩　《本朝文粹》，岩波書店，頁 429－436，1983 年。

⑪　同上，頁 28。

⑫　《醫心方の傳來》，頁 92。

很早就傳入日本，但沒有中國道士直接渡日的事實❼，這也就否定由道士傳授神僊道教方術的可能性。遣隋使、遣唐使、渡來人、留學僧、留學生等帶回日本的古代房中術書籍，毫無疑問會引起當時貴族社會的強烈反響。他們並沒有把房中術作為可以增進健康、獲取不老長壽的生命方術去認識，只是把它當作一種異國的官能性愛文化而接受。

五、〈房內篇〉的流傳與影響

在古代日本編纂綜合性醫藥全書的歷史中，《醫心方》並不是最早的事例。在《醫心方》出世之前的二百年間，日本政府在模倣、學習隋唐政治制度、文化、醫學等時期的過程中，也積極地收集和保存本國各地固有的生藥、醫方以及民間療法等。當時的朝廷命令全國各地的國造、縣主、神社、舊家等提交各自保存、傳授的醫藥方，於大同三年（808）由侍醫出雲廣貞、安部真直等人負責挑選編纂了一部百卷本的《大同類聚方》。原本早已散失，現存的《大同類聚方》是江戶時代經過改編而成，是否為後人的偽作尚未定論。這部沒有醫學理論的臨床治療集大成的方藥集中，可以看到許多治療男女的淋病、夢交、陰瘡等性病的方藥。貞觀十年（868）菅原苓嗣、當麻鴨繼等還奉命編著了綜合性醫藥全書《金蘭方》五十卷。同時，也開始出現撰著有關養生方面的書籍，如淳和天皇在位期間（824－832 年）物部廣泉的《攝養要訣》二十卷，寬平二年

<hr>

❼　下出積與《道教，その行動と思想》，評論社，243 頁，1971 年。

（890）深根輔仁的《養生抄》七卷等。但是，這些醫藥、養生書籍幾乎都已散佚，唯獨《醫心方》能完整地保留下來，這決不是一件偶然的事情。這可能與把房內、養生的內容收錄於醫學全書所起的綜合作用分不開。

丹波家族的子孫幾乎沒有間斷宮廷醫官的要職，一直受到上層社會的重視與尊重。而且，他們還不斷地編寫簡略介紹《醫心方》部分內容的書籍。丹波康賴的孫子丹波雅忠，於 1081 年從《醫心方》中選取有關急救的治療方藥，編成《醫略抄》一卷。正應元年（1288）丹波行長從《醫心方》選出有關養生、房中的內容編集了《衛生秘要抄》一卷。丹波嗣長選出有關養生的內容編著了《遐年要抄》二卷等。流傳於上層貴族社會的《醫心方》，經過這樣簡略化的選編、出版，使〈房內篇〉、〈養生篇〉的內容得到更為廣泛的流傳，從而也引起更多人的關心。

《衛生秘要抄》❼把養生、房內的內容分為三十一個小節。第一節至第十六節為主介紹有關居住、起臥、沐浴、調理、藥膳、服食、飲食、飲酒、眼目、言行、禁忌等內容。從十七節至三十一節計十五個小節都與〈房內篇〉的內容有關。其中具體分為：房內大體第十七、交接名目第十八、和志第十九、臨御第二十、還精第二十一、施寫第二十二、擇女第二十三、惡女相第二十四、用少女第二十五、不用一女第二十六、不交接成病第二十七、交接日時第二十八、房內禁日第二十九、房內雜忌第三十與雜禁第三十一。單從這些小標題就能看出是拔粹於〈房內篇〉的內容，而且非常強調使

---

❼　《續群書類從》卷九百。

用多御少女房中術。但是，其中省略了《醫心方》確立專用於女性的「養陰」房中法。這種把房內性愛的內容從屬於養生醫學的編集方法對後世有很大的影響。

《延壽類要》❼是由法橋昭慶於康正丙子年（1455）編著的一部養生書，而且還是用漢文寫成的。其中部分的內容引自《素問》等古典醫藥書籍，而大部分則主要取自《備急千金要方》等有關房中的書籍。內容具體分為：〈序言〉部分、〈養性調氣篇〉和〈房中損益篇〉。〈房中損益篇〉主要是從《備急千金要方》卷二十七〈房中補益第八〉拔粹而成的，其中非常強調「夜御十女」的房中術，但未見引用使用未婚少女、性交的體位與技法等內容。《延壽類要・房中損益篇》與《醫心方・房內篇》都是引用《備急千金要方》，但詳細比較兩者的引用內容，《延壽類要》不僅強調四十歲以上男人的養陽法，而且還把〈房內篇〉省略不引的「彭祖曰，以人療人，真得其真」一文收錄於篇首，隨後就強調說：「故年至四十，須諸房中之術」。他還把為求子選擇性交日的星占內容也收錄進去。這不單是填補〈房內篇〉收錄不足的部分內容，而且可以看出無視女性的社會變化，表明當時女性的社會地位已經非常低下。

《延壽撮要》❼是江戶時代初期的醫家曲直瀨玄朔，於慶長己亥年（1599）使用日本語編寫的養生醫書。他正式過繼其叔父、名醫曲直瀨正盛作兒子以後，非常熱心地研究醫學，並編寫了《醫學天正記》、《濟民記》、《醫方名鑑》等十幾種醫藥書籍。《延壽

---

❼　同上，卷九百一。
❼　同上，卷九百二。

攝要》主要是由養生之〈總論〉、〈言行篇〉、〈飲食篇〉與〈房事篇〉所組成。在〈房事篇〉中又分出「陰陽和合」、「欲不可早」、「泄精有限」、「房事雜忌」、「欲有所避」、「交會忌日」、「求子息」七個不同的項目。各項所述的內容大部分與〈房內篇〉相似，只是特別強調「夫婦交合為延續子孫，不是世俗遊興之道」。而且，他還認為「精汁漏給女人則為生子」，比較明確地提示了由精液形成妊娠的看法。但是，「精液」一詞早見於《色葉字類抄》。❼

　　《養生訓》❼是名醫貝原益軒（1629－1714 年）在八十三歲高齡撰寫的一部通俗衛生書。這部書由八卷組成，其中卷四〈飲食之下〉主要敘述謹慎飲食、飲酒、飲茶、煙草的同時，還專門記述「慎色欲」、「戒房室」等有關性衛生的內容。他在〈慎色欲〉一節中除引用《素問》、《論語》等有關內容，強調為保存自身體內的真氣要重視脾、腎兩臟的功能，要求不能逞強性欲動腎氣之外，同時與〈房內篇〉一樣多數引用《備急千金要方・房中補益》篇的內容，詳說不同年齡男子性交與射精的次數等，強調不能服溫壯腎陽之藥以求性的快樂。篇中特別批判了宋元名醫朱丹溪之說，認為他所主張的溫補脾胃法有偏見，而且還引用《達生錄》之說，強調未滿二十歲的男子因身體發育尚未健全，要特別謹慎色欲。「戒房室」的部分主要詳述男女媾交的各種禁忌，女人妊娠後的性生活與

❼　〈人躰〉類：「精液（ツヒクソ），交接之時，時時流添也」（《色葉字類抄》，頁 198）。《鐵錘傳》：「吐元氣之精液」（《本朝文粹》，頁 433）。

❼　《東洋性醫學古典集成》，日本古醫學資料センター，昭和 50 年。

保養身體的要點，以及胎教等內容，但沒有超越〈房內篇〉的獨創之說。這部養生書的內容極為簡約，並且又是以非常通俗的日本語寫成，再加上作者自己的臨床經驗等，所以受到廣泛的流傳。

　　《古代養性論》⑲是德川中期的名醫竹中通庵選編的一部養生專著。這部書從五百五十多部的中國古代書籍中，收錄了一百數十家的養生之說，可以說它是繼《醫心方》之後有關養生學的集大成。其中分為〈修養總論〉、〈平旦暮夕修養〉、〈修養諸術〉、〈情志並封藏損益〉、〈飲食禁忌〉、〈救急諸術〉等諸篇。其中〈情志並封藏損益〉篇是由情緒養性與房內養生兩部分內容組成的。在情志部分主要引用《素問》、《靈樞》、先秦諸子之說，以及《淮南子》、《太玄經》等有關養生的內容，強調保養與調和自身精神的重要性。在封藏損益的部分，基本上以腎臟機能為中心而展開，強調男人要注意蓄積自身的精氣，同時提出要遵從《備急千金要方》的主張，四十歲以上的男人有必要學習房中術。收錄有關男女媾交禁忌等內容基本上與〈房內篇〉相同，但沒有像〈房內篇〉那樣進行詳細的分類。其中多處引用彭祖多御女子房中術與還精補腦房中術的內容，顯然是受《醫心方・房內篇》的影響。他是一位研究導引術而出名的醫家，也許從導引的實踐悟出房中術的重要性。

　　《婬事戒》⑳是高井思明（伴寬）於「文化十二乙亥年」

---

⑲　風俗原典研究會《日本の性學事始》，河出書房新社，頁 144－198，1989年。

⑳　《婬事戒》，須原尾藏兵衛，1815 年。

（1815）編著的一部養生書。全文以平易的日本語寫成，可以說是一部有關性衛生教育的啟蒙書。本書以中國傳統儒教之說為基軸，旨在矯正男女的道德觀念，指導與教授以生子為主的性生活。具體內容分為十一個項目：男女有別、以道為制，二柱神詠、女先男事，虛腎之戒，四時淫事戒，腎虛並五輪五體之辨，墮胎之戒，禁庚申夜媾交並交合禁忌，孕婦淫事戒並胎兒十月辨與男女正婚事。其中除收錄《中庸》、《周易》、《禮記》等部分條文以說明夫婦道德倫理之外，主要引用《素問》、《備急千金要方》等醫學理論，從醫學的觀點說明因過度房室而危害身體健康，乃致出現危及生命等原理。而且，還詳細地記述妊娠的原理，胎兒的發育，墮胎的危險性，胎教的重要性與性交禁忌日等。因為他是處於江戶時代文化爛熟時期的一位醫家，面臨當時社會頹廢至極的性生活現象，所以從保護健康的觀點起著警世、矯枉過正的作用。❸¹此外，作者還對中國古代醫學長期認為女人生理之後五天之內最易受孕，奇數日媾交以生男、偶數日以生女的受胎舊說提出質疑。這種疑問可能有受到傳入日本的荷蘭醫學之影響。

　　隨著養生醫學的發展，《醫心方·房內篇》的內容也就更廣泛地流傳於民間社會。對於一般的人來說有可能得失其反，反而助長形成《醫心方·房內篇》只不過是一種猥褻淫書的偏見。延至明治維新時代，東方傳統文化開始受到當時政治的輕蔑。《醫心方》也不例外，甚至認為它不能列為醫學書籍。明治三十八年，當時有名醫家土肥慶藏、吳秀三、富士川游三人編撰出版《日本醫學全

---

❸¹　《日本の性學事始》，頁 266。

書》，其中使用活字印刷安政版《醫心方》，但由於〈房內篇〉的關係遭到明治政府禁止發行的處分。第二次世界大戰以後，日本開始實行民主政治，新憲法保障言論、出版等自由。山原太明《古代中國の性理學——醫心方房內部釋義》（醫學書院，1953 年），樋口清之等《東洋性典集》（河出書房，1958 年），原一平《醫心方房內記》（星文館，1960 年），飯田吉郎等《醫心方卷二十八，房內》（至文堂，1967 年），伊沢凡人等《醫心方房內》（芳賀書店，1968 年），清水正二郎《原文對照，醫心方房內篇》（駿河臺書房，1969 年）等多數把〈房內篇〉的內容翻譯成現代日本語出版。這類書籍在二十世紀六十年代的發行量非常大，如芳賀書店出版的伊沢凡人等編著的《醫心方房內》，兩年之間連續重版七次。八十年代，河出文庫出版的《日本の性學事始》中也收錄著〈房內篇〉的譯文。

　　此外，1960 年池田書店還出版謝國權的《性生活の智慧》一書。可以說它是含有古代性愛技法的現代性醫學啟蒙書，出版以後立即成為當時日本社會發行部數最大的一本書。作者以簡單的美術人形模具，苦心地製作各種性交體位，拍成鮮明的黑白照片，並題為「ABC 性交體位分類法」編於目錄之前，可能因此也收到很好的發行效果。因為從初版開始僅四個月之間就連續重版了十九次。特別是許多母親購買此書，作為將要結婚女兒的陪嫁禮物，這連作者本身也感到非常意外與吃驚。本書雖然從現代性醫學的角度說明與性有關的醫學知識，強調精神愛情與肉體愛情的一致性等。其中第四章把性交體位作為單獨一章，大約使用全書的四分之一篇幅進行詳細的介紹，並結合使用圖版照片具體說明各種性交體位，這顯然是受到《醫心方·房內篇》的影響。

通過主要時期有關房中養生醫學代表書籍的考察，可以看到隨著鎌倉時代的終焉，日本醫學界對《醫心方‧房內篇》的評價也就開始不斷下降。從十三世紀開始把房內性愛的內容融合於養生醫學以後，其內容也就逐漸地減少，而且有關女性的「養陰」房中法也被刪除。十五世紀以後，開始強調以男人為中心的「夜御十女」房中術、還精補腦房中術。十六世紀只採取部分有關重視保養男人的精氣，以節欲、生子為主的房中內容。從養生方面考察應用古代房中術的內容變化，可以鮮明地看到日本社會女性地位變化的一個縮影。另一方面，醫家也不願意把房中術有關性愛技法等內容編入養生醫學之中，這顯然與社會對《醫心方‧房內篇》的偏見不斷增強有著密切的關係。

六、結　論

日本大約從五世紀中期的古墳時代開始，特別在奈良時代、平安時代的四、五百年之間，以儒教、道教、佛教為中心的中國古代文化像浪潮一樣湧進日本。聖德太子實行政治體制的改革，政府導入隋唐的封建中央集權制，全面制定律令等，經學和儒教也就很快地深入日本政治的中心。而且，他們又把佛教作為統治人民的精神道具，大規模地建造寺院，培養大量的僧侶，甚至還特地從中國請來高僧鑑真和尚協助日本的佛教改革。這樣，儒教與佛教非常廣泛地融合於古代日本的上層與民間社會，成為日本民族社會文化與宗教文化的重要組成部分。另一方面，流傳於古代社會的道教，雖然沒有得到當時朝廷的公開支持，從中國請去道士以及建造特別的宮

觀，也沒有出現道教的團體組織，但是從《日本國見在書目錄》的道家類、五行類，可以知道當時的朝廷也進口了不少的道教經典。而且東渡、歸化日本的中國人，特別是道教信徒自然也帶去部分道經，傳去各種道教的信仰。例如神僊信仰、庚申信仰等，都在古代社會的上下階層形成很大的影響。❷其中必須指出的是，構成日本古代宗教思想的核心，天皇思想或天皇信仰，就是接受道教神學（教理學）的影響而形成與發展起來。❸當然，當時來中國留學的僧侶、留學生等，他們帶回的知識與見聞也起到一定的輔助作用。❹

　　平安時代初期大同二年（807）出世的《古語拾遺》序文中說：「蓋聞上古之世，未有文字，貴賤老少，口口相傳，前言往行，存而不忘。」❺這也就是說古代日本在引進中國漢字之前尚未存在文字。所以，本篇提到的許多日本古代的歷史、詩歌、故事等書籍都是應用漢文記述，或者借用同音漢字標記編撰。繼奈良時代，平安時代的上層社會仍然以漢文學為中心，而且唐風文化極為盛行。張文成的《遊仙窟》是一部把神僊道教的內容融合於男女情愛，成功地進行文藝化的小說作品。由於當時外國人喜愛張文成的文章，所以《遊仙窟》很早就傳入日本，有學者推測大概於文武天皇的慶雲

---

❷　《本朝神仙傳》（朝日新聞社，1967 年）是專述日本的神僊傳說，大約成書於十二世紀的初期。窪德忠《庚申信仰》，山川出版社，1956 年。

❸　福永光司《日本の古代史と中國の道教──天皇の思想と信仰を中心として》（《道教と日本文化》人文書院），頁 9，1998 年。

❹　《道教，その行動と思想》，頁 97。

❺　齋部廣成《古語拾遺》尊經閣善本影印集成（31），八木書店，頁 6，平成16 年。

（704－708 年）年間。❽《遊仙窟》在日本社會流傳很廣，山下憶良的《沈痾自哀文》中就引用了一些內容。弘法大師空海在《聾瞽指歸》序文中還批判它為「濫縱淫事，曾無雅詞。」幸田露伴在《遊仙窟》一文中詳細地考證它對日本文學界的影響，認為它不僅是傳入日本的外國小說之祖，而且對日本最古的小說《竹取物語》的形成，以及《和名抄》等都有很大的影響。❽有學者認為《遊仙窟》的很多文句表現對《浦嶋子傳》也產生一定的影響。❽福永光司也認為《遊仙窟》是把六朝隋唐的道教房中術進行文藝化的文學作品，它在文句表現方面對《浦嶋子傳》，以及《續浦嶋子傳記》都產生一定的影響。❽

　　道教在東漢後期形成之後，以還精補腦術為主的房中術也就成為道教方術的一個重要組成部分。各種房中術的古籍很早就傳入日本，如《素女經》、《玄女經》等都是由遣隋、遣唐的使節團帶回日本。《醫心方・房內篇》所收錄的《彭祖經》、《玉房秘訣》、《洞玄子》、《玉房指要》等房中術書籍，至少於平安時代中期之前就已經傳入日本。《浦嶋子傳》與《續浦嶋子傳記》不僅表明日本民族熱心追求神僊信仰，而且通過比較分析兩書的內容，後者已經大量地使用了神僊道教與房中術的文句表現，這是一個非常明白的傍證。另在《新猿樂記》、《本朝文粹》等文學作品中，特別是《本朝文粹》收錄的《鐵槌傳》，幾乎通篇巧妙地應用古代房中術

---

❽　八木澤元《遊僊窟全講》，明治書院，頁 4，1975 年。

❽　《露伴全集》第十九卷，頁 74。

❽　柿村重松《上代日本漢文學史》，日本書院，頁 244，1947 年。

❽　《平安時代的道教學》，《道教と日本文化》，頁 98。

的文句表現。這些作品非常清楚地表明古代日本社會對中國古代房中術的認識，只是停留於一種異國性愛文化的水平之上，並沒有認為它是一種與生命有關的方術。

　　雖然在奈良時代、平安時代留下不少憧憬神僊、成僊化神的傳說，但並沒有發現把房中術作為獲取不老長生的方術、進行僊道修煉的記載。奈良時代制定的「養老律」，已經禁止民間傳授道教和道術❿，也沒有傳授方術的道士渡來日本的記錄。所以，完全可以認為房中術傳入日本，從一開始就是作為一種異國的性愛文化而被接受。《續浦嶋子傳記》、《新猿樂記》、《鐵槌傳》等文學作品中所出現有關房中術的文句描述，表明在平安時代出現所謂「好色」文化的形成根底裏，古代房中術的書籍也曾產生過重大的影響。但是，作為朝廷醫官的丹波康賴，非常清楚地看到當時官僚、貴族階層對房中術的錯誤認識。他為了轉變這種社會現象，想方設法把房中術的知識引導向醫學的領域，以糾正上層社會對房中術的錯誤看法。這可許就是他在《醫心方》中編入〈房內篇〉的主要動機。為此完全可以否定，所謂〈房中篇〉是從醫學技術方面支持平安時代「好色」性現象的學術觀點，因為這種論點完全顛倒了事物發展的時間順序。

　　《醫心方》的最大特點，就是把房中術的內容獨立一章編入醫學全書。這可能使當時的天皇、官僚、貴族們感到非常的震驚。〈房內篇〉從多數的房中術古籍中選擇性地收集必要的條文，並確立不同的理論要點進行分門別類。這種具有獨自風格的分類，簡單

---

❿　《道教，その行動と思想》，頁 212。

而平易地說明房中術所具備的各種功能，對於嚴重影響貴族身體健康的性生活，從醫學的角度提供各種重要的諮詢意見。編輯者尊重女性的態度，以及當時的官僚制度與近於平等的男女關係、性愛觀等社會風俗，都對編纂工作帶來很大的影響。由於《醫心方》明記所有收錄條文的出典，所以在〈房內篇〉中留下《素女經》、《玄女經》、《子都經》、《彭祖經》、《玉房秘訣》、《洞玄子》、《玉房指要》等房中術古籍的書名，同時也保存了許多中國早已失傳的古代房中術的內容。

由於呈獻《醫心方》的功績，七十三歲高齡的丹波康賴從鍼博士兼任「醫學博士左衛門佐從五位上」。❾這些地位與名譽正說明該書得到當時貴族階層的評價。但是，隨著日本社會的發展，禮教的強化，《醫心方》由於〈房內篇〉的存在，作為日本醫學經典的地位也開始受到影響。通過幾個主要時期養生醫學代表著作的內容考察，可以看到日本醫學界自鎌倉時代末期開始，對《醫心方·房內篇》的評價不斷下降。從十三世紀開始房中被納入養生學以來，其內容也不斷地減少。十三世紀有關女性的養陰房中法被刪除，十五世紀以男人為中心的多御少女房中術、還精補腦房中術重新受到強調與重視。十六世紀只採用有關重視男人精氣的節欲部分。醫家選用房中術內容的變化，可以看作日本社會女性地位變化的一個縮影。另一方面，養生醫學的領域開始排除房中術性交技法的內容，表明社會對〈房內篇〉產生的偏見不斷加深，也加速誤解它為「淫

---

❾　《丹波氏系圖》，《續群書類叢》卷百八十四，頁 342。《醫心方の傳來》，頁 10。

書」的步伐。特別是明治維新以後，〈房內篇〉成為專門賣淫街市的猥褻作品，與淫畫、淫書等同列於攤販之上，有時還受到行政當局的取締。

隋唐時代可以說是古代房中術發展的最昌盛時期。由於唐朝醫學的發展，以及出現房中技法文藝化等原因，房中術作為醫術的信賴性也就很快地下降。❷宋代初期編錄的《通志·藝文略》，房中術的書籍就不再編進「醫術類」，而是編入「道類」。隨後，房中術的古籍不僅在正史的圖書誌錄中完全消失，而且也逐漸被社會所忘卻。清朝末期的學者楊守敬於 1884 年（明治 17）作為駐日公使館參事官的身份來到日本，全面調查當時日本社會保存的中國古籍，並編著出版《日本訪書志》，並在卷三中對《醫心方》版本稱讚不已。他還用自己帶去的北朝字帖交換回部分中國已經散失的唐抄本、宋元版的醫學、本草等古籍。1902 年（明治 35）長沙葉德輝的門生有機會來日，在東京上野帝國圖書館發現《醫心方》卷二十八〈房內篇〉，其中保存著大量中國已經散失的房中術古籍的內容。他立即直接抄寫並寄送給葉德輝。葉德輝從中整理、復元出《素女經》、《玄女經》、《玉房秘訣》、《洞玄子》各一卷，並於光緒二十九年（1903）出版了《雙梅景闇叢書》。就是這樣使中國人有機會重新了解古代房中術的內容。特別是三十多年前，湖南長沙馬王堆漢墓出土幾部古代房中養生的文獻，在整理、解讀這些竹簡的

---

❷　特別應該指出的是世傳唐朝詩人白居易之弟、白行簡所著的《天地陰陽交歡大樂賦》。這是一篇非常典型的把神僊道教房中術文藝化的文學作品。據說此賦發現於甘肅敦煌縣鳴沙山石室，可見其流傳之廣。

研究工作中，〈房內篇〉成為不可缺少的參考資料，起了很大的作用。總而言之，〈房內篇〉不僅密切地關係《醫心方》的存世，而且保存著多種古代房中術的重要文獻。它對於研究古代房中術的發展史，以及隋唐的性愛文化等的確具有很大的價值。

附篇　論古代固有「精神」
概念的形成與發展

一、引　言

　　「精神」是現代哲學的一個重要概念。現代中國社會通用的這種精神概念，基本上是以西方進口的內涵為標準。《中國大百科全書》詮釋：「精神（mind）同物質相對應，和意識相一致的哲學範疇。由社會存在的人的意識活動及其內容和成果的總稱。」❶所謂「意識」，就是指人的思惟活動。在西方的哲學世界，截然兩分人的精神與肉體的代表哲學家可以首推笛卡爾（1596－1650 年）。他的二元論世界觀認為精神、或靈魂與形體是彼此獨立，互不相關的存在，並提出「我思故我在」的唯心原則。這就是說人的思惟具有絕對的優越性，肉體只不過是一種物質，可以根據數學、物理的法則解明它們的構造。有學者指出使人感到震驚的是笛卡爾的哲學並不

---

❶　參照《中國大百科全書》哲學〔I〕，中國大百科全書出版社，頁 379，1987年。

存在生命這個概念。❷也可以說這種精神概念沒有生命存在的活力。與這種精神內涵相近的，還有來自西方哲學的「思想」概念，其範疇自然要比精神深廣些。比如，我們以往經常聽到「雷鋒精神」這個詞語❸，卻從來沒有聽過「毛澤東精神」這種說法。這當然不是因為思想只能用於大人物，精神可以用於小人物的撰詞限制，而是表現「精神」的內涵不同於思想。雷鋒短暫的一生熱心為民奉公，他的行為充滿了生命的活力。至今我們問候人，特別在探望病人時常問：「今天精神怎麼樣？」，「最近精神還好嗎？」等等。這些寒暄語中所出現的「精神」，並沒有涉及人的思惟、意識等大腦活動，它完全只是關心被問候對方的身體狀況。這也就表明西方的精神概念，《大百科全書》的精神定義，並不能滿足潛伏於中國人心底的文化觀念。人們可能不禁要問這種固有「精神」開始於何時呢？它是一種什麼樣的概念呢？

　　現今使用的精神與思想二詞雖屬西文的譯語，但也都是中國固有的詞語。思想這個詞可能在漢朝就已經出現了。醫經《素問·痿論》說：「思想無窮，所願不得所願，意淫於外，入房太甚，宗筋馳縱，發為筋痿，及成白淫。」❹三國時代有名文人曹植在《盤石篇》詩中也留下「仰天長太息，思想懷故邦」的詩句。當時的思想只有「妄想」、「思念」等含意。但是，「精神」在《淮南子》中已經設有〈精神訓〉專篇進行討論，可見它在古代思想文化領域中

---

❷　梅原猛《腦死は本當に人の死か》，PHP 研究所，頁 40，2000 年。

❸　雷峰原是一個孤兒出身的普通士兵，因公犧牲而受到政府的表彰，成為二十世紀六十年代的模範代表人物。

❹　傅景華等點校《中醫四部經典》，中醫古籍出版社，頁 50，1996 年。

所占居的重要地位，而且在東漢的重要古籍中，都已經頻繁地使用了這個詞語。早有前輩學者專論過古代道家的「精神」，認為《莊子》中使用的「精神」一詞類似於當時儒家所講的「心知」。❺日本人似乎對「精神」這個詞具有特別的親和力，日本語還造出「精神力」、「精神史」等詞彙。雖然他們在明治維新時期把「精神」、「思想」等更實易表、重新包裝，並流傳到中國，但現代的日本學界仍然承認「精神」一詞源於中國，而且意識到它蘊藏著深廣無限的東洋之知。❻只是在近代，特別在兩次世界大戰期間，日本社會明顯存在濫用「精神」一詞的傾向。

　　總而言之，我們認為完全有必要弄清固有「精神」這個詞的來龍去脈，詳細考察這個詞語的真正內涵。因為作為漢字，每一個詞語都有它的特定概念，特別像「精神」這樣直接關係到一個民族的生命觀、人體觀、自然觀等重要的哲學詞語。固有「精神」到底是怎麼形成的呢？它形成於何時？其固有概念的內涵是什麼呢？它又具有什麼樣的性質呢？固有「精神」的概念形成之後又有什麼樣的發展呢？為了回答這些問題，我們以東漢以前的古籍、文獻為基本資料，詳細考察這個詞語發展到東漢為止的內涵變化，解明這個古代詞語固有的哲學概念，以明確它與西方哲學精神概念的不同之處。近年，西方哲學界已經出現強調肉體對精神作用的新興哲學研

---

❺　錢穆《釋道家精神義》，《新亞學報》香港，第 2 卷 1 期，1956 年。後收入《錢賓四先生全集》，聯經出版事業公司，1998 年。

❻　參照《平凡社大百科事典》第八卷（平凡社，頁 331，1986 年），與《日本大百科全書》十三卷（小學館，頁 358，1994 年）的「精神」項。

究。❼所以，我們希望通過這種系統的考察，不僅便於進行中西方的比較，而且期待古人對人體「精神」的觀察結果、思惟方法等，能為新世紀的腦科學研究提供一些有益的啟示。

二、從「神」談起

「精神」這個詞顧名思義，是由「精」字與「神」字組合而成。我們曾經詳細地考察古代精氣學說的形成。在現存的古代文獻資料中，最早而且比較全面地討論人體之精，可能首推馬王堆漢墓出土的竹簡《天下至道談》。它首次提出「積精治身」的養生理念，這不僅強烈地刺激了戰國時期出身於南方的道家，給道家文化的發展帶來巨大的影響，而且在古代精氣學說的形成中也起著奠基的作用。「精」字未見於《詩經》、《尚書》、《易經》、《論語》、《孟子》等先秦的儒家經典。道家《老子》第五十五章云：「毒蟲不螫，猛獸不據，攫鳥不搏，骨弱筋柔而握固，未知牝牡之合而朘作，精之至也。」此文非常讚賞持有充足精氣的嬰兒舉動，特別是「無欲陽舉」的生理現象。這顯然是與體內精氣不足的成人相比較而得出的結論。「精」字還見於被學界公認為莊子自作的〈內篇〉與〈秋水〉篇等。例如，〈秋水〉篇的「至精無形，至大不可圍。……夫精，小之微也」，〈德充符〉篇的「今子外乎子之神，勞乎子之精」等等。雖然《莊子》尚未出現「精氣」一詞，但

---

❼ George Lakoff, Mark Johnson: PHILOSOPHY IN THE FLESH (The Embodied Mind and its Challenge to Western Thought), Basic Books, New York, 1999.

分析其中所用「精」字的內容，表明它已經用於說明構成宇宙與生命的根本物質，因而推定「精氣」這個哲學概念在《莊子》的時代已經形成。這種「精」的理論又從南方傳到北方，與齊國「稷下學派」的「氣」的思想相結合，致使「管子四篇」才出現「精氣」一詞，從而使精氣學說名符其實。❸這種精氣學說的確立是古代哲學史上的一個重要的里程碑，它對古代的醫學、天文學，以及後世的道教發展都帶來重大的影響。

　　「神」字的歷史比「精」字更為古老，雖然甲骨文尚未發現「神」字的雛型，但從西周銅器銘文中已經得到確認。〈克鼎〉僅出現「ℤ」的象形字，而〈伯㝡簋〉與〈㝬鐘〉等都已經增加了「示」字形。前輩學者稱殷商為神靈的時代，眾多的神靈大體可以分成三種類型：自然之神，先祖之靈以及天帝等等。❾隨著時代的發展，素有「巫醫同源」之稱的醫家，逐漸從巫覡中分化獨立出來。春秋後期，醫家把原為自然之神的陰、陽、風、雨等稱為「六氣」，認定它們是產生疾病的原因。❿春秋末期又有「天道遠，人道邇（近），非所及也」（《左傳・昭公十八年》）之說，天神的權威在不斷下降。《墨子・明鬼下》篇也是為批駁「今執無鬼者言曰」而論，表明當時社會上懷疑鬼神存在的言論，已經達到不可到閑視之的地步。批判鬼神的論者自然是以醫家、養生家、道家等為主體的人們。延至「管子四篇」的時代，對「神」又有新的解釋。〈內

---

❸　這一段所述的內容，參照拙文《論古代精氣學說的形成》（待發表）。

❾　陳夢家《殷虛卜辭綜述》，中華書局，頁573－577，2004年。

❿　《論古代精氣學說的形成》。

業〉開篇就說：「凡物之精，此（比）則為生。下生五穀，上為列星，流於天地之間，謂之鬼神，藏於胸中，謂之聖人。」他們認為包括聖人、神靈等天地萬物都是由精氣所構成，也就是說它們的本質都是精氣。這種時代的認識是產生固有「精神」概念的一個重要因素。

早期的儒家經典因為沒有使用「精」字的緣故，自然也就不會出現「精神」這種詞語。但是，上述諸經除《易經》之外，「神」字卻屢見不鮮，其中少數把「神」字作為形容詞、副詞之用。例如，《孟子·盡心上》：「所過者化，所存者神」等。用作名詞的「神」字皆與神靈有關。《詩經》中有「百神」、「神明」、「神祇」的用例。《論語》七見「神」字，就三現「鬼神」，一見「神祇」。《孟子》四用「神」字，一見「百神」之詞。《尚書》除上述用例之外，尚見「神宗」、「神主」、「神后」、「神天」、「神人」等用語。《易傳》亦多見「神」字，除「神明」、「鬼神」之外，尚二見「神道」一詞。從這些有關鬼神的詞組簡介，可以看出儒家重鬼崇神之一斑。但是，先秦的思想界尚未出現「神主萬物」之說，這可能與多元神的原始宗教結構有密切關係。《說文解字》釋「神」字說：「天神，引出萬物者也，從示，申。」許慎提出「天神主萬物」之說，似從文字結構上認識，雖然沒有更具體的說明，但要考慮當時社會環境的影響。有學者認為漢代的這種思想轉變源於《淮南子》。⓫

道家之宗的《老子》亦八見「神」字。其中最引人注目，同時

⓫　《釋道家精神義》。

也使人感到難解的就是「谷神」一說。第六章云：「谷神不死，是謂玄牝，玄牝之門，是謂天地根，綿綿若存，用之不勤。」自古以來就有不少種類的解釋，但尚無令人滿意的定說。馬王堆漢墓出土的《合陰陽》說：「入玄門，御交筋，上欸精神，乃能久視而與天地牟（侔）存。交筋者，玄門中交脈也，為得操捪之，使膌（體）皆樂養（癢），說（悅）澤（懌）以好。」⓬由此可以推測所謂「玄牝」，可能隱指女性的胞宮、即子宮。「玄牝之門」乃女陰之昇華，它從胎兒出生的首經關口引伸為宇宙天地的誕生，喻言人和天地萬物類同的發生之源。《十問》第四問乃專述黃帝與容成公議論房中養生，容成說：「精盈必瀉，精出必補，補瀉之時，於臥為之」⓭，強調利用房中以補瀉。世傳西漢·劉向撰的《列仙傳》卷上說：「容成公者，自稱黃帝師，見於周穆王。能善補導之事，取精於玄牝，其要谷神不死，守生養氣者也。」⓮不管容成公其人是否實在的歷史人物，而容成公流派的房中術在西漢社會的流行卻是一個歷史的事實。

《老子》三十九章又說：「天得一以清，地得一以寧，神得一以靈，谷得一以盈，侯王得一以為天下貞，其致之也。天無以清將恐裂，地無以寧將恐廢，神無以靈將恐歇，谷無以盈將恐竭，侯王無以貞而貴高將恐蹶，故貴以賤為本，高以下為基。」其中天配

⓬　馬王堆漢墓帛書整理小組《馬王堆漢墓帛書（肆）》，文物出版社，頁155，1985年。

⓭　同上，頁147。

⓮　嚴一萍選輯《百部叢書集成》，藝文印書館，頁4，1965年。同時參照福井康順《「列仙傳」考》，《早稻田大學大學院研究紀要》三號，1957年。

地，神對谷，貴賤高下，各自成對。天地合一則清寧，天地不調則有恐裂廢，即災異橫生。神谷合一則靈盈，神谷不合則有恐歇竭，即精竭而神消。「精竭」、「精盈」又是古代醫學、養生學的一個常用術語，專指體內精氣盛衰的不同狀態。在男女性愛行為之中，縱欲射精而精氣虧損，必然導致「神氣」的生成不足。《素問・上古天真論》說：「醉以入房，以欲竭其精。……天癸竭，精少。……男不過盡八八，女不過盡七七，而天地之精氣皆竭矣。」❶
《合陰陽》也說：「毋使其氣歇，而女乃大竭。」❻而且醫經《靈樞・本神》篇說：「故生之來謂之精，兩精相搏謂之神。」❼這表明男女的性愛交接行為也是生化「神（氣）」的重要環節，玄牝意味著是一個化生「精神」的主要場所，而且與它人的性欲有著密切的關係。

　　東漢醫聖張仲景著《傷寒卒病論》，分析總結疾病的成因為三類：一曰內發，二曰外中，三為不內不外的房室、外傷等，但終不言鬼神。而且，〈平脈法第二〉篇云：「人病脈不病，名曰內虛，以無穀（谷）神，雖困無苦。」❽所謂「人病脈不病」，就是以病人主觀感覺為主的一種「病症」，雖然其人感到倦怠、乏力，身上卻沒有特別的苦痛患處，故稱其病理變化為「無穀（谷）神」。反而推之，「有穀（谷）神」則人的主觀感覺亦無異常，全身自然充滿活力。《老子想爾注》云：「谷者，欲也。……牝者，地也，體

---

❶　《中醫四部經典》，頁 3－4。
❻　《馬王堆漢墓帛書（肆）》，頁 155。
❼　《中醫四部經典》，頁 128。
❽　同上，頁 225。

性安，女像之。」⑲例如不能滿足情欲的女人，或失去欲望的人，也就可能失去活力，容易出現全身疲乏無力，但開始並非有病脈之徵。細查「穀神」一詞並無重現於《傷寒論》與《金匱要略》，甚至也不見於《素問》、《靈樞》、《難經》等古典醫籍。金代醫家成無己曾解釋說：「穀神者，穀氣也。穀氣既足，自然安矣。」⑳這種說法並不符合「脈不病」的生理現象，所以不能排除「穀神」乃「谷神」的誤抄、誤刻、誤解等可能性。

　　張仲景出生河南南陽，地勢逼進湖北。《傷寒雜病論·自序》又有「漢長沙守南陽張機著」的署名，表明他在湖南長沙當過太守之官。《名醫錄》云：「南陽人，名機，仲景乃其字也。舉孝廉，官至長沙守。」㉑世稱《老子》乃「南方之學」，與人體相關的「谷神」一詞，數百年之後在南方仍有延用。我們不妨作一個大膽的推測，這個詞語有可能是南方地區的一個古代俚語。㉒

　　《老子》二十九章云：「天下神器，不可為之，為者敗之，執者失之。」此「神」字可以理解為形容詞，有神妙之意。第六十章又說：「治大國若烹小鮮，以道蒞天下，其鬼不神，非其鬼不神，其神不傷人，非其神不傷人，聖人亦不傷人。」這兩段文章中出現

---

⑲　饒宗頤《敦煌六朝寫本張天師道陵著老子想爾注校牋》，饒氏刊，頁 9，1956 年。

⑳　《注解傷寒病》，人民衛生出版者，頁 28，1984 年。

㉑　高保衡等《傷寒論·序》（《中醫四部經典》，頁 218）。至於張仲景擔任過長沙太守一事，在現存的正史資料中未能得到證實。

㉒　例如，福建各地有把女性陰器稱為「膣」、「膣仔」（中嶋幹起《福建漢語方言基礎語彙集》，東京外國語大學アジア·アフリカ言語文化研究所，頁 7，昭和 54 年）。

多處鬼神的用語，如果結合起來也就易於理解。國家、社會如同一個巨大而神妙的容器，如果能用道的原理去治理天下的話，就連那些死去的國家元首既使變成神靈，他們也不會感到不滿與怨恨，更不會顯靈去擾亂他們子孫統治的社會。此非老子相信鬼神，而有「他山之石，可以攻玉」之意。

《莊子·內篇》十八見「神」字，唯「神人」一詞比較引人注目，分見於〈逍遙遊〉和〈人間世〉兩篇。〈逍遙遊〉篇說：「藐姑射之山，有神人居焉，肌膚者冰雪，綽約若處子，不食五穀，吸風飲露，乘雲氣，御飛龍，而遊乎四海之外，其神凝，使物不疵癘，而年穀熟。」所謂神人，也就是世人傳說的神僊，他們遠離人間社會，在深山老林煉功修身、服氣辟穀，而且都具有一定的特異效能。〈人間世〉篇還認為神人與凡人有著不同的思惟方法。世人以為不成材之樹、不吉祥之物，而神人卻視它們為異材、大祥。莊周把「神」從天上下降到地面，並讓它與人相結合。雖然神人的容貌形態、飲食內容、居住環境，以及思惟形式都與凡人有一定的區別，但是他們已經是可以看得見、摸得著的人了。這無疑在古代思想史上是一個很大的飛躍。

《莊子·內篇》的「神」還顯示一個重要的特徵，它可能提示一種人體的潛能，如上述的「其神凝，使物不疵癘，而年穀熟。」這固然大大地誇張了神人的能力，但「神凝」一詞提示神人的一種特別舉止，也可能就是守一存思的修行實踐。它可以人為地使體內的精氣與天地真氣結合，聚集於體內形成一股巨大的能量。這種思想對後世道教產生很大的影響。又如〈養生主〉篇的庖丁，在向文惠君解釋自己宰牛的情景時說：「方今之時，臣以神遇，而不以目

視，官知止而神欲行。」目視乃目官眼精的一種本能，而庖丁認為即使閉上自己的眼睛，也能隨心所欲地進行他的宰牛行當。這就像歐陽修有名詩作《賣油翁》中老翁的注油神技，也就是俗話所說的「熟能生巧」。但現代醫學認為這是一種「身體記憶」的表現，也有專家稱之為身體的運動記憶。❷❸這種「神」有如〈德充符〉篇所說的「今子外乎子之神，勞乎子之精。」它與人體之「精」成對，「精氣」是人體一種不可缺少的物質，那麼「神」也是體內一種重要的物質，或者稱之為「神氣」。

「神氣」一詞在諸子之中可能首見於《莊子·田子方》篇。該篇用「神氣不變」描述至人伯昏無人雖然身臨險惡困境，而他的動作與表情卻絲毫不變、對付自如。列禦寇為他表演自己的射箭技術，而伯昏無人卻不以為然。他帶列禦寇登上高山懸崖去表演時，列禦寇害怕得「伏地流汗」，更不用說射箭表演了。這個故事也見於《列子·黃帝》篇。這裏所講的「神氣」與庖丁宰牛不用眼睛而用心神之「神」是一樣的。「神氣」是一種維持人體日常行動的重要物質，當生命遭遇危險時候的使用量，與平常生活所用的量相比較，就可能要多出幾倍或幾十倍。但是，經過各種訓練和鍛鍊的人，臨危之時他所消耗的量可能與平時相近。就像伯昏無人那樣平時所接受的各種「修煉」，對於體內的各種能量、物質的蓄藏、轉

---

❷❸ 所謂「身體記憶」，就是指大腦記憶系統中的手續記憶（procedural memory）。神經生理學認為人的長期記憶可以分為陳述記憶和手續記憶兩大類。陳述記憶的內容可以用語言描述，而手續記憶無法以語言表達，但這種記憶如運動技能等一旦記住，一生也就很難忘記。一般認為它與海馬無關，主要部位在於以小腦為中心的神經回路（也包含大腦基底核的神經回路）。

化都可能起到重要的作用。

　　除上述之外，「神氣」一詞還多見於醫經《黃帝內經》。古代醫家早就聲明「拘於鬼神者，不可與言至德」。❷《黃帝內經》成書之前就已經開始極力排除鬼神迷信對診治病人的影響。據《史記·扁鵲倉公傳》記載，晉昭公在位（公元前 531－526 年）期間的名醫扁鵲就提出「六不治」的原則，其中包括「信巫不信醫」的患者。所以《內經》所出現的「神」字都與神靈無關，除部分用為形容詞以外，一般都可以理解為神氣。《靈樞·本神》篇談到生命誕生時說：「故生之來謂之精，兩精相搏謂之神」，認為生命的化生不僅要靠父母雙方的精氣交合，而且在男女性愛、兩精結合的過程中，可以產生一種神（氣），它又直接參與生命的發育、成長與機體的活動。❷這就是後世醫家、道家演釋人體所謂「先天之精」、「先天之神」、「先天元氣」等理論的真正淵源。春秋中、後期所謂的「鬼神」多數指祖先的靈魂，這種說法盛行於儒家，而且它還直接貫穿於漢代出現的「承負報應」思想之中。古代醫家把「神（氣）」理解為體內的一種物質，認為它是在父母性愛之時所造就的。這種解釋也是醫家堅持自己職業道德的一種表現。

　　這種稟受於父母的「精（氣）」與「神（氣）」，可以把它們分別定義為「先天精氣」與「先天神氣」。傳統醫學對人體的精氣早有「先天」與「後天」之分。因為，隨著胎兒的生長、成熟，出生

---

❷　《中醫四部經典》，頁 15。
❷　拙文《馬王堆漢墓の房中養生の竹簡についての研究（古代房中導引を中心に）》，《中國出土資料研究》第 8 號，2004 年。

以及出生後的發育、成長，都需要外來營養物質的供給，當然包括嬰兒期的母乳。所以《靈樞·平人絕穀》篇說：「故神者，水穀之精氣也」❷❻，《素問·六節藏象論》又說：「五味入口，藏於腸胃，味有所藏，以養五氣，氣和而生，津液相成，神乃自生。」❷❼這裏的「神氣」與精氣一樣，就是攝取的食物經過體內五臟六腑的消化、吸收變成的營養物質，也可以稱之為「後天神氣」。《靈樞·天年》篇認為「神氣」參與生命的誕生、胎兒的形成、出生後的發育、成長與老化，人到「百歲，五臟皆虛，神氣皆去，形骸獨居而終矣」❷❽，並提出「精竭神去，形骸獨居」的死亡理論。總而言之，「神氣」作為人體生命的一種原動力、活力，其功用範圍比較廣，而且又是多層次的。以致《靈樞·小鍼解》篇又有「神者，正氣也；客者，邪氣也」之說。❷❾此處的「神（氣）」也就是指「精神」，《史記》卷一百五〈扁鵲傳〉有類似的記載。神醫扁鵲路過虢國，聽說太子急病而死，就去宮門下問中庶子喜方。中庶子回答他說：「太子病血氣不時，交錯而不得泄，暴發於外，則為中害。精神不能止邪氣，邪氣畜積而不得泄，是以陽緩而陰急，故暴蹶而死。」

三、「精」與「神」的結合

　　戰國末期，「精」字才與「神」字相結合，從而形成「精神」

---

❷❻　《中醫四部經典》，頁 155。

❷❼　同上，頁 13。

❷❽　同上，頁 172。

❷❾　同上，頁 120。

這個複合詞。❸此語二見於《荀子》，九見於《韓非子》。《荀子·賦篇》分析天上雲彩時說：「託地而游宇，友風而子雨，冬日作寒，夏日作暑，廣大精神，請歸之雲」，此文的「精神」可以理解為天地之意，這可能受到《老子》的影響。〈成相〉篇又說：「思乃精，志之榮，好而壹之神以成，精神相反，一而不貳為聖人」，此處的「精神」不好看為一個獨立詞，分開來解釋可能比較確切。但是，自古就有學者把不必要分解的「精神」一詞特地分開解釋。高誘在題解〈精神訓〉（《淮南子注》）所說的「精者人之氣，神者人之守也」就是一例。漢字本屬多義語，字少而含意豐富。在古代文獻中，的確單字的「精」或「神」可以表答「精神」的例子也不少，但不是所有的都能這樣理解。既然「精神」已經作為一個單詞出現了，我們有必要正確地去理解這個概念的固有內涵，也便於解決不必要的爭議。

　　《韓非子》的「精神」用例集中於〈解老〉和〈喻老〉兩篇。〈解老〉篇注釋「嗇」字說：「嗇之者，愛其精神，嗇其智識也」，「是以聖人愛精神，而貴處靜」，「今治身，而外物不能亂其精神。」這些都是強調治身首先要愛惜自身的「精神」，因為它具有易被外界騷擾而影響身體的特性，所以主張以安靜為貴。〈喻老〉篇說：「空竅者，神明之戶牖也，耳目竭於聲色，精神竭於外貌」，認為五官是宿居於頭部的神明與外界相連的窗口，樂聲美色

───────────────

❸　關於複合詞的提法，可以參閱唐鉞《考訂古書撰作年代通則補說》，《文史》第 15 輯，1982 年；劉笑敢《莊子哲學及其演變》，中國社會科學出版社，頁 8，1987 年。

通過耳目竭人「精神」，所以從人的外貌變化可以觀察「精神」的消耗程度，同時表明「精神」是體內的一種物質。〈解老〉篇又說：「凡所謂祟者，魂魄去而精神亂，精神亂則無德。鬼不祟人則魂魄不去，魂魄不去而精神不亂，精神不亂之謂有德。上盛畜積而鬼不亂其精神，則德盡在於明矣。」這顯然是發揮了醫家之說。因為儒家通常認為魂魄為鬼神，文明開化之前的社會，像癲癇、精神分裂症等患者，由於發病年輕而突然，症狀變化多端，病情時輕時重，所以古人多認為是因鬼神作祟。但是《靈樞·本神》篇說：「隨神往來謂之魂，並精而出入者謂之魄」，認為魂魄與「精神」之間有著非常密切的關係，而且又說：「血脈營氣精神，此五臟之所藏也。至其淫佚，離藏則精失，魂魄飛揚，志意恍亂。……心有所憶謂之意，意之所存謂之志。」❸所謂志、意，都屬於心，為神明功能的不同分工。但《靈樞·本藏》篇說：「志意者，所以御精神，收魂魄，適寒溫，和喜怒者也」❹，認為志、意都具有某種形式的記憶功能，通過記憶與回顧的作用，利用過去的經驗可以制馭人的「精神」、魂魄以適應自然環境與日常生活的變化。

　　《莊子·內篇》尚未出現「精神」之詞，而分散地八見於外篇〈天道〉、〈達生〉、〈知北遊〉，雜篇的〈列禦寇〉與〈天下〉諸篇。〈知北遊〉篇說：「夫昭昭生於冥冥，有倫生於無形，精神生於道，形本生於精，而萬物以形相生」，認為道是萬物化生之源，又是由精氣所構成的。人的形體與「精神」也是由精氣所化

---

❸　《中醫四部經典》，頁 128。
❹　同上，頁 165。

生，精氣是它們的本源。這種說法顯然是以老莊道家的精氣論為基礎而展開的。〈天道〉篇還說：「此五末者，須精神之運，心術之動，然後從之者也」。所謂「五末」是指制定與執行國家的政治、軍事、法律、禮教等機構組織。具體運作的人都要在「精神」的作用之下，最終由心知活動做出結論。根據現代醫學的認識，思惟無疑是由心（腦）的神經細胞所產生的，它們的活動同樣需要各種能量。古人認為「精神」是供給心（腦）活動的必須能量，如果心（腦）功能停止了無益的活動，那麼「精神」自然也就安定下來。所以〈列禦寇〉篇又說：「彼至人者，歸精神乎無始，而甘暝乎無何有之鄉。」至人完全可以通過各種的修行淨化自身的「精神」，最終還回宇宙的本源，這就是道家追求的理想人生。

　　詳細地討論了《韓非子》的〈解老〉篇、〈喻老〉篇以及《莊子》各篇使用「精神」的用例，可以明確地指出戰國後期諸子提出的「精神」，其本身並沒有直接涉及人的思惟、意識之類的心理活動。它只是作為人體生命的一種重要物質，支持著知性、理念等高次的心理活動。為什麼「精神」被認為是一種體內的物質呢？結合上述《黃帝內經》有關「精」與「神」的醫學認識，人的「精神」可以分為「先天精神」和「後天精神」。所謂先天精神，不僅是生命發生的貴重物質，同時也是構成人體的不可缺少的能量。所以，還可以推測這種先天的「精神」之中，凝結著家族、民族、傳統文化等多層次的重要遺傳情報。

　　《靈樞·邪客》篇說：「心者，五臟六腑之大主也，精神之所

舍也。」❸古代醫家早就指出心（腦）不僅在體內五臟六腑中起著中心的作用，同時也是「精神」宿居的重要場所，這已成為先秦諸子百家的共識。我們詳細分析《黃帝內經》所出現與「精神」有關連的內容，比如《靈樞・本藏》篇說：「人之血氣精神者，所以奉生而周於性命者也」❸，就是表明「精神」作為體內的一種重要物質可以隨著血氣周流全身，起著保護形體與生命的作用，但人體的血氣並無先、後天之分。太史公司馬談（公元前 190－110 年）在議論音樂與人體的關係時說：「故音樂者，所以動盪血脈，通流精神而和正心也」（《史記》卷二十四〈樂書〉第二），認為音樂之所以能振作人心，是通過激蕩氣血循環以促進「精神」的流通所致。《素問・上古天真論》又說：「形體不蔽，精神不散」，「精神內守，病安從來」❸，表明「精神」是依附於形體，有防禦疾病、保護身體的重要作用。《素問・徵四失論》說：「精神不專，志意不理」❸，《素問・湯液醪醴論》云：「精神不進，志意不治。」❸這又表明「精神」具有補助神明的作用，可以增強人的「志」與「意」，即增強人的記憶、意識活動等神經系統的作用。有學者認為「精神」是內含於營、血、氣、脈、精之中形成氣的擴充體，這種源於五臟、貯存於五臟的擴充體以五臟為中心，與氣共同擴散於全身，作

---

❸　同上，頁 185。

❸　同上，頁 165。

❸　同上，頁 3、4。

❸　同上，頁 111。

❸　同上，頁 17。

用與制禦身體各部。**❸**

　　《莊子·知北遊》篇說:「汝齊戒,疏瀹而心,澡雪而精神,掊擊而知。」這表明「精神」是作用於心與知之間,心(腦)為場所、知為結果,即知慮或思惟,而「精神」作為一種能量,在知慮和它們發生器官的心(腦)之間起著促進心知活動的功用。《素問·宣明五氣》篇等多見「心藏神」之說。《靈樞·本神》篇說:「所以任物者,謂之心。」**❸**《素問·靈蘭秘典論》又說:「心者,君主之官也,神明出焉。」**⑩**總而言之,古代醫學把心,部分的神以及神明理解為人的思惟、知性。類似的見解也見於《荀子·解蔽》篇,「心者,形之君也,而神明之主也,出令而無所受令。自禁也,自使也,自奪也,自取也,自行也,自止也。」這純粹是議論心的自律性問題,很明顯它是以醫學理論為基礎而展開的擴大解釋。**⑪**

---

❸　石田秀實《擴充する精神──中國古代における精神と身體の問題》結論部分,《東方學》第 63 號第 1 期,1982 年。

❸　《中醫四部經典》,頁 128。

⑩　同上,頁 12。

⑪　關於《黃帝內經》的成立時期存在不同的看法。宋朝林億早就提出:「或問《素問》、《鍼經》、《明堂》三部之書,非黃帝書,似出於戰國。」(《鍼灸甲乙經·序》人民衛生出版社,頁 1,1982 年);元朝戴良曾說:「《內經》、《素問》世稱黃帝、岐伯問答之書。及觀其旨意,殆非一時之言,其所撰述,亦非一人之手。劉向指為諸韓公子所言,程子謂出於戰國之末,而其大略正如《禮記》之萃,於漢儒而與孔子、子思之言並傳也。」(《九靈山房集》卷二十七〈滄州翁傳〉《景印文淵閣四庫全書》第 1219冊,頁 568);明朝方孝孺也稱:「世之偽書眾矣,如《內經》稱黃帝,《汲塚書》稱周,皆出於戰國、秦漢之人,故其書雖偽,而其文近古,有可

「神明」一詞可能首見於《墨子》，它的原意為神靈、或神的靈驗。《墨子》二見此詞，其中〈公孟〉篇云：「古聖王皆以鬼神為神明，而為禍福，執有祥不祥，是以政治而國安也。自桀紂以下皆以鬼神為不神明，不能為禍福，執無祥不祥，是以政亂而安危也。」《莊子·內篇》一見「神明」。〈齊物論〉篇介紹「朝三暮四」這個典故時說：「勞神明為一，而不知其同也，謂之朝三。」此處「神明」乃思慮之意。延至「管子四篇」的時代，已經看到神與神明採納了醫家、道家的思想。比如，以「心之在體，君之位也。九竅之有職，官之分也」開篇的〈心術上〉中，就有「虛其欲，神將入舍」，「潔其宮，閉其門，去私毋言，神明若存」之例。但是，《管子》他篇所見六處的「神明」，仍然多遵儒家神靈之意。

　素有理智者之稱的荀卿，堅持合理主義。《荀子》書中六見的「神明」，基本上與古代醫家「心主神明」之說相同。雖然〈彊國〉篇說：「親之如父母，畏之如神明」；〈儒效〉篇云：「習俗移志，安久移質，並一而不二，則通於神明」等，其中的「神明」只不過借用古意而已。實如〈勸學〉篇所說：「積善成德，而神明

取者。」（《遜志齋集》卷四〈讀三墳書〉，同上，第 1235 冊，頁 127）近代更有據《黃帝內經》中使用的個別詞語、經絡、針刺形成等以推測、確認其成書時代，上溯戰國，下及東漢、魏晉，所以也就不一一例舉。我們認為《黃帝內經》雖然是利用當時流行的陰陽五行理論、精氣學說等，把有史以來的養生、醫療等臨床實踐積累下來的經驗、形成的醫學理論等加以重新整理，進行別門歸類體系化而成，但其基本理論，如對於人體的臟腑功能、氣血等認識可能早於戰國中期（參照拙文《論古代精氣學說的形成》，待發表）。

自得，聖心備焉。」這明確地表明神明是可以靠修煉、自悟而得到
的。古代養生家、醫家認為「精神」與神明的關係非常緊密，《素
問·生氣通典論》說：「故聖人傳（摶）精神，服天氣，而通神明
也。」❷這種「通神明」的說法，亦見於《天下至道談》、《合陰
陽》、《十問》等。其中《合陰陽》說：「精神入藏（臟），乃生
神明」❸，認為性行為中所出現的特別感覺也是一種神明，而且它
是由「精神」化生的。總而言之，醫家在《黃帝內經》出世之前就
已經充分地理解神明與「精神」之間的相互關係。因為兩者都使用
到「神」字，表明它們在心（腦）有一定的交叉。兩者之間的關係
除心臟運行氣血功能之外，在神經系統很容易使人聯想到兩種神經
細胞的密切關係。❹

　　《素問·脈要精微論》還說：「衣被不斂，言語善惡不避親疏
者，此神明之亂也。」❺神明再次明確地被理解為人的知性或理
性，也就是指人的綜合判斷能力。所謂「神明之亂」，是指支持神
明機能的「精神」不能正常地控制身體，爆發性地出現了平常被神

---

❷　《中醫四部經典》，頁 5。

❸　《馬王堆漢墓帛書（肆）》，頁 156。

❹　大腦內神經組織由兩大類細胞組成，即腦神經細胞與神經膠質細胞。神經細
　　胞主大腦的思惟活動、信息處理等，其細胞數出生時最多，隨後逐漸死亡而
　　減少。神經膠質細胞主要供給神經細胞營養，製作神經絕緣物質，加強神經
　　信號傳導速度，掃除壞死的神經細胞等作用。最近的研究認為膠質細胞能利
　　用神經元之間傳遞的信息，能使神經元之間的突觸產生變化，影響突觸形成
　　部位的選擇。一個神經元的周圍一般有 10－50 個的神經膠質細胞，而且這種
　　膠質細胞隨著年齡的增長而增加。

❺　《中醫四部經典》，頁 19。

明強力抑制的舉動。正如上述《韓非子》所言及的鬼神作祟，魂魄離身而「精神」受難。這類病人在臨床很常見，相當於現代醫學的精神分裂症等。平時顯得非常虛弱的人，一旦發作起來，可以發出一股不可想像的力量，破壞周圍的東西，毆打親屬朋友等。這種情況的「精神」顯示了一種病態能量的釋放，或者可以認為是「精神」能量的異常暴發所致。❹《文子・精誠》篇與《淮南子・道應》篇都說：「精神之越於外，智慮之蕩於內，內則不能漏理其形也」。這裏也提出了三種不同層次的東西，即形體、智慮與「精神」。也就是說在形成形體暴亂的原因，不僅是神明之智慮失去控制的能力，而且與「精神」的障害也有直接關係。西洋哲學身心二元論，分離了精神與肉體，認為精神是神靈，是超越的存在，它自然不會病，只有肉體才能生病。

　　總而言之，「精神」一詞是由「精」與「神」結合組成的。古代醫家認為兩者皆生成於男女性愛之中，「精」直接來源於男女雙方，「神」乃兩精結合的過程中所化生的一種物質。所以，「精神」與生命發生的根源有著密切的關係，是與人體直接相關的一個

---

❹　常見的精神分裂症可以說是一群原因不明的心病總稱。Bleuler 於 1911 年就稱之為「精神分裂病群」。1950 年使用抗精神病藥以阻斷腦內多巴胺受體而收效。多巴胺分泌量增多可以使人的感情出現高揚、奔放，所以有人提出多巴胺分泌過剩形成精神分裂症的假說。檢查分裂症患者髓液發現多巴胺代謝產物高香草酸（homovanillic acid, HVA）明顯增加。測定死亡患者的腦組織，也確認多處存在多巴胺的合成酶酪氨酸羥化酶（tyrosine hydroxylase, TH）顯著增高。這些都支持多巴胺的假說（參照 S.H.スナダイー著，加藤信譯《狂氣の腦》海鳴社，1976 年；融道男〈精神分裂病，何が亂れるのか〉，久野宗監修《腦を知る》，秀潤社，1999 年）。

重要概念。上述所舉諸子的「精神」用例，基本上多局限於人，但也有個別抽象地用於描述天地自然。正如《荀子・性惡》篇說：「善言古者，必有節於今。善言天者，必有徵於人。」這表明古代哲人是從觀察人而擴大延伸於天地萬物。所謂「精神」，首以體內的「精（液）」或「精氣」為基礎，其次讓超越飄遊於天上之「神」下降人間，然後再把它移植於「精」上。原先以為「精神」乃神靈所擁有的特別能力，逐漸被養生家、醫家、道家的不懈努力而解明，認為它是蘊藏於體內的一種潛能、活力，可以進行開發利用、自我創新。所以《文子・下德》篇有「精神與鬼神齊靈」之說。這一點對理解「精神」概念的形成有著重要的意義。

四、固有「精神」的性質

　　遲於《莊子》的〈外篇〉與〈雜篇〉出世的《淮南子》，不但通書可以頻繁地看到「精神」一詞，而且還專設〈精神訓〉一章進行討論。❹本訓開篇就下定義說：「是故精神（者）天之有也，而骨骸者地之有也。精神入其門，而骨骸反其根，我尚何存」，「夫

---

❹　關於考察《淮南子》「精神」的論文：平岡禎吉《精神について》，《九州中國學會報》第 3 號，1957 年；馬場英雄《「淮南子」における「精神」「神」「精」の概念について》，《東洋文化》復刊，第 55 號，1985 年；小林理惠《「淮南子」における治身・治國論と世界觀──「精神」を軸として》，《集刊東洋學》第 60 號，1988 年；末永高康《「精神」小考──「淮南子」を中心に》（田中淡編《中國技術史の研究》京都大學人文科學研究所，1998 年）。

精神者所受於天也，而形體者所稟於地也。」部分淮南賓客把人分離為「精神」與形體兩部分，強調人的「精神」根於天，形體、骨骸屬於地。而且「以天為父，以地為母」，利用天支配地的儒家傳統觀念，強調人的「精神」尊貴於形體，可以直接主宰與支配形體。早有學者指出淮南賓客本多治《易經》，故好援引《易經》以發揮道家之義。《淮南子》的「精神」是受《易經・繫傳》的「形而上」與「形而下」，以及「天尊地卑，乾坤定矣」等影響，以「神生萬物」之說為基礎而展開的。❹《淮南子・精神訓》認為混沌的宇宙是開始於「有二神混生，經天營地」，於是才分別出陰陽，形成八極。而且，這種先天地的神靈可能與生命產生了短路，以致出現人的「精神」屬於天之說。這顯然是有意識地神化宇宙、生命的形成。《文子・九守》篇亦見類似上述之文，但未見「二神」之說，并且明示是為解釋老子的宇宙形成論而展開。河北省定縣四十號漢墓出土了《文子》的部分竹簡，證明《文子》本非偽書。從公開的出土竹簡既未查到「精」字，自然也不會出現「精神」這個詞語。❹但今本《文子》二十三見「精神」一詞，而《淮南子》則三十八見。前者多見於〈九守〉篇；後者大部分集中於〈精神訓〉。《文子》的「精神」用例在《淮南子》中皆可看到，

---

❹　《釋道家精神義》。

❹　河北省文物研究所定州漢簡整理小組《定州西漢中山王墓竹簡「文子」釋文》與《定州西漢中山懷王墓竹簡「文子」校勘記》（《文物》第 12 期，1995 年）。

其中有三處把「精神」簡略為「神」。❺有學者調查了《淮南子》資料來源後說：「剽取《呂氏春秋》的材料以成文者，其分量僅次於《老子》，《莊子》」。❺堂堂一部《呂氏春秋》也只不過二見「精神」之詞。如果僅從這個詞的使用次數進行簡單比較的話，今本的《文子》很難早出世於《呂氏春秋》。

　　淮南王劉安（公元前 175－122 年）所謂「精神根於天」的思想，在同年代大儒家董仲舒（公元前 190－105 年）的《春秋繁露》中，也可以看到類似的表現。《春秋繁露·人副天數》篇說：「天地之象，以要為帶。頸以上者，精神尊嚴，明天類之狀也；頸而下者，豐厚卑辱，土壤之比也。」他以天人相關的理論把人的身體以頸部為基點，分為上下兩個部分：頭部為天，形體為地。其次在〈循天之道〉篇又說：「精神者，生之內充也」，也認為「精神」是構成人體生命活力的基本物質。正如《淮南子·精神訓》說：「夫木之死也，青青去之也。夫使木生者，豈木也。猶充形者之非形也。」人之「精神」猶如使樹木青綠不枯的生命要素。這種道家對「精神」的認識也見於《太史公自序》，其中說：「道家，使人精神專一，動合無形，贍足萬物。……凡人所生者神也，所託者形也。神大用則竭，形大勞則敝，形神離則死。死者不復生，離者不可復反，故聖人重之。由此觀之，神者生之本也，形者生之具也。」（《史記》卷一百三十）《春秋繁露》通書僅兩用「精神」一詞，基本

<hr/>

❺　《文子·九守》篇的「人之精神難清而易濁，猶盆水也」與「使精神暢達而不失於元」，以及〈下德〉篇的「精神與鬼神齊靈」。

❺　徐復觀《「淮南子」與隆安的時代》《兩漢思想史》，臺灣學生書局，1976年。

上反映了時代對「精神」的認識。

　　《淮南子·精神訓》說：「夫孔竅者精神之戶牖也，而氣志者五臟之使候也。耳目淫於聲色之樂，則五臟搖動而不定矣。五臟搖動而不定，則血氣滔蕩而不休矣。血氣滔蕩而不休，則精神馳騁於外而不守矣。精神馳騁於外而不守，則禍福之至。……五臟定寧充盈而不泄，精神內守形骸而不外越」，認為五官是體內「精神」與社會相連接的窗口，淫色靡聲可以刺激五官，直接影響五臟，使體內「精神」隨著血氣外越而失守。此文亦見於〈九守〉篇。《素問·脈要精微論》云：「夫精明者，所以視萬物，別白黑，審短長。……頭者精明之府，頭傾視深，精神將奪矣。」❷古代醫家認為眼睛之所以能夠視辨外界的萬物，需要頭腦中的「精神」作為能量。而且《靈樞·本神》篇說：「血脈營氣精神，此五臟之所藏也」，認為需要「後天精神」不斷補充體內、腦中的「精神」不足。《淮南子》所論的「精神」與五臟、氣血的關係顯然是依據當時的醫學理論而展開的。

　　《淮南子·原道訓》說：「夫精神氣志者，靜而日充以壯，躁而日耗者以老，是故聖人將養其神，和弱其氣，平夷其形，而與道沈浮俛仰。」這明確地指出「精神」是體內的一種可以消耗、也可以蓄存的物質，而且通過靜心養神可以增進體內「精神」的存積。《文子·九守》篇亦見此文。《漢書》卷六十五〈東方朔傳〉記載東方朔給漢武帝的「上壽辭」中說：「臣聞樂太甚則陽溢，哀太甚則陰損，陰陽變則心氣動，心氣動則精神散，精神散而邪氣及」，

---

❷　《中醫四部經典》，頁19。

認為人的情緒變化也是影響體內「精神」的一個重要因素。為什麼靜心養神可以減少「精神」的消耗，延遲人的老化呢？古代醫家早就認為「心藏神」，為思慮、思惟之官。《素問·平人氣象論》云：「心藏血脈之氣也」❸，《靈樞·邪客》篇也說：「心者五臟六腑之大主也，精神之所舍也。」所以《淮南子·精神訓》又說：「五臟能屬於心而無乖，則勃志勝而行之不僻矣，勃志勝而行不僻，則精神盛而氣不散矣」，認為「精神」有收斂、聚結心之血氣的作用。《文子·九守》篇亦見相似之文，並緊接著說：「以聽無不聞，以視無不見，以為無不成，患禍無由入，邪氣不能襲」，認為「精神」內盛則視聽以及思考等功能都能正常進行。所以，《淮南子·氾論訓》篇與《文子·下德》篇都說：「聖人心平志易，精神內守，物莫足以惑之。」它們所強調「精神內守」的思想與醫家的認識也是一致的。

《文子·九守》篇還說：「人之精神難清而易濁，猶盆水也」，認為「精神」有易於受到外界環境污染的特性，所以要求人們要「清目不視，靜耳不聽，閉口不言，委心不慮，棄聰明，反太素，休精神，去知故。」此文亦見《淮南子·精神訓》。《老子》十二章說：「五色令人目盲，五音令人耳聾」，進而《莊子·天地》篇有「聲色失性」之說，強調「性脩反（還）德，德至同於初」。《文子·道源》篇又說：「是故聖人內修其本，而不外飾其末，勵其精神，優其知見，故漠然無為而無不為，無治而無不治也。」這種道家修煉自身體內「精神」的思想也見於《鶡冠子》。

---

❸　同上，頁 21。

其中〈能天篇〉說：「彼雖至人，能以練其精神，修其耳目，整飾其身，若合符節，小大曲制，無所遺失，遠近邪（於）直，無所不及。」《淮南子·精神訓》還說：「精神內守形骸而不外越，則望於往世之前，而視於來事之後，猶未足為也。」這也就是認為通過修煉蓄存於體內的「精神」，可以進行自我的能力開發，獲取某種特異效能，如透視他人的過去、預見未來等等。

綜上所述，可以看出《淮南子》論述有關「精神」的範圍比較大，不僅廣泛地包括了古代的道家思想與醫學理論，而且還吸收了部分儒家的宗教神學內容。但是它還是承認「精神」是生命與人體的一種重要物質。我們詳細地考察了從戰國後期至西漢的養生家、道家以及醫家有關「精神」的不同的論述，不難明瞭古籍中所出現的「精神」概念的固有內涵。所以，有必要對古代固有「精神」的概念進行適當的整理與綜合，並把它的特性歸納如下：

其一，「精神」的物質性。「精神」是人體生命的一種重要的活力，而且可以分為「先天精神」與「後天精神」。它們是人體生命不可缺少的重要物質，分別作用於生命的發生、胎兒的形成與成長、人體的發育、機體的再生、生命的維持等人體生命活動的全過程。「精神」可以隨著身體的成長而壯大，即使不能與身體同步發育、成長，至少可以相對地增大。而且，「精神」的成長必須依靠身體吸收後天營養物質的補充。特別考慮到任何的心身活動都需要消耗「精神」，安靜身體、避免五官活動又可以減少「精神」消耗等特性，古人所表明「精神」是體內一種貴重物質的認識更是無可非議。

其二，「精神」的依存性。「精神」是伴隨著生命而出現，人

體的形成而成長，它必然是附屬於生命與形體，不能離開生命、形體而單獨存在。所以，固有「精神」與西方哲學的精神概念截然不同。它基本上不參與人的意識、思惟等心理活動，也就無關於人的理性與知慮等。它完全不同於思想，不像思想那樣能以空想的形式存在於社會。「精神」只能通過每一個生命的存在才能得以體現，必須依存於生命與形體。它作為體內的一種貴重物質，以提供能量的形式支持人的「神明」活動。《素問·上古天真論》有「形體不敝，精神不散」❷之說，強調肉體對「精神」的作用。

其三，「精神」的增生性。因為「精神」與生命、形體有著相互依存的關係，所以它與個體的自主性實踐行為之間也存在密切的關係。通過各種各樣持續性的修煉、實踐活動，可以使體內自然地產生類似體力的活力、毅力與耐力。這種活力日本語常以「精神力」表示。日本語的「精神力」是固有「精神」的延伸，但不好把它翻譯為「精神力量」，因為這類詞語與物質完全無關，相應的譯語可能選用「毅力」為妥。所謂「精神力」，與日本傳統文化有著密切的關係。熟為人知的日本傳統文化，如茶道、花道、書道、劍道、弓道、柔道、修驗道等，都是以長期的實踐活動為中心進行集體修煉的師傳團體。它們不是從一開始就具有某種理念或思想，而是以實踐修煉為基礎，通過長期、反復的實踐，從實踐中提練出具有代表性的動作或造形，然後再給它們添加適當的思想內容。總之，人堅持各種修煉、學習等實踐活動，不僅可以不斷地強化自身

---

❷　同上，頁 4。

的體力，而且可以直接增生人的耐力與毅力。⑤至於實踐的內容不必有高低之評。

其四，「精神」的轉變性。這是與實踐活動有密切相關聯的一種特性。如耐力、毅力是「精神」在人體的一種表現。它不是與身材的大小、或體格的強弱成比例關係。身體強壯、個子高大的人不一定耐力、毅力都很堅強，相反身體很虛弱、個子矮小的人可能具有非常堅強的耐力、毅力。當人們身處困境、遭遇危險之時，瞬間可以發揮出不可想像的氣力以保護自身的安全，這也是「精神」的一種表現。再則，可以利用各種特殊的訓練方法，修煉身體使體內產生各種形式的能量轉換，這是「精神」的一種變化。當然，像精神分裂症等神經病患者發作時，突然暴發平常所看不見的巨大力氣，出現損物傷人等。這也可以認為是體內「精神」的異變所致。

其五，「精神」的開發性。這是指極為少數的一部分人具有透視，或者預測等的特異功能。實際上他們在表演這種功能的時候，

---

⑤　日本學者大木幸介早就提出身體耐力形成的分子模型（《心の分子メカニズム》，紀伊國屋書店，頁 72，1982 年；《やる氣を生む腦科學》，講談社，頁 168，1993 年）。他認為耐力是人抵抗來自外界的重壓（stress）所形成的，並推測它是體內合成的一種神經肽。外界的重壓（包括各種修煉、學習等）反復作用於身體，使人體的環境產生變化，受到相應的神經刺激，腦內的下丘腦垂體就會根據核酸記憶的遺傳情報合成腦內前阿黑皮原（POMC, preproopiomelanocortin）。這種前體蛋白 POMC 通過合成系統的脂質膜，便分解為 ATCH（促腎上腺皮質素），β-內啡肽，促黑素細胞激素（MSH）等。ACTH 可以直接解除肉體的重壓，調整體內環境。β-內啡肽具有類似麻藥的作用，在人感到痛苦時有使人產生愉快、幸福之感，可以消除精神上的重壓。促黑素細胞激素從根本上提高腦的活動。這些綜合的作用就能抵抗重壓並不斷地強化人的耐力。

有著一個共同的特點，不是使用通常所說的思惟、意識的力量，而是要求盡量使自己的身心放鬆，驅除腦中所有的雜念。專家認為通常是在無意識的狀態之下，才能更好地發揮出這些特別的功能。據研究很多人在孩兒時期都具有一定的特異功能。問題是如何去發現它，以及一旦發現了這種能力，為了不讓它退化並得以發展，就要接受各種訓練，才能得以維持與發展。

第六，「精神」的還元性。道家認為「精神」與形體都是由精氣所構成的，與其重視形體的再生，不如追求人生的還本歸根，即回歸於精氣的原始狀態。《莊子·列禦寇》篇說：「彼至人者，歸精神乎無始。」道家在開始使用「精神」這個詞的同時，也就開始探索其還元性的問題。一般人自出生之後，就開始接受各種的教育與訓練，逐漸獲得理性、智慧的同時，也就慢慢地失去與天地萬物相通的「自然」共性。這也就成為人類區別於其它天地萬物的不同變化。道家認為要寡欲絕學，盡可能排除神明活動，致虛守靜、恬淡虛無，或者通過各種修煉以淨化自身的「精神」，見素抱撲、回歸本源。所以《淮南子·精神訓》又有「此精神之所以能登假於道也，是故真人之所游也」之說。神僊道教所追求的僊真、僊人也是在這條延長線上。而內丹可以說是方士的生命技術與道家思想有機結合的結晶。

五、固有「精神」概念的發展

「精神」一詞也非常頻繁地出現於《論衡》和《太平經》兩書，從中可以看到它在東漢時期的發展與變化。王充（公元 27－107

年）著《論衡》在歷史上贏得無神論者之稱。《論衡》全書七十餘
見「精神」一詞，近三分之二出現於批判鬼神的〈論死〉、〈死
偽〉與〈訂鬼〉三篇。根據〈論死〉篇所指出當時社會相信「夫為
鬼者，人謂死人之精神」之說，可知東漢時期迷信鬼神盛行，「精
神」一詞似乎成了鬼神的代名詞。這種「死人精神去形體而存在」
的思想觀念不是突然形成於東漢，至少可以追溯到《淮南子・精神
訓》的時代。《太平經》屬於早期重要的道教典籍之一，它不但以
道家、神僊家的思想為理論基礎，也利用儒家的災異、承負報應的
思想，而且還綜合當時民間的讖緯、鬼神等觀念。該書大量地使用
鬼怪神靈的同時，亦八十多見「精神」一詞。《太平經》可謂應有
盡有，大量地保存了漢代民間流傳的各種各樣的稀奇信息。

　　《太平經》從宗教神學的立場神化了「精神」，不但鮮明地把
「精神」解釋為神靈，而且繼承了《文子・下德》篇、《淮南子・
本經訓》的「精神通於萬物」之說。《太平經》說：「天之法，陽
合精為兩陽之施，乃下入地中相從，共生萬二千物。其二千者，嘉
瑞善物也。夫萬二千物，各自存精神，自有君長，當共一大道而
行，乃得通流。天道上下，往朝其君，比若人共一大道，往朝王者
也。萬二千物精神，共天地生，共一大道而出，有大有中有小。」❺
他們認為天地陰陽化生一萬二千之物，同時它們都含有「精神」，
而且這種「地之精神，上天告愬不通，日無止也」❺，也就是說萬

---

❺　王明《太平經合校》（以下簡稱《合校》），中華書局，頁 218，1992 年
　　版。

❺　同上，頁 119。

物之「精神」無時不刻要向上帝報告地上世界的情況，這是它們所負的神聖職責。《太平經》又說：「凡物自有精神，亦好人愛之，人愛之便來歸人」❸，認為「精神」又有喜好附著於人的特性，而且還指出：「天之授性，各自有精神，樂善，善精神至，樂惡，惡精神至，此自然之性也。」❸這也就是說天地萬物受天之性，它們有善惡益害之分，但是決定的因素還是在於人自身的思想意識。

依附於人體的「精神」又有愛好清靜的特性。《太平經》說：「人之精神，常居空閑之處，不居汙濁之間也。……不齊戒，則精神不肯還人也，皆上天共訴人，所以人病積多，死者不絕」，而且「思念在心，慎離其形，精神離散，邪鬼驚人。」❻這也就是說如果人的欲望蠢動，胡思亂想，「精神」就會離開形體，上天報告，這樣鬼神邪惡便乘機襲人，使人患疾生病，禍害橫生。如果「精神」長期離開人體，還有可能引起死亡。因為他們認為：「人有一身，與精神常合並也。形者乃主死，精神者乃主生，常合即吉，去則凶，無精神則死，有精神則生。常合即為一，可以長存也。常患精神離散，不聚於身中，反令使隨人念而遊行也。故聖人教其守一，言當守一身也。念而不休精神自來，莫不相應，百病自除，此即長生久視之符也。」❻也就是說要想獲得健康長壽，平時就得修煉守一之法，使「精神」能融合於形體，保護形體與生命。這樣，「精神」就成了神學解釋人體產生疾病與死亡的重要理論。

---

❸　同上，頁 251。

❸　同上，頁 639。

❻　同上，頁 28、569。

❻　同上，頁 716。

　　《太平經》泛論萬物之「精神」，其目的仍然在於人，而且其根本的思想是源於《淮南子·精神訓》。《太平經》說：「凡事安危，一在精神，故形體為家也，以氣為輿馬，精神為長吏，興衰往來，主理也。若有形體而無精神，若有田宅城郭而無長吏也。」❻❷應用生動的比喻，不外為表明「精神」主宰形體的思想。《太平經》又說：「夫人死，魂神以歸天，骨肉以付地腐塗，精神者可不思而致，尚可得而食之，骨肉者無復存也，付歸於地。」❻❸這進一步發展、神化了《淮南子·精神訓》的要旨，認為人死之後「精神」雖然上天，但並不是消亡滅絕，而是可以隨從世俗家人的思念去接受他們的祭奠，品嘗他們的供饗。實際上這種「精神」就是指神魄鬼魂，可以脫離形體獨立長存不滅。這種把「精神」等同於鬼魂的觀念並非《太平經》首創，它在《論衡》中就已經受到王充的嚴厲批判。

　　《論衡·論死》篇首先指出當時世俗的鬼神觀念，「人死精神昇天，骸骨歸土，故謂之鬼神。鬼者，歸也」，「夫為鬼者，人謂死人之精神」，「精神本以血氣為主，血氣常附形體，形體雖朽，精神尚在，能為鬼可也。」這種觀念非常明白地表明它是《淮南子·精神訓》所謂「精神者天之有也，而骨骸者地之有也」之說的發展。《漢書》卷六十七〈楊王孫傳〉說孝武帝當政期間，楊王孫「學黃老之術，家業千金，厚自奉養生，亡所不致」，而且極力反對厚葬死者的風俗習慣，認為薄葬才有利於死者的歸化。但是他也

<hr />

❻❷　同上，頁 699。
❻❸　同上，頁 53。

說：「且吾聞之，精神者天之有也，形骸者地之有也。精神離形，各歸其真，故謂之鬼，鬼之為言歸也。」王充反對鬼神的迷信思想，多處強調一種「人物也，物亦物也」的思想，認為人與天地萬物一樣在結構上都屬於物體，而且還反問：「物死不為鬼，人死何故獨能為鬼。」他應用古代的醫學知識，從人體的發生、形成、成長乃至死亡的變化過程進行逐一地批駁，所以他的結論是：「人之所以生者，精氣也。死而精氣滅。能為精氣者，血脈也。人死血脈竭，竭而精氣滅，滅而形體朽，朽而成灰土，何用為鬼。」

王充在〈訂鬼〉篇解釋了社會存在所謂「見鬼」的現象。開篇明確地提出：「凡天地之間有鬼，非人死精神為之也，皆人思念存想之所致也。」為什麼人的思念、存想會產生這種現象呢？他繼續解釋說：「由於疾病，人病則憂懼，憂懼則見鬼出。凡人不病則不畏懼，故得病寢衽，畏懼鬼至。畏懼則存想，存想則目虛見。」這也就是說由於人的身心處於一種病態之下，再加上恐懼，過分思慮、擔憂等，很容易招致這種現象。他還引用《呂氏春秋・精通》篇有關伯樂相馬、庖丁解牛之文後說：「二者用精至矣。思念存想，虛見其物也。人病見鬼，猶伯樂之見馬，庖丁之見牛也。伯樂庖丁所見非馬與牛，則亦知夫病者所見非鬼也。」他進一步解釋其中的原理，認為自身的過度思念與顧慮，可能使精氣漏泄於五官，引起五官的妄覺、妄視等，也就是說因為人自身的心理作用，產生了錯覺，出現妄影、妄聽等。但是，他引用的伯樂、庖丁之例並不恰當。

伯樂的事迹分見於《韓非子・說林》篇與《淮南子・道應訓》。前者褒貶伯樂因學者好惡之異，而教他們不同的相馬之術。

實際上提示了伯樂不僅能相馬，而且還會相人。後者讚賞伯樂不僅為秦穆公推薦無名相馬人九方堙，而且還為他所相之馬作了辨護性的發言。《莊子·養生主》敘述了庖丁講述自己的經歷之後說：「臣之解牛之時，所見無非牛者，三年之後，未嘗見全牛也。」他所使用的牛刀歷時十九年，宰了幾千頭牛，刀刃至今絲毫無損。伯樂並非按圖索驥，庖丁亦非靠什麼妄覺。他們兩個人都是經過長期而大量的實踐，已經形成一種身體性的記憶，所以才能運作如神。

　　《論衡》中「精神」的絕大部分用例，可以分為兩種不同的類型：一是王充批駁道家視人體的精氣為「精神」。二是批判世人把鬼神當作「精神」。他在〈道虛〉篇說：「世或以老子之道，為可以度世，恬淡無欲，養精愛氣。夫人以精神為壽命，精神不傷，則壽命長而不死」。他對道家「不死」的說法進行了批駁，同時提示了東漢社會的道家重視體內精氣，認為「精神」與壽命之間有著密切的關係。王充在該篇（壯年之作）還批判了道家的服氣、導引、服餌等方術。晚年由於自己身體的老衰，促使他改變了過去對道家的觀點。他在〈自紀〉篇說：「乃作養性之書凡十六篇，養氣自守，適食則（節）酒，閉明塞聰，愛精自保，適輔服藥引導，庶冀性命可延，斯須不老。」王充雖然年近七十，髮白齒落，還是盡力採用各種傳統的養身方法，愛精養氣，保養「精神」，盡可能延長自己的壽命。類似的記載也見於《後漢書》卷四十九〈王充傳〉。從養生學以及醫學的觀點看，可惜他的覺悟太遲了一些。但是，這種源於道家以精氣為基礎的「精神」含意二千餘年仍然延用不息。

　　《論衡·亂龍》篇還批判了西漢大儒董仲舒的天人相關說，以天地精氣為「精神」的異類相感說等。〈亂龍〉篇例舉匈奴非常痛

恨郅都，認為：「匈奴敬畏郅都之威，刻木象都之狀，交弓射之，莫能一中，不知都之精神在形象邪」。郅都的事迹詳見於《史記·酷吏傳》，他當時是一個深受國內外人敬畏的官吏。〈變動〉篇說：「二子欲刺兩主，兩主心動，實論之，尚謂非二子精神所能感也」。所謂「二子」，分別指豫子與貫高，他們企圖謀殺襄子與高祖，結果由於二主在途中出現異常的心跳，才避免遭受暗殺之難。當時的人多認為襄子與高祖在受刺之前，之所以出現激烈的心跳，是受謀刺者的「精神」所觸動。這有些類似現代人探索的「心電感應現象」。《後漢書》卷十七〈馮異傳〉記載光武帝就位之前，曾對隨從們說：「我昨夜夢乘赤龍上天，覺悟，心中動悸。」馮異聽後馬上慶賀說：「此天命發於精神，心中動悸，大王重慎之性也。」他的解釋似乎也是利用這種理論。

王充對「精神」認識的最大貢獻，可以說是強調「精神」的物質性。《論衡·論死》篇說：「夫人之精神，猶物之精神也。物生精神為病，其死精神消亡。人與物同，死而精神亦滅」。他認為人體的「精神本以血氣為主」，一旦死亡形體就會腐爛，就都變為灰土，不可能變成鬼神。王充以醫學知識為基礎，堅持「人與物同」的思想，認定「精神」的物質性。這也許就是支持他成為一個無神論者的基本信念。

六、結 論

「精神」一詞幾乎不約而同地出現於《荀子》、《韓非子》、《莊子》的外篇與雜篇，《鶡冠子》、《鬼谷子》、《呂氏春

秋》，以及今本的《文子》、《淮南子》等秦漢古籍。這個固有「精神」概念形成於戰國晚期是無可置疑的。它是繼古代精氣學說成立之後，所出現的又一個與生命、人體有直接相關的新概念。《荀子》之前的《孟子》、《論語》、《國語》、《左傳》、《尚書》、《周易》、《詩經》等儒家學派的古籍，因為沒有涉及人體之精，自然也不會去使用這個詞。單從這一點就可以斷定「精神」是道家學派的專利品。「精神」是化生生命，支持生命活動，同時又是源於人體，化於人體的精微物質。愛惜「精神」的觀念從出現這個詞開始，就溶化於中國人的日常生活之中。例如，《漢書》卷六十七〈楊王孫傳〉記載祁侯（名它）給王孫的信中說：「願存精神，省思慮，進醫藥，厚自持。」類似的說法不但多見於《史記》、《漢書》、《後漢書》等，而且一直延用至今日。固有「精神」概念是養生家、醫家、道家等堅持不懈地探索古代原生命科學的一個結晶。他們認真地觀察人體的機能變化，熱心地投身於實踐活動，並積極地將之從形而下昇華於形而上。

　　《莊子》是老莊道家的一支源頭。《韓非子》的〈喻老〉和〈解老〉兩篇，以及今本《文子·九守》篇等都自言為解釋《老子》而作，而且這些哲人都意識到「精神」一詞源於《老子》。但現存的《老子》，以及新近出土的文物《老子》都未見這個詞。通過對「谷神」的考察之後，可以推測它與「精神」之間有密切關係，因為它們都是探索生命起源的結晶。古代房中養生學探求「積精治身」的原理，對「精神」一詞的形成寄與特別的貢獻。綜合分析先秦諸子的「精神」用例，不難發現它們多以古代養生、醫學的理論為基礎而展開的。男女通過性愛行為使各自體內的精氣進行結

合，在合二為一的過程中產生神氣，形成了一種新的物質。「精神」以一種物質的形式存於體內，並且不斷地得到體內營養物質的補充，與形體俱長。它與氣血等依靠心脈循環運行於全身，起著保護形體的作用，但又受到形體的制約。同時，它以提供能量的形式，促進心（腦）的神明、志意等功能，維持人的心知活動，但它本身卻沒有意識、思惟等心理功能。所以，中國的固有「精神」與西方哲學的精神內涵有著鮮明的區別。

《淮南子》繼承道家、醫家之說對人體的「精神」進行詳細的討論與總結，既發展其固有的內涵，又把「精神」與形體、骸骨進行分離。這實際上是為迎合當時社會盛行的鬼神思潮，同時也給兩漢社會的意識形態，以及後世道教的神僊思想帶來很大的影響。❻❹養生家、醫家、道家認真地觀察生命人體，天地宇宙，敢於把所謂超越的神靈智慧歸原於人，雖然中間經歷了「神人」的階段，但提出通過各種修煉可以改變人體構造的重要啟示。所以，這種固有的「精神」在人體也具有特別的潛能，體現於它擁有物質性、依存性、增生性、轉變性、開發性、還元性等多種不同的性質，它作為構成人體的一種特殊物質，呈現了多層次的功用。它不但支持著人體生命的各種生物性的機能活動，而且還涵生了人在社會生活中不可缺少的耐力與毅力。在某種意義上說，耐力與毅力的重要性並不

---

❻❹　梁·陶弘景《答朝士訪僊佛兩法體相書》：「今且談其正體，凡質像所結，
　　不過形神。形神合時，則是人是物；形神若離，則是靈是鬼；非離非合，佛
　　法所攝；亦離亦合，僊道所依。今問以何能而致此僊，是鑄練之事極，感變
　　之理通也。」（《藝文類聚》卷七十八，上海古籍出版社，靈異部上，僊
　　道，頁 1344，1982 年）

亞於人的意識、思惟功能。

固有「精神」概念的形成與發展過程，同時展示了自戰國中、後期至兩漢的五、六百年之間，古代神靈觀念的曲折迂迴之變遷。《太平經》與《論衡》恰好從正反兩面描繪當時占領社會主流的思想意識，即「精神」＝鬼神的迷信觀念。而且，這種「精神」的對立關係一直延續、發展，至今仍然占據著一部分人的心領。《淮南子·精神訓》提出「形體以成，五臟乃形」之說❻，並與《文子·九守》篇相似。它們都是在體內五臟的基礎上再加「心為之主」，強調心臟的作用，實際上合為「六臟」。此語早見於《莊子·內篇》，〈齊物論〉說：「百骸，九竅，六臟，賅而存焉。」李楨以《難經》的「腎有兩臟」❻去理解體內六臟，這顯然是不妥當的。因為《難經》五臟之說是繼承《黃帝內經》的臟腑理論，亦見於《淮南子·墮形訓》❻，它們是屬於後起比較安定的五行相關分類理論。由此可見，淮南賓客各自學術淵源不同，以致《淮南子》成為混合之奏，自然就隱伏有濫竽充數之嫌。但是，我們不能排除淮南賓客之中，曾經組織過今本《文子》編寫小組的可能性。

---

❻　《淮南子·精神訓》：「是故肺主目，腎主鼻，膽主口，肝主耳，脾主舌（脾主舌三字見《文子·九守》篇，從王念孫補）。……故膽為雲，肺為氣，肝為風，腎為雨，脾為雷，以與天地相參也，而心為之主。」

❻　李楨：「《難經》三十九難，五藏亦六藏者，謂腎有兩藏也。」（楊柳橋《莊子譯詁》上海古籍出版社，頁30注❻，1991年）

❻　《淮南子·墮形訓》：「東方……竅通於目，筋氣屬焉，蒼色主肝。南方……竅通於耳，血脈屬焉，赤色主心。西方……竅通於鼻，皮革屬焉，白色主肺。北方……竅通於陰，骨幹屬焉，黑色主腎。中央……竅通於口，膚肉屬焉，黃色主脾。」

　　「精神」初現於人體之時，養生家、醫家也沒有明確明地提示它的產生部位。考慮它與谷神、神明的密切關係，可以推測它對腎、心（腦）器官的重要作用。越至東漢後期，醫典《難經》三十六難與三十九難分別提出：「腎兩者，非皆腎也。其左者為腎，右者為命門。命門者，諸神精之所舍，原氣之所系也。故男子以藏精，女子以系胞」，「謂腎有兩臟也，其左為腎，右為命門。命門者，謂精神之所舍也，男子以藏精，女子以系胞，其氣與腎通。」⑱《難經》認為腎分左右，功能有別。《素問・逆調論》云：「腎者水也，而生於骨。……腎者水臟，主精液。」⑲這也就是說體內的左腎乃司全身水分代謝的職能，右腎稱為命門，命門在男女有不同的功用：男人以藏精氣，女人則與子宮相連。所以，命門是與生男育女、繁延後嗣有密切相關的器官，同時也是生命、「精神」的發生源。雖然東漢社會鬼神信仰橫行，迷信世俗囂張，但是醫家還是繼承《內經》的醫學思想，非常冷靜地從生命的原點探索人體「精神」發生的組織器官，從醫學方面對固有「精神」的發展作出了重要的貢獻。

---

⑱　《中醫四部經典》，頁 210。「命門」一詞，一見《素問・陰陽離合論》，各二見於《靈樞》的〈根結〉和〈衛氣〉篇，但皆認為「命門者，目也」。

⑲　同上，頁 40。

國家圖書館出版品預行編目資料

古代房中術的形成與發展：中國固有「精神」史

嚴善炤著. – 初版. – 臺北市：臺灣學生，
2007[民 96]
面；公分

ISBN 978-957-15-1360-7(精裝)
ISBN 978-957-15-1359-1(平裝)

1. 房中術

235.4   96008878

古代房中術的形成與發展：中國固有「精神」史

著　作　者：嚴　　　善　　　炤
出　版　者：臺 灣 學 生 書 局 有 限 公 司
發　行　人：盧　　　保　　　宏
發　行　所：臺 灣 學 生 書 局 有 限 公 司
　　　　　　臺 北 市 和 平 東 路 一 段 一 九 八 號
　　　　　　郵 政 劃 撥 帳 號 ： 0 0 0 2 4 6 6 8
　　　　　　電　話　： (0 2) 2 3 6 3 4 1 5 6
　　　　　　傳　眞　： (0 2) 2 3 6 3 6 3 3 4
　　　　　　E-mail : student.book@msa.hinet.net
　　　　　　http : // www.studentbooks.com.tw

本書局登
記證字號　：行政院新聞局局版北市業字第玖捌壹號

印　刷　所：長 欣 印 刷 企 業 社
　　　　　　中 和 市 永 和 路 三 六 三 巷 四 二 號
　　　　　　電　話　： (0 2) 2 2 2 6 8 8 5 3

定價：精裝新臺幣六二○元
　　　平裝新臺幣五二○元

西 元 二 ○ ○ 七 年 九 月 初 版